10 0228090 4

KU-517-887

Colloques, congrès et conférences
sur la Renaissance
Collection dirigée par Jean Bessière

22

LA POÉTIQUE DES PASSIONS
À LA RENAISSANCE

Dans la même collection

1. *Le lecteur, l'auteur et l'écrivain. Montaigne 1492-1592-1992.* Actes du Colloque International de Haïfa (avril-mai 1992) édités par Iliana Zinguer. 1993.

2. *Tourments, doutes et ruptures dans l'Europe des XVIe et XVIIe siècles.* Actes du Colloque de Nancy (25-27 novembre 1993), édités par Jean-Claude Arnould, Pierre Demarolle et Marie Roig Miranda. 1995.

3. *Montaigne : espace, voyage, écriture.* Actes du Colloque de Thessalonique (23-25 septembre 1992), édités par Zoé Samaras. 1995.

4. *La problématique du sujet chez Montaigne.* Actes du Colloque de Toronto (20-21 octobre 1992), réunis par Eva Kushner. 1995.

5. *Jacques Lefèvre d'Etaples (1450?-1536).* Actes du Colloque d'Etaples-sur-Mer des 7 et 8 novembre 1992, sous la direction de Jean-François Pernot. 1995.

6. *Juste Lipse (1547-1606) en son temps.* Colloque de Strasbourg, 1994. Etudes réunies par Christian Mouchel. 1996.

7. *Conteurs et romanciers de la Renaissance.* Mélanges offerts à Gabriel-André Pérouse et édités par James Dauphiné et Béatrice Périgot. 1997.

8. *Clément Marot «Prince des Poëtes françois» 1496-1996.* Actes du Colloque international de Cahors en Quercy (21-25 mai 1996) réunis et présentés par Gérard Defaux et Michel Simonin. 1997.

9. *Le Mécénat et l'influence des Guises.* Actes du Colloque de Joinville (31 mai au 4 juin 1994) réunis par Yvonne Bellenger. 1997.

10. *Traduction et adaptation en France à la fin du Moyen Age et à la Renaissance.* Actes du Colloque de Nancy II (23-25 mars 1995) édités par Charles Brucker. 1997.

11. *La Génération Marot. Poètes français et néo-latins (1515-1550).* Actes du Colloque de Baltimore (5-7 décembre 1996) réunis par Gérard Defaux. 1998.

12. *Sources et fontaines du Moyen Age à l'Age baroque.* Actes du Colloque de l'Université Paul-Valéry, 28-30 novembre 1996, réunis par François Roudaut. 1998.

13. *Entre la lumière et les ténèbres. Aspects du Moyen Age et de la Renaissance dans la culture des XIXe et XXe siècles.* Actes du congrès de Montréal des 30 mai et 1er juin 1995, réunis par Brenda Dunn-Lardeau. 1999.

14. *Poésie et Bible de la Renaissance à l'âge classique (1550-1680).* Actes du Colloque de Besançon des 25 et 26 mars 1997, réunis par Pascale Blum et Anne Mantero. 1999.

15. *Poésie encyclopédique et kabbale chrétienne.* Onze études sur Guy Le Fèvre de La Boderie, réunies par François Roudaut. 1999.

16. *Royaume de féminye. Pouvoirs, contraintes, espaces de liberté des femmes, de la Renaissance à la Fronde.* Sous la direction de Kathleen Wilson-Chevalier et Éliane Viennot. Avec la collaboration de Michel Melot et Céleste Schenck. 1999.

17. *Joyeusement vivre et honnêtement penser. Mélanges offerts à Madeleine Lazard.* Choix d'articles réunis par Marie-Madeleine Fragonard et Gilbert Schrenck. 2000.

18. *«D'une fantastique bigarrure». Le texte composite à la Renaissance.* Etudes offertes à André Tournon. Textes recueillis par Jean-Raymond Fanlo. 2000.

19. *La Transmission du savoir dans l'Europe des XVIe et XVIIe siècles.* Textes réunis par Marie Roig Miranda. Avant-propos de Francine Wild. 2000.

20. *Montaigne. Journal de voyage en Alsace et en Suisse (1580-1581).* Actes du Colloque Mulhouse-Bâle réunis par Claude Blum, Philippe Derendinger et Anne Toia, 12 juin 1995. 2000.

21. *Èthos et Pathos. Le statut du sujet rhétorique.* Actes du Colloque international de Saint-Denis (19-21 juin 1997). Réunis et présentés par François Cornilliat et Richard Lockwood. 2000.

22. *La poétique des passions à la Renaissance.* Mélanges offerts à Françoise Charpentier. Textes réunis et édités par François Lecercle et Simone Perrier.

LA POÉTIQUE DES PASSIONS À LA RENAISSANCE

Mélanges offerts à Françoise Charpentier

Textes réunis et édités
par
François LECERCLE et Simone PERRIER

PARIS
HONORÉ CHAMPION ÉDITEUR
7, QUAI MALAQUAIS (VIᵉ)
2001

www.honorechampion.com

Diffusion hors France: Editions Slatkine, Genève

www.slatkine.com

© 2001. Editions Champion, Paris.

Reproduction et traduction, même partielles, interdites.
Tous droits réservés pour tous les pays.

ISBN: 2-7453-0300-7   ISSN: 1243-0587

Françoise Charpentier
(Photo: Cécile Charpentier)

Dans les dernières années de son enseignement à l'Université Denis Diderot-Paris 7, Françoise Charpentier a consacré son séminaire à la poétique des passions. C'est pour la suivre dans cette voie qu'un certain nombre de ses collègues et de ses élèves ont écrit pour elle ces études qu'ils lui offrent en témoignage d'amitié.

François LECERCLE et Simone PERRIER

BIBLIOGRAPHIE SÉLECTIVE DES TRAVAUX
DE FRANÇOISE CHARPENTIER

On trouvera ici, non pas une bibliographie exhaustive, mais ce qui m'a paru le plus utile parmi les recherches qui ont fait l'horizon permanent de ma vie d'enseignante. J'ai groupé ces travaux autour de quelques pôles qui furent pour la plupart – si je puis le dire – ma « passion » de chercheuse. A l'intérieur de ces secteurs, l'ordre est chronologique.

F. C.

Théâtre

« La tragédie précornélienne à Rouen : Montchrestien et la notion de clémence », *BHR*, XXIX, 1967, p. 305-338.

A. DE MONTCHRESTIEN : *La Reine d'Escosse*, Tragédie. Ed. critique avec introduction, notes, appendices, glossaire, par Fr. Charpentier. Thèse pour le doctorat de l'Université Paris III, présentée le 12 mai 1972. Deux vol. de 110 et 127 p. dactylographiés.

« Le discours héroïque chez Montchrestien », *Cahiers des Annales de Normandie*, n° 9, 1977, p. 111-120.

« Du "dire" au "faire". Poétique du langage dramatique en France au XVIe siècle : remarques sur quelques "Arts poétiques" », *RLC*, LI, 1977, p. 304-305.

Pour une lecture de la tragédie humaniste. Publications de l'Université de St Etienne, 1980, 77 p.

Les débuts de la tragédie héroïque : Antoine de Montchrestien (1575-1621). Thèse pour le doctorat d'état soutenue le 22 mai 1976, Atelier de Reproduction des Thèses de l'Université de Lille III, 1981, XXII-711 p.

« Le romanesque et la contamination des formes au théâtre », in *L'Automne de la Renaissance*, Actes du XXe colloque d'études humanistes (Tours, 1979), Paris, Vrin, 1981, p. 231-241.

« L'illusion de l'illusion : les scènes d'égarement dans la tragédie humaniste », in *Vérité et illusion dans le théâtre au temps de la Renaissance*, Paris, J. Touzot, 1983, p. 75-87.

« Invention d'une dramaturgie : Jodelle, La Péruse », *Littératures* (Toulouse), n° 22, printemps 1990, p. 7-22.

JODELLE (Etienne) : *Cléopâtre captive*, Edition, introduction et notes par Françoise Charpentier, Jean-Dominique Beaudin et José Sanchez, Saint-Pierre-du-Mont, éd. José Feijoo, 1990.

« Jodelle, La Péruse : création de la tragédie poétique en France », in *Nascita della Tragedia di Poesia nei Paesi Europei*, a cura M. Chiabo e F. Doglio, Vicenza, 1991, p. 221-237.

« *L'Art de la tragédie* de Jean de La Taille et la doctrine classique », in *Etudes sur Etienne Dolet, le théâtre au XVIᵉ siècle, le Lyonnais, le Forez et l'histoire du livre, publiées à la mémoire de Claude Longeon*, éd. par G. A. Pérouse, Genève, Droz, 1993, p. 151-160.

« Médée figure de la passion. D'Euripide à l'âge classique », in *Prémices et floraison de l'âge classique,* Mélanges offerts à J. Jehasse, P. U. Saint-Etienne, 1995, p. 387-405.

« Vers la tragédie d'action : le *Saül le furieux* de Jean de La Taille », in *Le Théâtre biblique de Jean de La Taille*, Paris, Champion, 1998, p. 153-166.

« Jean de La Taille dramaturge. Questions de poétique », *Op. cit.,* 11, 1998, p. 35-41.

Les Tragédies de Jean de La Taille, Cahiers textuel, n° 18, études réunies et présentées par Françoise Charpentier, décembre 1998.

« La cruauté de Dieu », *Cahiers textuel,* n° 18, 1998, p. 87-97.

Poésie. Renaissance lyonnaise

Louise LABE : *Œuvres Poétiques*. Suivies des *Rymes* de Pernette du GUILLET et d'un choix de *Blasons du corps feminin*. Ed. présentée, établie et annotée par F. Charpentier, Paris, Gallimard/Poésie, 1983, 188 p.

Maurice SCEVE : *Délie*. Ed. présentée, établie et annotée par F. Charpentier, Paris, Gallimard/Poésie, 1984, 359 p.

Les « Hymnes » de Ronsard. Actes de la journée d'étude « Ronsard IVᵉ centenaire », Université Paris VII, 14 janvier 1985. Textes réunis par F. Charpentier et présentés par F. Charpentier et S. Perrier, *Cahiers Textuel 34/44,* n° 1, 1985.

« En moi tu luis la nuit obscure » (le paysage intérieur de Maurice Scève) », *Europe,* n° spécial *Ronsard/Scève,* nov. déc. 1986. p. 83-94.

Dix études sur la Delie de Maurice Scève, réunies par Françoise Charpentier, Paris, Collection de l'E. N. S. J. F., 1987.

« Dizains CXXIX et CXLIV de la *Delie* de Maurice Scève », in *Dix études sur la Delie de Maurice Scève,* Paris, Collection de l'E. N. S. J. F., 1987, p. 57-66.

« Le painctre peult de la neige depaindre : la question des emblèmes dans *Delie* », *Littératures,* n° 17, automne 1987, p. 26-32.

Lire Maurice Scève. Actes du colloque international de l'Université Paris VII, 23-24 novembre 1987, réunis par Françoise Charpentier et présentés par Françoise Charpentier et Simone Perrier. *Cahiers Textuel 34/44,* n° 3, 1988.

« De *Delie* à *Microcosme* », in *Lire Maurice Scève, Cahiers Textuel 34/44,* n° 3, 1988, p. 36-41.

« Aux frontières de la Renaissance lyonnaise : Jean Lemaire, Maurice Scève », in *Il Rinascimento a Lione,* Roma, Edizioni dell'Ateneo, 1988, p. 147-158.

« Mythes et fantasmes de la création : les *Hymnes des IIII saisons de l'an* », in *Aspects de la poétique ronsardienne,* Publications de l'Université de Caen, 1989, p. 87-100.

« Le songe chez Maurice Scève », in *Le Songe à la Renaissance,* Université de Saint-Etienne, 1990, p. 159-168.

« L'auto-commentaire de Jean de La Ceppède », in *Les commentaires et la naissance de la critique littéraire,* textes réunis et présentés par Gisèle Mathieu-Castellani et Michel Plaisance, Paris, Aux Amateurs de Livres, 1990, p. 101-110.

« Les voix du désir : le *Debat de Folie et d'Amour* de Louise Labé », in *Le Signe et le Texte*, textes réunis par L. D. Kritzman, Lexington, French Forum Publishers, 1990, p. 27-38.

« Le débat de Louise et d'Amour, une poétique ? », in *Louise Labé, les voix du lyrisme*, textes réunis par G. Demerson, Publications de l'Université de Saint-Etienne, 1990, p. 147-160.

Les Tragiques *d'Agrippa d'Aubigné*, actes de la journée d'étude de l'Université Paris VII, 9 novembre 1990 réunis et présentés par Françoise Charpentier, *Cahiers textuel,* n° 9, 1991.

« La Poétique de Pontus de Tyard entre Scève et la Pléiade », in *Intellectual Life in Renaissance Lyon*, Proceedings of the Cambridge Lyon Colloquium, 14-16 april 1991, ed. by Philip Ford and Gillian Jondorf, Cambridge 1993, p. 173-191.

« Projet poétique, travail poétique dans les *Rymes* de Pernette du Guillet : autour de trois quatrains », in *Poétique et Narration, Mélanges... Guy Demerson*, Paris, Champion, 1993, p. 143-155.

La Sepmaine *de G. Du Bartas*, Actes de la journée d'étude de l'Université Paris VII, 5 novembre 1993, réunis par Simone Perrier et présentés par F. Charpentier, *Cahiers Textuel,* n° 13.

« Territoires poétiques de l'antithèse : l'exemple de *Délie* de Maurice Scève », in *Logique et Littérature à la Renaissance*, Actes du colloque de l'Université de Provence, 17-18 sept. 1991, Paris, Champion, 1994, p. 141-153.

« La mélancolie comme discours », in *Du Bellay*, actes du colloque de Nice (17-18 fév. 1995) publ. par J. Rieu, P. U. de la Faculté de Nice, 1995, p. 149-162.

« Une cosmologie amoureuse (Ronsard, *Amours,* 1552-1553) », *Cahiers textuel* n° 17, *Les Amours (1552-1553) de Ronsard*, 1998, p. 55-67.

Olivier de MAGNY : *Œuvres*, t. I, *Amours (1553), Les Gayetez*, éd. critique par Françoise Charpentier, Daniel Ménager et François Rouget, Paris, Champion, sous presse.

Rabelais

« Variations sur des litanies : à propos du *Tiers Livre* de *Pantagruel* », *RSH*, fasc. 131, 1968, p. 335-353.

« Notes pour le *Tiers Livre de Pantagruel*, chap. 32 : le discours de Rondibilis », *Revue Belge de Philologie et d'Histoire*, t. LIV-3, 1976, p. 780-796.

« La guerre des Andouilles : Pantagruel IV, chap. 35-42 », in *Etudes Seiziémistes* offertes à V. L. Saulnier, THR CLXXVII, Genève, Droz, 1980, p. 119-135.

« Le symbolisme de la nourriture dans le *Pantagruel* », in *Pratiques et discours alimentaires à la Renaissance*, Paris, Maisonneuve et Larose, 1982, p. 219-231.

« Un royaume qui perdure sans femmes », in *Rabelais' incomparable book*, sous la direction de R. La Charité, Lexington, French Forum Publishers, 1986, p. 195-209.

« Une éducation de prince. *Gargantua*, chapitre XI », in *Rabelais en son demi-millénaire*, Genève, Droz, 1988, p. 103-108.

« Le lion, la vieille et le renard : Rabelais et l'obscène », *Europe* n° 757, numéro spécial *Rabelais,* mai 1992, p. 80-91.

Montaigne

« Accepter la Mairie : un « déchiffrement », in *Les écrivains et la politique*. IVe centenaire de l'accession de Montaigne à la Mairie de Bordeaux, Presses Universitaires de Bordeaux, 1983, p. 37-46.

« L'absente des *Essais* : quelques questions autour de l'essai II-8, « De l'affection des peres aux enfans », *BSAM (Bulletin de la Société des Amis de Montaigne)*, n° 17-18, 1983, p. 7-16.

« L'Utile et l'Honneste, de 1580 aux essais du IIIe livre de Montaigne », in *La catégorie de l'Honneste dans la culture du XVIe siècle*, Publications de l'Université de Saint-Etienne, 1985, p. 243-254.

« L'Apologie de la Vanité », *RHR, numéro spécial Montaigne,* n° 21 (déc. 1985), p. 23-36.

« Les *Essais* de Montaigne : curiosité/incuriosité », in *La Curiosité à la Renaissance*, sous la direction de J. Céard, Paris, Sedes/Cdu, 1986, p. 111-121.

Montaigne : les derniers essais. Actes de la journée d'étude « Montaigne ». Université Paris VII, 30 novembre 1985, textes réunis par F. Charpentier et présentés par F. Charpentier et S. Perrier, *Cahiers Textuel* 34/44, n° 2 1986.

« Ces poinctes eslevées de la philosophie... » : l'éthique des derniers essais », *Cahiers Textuel* 34/44, n° 2, 1986, p. 55-62.

« Figure de La Boétie dans les *Essais* de Montaigne », *Revue française de Psychanalyse*, t. LII, 1, *Des biographies*, 1988, p. 175-189.

« Ecriture et travail du deuil dans les *Essais*, de 1580 au troisième allongeail », *R. H. L. F., Montaigne 1588-1988*, sept.-oct. 1988, p. 828-838.

« "Pour qui escrivez-vous ?" : la figure du lecteur dans le troisième allongeail », in *Le parcours des Essais, Montaigne 1588-1988*, Colloque International, Duke University, avril 1988, Paris, Les Amateurs de Livres, 1989, p. 71-80.

« L'hyperbate, une maîtresse forme du troisième allongeail », in *Montaigne ou l'accomplissement des Essais,* Actes du congrès de Paris (1988), BSAM, n° 13-16, 1988-1989, p. 239-247.

« L'amnésie de Montaigne », *E u r o p e*, numéro spécial *Montaigne/Jean Tortel*, n° 729-730, janv. -fév. 1990, p. 26-38.

« Un langage moins ferme », *Montaigne Studies*, vol. II, number 1, 1990, p. 48-59.

« La Rome de Montaigne, modèle et intercesseur », in *Montaigne e l'Italia*, Centro Interuniversitario di Ricerche sul « Viaggio in Italia », Genève, Slatkine, 1992, p. 351-362.

« Pour une lecture psychanalytique des *Essais* », in *La Pensée et les hommes* (Université Libre de Bruxelles), n° 20, *Montaigne et la révolution philosophique au XVIe siècle*, 1992, p. 9-28.

Le livre I des « Essais » de Montaigne, Actes de la journée d'études du 6 novembre 1992, réunis et présentés par Françoise Charpentier, *Cahiers Textuel*, n° 12, 1993.

« Lire Montaigne dans le soupçon », in *Le lecteur, l'auteur et l'écrivain. Montaigne 1492-1592-1992*, Actes du Colloque de Haïfa, avril-mai 1992, éd. par I. Zinguer, Paris, Champion, 1993, p. 18-27.

« Grecs et Romains dans l'imaginaire des *Essais* », in *Montaigne et l'histoire des Hellènes*, actes du colloque de Lesbos-Mytilène, 25-29 sept. 1992, éd. par K. Christodoulou 25-29 sept. 1992, Paris, Klincksieck, 1994, p. 232-242.

« L'écriture de l'errance », in *Montaigne – Espace, voyage, écriture*, Actes du colloque de Thessalonique, 23-25 sept. 1992, éd. par Z. Samaras, Paris, Champion, 1995, p. 243-252.

« La passion de la tristesse », in *Montaigne Studies*, vol. IX, *Psychoanalytical Approaches to Montaigne*, 1997, p. 35-50.

« Dissonances du féminin dans les *Essais* », in *D'une fantastique bigarrure : le texte composite à la Renaissance*, Etudes offertes à André Tournon, Paris, Champion, 2000, p. 119-134.

Marguerite de Navarre

« A l'épreuve du miroir : narcissisme, mélancolie et « honneste amour » dans la XXIVᵉ nouvelle de *L'Heptaméron* », *L'Esprit créateur, Ecrire au féminin à la Renaissance*, Winter 1990, vol. XXX, n° 4, p. 23-37.

« Désir et parole dans les devis de *L'Heptameron* », in *Les visages et les voix de Marguerite de Navarre*, Actes du colloque de Duke (10-11 avril 1992), publ. par M Tetel, Paris, Klincksieck, 1995, p. 41-49.

« La guérison par la parole. A propos de la XXXIIᵉ nouvelle de *L'Heptameron* », in *Marguerite de Navarre, 1492-1992*, Actes du colloque de Pau, éd. par N. Cazauran et J. Dauphiné, Editions InterUniversitaires, 1995, p. 645-655.

Divers

« Le thème d'Aman dans la propagande huguenote », *BHR*, t. XXXIII, 1971, p. 375-381.

« La Distance : temps et communication littéraire », *Degrés* (Bruxelles), n° 3, 1974, p. 1-22.

« Une appropriation de l'écriture : *Territoires du féminin avec Marguerite Duras* de Marcelle Marini », *Littérature* 31, 1978, p. 117-125.

« Formes de l'esprit pamphlétaire : autour du manuscrit Rasse des Nœux », *Cahiers V. L. Saulnier, Traditions polémiques*, ENS de jeunes filles, n° 27, 1985, p. 81-93.

« Les jardins d'Antoine de Montchrestien », dans : *Le paysage à la Renaissance*, Actes du colloque international de Cannes, mai 1985. Publications de l'Université de Fribourg (Suisse), 1988, p. 273-280.

« De Colonna à La Fontaine : le nom de Poliphile », in *L'intelligence du passé, les faits, l'écriture et le sens*, Mélanges (...) Jean Lafond, Université de Tours, 1988, p. 369-378.

LA FONTAINE (Jean de) : *Les amours de Psyché et de Cupidon*, édition présentée et annotée par Françoise Charpentier. Paris, G/F, 1990.

Le Songe à la Renaissance, études réunies et présentées par Françoise Charpentier, Actes du colloque de la RHR, Cannes, 29-31 mai 1997, Université de Saint-Etienne, 1990.

« Nature et naturel dans *Le Moyen de parvenir* de Béroalde de Verville », *Littératures Classiques,* n° 17, *L'Idée de nature au début du XVIe siècle*, automne 1992, p. 103-121.

« Jeux et enjeux de l'espace classique : les « lieux » de Molière », in *Parcours et rencontres, Mélanges... offerts à Enea Balmas*, P., Klicksieck 1993, p. 763-773.

« Le désir d'épopée », in *Avatars de l'épique, Revue de Littérature Comparée*, 4/1996, p. 417-426.

PREMIÈRE PARTIE

PASSIONS AMOUREUSES

« LEAL AMOURS VENUS DESPITE » : MARTIN LE FRANC ET CLÉMENT MAROT

Le cinquième centenaire de la naissance de Clément Marot a suscité de nombreuses études qui ont eu le mérite de confirmer l'intérêt d'une œuvre dont Gérard Defaux avait rappelé l'importance. A cette occasion, il est apparu évident que les recherches médiévistes pouvaient être d'un apport considérable dans l'approfondissement de notre connaissance du premier seizième siècle. En effet, conséquence de la périodisation traditionnelle et de l'organisation de la recherche universitaire, les spécialistes du XVe siècle et ceux du XVIe ne se rencontrent guère, ou du moins pas assez. Peu gênante lorsque l'on s'intéresse à d'Aubigné ou Desportes, cette démarcation devient critique quand il s'agit de Clément Marot.

On n'a certes pas attendu l'année 1997 pour mettre en lumière les emprunts nombreux du poète de Cahors à la littérature du Moyen Age finissant, tout particulièrement aux Rhétoriqueurs. La question est assez connue pour que nous ne nous y attardions pas[1]. L'inventaire des sources potentielles, directes ou indirectes, n'est cependant pas clos.

Nous nous intéresserons ici au *Temple de Cupido*. Gérard Defaux a, comme on sait, essayé de montrer que cette pièce de jeunesse qui puise d'abondance dans le *Roman de la Rose* et *La Concorde des deux langages* de Lemaire de Belges, plus qu'une

---

1 Lire, par exemple, sur la *Petite Epistre au Roy,* les commentaires de François Cornilliat, dans « *Or ne mens* ». *Couleurs de l'Éloge et du Blâme chez les Grands Rhétoriqueurs,* Paris, Champion, 1994, p. 322-338, les communications de D. Hult, J. Cerquiglini, F. Cornilliat, F. Rigolot, A. Williams et M. Mc Kinley dans *Clément Marot, « Prince des poëtes françois »,* 1496-1996, Actes du Colloque international de Cahors en Quercy, 1996, réunis par Gérard Defaux et Michel Simonin, Paris, Champion, 1997, et bien sûr Gérard Defaux, dans son édition des *Œuvres poétiques* de Clément Marot, Paris, Bordas, Classiques Garnier, 1990 et 1993, dans *Le poète en son jardin. Etude sur Clément Marot et « L'Adolescence clémentine »,* Paris, Champion, coll. « Unichamp », 1996 (chapitre I, particulièrement), et ses nombreux articles.

simple imitation des maîtres, inaugure, avec la figure de « Ferme
Amour », une démarche spirituelle qui s'affermira et se précisera
avec le temps[1]. Mais est-ce là si grande nouveauté, et Marot ne
pouvait-il pas trouver ailleurs les fondations de son temple, non pas
seulement le procédé commun de la parodie de la liturgie
catholique, qu'il n'invente pas, mais une pensée élaborée et
avancée, déjà, et qu'il pouvait reprendre à son compte ? Dans cette
optique, nous voudrions proposer dans ces pages une nouvelle
source du *Temple de Cupido,* à savoir *Le Champion des Dames* de
Martin Le Franc.

Né en Normandie vers 1460-1461, Martin Le Franc entra dans
les ordres, fut protonotaire apostolique et secrétaire des papes Félix
V et Nicolas V, prévôt de Lausanne et chanoine de Genève. Il a
laissé deux œuvres importantes : l'*Estrif de Fortune et de Vertu*
(1447-1448) et *Le Champion des Dames* (1440-1442), œuvre
allégorique qui prend la défense des femmes contre Jean de Meun
et Matheolus. Seul le premier livre (8144 vers) de ce texte de 24000
vers, imprimé vers 1488 à Lyon puis à Paris, en 1530, a fait l'objet
d'une édition moderne[2]. C'est cette première partie que nous
étudierons.

Le *Champion des Dames* a eu beaucoup de succès. Jean Marot,
notamment, s'en est inspiré et le cite dans *La Vray Disant Advocate
des dames*[3]. Ce texte que Clément Marot a donc pu connaître

---

1   Voir, entre autres, la préface à son édition des *Œuvres poétiques* de Clément Marot.,
op. cit., tome I, p. XXXIII et suiv.

2   *Le Champion des Dames,* éd. A. Piaget, Lausanne, 1888, à compléter avec *La
Complainte du Champion des Dames,* éd. G. Paris, *Romania,* 1887, p. 383-427. Sur Martin
Le Franc, voir A. Piaget, *Martin Le Franc, prévôt de Lausanne,* Lausanne, 1968 ; H. F.
Williams, « Structural Aspects of *Le Champion des Dames* », dans *Fifteenth-Century
Studies,* t. 11, 1985, p. 149-161 ; L. Barbey, *Maître Le Franc, prévôt de Lausanne, avocat de
l'amour et de la femme au XVe siècle,* Fribourg, 1985.

3   « Qui chercheroit dedenz voz garde-robbes, /L'on trouveroit le Rommand de la Rose,
/Matheolus, toutes fables et lobes, /Qui contre nous et nostre honnuor despose. /N'y cherchés
pas Vallère, ny Oroze, /Le *Champion,* ny les Faitz Maistre Allain ; /Ils n'y sont pas, par quoi
je présuppose/Que à clerc innoble il fault livre villain. » (A. de Montaiglon, *Recueil de
poésies françoyses des XVe et XVIe siècles,* Paris, 1855-1876, t. X, p. 258).

directement ou par l'intermédiaire de son père continue la tradition des œuvres allégoriques, à commencer par le *Roman de la Rose,* et s'ouvre d'une manière tout à fait conventionnelle : à l'aube du premier jour de mai, Malebouche, l'ennemi des femmes et de l'amour, attaque par surprise le château d'Amour. Mais Leaulté veille et donne l'alerte. Amour, qui était absent, arrive au château pour encourager ses troupes. Malgré l'échec de l'ambassade de paix du héraut Bouche d'Or auprès de Malebouche[1], la compagnie rassurée oublie le danger dans les divertissements. C'est à ce moment-là que Franc Vouloir, le Champion des Dames, entre en scène, monté sur son destrier Ardant Désir. Amour l'envoie se mesurer au champion de Malebouche, Despit le Crueulx. Armé par Prudence, Attrempance, Force et Justice, les quatre vertus cardinales, il le défait facilement.

Le récit principal est alors interrompu par une importante « digression » : tandis que la fête bat son plein, Valentin[2], l'ami du

---

1   On pense bien évidemment à saint Jean Chrysostome, célèbre pour son éloquence. Il était aussi réputé pour sa sévérité, qui lui valut bien des inimitiés, et pour son zèle à pratiquer la chasteté la plus stricte. Il nourrissait un amour profond pour saint Paul dont il avait commenté les lettres (voir Hans von Campenhausen, *Les Pères grecs,* Éditions de l'Orante, 1963, coll. « Livre de vie », p. 187-207, et Voragine, *Légende dorée,* Garnier-Flammarion, tome II, p. 198-207). C'est Chrysostome, d'ailleurs, qu'alléguera Villain Penser, autre adversaire de Franc Vouloir, dans une longue joute oratoire sur les mérites et démérites des femmes (v. 6473 ss.)

2   Il n'est pas indifférent, évidemment, que le guide du narrateur soit l'homonyme du patron des amoureux, fêté le 14 février. Les premières allusions connues à cette coutume se trouveraient dans Othon de Grandson et Chaucer (H. F. Williams, « Structural Aspects... », *op. cit., p.* 149-161). On en trouve une, dans la bouche de Villain Penser, contradicteur de Franc Vouloir, aux vers 6558-60 du *Champion... :* « Aulcuns plains du mal saint Martin/Se laissent attrapper au glui/Le jour de la saint Valentin. » (Saint Martin de Larchant et saint Martin de Tours passaient pour guérir les déments). Que l'« adversaire » (comme les rubriques et les manchettes le désignent) fustige lui-même « Folle Amour » et ses suppôts (on sait que les prostituées étaient communément appelées au Moyen Age « fols femmes », « femmes amoureuses », « fols de leur corps », désignations qui entérinent la confusion commune de la folie et de l'amour charnel, cf. Bronislaw Geremek, *Les marginaux parisiens aux XIVe et XVe siècles,* Paris, Flammarion, 1976, coll. « Champs », p. 255 ss.) montre que la querelle entre les forces du « Bien » (Amour et Franc Vouloir) et celles du « Mal » (Malebouche et les autres) est avant tout *sémantique.* Ni les uns ni les autres ne soutiennent

narrateur, l'invite à visiter le château de Vénus.... (nous reparlerons plus loin de cet épisode)...

Ce serait là un récit allégorique banal exploitant tous les poncifs du genre, si Martin Le Franc n'y apportait sa touche personnelle en développant une pensée originale qui le démarque nettement de Jean de Meun et de ses épigones : refusant de réduire le dieu d'Amour, qu'il compare explicitement à « Dieu en Paradis » (v. 347-348), à une de ces personnifications conventionnelles, abstraites et mythologisantes qu'affectionnaient ses contemporains, il en livre une description qui évoque le Christ-Roi.

> Le soleil n'est avironné
> De ses cercles clers et luisans
> Comme Amours, hault roy couronné,
> Espardoit ses raiz reluisans,
> Entresemez d'angles plaisans,
> Vermeillans comme beaulx rubins,
> De lumiere assez souffisans
> Et fussent les sains cherubins.
> (v. 137-144)

Se gardant bien de toute complaisance paganisante, fût-ce pour des motifs esthétiques, il distingue clairement « sa » divinité de Cupido :

> Tel ne le vis comme on le paint
> Maintenant, car on le figure
> Que dards de tous costez empaint,

« folle Amour », représentée par Vénus qui ne joue qu'un rôle secondaire. Il s'agira d'abord de s'entendre, d'assainir le langage, en quelque sorte, et de déterminer clairement ce que les mots recouvrent.

L'article de Harry F. Williams, « Saint-Valentine in the Champion des Dames » (*Le Moyen Français*, n°17, 1985, p. 73-82), malgré son titre, ne dit que peu de choses de Valentin. Sa portée symbolique ne se réduit pourtant pas à une simple imitation du Virgile de Dante, mentor du narrateur : Voragine (*op. cit,* I, p. 206-207) rapporte, en effet, qu'il convertit toute la maison d'un officier romain chargé de sa garde en guérissant la cécité de sa fille. Valentin est donc celui qui donne la lumière, qui dissipe les brumes de l'illusion et traverse les apparences pour révéler la réalité des choses et des êtres (le dos grouillant de vermine de Vénus, cf. *Infra).*

Et bende on sa clere figure ;
De la veue on le deffigure,
Et le fait on cruel de trait.
Sache tout maistre de painture
Qu'il ne doibt estre ainsy pourtrait.
Car il est le plus gracieux,

Le plus doulx, le plus debonnaire.
C'est ung plaisir delicieux
Que de le veoir au viaire.
Jamais il ne porroit mal faire,
Voire, sans luy, ne porroit homme,
Pour quelque chose que sceut faire,
Vivre en paix, ne dormir bon somme.
(v. 305-320)

Le Dieu d'Amour, en effet, n'a rien en commun avec le chérubin facétieux qui a fait et fera encore les beaux jours des poètes en mal d'inspiration et des apprentis mythographes. Mais Martin Le Franc, loin de prôner une idéologie austère qui proscrirait absolument les plaisirs de ce monde (les plaisirs de la chair, en tout cas) pour inviter le lecteur à une discipline sévère de type monastique, prend en compte l'ambivalence humaine qu'il reconsidère sur un mode positif dans une perspective de conciliation teintée d'un certain pragmatisme : il ne nie pas le désir charnel comme le prouve, plus avant dans l'ouvrage, l'éloge du mariage prononcé par Franc Vouloir. Aussi n'est-ce pas tant le désir que le désir irraisonné qui est condamné, désir sans frein, monture indocile que son cavalier ne maîtrise qu'avec peine, à l'instar d'Ardant Désir, ce cheval impétueux « Qui jettoit le feu par la gorge » (v. 576), passé par un « chault four, Plus chault que cil de la verrye » (v. 1629-30), dont Vénus entretient la chaleur dans son domaine, cet animal turbulent dont Franc Vouloir ne pourra descendre sans l'aide de Dame Raison (qui lui propose à cette occasion « ung bon mors » forgé par Atrempance)[1]. Etrange

---

1   On pense évidemment au centaure, dont on connaît la riche symbolique : pour l'Antiquité et le Moyen Age, il est l'emblème de la brutalité et de la concupiscence, de

équipage où se rencontrent et s'éprouvent des pulsions antagonistes, allégorie explicite de la nature humaine qui, sans la raison et la modération, sans la *volonté* de dominer le *désir,* deviendrait serve des appétits animaux, mais association dynamique aussi, quand la part terrestre, domestiquée, canalisée et guidée, porte l'homme, littéralement, plus vite et plus loin vers un idéal qui implique l'union harmonieuse de tout ce qui fait l'humanité.

L'amour « cupidique » est dévolu à Vénus ; mère d'Amour dans le *Roman de la Rose,* elle lui est complètement étrangère chez Martin Le Franc. Ennemie du dieu, elle n'en cherche pas moins à l'imiter. Ainsi a-t-elle fait bâtir son château sur le modèle de celui de son rival mais, précise le narrateur, «... il est bien fol et bien lours/Qui n'y congnoit la difference » (v. 1087-88). La compagnie y est certes agréable, raffinée et joyeuse, pourtant ce n'est là qu'apparence, une pâle copie de la Cour d'Amour : « Tant vous en dis que la déessee/Contrefait de toute puissance/La court d'Amours et sa noblesse, /Par despit ou par acointance. » (v. 1149-52). Valentin, amusé de l'émotion du narrateur subjugué par les charmes de Vénus, va lui en produire la preuve : « Vieng de ça, lui dit-il, je veul que tu voyes/Tout le corps de ceste princesse, /Adfin que mieulx informez soyes/De son fait et de sa leesse. » (1217-1220). Il l'aposte en un lieu où il pourra voir Vénus « Au dos aussy bien qu'en la face ». Le spectacle est étonnant, et l'image saisissante :

> Le dos Venus est creux et faulx
> Et proprement en tel point mis

---

l'animalité. Cette petite scène nous fait penser à un tableau, ou plutôt à la description par Guy de Tervarent d'un tableau, « Minerve et le Centaure », conservé au musée des Offices à Florence : « Minerve tient un centaure par les cheveux, mais aucune arrogance n'est empreinte sur son visage. Il reflète plutôt la tristesse qui marque les traits du centaure. » (*Attributs et symboles dans l'art pofane, 1450-1600. Dictionnaire d'un langage perdu,* Genève, Droz, 1959, tome II, col. 64). Minerve et Raison sont interchangeables. La philosophie platonicienne, « vulgarisée » par Ficin et Pic de la Mirandole, explique aisément cette allégorie. Mais ce cheval crachant du feu tient aussi du dragon, animal ambivalent qui peut symboliser la vigilance, la prudence, la force morale (*ibid.,* col. 149-151), ou bien le mal (légende de saint Georges).

Que le tronc d'une vielle sauls,
Cavé et rongié de fourmis.
Sy me dist Valentin : « Amis,
As tu belle chose veü ?
Pieça t'avoye je promis
Que tu estoyes decheü.

L'amer venin est dans la queue
Venus est de plaisant viaire,
Et n'y a cil qui ne s'esqueue
A le servir et lui complaire.
Mais on ne pœut son plaisir faire
Sans encourir la desplaisance
De cil qui pœut faire et desfaire
Chascune chose a sa plaisance.

Venus est de tresplaisante monstre.
Moult t'a pleu au commencement.
Mais son dos de vers mengié monstre
Son douloureux definement.
Ung proverbe communement
Dist on, c'est que trop grater cuit.
De son plaisir pareillement,
Est il, car en la fin il nuit.
(1233-1256)

Valentin dessille les yeux de son naïf compagnon en lui montrant la réalité de l'amour « vénérique » : le cimetière, qui retentit des plaintes des âmes inconsolées qui ont gaspillé leur vie « en l'amour vaine » (v. 1320 ss.), et où, vision dantesque[1], bouillonne un « trou

---

1 Le Franc fait explicitement référence au poète italien : « Le florentin poete Dante/A escript merveilleusement/La paine et la vie meschante/Des espris dampnez justement. » (v. 1409-1412). Les mentions de Dante dans la littérature française des XVᵉ et XVIᵉ siècles n'étant pas si féquentes, le fait mérite d'être rappelé. Voir à ce sujet G. Mombello, « I manoscritti delle opere di Dante, Petrarca e Boccaccio nelle principali librerie francese del secolo XV », dans *Il Boccaccio nella cultura francese*, Florence, 1971, p. 81-209 ; G. Contini, « Un nodo della cultura medievale. La serie *Roman de la Rose – Fiore – Divina Commedia* », dans *Lettere italiane*, t. 25, 1973, p. 162-169 ; *Dante and the Roman de la Rose. An investigation into the Vernacular Narrative context of the Commedia*, Tübingen, 1981 ; A. Farinelli, *Dante e la Francia dall'età media al secolo di Voltaire*, Milan, 1908 ; du même, *Dante in Spagna, Francia, Inghilterra, Germania*, Turin, 1922.

ardant » dans lequel brûle « ung monde d'espris, /Subgiez a paine
et a tourment/Pour le doulx plaisir qu'ilz ont pris. » (v. 1374-1376),
ou la chapelle de Vénus et de Cupido où la déesse, Vierge à l'enfant
dévoyée, « En sa dextre tient/Ung grant brandon de feu ardant, /Et a
sa senestre soustient/Cupido... » (v. 1442-45). Sens Abesty, le curé,
préside à un cérémonial qui contrefait la liturgie catholique :

> Sur leur autel on jette offrandes
> En humbles supplications
> En tresgracieuses demandes,
> En doulces lamentations.
> La fait on ses devotions
> A la regimbe julienne.
> On n'oit tant d'invocations
> A saint Anthoine de Vienne.
>
> Les ung balades et rondeaulx
> Chantent, et les autres presentent
> Fermaillez, pierres et aneaulx,
> Selon ce que puissans se sentent.
> Les aultres pleurent et lamentent
> Et se mettent au col la corde,
> Puis la desse et le dieu temptent
> Pour obtenir misericorde.
>
> Les ungs boutons, roses et feulles
> Offrent, et bouquetz et chapeaux ;
> Les aultres leurs cœurs et leurs breulles,
> Les ames atout leurs boyaux.
> Les aulcuns rompent leurs drapeaux,
> Pryans merci, cryans pardon.
> Les aultres deschirent leurs peaulx.
> Tout baillent a Venus en don.
> (v. 1449-1472)

Doublement parodique, la cour de Vénus caricature et l'Eglise et la
cour d'Amour, laquelle, en tant que modèle, accède à un degré
supérieur d'autonomie en se substituant au référent premier.
Dérivation seconde, donc, qui à une structure chaînée dont le
premier maillon serait l'Eglise catholique, bien réelle, le dérivé

premier l'Amour et le dernier avatar Vénus et sa « mesnie », substitue une forme simple original-modèle gommant l'avant-texte (l'Eglise) au bénéfice de la première imitation, laquelle devient dans l'économie du récit le départ absolu ; mieux encore, cette organisation confond finalement l'un et l'autre dans un rapport symbolique déterminant la lecture allégorique : la cour d'Amour *est* l'Eglise, et les joutes en forme de débats qui opposent Franc Vouloir aux champions de Malebouche auraient ainsi pour enjeu d'entériner ou non, à partir d'une réflexion sur le concept de l'amour, la pertinence de cette analogie.

L'illusion joue ainsi pleinement dans une structure emboîtée qui, paradoxalement, produit l'effet de réel en dupliquant l'invention poétique, en multipliant les apparences. L'adhésion du lecteur complaisant est acquise, et Martin Le Franc peut alors le ramener dans le domaine d'Amour[1].

La visite commence à la chapelle où officie *Dame Charité*, l'abbesse. Inspirée visiblement de la Dame Raison du *Roman de la Rose*[2], elle en développe certaines thèses : fille de Chasteté (v. 2851), faite par Dieu « A sa semblance et s'image » (v. 2989), Dame Raison tient l'amour fondé sur le plaisir charnel pour une folie, et défend une forme d'amour « universel », non plus l'amour pour un individu, mais pour l'humanité entière[3]. Les

---

1 Le Franc condamne-t-il ici les hypocrites qui empruntent les atours du sentiment pour parvenir à des fins rien moins qu'honnêtes, ou stigmatise-t-il les esprits faibles ou naïfs qui, en quête d'amour, se trompent d'objet et se laissent berner par les mirages de la sensualité pour avoir confondu la beauté des corps et celle des âmes ? Dans ce dernier cas, l'opposition de la chair et de l'esprit ne serait pas absolue, puisque le même désir qui s'est égaré chez Vénus, mieux dirigé, pourrait conduire à Amour.

2 « Mais plus tient grant necessité/Amours qui vient de *charité*, /Que justice ne fait d'assez. (…) Se justice ert touz jours gisanz, /Si seroit amours souffisanz/A mener bele vie et bonne/Sans justicier nulle personne ; /Maiz sans amour, justice non : /Pour ce amour a meilleur renon » (éd. Armand Strubel, Le Livre de Poche, collection « Lettres gothiques », LGF, 1992, v. 5499 et suiv.).

3 Id., v. 4589-4595 : « Mais de la fole amour se gardent/Dont les cueurs esprennent et ardent ; /Et soit amours sanz convoitise, /Qui les faus cuers de prendre atise. /Bone amour doit de fin cuer naistre : /Don n'en doivent pas estre maistre/Ne quel font corporel soulaz. »

« commandements » de Dame Charité semblent en découler
directement :

> Amez Amours, amez, amez !
> Disoit Charité la courtoise,
> Tous ensemble vous entramez !
> N'ayez n'a vous n'a aultre noise.
> A l'autel d'Amours chascun voise !
> Offrez y et cœurs et pensees.
> Battre vos coulpes ne vous poise,
> Soyent toutes haines passees.
> De par l'auctorité d'Amours,
>
> A tous amans qui de cœur fin
> Ameront jusqu'aux desrains jours,
> Je leur promet joye sans fin.
> Amez Dieu, et roy et daulphin,
> Et ducs et princes et prochains.
> Amez tresleaulment, adfin
> Que vous ayez les biens haultains.
> (v. 1705-1720)

Nous sommes loin, effectivement, des ardeurs « cupidiques ».
Cet amour de tous devient, sous la plume de Martin Le Franc, un
principe général qui régit l'univers : Dieu a fait de l'Amour son
« lieutenant ou ciel et en terre » (manchette du vers 2873, p. 95 ;
dans le *Roman de la Rose,* c'est nature qui est « conestable et
vicaire » de Dieu – v. 16786) ; il assure la cohésion et la stabilité du
cosmos en maintenant l'harmonie des quatre éléments qui le
composent. Le prévôt de Lausanne dépasse ainsi Jean de Meun
pour le mieux contester : si ce dernier, en effet, accordait une place
de choix à Dame Raison qui développait ses vues dans un discours
de près de trois mille vers, il l'écartait finalement pour donner le
dernier mot à Genius, apôtre d'une philosophie souriante qui faisait

---

(Gérard Defaux avait déjà souligné ce passage dans « Les deux amours de Clément Marot »,
Rivista di Letteratura moderne e comparate, vol. XLVI, 1993, p. 13-14.), et v. 5443-46 :
« Tu puez amer generalment/Touz ceuls dou monde loialment. /Aime les autant tous com. i.,
/Au mains de l'amour du commun. ».

l'apologie de la génération. Martin Le Franc expose une conception plus radicale de l'amour, un amour qui, fondamentalement, vivifie la communauté des hommes dont il est la condition *sine qua non,* tout en s'épanouissant hors du siècle, dans une semi-retraite métaphorique (hors du corps, dans le cœur ?) d'où, libéré des besoins de la chair, il peut revenir vers les hommes[1]. Cela n'empêche pas l'auteur du *Champion...* de défendre ardemment le mariage, sans pour autant tomber dans les « excès » de Jean de Meun.

Martin Le Franc, comme nous l'avons dit, s'inscrit dans une tradition déjà riche au moment où il compose son ouvrage. Outre le *Roman de la Rose,* il se détermine aussi par rapport à *La Belle dame sans mercy* d'Alain Chartier, et à la séquelle de textes pour et contre que l'œuvre a suscitée. Prenant parti pour la dame (qu'il fait reposer au cimetière de la chapelle d'Amour, dans un « tombeau de cristal » – v. 1907)[2], il répond notamment à Achille Caulier qui, au terme d'un nouveau procès, condamnait la belle à être noyée[3]. Soucieux de lever toute équivoque, il multiplie gloses, commentaires et manchettes explicatives qui, en même temps qu'elles éclaircissent les points obscurs du texte dans le sens d'une christianisation complète du matériau mythologique, fonctionnent comme une proposition d'exégèse à rebours du texte source, le *Roman de la Rose.*

---

1 A partir du vers 2481 commence la joute verbale entre Brief Conseil, délégué par Malebouche, et Franc Vouloir. Au premier qui, confondant Amour et Cupido, en fait une critique violente, le second répond que l'Amour qu'il défend n'est pas le fils de Vénus, qu'il a été créé par Dieu (2849 et suiv.), qu'il n'est pas de la « mesnye » de la déesse qui lui vole ses sujets : « Leal Amours Venus despite » (v. 3574).

2 Alain Chartier, *La belle Dame sans mercy,* éd. A. Piaget, Lille et Genève, Minard et Droz, 1949. Voir Arthur Piaget, « La Belle Dame sans merci et ses imitations », *Romania,* 1901, XXX, p. 22-48 et 317-51 ; 1902, XXXI, p. 315-49 ; 1904, XXXIII, 179-208 ; 1905, XXXIV, p. 375-428 ; 1905, XXXIV, p. 559-97.

3 *La cruelle femme en amour,* texte et commentaire dans *Romania,* 1902, XXXI, p. 315-49. Caulier a pu fournir aussi à Le Franc des éléments de décor : le temple de Vénus (v. 195-208), le cimetière (v. 211-224)... Voir aussi, à propos d'un autre texte de Caulier, *L'ospital d'Amours,* A. Piaget, *op. cit., Romania,* 1905, XXXIV, p. 559-65.

L'impact du *Champion des Dames* sur la production ultérieure[1] demanderait à être réévalué. Il n'est pas impossible que Jean Molinet s'en soit inspiré pour son *Roman de la Rose moralisé :* en interprétant le Dieu D'amours comme le Saint-Esprit, ne s'est-il pas souvenu d'une manchette de Le Franc à la hauteur du vers 3753, qui précise : « Nota que le Saint Esperit est Amours, et non Cupido, filz de Venus » ? Le chemin est direct de Le Franc au *Roman de la Rose* modernisé qui paraît en 1526. S'il est difficile de déterminer si Clément Marot en est l'auteur ou non, qu'on lui en ait imputé la paternité dès le XVIe siècle suffit à postuler un « voisinage » qui trahit l'intérêt du poète de Cahors pour la vieille littérature, laquelle ne se réduit pas, pour lui, au texte de Guillaume Lorris et Jean de Meun, à Villon et quelques rhétoriqueurs, mais inclut probablement, directement ou indirectement, une partie non négligeable de la production du XVe siècle.

Il ne serait pas alors inconsidéré de ranger le *Champion des Dames* entre les sources du *Temple de Cupido.* Clément Marot y trouvait une conception de l'amour qui, malgré ses rigueurs, avait tout pour le séduire, quitte à la nuancer et à l'assouplir, et une mise en scène, une « invention » riche de significations : le château de Vénus anticipe clairement le temple de Cupido. S'il était besoin d'indices plus précis, on pourrait rapprocher la statue de Bacchus qui orne la chapelle de Vénus dans le *Champion*[2] du dieu bien

---

1 Sur Lemaire de Belges, par exemple, qui a peut-être emprunté au *Champion* le titre de l'une de ses œuvres : « On m'apelloit jadis paisible, /*Temple de vertu et d'honneur* » (v. 3153-3154, prosopopée de France), et s'est probablement souvenu de lui quand il a composé sa *Concorde des deux langages.* Le transfert du culte catholique dans le Temple de Vénus n'est plus guère original au début du XVIe siècle : Caulier et Le Franc, pour ne citer que ceux-là, avaient montré la voie. On pourrait difficilement dire aujourd'hui, comme Jean Frappier autrefois, à propos de la *Concorde...,* que « des sources françaises, une seule compte vraiment, mais elle est d'un intérêt exceptionnel, car il s'agit du *Roman de la Rose* » (introduction à son édition de *La concorde des deux langages,* Paris, Droz, 1947, p. LIII).

2 *Champion :* « A l'entree estoit la statue/Et l'ymage deffiguree/Du dieu Bachus qui les gens tue, /Car il fait la bonne puree/De la grappe meure et paree, /Dont les yvrongnes s'embarnissent, /Pour la quelle, a bourse escuree, /Du cabaret sans tabart yssent. » (v. 1473-

vivant qui rend régulièrement visite au temple de Cupido (« Bien souvent y entre Bacchus, /A qui Amour donne puissance, /De mettre guerre entre bas culz. », v. 280-282), les parodies liturgiques, des descriptions sinon parfaitement ressemblantes, du moins procédant du même esprit (dans la chapelle d'Amour de Le Franc, « La muraille est de fin crystal », v. 1665 ; dans le temple de Cupido, « Les vitres sont de cler fin crystal », v. 263, mais c'est peut-être un cliché).

Si le *Roman de la Rose* et *La Concorde des deux langages* sont des sources majeures du *Temple de Cupido* (et Marot trouvait chez Lemaire de Belges une manière déjà épurée qui, en se dégageant progressivement des lourdeurs du style gothique, faisait la part belle à l'image), Martin Le Franc, lui, lui offrait un texte fouillé, ambitieux, et précisément centré sur la problématique qui le préoccupait. Dans le *Champion des Dames,* l'allégorie est asservie aux besoins de la démonstration ; constamment glosée, elle a perdu son autonomie et son mystère pour illustrer sans équivoque une philosophie rigoureuse. Marot ne pouvait qu'être sensible à cette pensée aux résonances pauliniennes[1] qui plaçait l'amour au principe de toute chose et installait au cœur de sa citadelle, la chapelle, Dame Charité.

Mais notre poète n'a pas la virulence du prévôt de Lausanne qui fait prononcer à Franc Vouloir une plaidoirie aux allures de prêche. Homme de cour au tempérament rieur et qui se méfie des fanatismes, il a le sens de la nuance, non pas tant, peut-être, comme le pense G. Defaux, pour ménager son public et, sans le heurter,

---

1480). Comme Vénus, cette statue n'offre pas le même spectacle selon le point de vue d'où on l'observe : « A dire tout, il me sembla/Que du costé senestre estoit/Toute brute et qu'elle en trembla, /Mais du dextre dont regardoit/Vénus meilleur semblant monstroit, /Plus de vigueur, plus de plaisance, /Et mesmement qu'elle en versoit/Le bon vin a grande habondance. » (v. 1513-1520).

1 Première Épître aux Corinthiens, XIII, 13 : « Nunc autem manent fides, spes, charitas, tria haec : major autem horum est charitas » (texte fondamental pour comprendre Marot : voyez les études de Gérard Defaux).

l'amener progressivement à partager ses vues[1], mais parce que sa
pensée répugne à toute forme de radicalisation.

En effet, alors que Martin Le Franc (mais on a vu que la
question chez Le Franc n'était pas simple), et avec lui Lemaire de
Belges, écartelaient leur poétique entre amour sacré et amour
profane, Clément Marot, lui, tente de dépasser cette dichotomie en
inscrivant l'amour charnel, « vénérique », dans un cheminement
continu vers un amour épuré, mieux encore, en le posant comme un
préalable : on aura remarqué, en effet, que l'architecture du Temple
de Cupido implique, pour accéder au chœur/cœur où trône Ferme
Amour, un passage obligé par les domaines d'Amour Venericque.
Si Ferme Amour ne réside pas dans la nef, où le poète l'a
vainement cherchée, elle est quand même bien dans le Temple.
L'amour charnel, les « fureurs cupidiques », ne sont donc plus
envisagés comme un écart, une errance, mais comme une étape vers
la perfection. Le corps, finalement, est réhabilité, la destinée
humaine, dans sa totalité, est reconsidérée, elle acquiert un nouveau
sens, elle devient une histoire où les fautes mêmes sont autant de pas
sur le chemin de la libération. D'ailleurs, au moment de se présenter
devant Ferme Amour, le narrateur ne manque pas de « mercier »
Cupido et de saluer « Venus et ses Charites » (v. 519-20). C'est
bien la blessure d'amour qui l'a amené à entreprendre ce périple
circulaire, de la flèche de Cupido au Temple de Cupido. Le remède
du mal est donc à sa source, il se confond avec elle, et l'on notera
pour finir que ce n'est peut-être pas l'amour « venericque », en soi,
qui est condamné dans un premier temps, mais l'amour non partagé,
ou plus précisément le défaut d'amour de ceux (ici, en l'occurrence,
la dame) qui ne partagent pas les ardeurs du narrateur. Ce dernier
ne cherche donc pas tant à se guérir de « Fol Amour » qu'à en
guérir les autres, à leur apprendre la réciprocité et la constance[2].

---

1   « Les deux amours de Clément Marot », *op. cit., p.* 12-13.
2   Lire sur ce thème Robert V. Merrill, « Eros et Anteros », *Speculum,* 1944, p. 265-284.

C'est là une différence fondamentale avec Lemaire de Belges, qui dessinait dans sa *Concorde des deux langages* une topographie bipolaire qui séparait nettement les temples de Vénus et de Pallas. Si le narrateur s'attardait avec quelque complaisance dans le premier, il entendait du moins mettre en garde son lecteur contre ces divagations futiles qui l'avaient détourné du droit chemin. Pour Clément Marot, par contre, le choix ne se pose même plus : le Temple de Pallas, en quelque sorte, est inscrit dans le Temple de Vénus, il est au bout de la traversée des séductions mondaines.

C'est le sens, nous semble-t-il, qu'il faut accorder à ce périple, qu'Edwin M. Duval, dans une communication récente, considérait pourtant comme un échec : «... les deux quêtes allégoriques entreprises par le narrateur, loin de l'approcher de « Ferme Amour » qu'il cherche, l'en éloignent, en l'éloignant inutilement de lui-même. Ces quêtes ne sont en fait que de vaines erreurs »[1]. Entre le « cœur langoureux » du début du poème (v. 26) et le « cœur garny de liesse » de la fin (v. 504), le narrateur n'aurait fait que perdre son temps » :

> Tout se passe comme si l'allégorie du poème, ainsi que le monde extérieur qu'elle représente, n'était qu'un énorme leurre, un dédale sans issue où toutes les pistes sont fausses, car le cœur du poète est le seul endroit qui compte, l'origine et le terme de sa quête, l'alambic secret où l'amour cupidique se mue en Ferme Amour, presque indépendamment de tout acte et de tout événement extérieurs. Le *Temple de Cupido* n'adopte le mode allégorique que pour en représenter l'échec, et à travers cet échec une nouvelle religion de l'intériorité qui sera celle de Marot depuis le *Temple* jusqu'au *Balladin*, ainsi que celle de Marguerite de Navarre depuis le *Miroir de l'âme pécheresse* jusqu'aux *Prisons* – un évangélisme radical qui s'oppose simultanément au monde, à la chair, au formalisme liturgique, au cuyder, et à tout héroïsme qui se fie à ses propres forces.[2]

---

1 « Marot, Marguerite et le chant du cœur : formes lyriques et formes de l'intériorité », dans *Clément Marot, « Prince des poëtes françois »...*, *op. cit.*, p. 560.

2 *Id.*, p. 560-61.

Edwin M. Duval remarque fort astucieusement que « la scène dont le narrateur est témoin au terme de sa quête n'est autre que son propre *innamoramento* à l'origine de la quête même »[1]. Mais s'agit-il vraiment d'un échec ? Si les deux situations se ressemblent étrangement, le sujet n'est pas le même : dans le deuxième cas, le narrateur n'est que le *témoin* de l'événement, à un moment d'ailleurs où il désespère de retrouver Ferme Amour. La scène à laquelle il assiste répète certes son expérience personnelle et il redoute de retomber dans les rets de Cupido mais, et c'est essentiel, tout cela est perçu à distance. Le second *innamoramento* est en quelque sorte une épreuve dont, cette fois-ci, il sort vainqueur. En cherchant dans son cœur l'objet de son espérance, en *intériorisant* son désir, il *extériorise,* paradoxalement, l'autre désir qui l'avait plongé dans le désespoir.

Le *Temple de Cupido* recèle d'autres difficultés de lecture, tout particulièrement dans un passage qui précède immédiatement celui que nous venons de commenter. On lit, en effet, aux vers 437-449 :

> … Or tiens je tout pour veu,
> Fors celle là, dont veulx estre pourveu,
> Qui plongé m'a au gouffre de destresse.
> C'est de mon cœur la treschere maistresse,
> De peu de gens au Monde renommée,
> Qui ferme Amour est en Terre nommée.

Le texte est sans équivoque : il s'agit bien de Ferme Amour. Mais le vers 439 nous laisse perplexe : si le narrateur désespère, en effet, de trouver sa « treschere maistresse », peut-il dire qu'elle l'a « plongé » dans un « gouffre de destresse » ? Cette expression un peu forte conviendrait, par contre, à la « cruelle maistresse » (v. 45) qui, en ne répondant pas à ses élans, a motivé la quête. Il serait alors tentant de confondre l'une et l'autre : Ferme Amour, cette personnification symbolique, ne serait autre que la belle indifférente, transfigurée non tant par une prise de conscience qui

---

1   P. 560, n. 1 (il s'agit des vers 19-20, 27-33, et 447-56).

aboutirait à une forme de « rédemption » que par le regard du poète lui-même, éclairé à l'issue de ce périple que son premier désir, désir charnel induit par Cupido, avait suscité, instruit de ses erreurs passées, capable enfin de comprendre ce refus d'une dame qui n'entendait pas compromettre sa vertu et sa réputation pour de la fausse monnaie que son soupirant, en toute bonne foi peut-être, lui offrait comme de l'or de bon aloi. La « cruelle » qui ne voulait offrir son corps devient la « treschere », fontaine de sagesse et de pureté[1]. De « Merci » à « Charité », la boucle est bouclée. La femme n'a pas varié, malgré le proverbe, c'est le désir qui, apparemment, se serait transformé, ce qui nous renvoie de nouveau à Martin Le Franc qui proposait de remplacer le faux débat de l'objet (la femme) par la vraie question du sujet (l'homme). Même combat que la défense du sexe dit faible et l'apologie d'un amour épuré. L'homme désirant qui se voulait victime des charmes sulfureux des filles d'Ève se trouve renvoyé à ses propres responsabilités : renversement radical qui, postulant dans la victime un coupable, condamne le lecteur aux affres de l'incertitude en l'invitant à faire l'expérience douloureuse de la lucidité.

Dans quelle mesure, à quel degré Martin Le Franc a pu influencer Marot, nous ne pouvons le dire avec précision, mais les rapprochements donnent à penser et suggèrent à tout le moins que bien des pistes restent encore à frayer. Le beau XVe siècle, en dissertant abondamment de l'amour dans des débats contradictoires poursuivis sur plusieurs générations, a légué au siècle suivant un héritage imposant par sa richesse et sa diversité. Bien des questions avaient été soulevées, des hypothèses envisagées, souvent avec audace et originalité. Cela suffisait à nourrir l'inspiration d'un jeune poète qui, sous la tutelle bienveillante de son père, cherchait à se forger un langage personnel. Est-il pertinent, dans ces conditions, de postuler dès le *Temple de Cupido* une philosophie nouvelle

---

1 Affaire de regard : comme nous l'avons dit, la « Belle dame sans mercy » condamnée par Caulier devient, sous la plume de Le Franc, un parangon de vertu.

inspirée du premier évangélisme, quand le Moyen Age finissant, plus fécond que l'on a voulu le dire, avait posé les termes du problème et donné des éléments de réponses qui anticipaient les réflexions à venir ?

Thierry MANTOVANI
Groupe Renaissance – Lyon II

LE SUJET « PASSIONNAIRE » DANS LA POÉSIE DE TYARD[1]

L'œuvre poétique de Pontus de Tyard – et particulièrement ses *Erreurs amoureuses*, son premier et principal recueil – a été longtemps accusée d'obscurité sans profondeur. Mais elle est aujourd'hui sauvée du dédain dans la mesure où le raffinement formel n'est plus forcément considéré comme un péché ni le texte lyrique sommé d'exprimer un « sentiment réel »[2]. Dans son *Anthologie de la poésie amoureuse de l'âge baroque,* Gisèle Mathieu-Castellani parle de la qualité « parfois mallarméenne » de cette poésie, et de son côté Marie-Madeleine Fontaine affirme qu'elle sera reconnue « comme l'une des plus belles dès qu'on voudra bien la lire à haute voix »[3]. Pourtant, l'article que cette dernière introduit par ces mots expose une hypothèse sur l'identité de la dame réelle que Tyard a célébrée sous le nom de Pasithée et le mot « pur »[4] ne s'y applique pas à la substance poétique (au sens où l'on parlerait de « poésie pure », décantée de préoccupations discursives ou narratives) mais au poète lui-même, loué pour son acceptation des contraintes vertueuses dont il a su « écrire sincèrement ». Tant il est vrai que le « je » de la poésie lyrique incite à retrouver ou du moins à réinventer la personne qui l'a un jour animé. L'approche que M. M. Fontaine propose par le biais du milieu lyonnais et des dames qui l'ont illustré est fort suggestive, mais c'est à l'œuvre qu'on voudrait revenir ici pour tenter d'y cerner les contours d'une individualité poétique.

---

1 Les citations renverront aux pages des *Œuvres poétiques complètes,* éd. John C. Lapp, S. T. F. M., 1966. Pour les *Erreurs amoureuses,* on précisera le numéro du Livre et, s'il y a lieu, du sonnet.

2 L'introduction de John C. Lapp, précieuse à d'autres égards, n'est pas affranchie de ce préjugé (p. xv et xvi).

3 M. M. Fontaine, « Un cœur mis en gage », *Nouvelle Revue du Seizième Siècle*, 1984, n°2, p. 69.

4 *Ibid.* p. 84.

Cette œuvre ménage en effet des passages assez visibles entre
différents niveaux d'expression : entre les recueils poétiques et
leurs préfaces imputant clairement le discours amoureux au
signataire[1], comme entre ces recueils et les œuvres savantes où il
expose sa pensée, mais aussi se met en scène. Or le facteur de
continuité le plus évident est la passion qui constitue la figure du
Solitaire tout à la fois en amant-martyr et en contemplatif de
l'espèce des mélancoliques inspirés. Il faut reconnaître que, si dans
les œuvres poétiques cette passion se déclare intensément vécue,
leur accent personnel frappe moins que leur caractère topique et
leur virtuosité, et qu'elles procurent plus de plaisir intellectuel que
d'émotion. Cependant l'amant pathétique que Tyard a choisi pour
persona – et cela continûment, à la différence des autres poètes de
son temps – ne se manifeste pas seulement dans la description très
codée de ses « affections » et de leur horizon spirituel, ni dans les
percées réflexives ou autobiographiques qu'il a ménagées en marge
ou même à l'intérieur de son discours poétique. Il se manifeste dans
ce discours lui-même, par la présence d'une voix qui lui est propre.

Un tableau des affects déployés comme un spectacle, telle serait
plutôt la première impression. Cela ne vient pas essentiellement des
prises à témoin du lecteur – « Qui veut sçavoir… Voyez, Amans… »
– ou du Ciel, car elles ne sont pas un usage propre à Tyard, mais
plutôt d'une pratique un peu raide de l'allégorie, qui extériorise
l'intime. Françoise Charpentier écrit à juste titre que « l'obscurité
de Tyard, plus voyante si l'on peut dire, ne touche pas comme celle
de Scève la profondeur d'un secret »[2]. Serait-ce parce que les
acteurs de sa psychomachie – Amour, Fortune, Honneur ou les
soupirs et les larmes – ont des contours et des rôles plus définis et

---

1 Qu'il signe de sa devise (« Amour immortelle » puis *Solitudo mihi provincia est*) ou
de son nom.

2 F. Charpentier, « La poétique de Pontus de Tyard entre Scève et la Pléiade »,
Intellectual Life in Renaissance Lyon, ed. P. Ford and G. Jondorf, Cambridge, 1993, p. 180.

plus stables ? Caractéristique également, sa tendance à désigner explicitement la passion plutôt qu'à la manifester, une complaisance un peu appuyée pour le mot lui-même[1]. Il règne dans les *Erreurs amoureuses,* surtout dans le premier Livre, et l'oscillation entre singulier et pluriel ou entre synérèse et diérèse atténue à peine son abstraction et sa rigidité. Mais Tyard sait parcourir toute la gamme des qualificatifs et toute celle des rimes, d' « Ixion » à « dévotion ». On pourrait lui renvoyer sa remarque sur les poètes qui sont plus aptes à « l'embellissement de la disposition » qu'à l'invention[2], mais sans partager son dédain, car l'agencement de ses sonnets, sextines et chansons a de quoi fasciner. Si le langage poétique est ici moins au service de la passion que la passion n'est au service du langage poétique, l'autarcie de ce « fonctionnement verbal », de cette fine « horlogerie »[3] n'est pas sans beauté.

La passion traitée comme un univers langagier, déjà écrit par toute une tradition, s'analyse sur une base le plus souvent binaire (âme/corps, froideur/ardeur, jugement/affection) et les unités se distribuent dans l'espace prédécoupé des poèmes à forme fixe en se combinant avec leurs doubles métaphoriques ou antithétiques. Pour les sonnets, on pourrait citer parmi tant d'autres le vers « M'ostant espoir, pleurs, souspirs et desir »[4], projection horizontale dans les tercets d'une série verticale constituée dans les quatrains, avec pour seule transformation celle de « mer de mon triste pleurer » en « pleurs ». Dans les sextines intervient la base ternaire, plus

---

1 Celui-ci est décliné dans les préfaces, dans les *Solitaire* et dans la traduction de Léon l'Hébreu en « passionner » (transitif ou réfléchi), « passionnant », « passionnément », « passionnable » et en ce curieux « passionnaire » qu'on ne retrouve que chez Le Caron. Chez Tyard, on trouve « discours passionnaires » dans la dédicace « A sa Dame » de 1555, p. 127 ; « cette mienne passionnaire façon » dans *Solitaire premier,* Droz, 1950, p. 77 ; « Pasithée autant eslevée hors de ses affections, comme je suis passionnaire » dans *Solitaire second,* Droz, 1980, p. 194 ; « passionnairement » dans les *Discours philosophiques.*

2 Dédicace de 1573, p. 3.

3 Ces mots sont empruntés à Francis Ponge, « Le soleil placé en abîme », *Pièces.*

4 Sonnet I, xxxiv, p. 47.

raffinée, et les six mots de rimes disposent leurs couples de manière différente, comme en un ballet, dans chacun des six sixains ; elle intervient aussi dans les pièces qui ébauchent plus ou moins la structure du sonnet dit rapporté[1], sans franchir la limite au-delà de laquelle la syntaxe serait déconstruite, comme elle l'est si violemment chez Jodelle[2]. Ainsi calculé, le discours progresse en exploitant méthodiquement des possibilités de jonction, disjonction, rapport directement ou inversement proportionnel – « Plus tu es froide et plus d'ardeur je fume »... « Prend plus de force, où j'ay moins de puissance » – pour élaborer son *concetto*, soit progressivement, soit en coup de théâtre[3].

---

1   Par exemple en I, lxi, p. 139, les « rapports » de place, de sens, de sonorité pourraient s'exprimer ainsi :

pleurs	souspirs	tret
pleurs	souspirs	sang
humeur	chaleur	sang
sec froid	pasle	

Comme en II, xxii, p. 111 :

vertu	beauté	danger
vertu	Amour	peine
louer	aimer	plaindre

2   Par exemple dans le sonnet « Des astres, des forêts, et d'Achéron l'honneur ».

3   Résolution par l'introduction d'un terme nouveau (« douloir », entre « vouloir » et « pouvoir ») ou amenée par un syllogisme, qui est la révélation d'une impasse :

L'esprit en moy n'est rien que penser :
La pensée est ce qui vient m'offenser :
Il faut que moy donq de moy je retire. (III, xxvii, p. 48) ;

ou par l'introduction d'une inversion simple,

O (donq) Amour tu me fais mal'heureux :
Non mais [...] mal'heur qui me fait amoureux (I, xx, p. 30),

ou double :

Car je mourois craintif de tes douleurs,
Et maintenant (miserable) je meurs,
Pour te voir trop joyeuse en mon martire. (I, xxi, p. 33),

ou encore oxymorique :

Donques j'auray à mon aspre souci
En ta rigueur trouvé plus de merci,
Qu'en ta pitié de douceur assurée ? (III, xvi, p. 139).

S'il est une passion que Tyard manifeste, en amant de la mathématique, de l'astronomie et de la musique, c'est celle de la « symmetrie ». D'une acception plus large qu'aujourd'hui, le mot recouvre conformément à l'étymologie[1] la notion de « commune mesure », de juste proportion, de « mesure balancée en toute perfection » : celle qui impose aux astres leur « cours Symmetrié par nombres proportionnez »[2], à laquelle l'art des hommes doit se conformer et dont on pourrait trouver l'emblème dans un sonnet en noir et blanc, qui décrit un collier

> De mainte perle, unie, orientale,
> Pour contre lustre en portion egale
> Mignonnement au jayet cordonnée (II, v, p. 86)

Le poète des *Erreurs* tend, sinon à figer, du moins à régler l'égarement que semble annoncer son titre. Là même où il le thématise le mieux, il le plie à un rythme berceur,

> Au long pener de mes douloureux jours[...]
> Je vois, suivant mon erreur naturelle,
> Incessamment me perdre en mes discours,

l'ordonne à la tripartition traditionnelle du monde[3],

> Car travaillé de peine trop cruelle,
> Mon esprit, las d'estre en prison mortelle,
> Cherche aux Enfers, et Terre et Ciel, secours (I, xxviii, p. 71)

et « rapporte » (en chiasme) à cette répartition les trois « secours » que seraient la grâce, la raison et la mort. De façon comparable, dans l' « Ode au rossigol et à l'arondelle », il fait du « lieu secret » où l'amant « r'assemble » ses « pas perdus » et ses « plaintes ensemble » l'espace verbal (organisé par le mythe de Procné et Philomèle) où chacun des termes, croisant le masculin et le féminin, trouve son homologue :

---

1 Fernand Hallyn, *La structure poétique du monde : Copernic, Kepler*, Seuil, 1987, p. 86.
2 *Solitaire second*, p. 231 et 232.
3 Pour cette tripartition, voir le sonnet rapporté de Jodelle indiqué ci-dessus, note 12.

Où la fureur, Arondelle,
Pousse ton inconstant vol,
Où tu chantes la querelle
D'un tort souffert, Rossignol. (p. 202)

On soupçonnera toujours cette représentation de la passion, avec ses arrangements formels subtils sur un sujet en quelque sorte imposé, de répondre au désir de briller dans l'épreuve publique de poésie plutôt qu'à une nécessité intime. Mais des rênes si fermement tenus supposent plus qu'une envie frivole de réussite et ils invitent à chercher la pensée conductrice du jeu. Tyard le savant n'a pas pu ne pas y introduire les enjeux d'une activité spéculative à laquelle il a consacré tant d'efforts et qui fait une part de son originalité parmi les poètes de la Pléiade.

Des recoupements s'imposent avec les *Discours*, et les œuvres poétiques de toutes les époques de sa vie s'accordent pour l'essentiel avec une métaphysique de la passion constituée à partir de Ficin et de Léon l'Hébreu. Ce qui ne veut pas dire qu'il l'y expose ou exploite avec une totale cohérence, d'abord parce que ses modèles théoriques ne sont pas eux-mêmes entièrement superposables, ensuite parce que ses préoccupations philosophiques, jointes au désir de se mettre en conformité avec des normes morales et mondaines, sont intervenues à des degrés divers suivant les moments. Mais il est difficile de distinguer des périodes successives (avant, pendant, après une affiliation néo-platonicienne) et plus tentant de dire avec J. C. Lapp qu'il a su « opérer dès ses premiers poèmes » une « synthèse en vers du Pétrarquisme et du Platonisme », ce à quoi souscrit Jean-Claude Carron[1].

En effet, un savoir néo-platonicien étaie la rhétorique galante. Les tercets de « Disgrace » ont beau n'être que dix métaphores de la frustration de l'amant sur un ton qu'on peut juger plus badin que

---

1   J. C. Lapp, p. xxx ; J. C. Carron, *Discours de l'errance amoureuse, une lecture du canzoniere de P. de Tyard,* Vrin, 1986, p. 35.

pathétique, et rappeler (ou annoncer ?) les jeux de Ronsard ou Du Bellay sur le mot « tout », ils passent en revue, en désignant chaque fois le repoussoir que constitue l'existence misérable, les attributs de l'Etre indivisible, ordonné, immuable, illimité. Mieux, comme l'a remarqué Henri Weber[1], ils font parcourir en ordre descendant les degrés de la hiérarchie cosmique, assimilant successivement la dame « à l'Idée suprême, au ciel premier moteur, à la sphère des étoiles fixes, au soleil, à l'âme même du poète ». Ils désignent la forme sphérique, la lumière et le circuit régulier des astres, la correspondance entre les sept planètes et les sept intervalles de la gamme[2] comme autant de moyens de décrire une perfection qui est l'image de la perfection divine. Toute une cosmologie est impliquée, commandant également la théorie du monde élémentaire qui sous-tend les variations sur les avatars des soupirs et des larmes dans « l'alambic d'amoureuses chaleurs ».

Sur ce fond conceptuel le récit topique de l'aventure passionnelle, réinterprété, trouve son sens. La plaie qui par l'œil atteint l'âme, les morts renouvelées, la grâce espérée sont mises dans la perspective d'un épreuve ascensionnelle où agit l' « efficace » de l'amour, l'une des quatre fureurs capables de « tirer l'ame embourbée de la fange terrestre »[3]. La beauté de la Dame, « Ciel mortel », est l'objet d'une idolâtrie dont l'adorateur se délecte, puis s'éveille, la voix aimée « ravissant haut » sa contemplation :

> Lors je connus que ce vermeil albastre [...]
> Estoit fragile, et seulement un temple : (I, vii, p. 14)

---

1 H. Weber, *A travers le seizième siècle*, tome I, « Y a-t-il une poésie hermétique au XVIᵉ siècle en France ? », Nizet, 1985, p. 10-12.

2 « La harmonie aux doux concens nourrie/ Des sept accords » : où l'on voit l'écart entre cette évocation poétique de la « musique des sphères » et la discussion scientifique menée dans *Solitaire second*, p. 231-233.

3 *Solitaire Premier*, Droz, 1950, p. 13.

L'âme s'arrache à la finitude qui l'emprisonnait pour s'unir au Tout
par un acte où se confondent amour et connaissance, réconciliant
passion et raison :

> O connoissance heureuse en ton sçavoir,
> Qui a donné à mon Amour pouvoir,
> Le faisant raisonnable ! I « De Chaste Amour » (p. 73)

Ainsi se révèle la seconde face de la passion, assimilable à la notion
de « raison extraordinaire » que Tyard a trouvée chez Léon
l'Hébreu, comme l'observe J. C. Carron. Rimant avec
« perturbation », la passion asservit l'âme et « extermine » un corps
devenu « miserablement maigre » et « presque réduit en cendres ».
Mais rimant avec « adoration », elle est puissance de dépassement.
Elle exerce un « effort violent », une « force outrecuidée », mais en
tant que telle agissante. L'astre fatal se révèle bénéfique car, au feu
qui brûle, l'âme s'allume, se « sublimant » au-delà de l' «aveuglée
fureur » et « devoyée erreur», mais à partir d'elle. D'où, parfois,
simple congédiement des « passions lascives », qui fait rimer
« sale » avec « Sardanapale », mais parfois aussi correction plus
subtile :

> Noz deux esprits d'une complexion
> Sont eslongnez de toute passion,
> Passion qui tourmente : (I, « De chaste amour », p. 77)

Et ce n'est pas une privation, c'est un surcroît de vie qui fait le
dénouement lumineux de « Favorite » :

> Je voy l'effort qui taschoit de me nuire,
> Las et vaincu, et ma puissance vive,
> Pour à bon port mon voyage conduire. (II, p. 109)

Il n'est pas toujours précisé à vrai dire en quoi consiste la « faveur »
que l'amant va cueillir ainsi pour fruit de son attente. On ne sait s'il
s'agit de la félicité terrestre savourée dans le sonnet du baiser :

> Lors souspirant d'une molle langueur,
> Je vouluz dire, et ne peu, las ! ma Dame,
> Laisse piller à mes lèvres le bame. (III, xv, p. 138),

ou si la jouissance est celle d'une victoire remportée sur Cupido et Vénus. Il ne suffit pas que l'annonce de celle-ci soit significativement placée à la fin du premier Livre et confirmée à la fin du second (les cœurs des amants « Ne sont tachez ») puis dans le credo néo-platonicien qui couronne le troisième :

> Mon esprit ha heureusement porté
> Au plus beau Ciel sa force outrecuidée,
> Pour s'abbreuver en la plus belle Idée,
> D'où le pourtrait j'ay pris de ta beauté. (III, xxxiii, p. 152-153)

En fait l'erreur-errance est loin de se convertir tout entière en trajectoire de salut et l'on retrouve peu avant dans le recueil la misère qui se traîne en-deça de la mort comme de la vie :

> Corps languissant, puisque ta molle escorce
> N'a pu ardoir sur si brulante amorce,
> Hé meurs, meurs, meurs, si tu as point de vie. (III, xxvi, p. 148)

C'est un démenti à la totalisation qui faisait dire dans « Favorite » :

> Je voy [...].
> L'ame, qui fust à ce mien corps ravie,
> Tourner à moy : et se montrer contente,
> Que d'elle j'aye et la mort et la vie. (II, p. 109),

et un retour à « Mourant sans fin pour ne pouvoir mourir »[1], sans que pour autant le dépouillement s'annonce comme la voie du salut.

Les paradoxes et les oxymores partout multipliés sont loin de s'orienter vers une résolution unique. Le « doux venin d'agreable tourment » est ici pernicieux, là bienfaisant, là seulement délicieux, et il n'est pas toujours dit que si l'âme est « heureusement damnée », c'est parce qu'elle serait libérée, soit dès cette vie par la contemplation, soit « au Ciel » grâce aux vertus « propédeutiques de la souffrance »[2]. Mais s'il n'est pas possible de trouver là un

---

1 I xiv p. 22. La formule a beaucoup circulé au seizième siècle, en particulier chez Du Bellay.

2 E. Kushner, « L'atelier de Pontus de Tyard », *Les voies de l'invention aux 16e et 17e siècles*, dir. B. Beugnot et R. Mélançon, Montréal, 1992, p. 109.

message univoque ni une complète cohérence conceptuelle, Tyard donne néanmoins à son aventure un horizon d'éternité et un élan de spiritualité, à la faveur même du flou métaphorique qui entretient l'ambiguïté sur la nature de la plénitude qu'il désire. Situant la passion dans un univers compris en termes de « relations spirituelles »[1], il la fait accéder à l'intelligibilité et au pouvoir de convertir sa déraison en raison extraordinaire. De ce Tyard métaphysicien, ordonnateur tacite, il faut cependant distinguer une instance réflexive déclarée, le personnage plus terrestre qui, en marge de la représentation, dans les préfaces mais aussi dans certains poèmes, éprouve le besoin de s'expliquer devant ses lecteurs.

Dans un genre où l'on est depuis longtemps suspecté de « feindre des passions fabuleuses »[2], il lui faut montrer en quoi il se distingue et choisir de mettre l'accent, plus que d'autres, sur ce que nous appellerions sa sincérité et qu'il appelle sa « candeur ». Dans son « Elégie à Pierre de Ronsard », il s'incline devant le triomphe incontestable de celui qui a reçu l'archet de Phébus, mais, réticent devant une passion trop « gaie », il réclame pour sa part le premier rang dans l'art de souffrir :

> Si tu as autant d'heur sur les Pœtes heureux,
> Que j'ay de passion sur tous les Amoureux : (p. 246, v. 259-260)

Une telle revendication, même si elle trahit un brin d'envie, n'est pourtant pas insignifiante, et Tyard y insiste de diverses façons. L'« heur » des poètes comblés d'honneurs sert de faire-valoir à l'« heur plus heureux » que lui procure la vue de son « Estoille blonde » et s'il fait un double parallèle avec ses rivaux et leurs maîtresses, c'est pour assurer qu'ils ont tous deux la palme, elle du bourreau, lui du martyr :

---

1 _Ibid._ p. 111.
2 Dédicace de 1573, p. 3 et Léon l'Hébreu, _Dialogues d'amour translated by Pontus de Tyard_, Chapel Hill North Carolina, 1974, p. 73.

En la froideur de ton cristal gelé,
En feu vivant dans ma moëlle tendre,
Tu vaincs Denise, et Olive, et Cassandre
Et moy Vendome, Anjou, et le Pulé. (III, ix, p. 134)

Avec une insistance qui croît d'une préface à l'autre, se compose la figure du poète le plus sincère, qui n'écrit « que pour exhaller [s]es passions »[1]. L'intérêt de ces protestations n'est pas leur véridicité de toutes manière incontrôlable, mais le fait même qu'elles existent et qu'elles ne sont manifestement pas destinées à la seule attention de la dame. Laquelle a dû sourire en lisant que des « passions, non escrites à autre fin que pour tomber entre [ses] mains » et devenir par conséquent sa propriété, n'étaient publiées que pour éviter une accusation de recel. Loin du beau cynisme avec lequel Ronsard déclare que l'aimée est un argument de poème et l'occasion de bénéfices échangés, Tyard se défend – est-ce avec plus de naïveté ou plus de mauvaise foi ? – de ce qu'on appellerait aujourd'hui le mensonge littéraire. Il fait témoigner en ce sens tous les vers où on le voit « forcé de volonté contrainte », soupirer ou « vomir » ses hélas[2].

Mais à trop brandir le mot « passion », à trop proclamer qu'il « ha exprimé fidellement et sans fard ses conceptions » et que « les belles cendres Poetiques » n'ont servi qu'à cacher une ardeur trop réelle, il incite à suspecter sa « belle candeur ». En fait, il trahit sa conscience inquiète d'un écart de la vie à l'écrit. Dans sa première préface il avouait plus spontanément le désir de « memorablement escrire » et priait l'aimée de dissiper par sa bonne grâce « les bruines de la melancolie, qui tempeste et trouble le plus serein des inventions ». Ce qui revenait à admettre que la qualité poétique n'est pas directement proportionnelle à l'intensité du martyre amoureux, comme il l'avoue dans la seconde dédicace – « Je

---

1   Dédicace de 1550, p. 82.
2   Témoignerait aussi l'emploi des mots « travail », « discours » et, au premier chef, « erreurs », qui réfèrent tantôt à la vie, tantôt au texte, mais souvent aux deux confondus.

confesse que ces discours passionnaires peuvent estre contrefaiz par
les libres », espérant seulement qu'on pourra « discerner le feint, du
veritable [...] par une secrette difference »[1]. Dans l'Elégie à
Ronsard, il se montre en poète découragé par la difficulté de faire
tenir l'infini du ressenti dans la forme versifiée,

> L'art nombreux me semond tirer d'infinité
> Infinies douleurs en un conte [compte] arresté. (p. 240, v. 89-90),

et en lecteur désolé que ses livres aimés, ces « bien disans muets »,
ne puissent le guérir. D'où l'apostrophe désabusée qu'il adresse à la
confrérie des poètes :

> Si vous chantez vostre heur, la voix le subject passe,
> Si vous plaignez un dueil, vostre plainte est trop basse.
> Ah ! que jamais ne peut s'estaindre par escrit
> La vive passion d'un langoureux esprit. (p. 241, v. 131-134).

Ces exclamations, si passionnées soient-elles, sont en retrait de
l'incantation lyrique des *Erreurs*, dans une zone réflexive où se
situent aussi, comme l'indiquent leurs titres, les Odes « du
Socratique » et « de ses affections », l'une prenant des allures de
catéchisme, mais l'autre donnant à la spéculation un peu de chair et
par là rejoignant l'Elégie à Ronsard. Dans celle-ci, les rimes plates
des alexandrins – mètre jugé comme on sait plus prosaïque –
contribuent à un effet de confidence directe. On y rencontre le sujet
biographique, sous son prénom de Pontus, et peu importe si le récit
de sa nuit et de sa journée de solitaire désolé se construit sur des
éléments topiques et selon une rhétorique savante : le lecteur
moderne, comme sans doute l'avaient fait les contemprains, y
ressent « au vif », sur la brûlure d'un malheur récent, la fraîcheur
inutile du « linge blanc » et de la « nappe mise », ou l' « humain »
qui se lit dans le regard d'un chien. On est gratifié de petits détails
qui donnent une sorte de consistance romanesque à cette aventure

---

1   Dédicaces de 1548, p. 7 ; de 1573, p. 4 ; de 1555, p. 127.

amoureuse que les *Erreurs* réduisent à une épure. Le cauchemar dont un sonnet ne donne là que l'esquisse – « Courant apres votre fuyante image, / Je criois » – est ici raconté tout au long et décrit dans sa perception physique : « Je me sen et la langue et les jambes mourir ». Le thème de l'erreur-désarroi se concrétise dans les « cent tours retournez » de l'insomnie et ceux de la jalousie et de la médisance, stylisés dans les *Erreurs* par le mythe des Géants, la figure d'un « resveur Saturne », puis « la Crasse maconnoise », se donnent une forme narrative dans l'Elégie. Ils y prennent couleur (si on peut le dire de teints blêmes et de la lueur d'un sourire) dans les personnages de Pontus « tout englacé d'une tremblante peur » et du « disert trompeur »

> Comparant sa palleur de feinte passion
> A la vive candeur de mon affection.

– ou sur le visage de la « Nymphe » qui doit choisir

> Ou luy qui sçait n'aimer point, beaucoup feindre
> Ou moy loyal, qui meurs beaucoup, et sçay peu pleindre. (p. 243,
> v. 177-178 et 181-182).

Où l'on voit que la « candeur » reparaît, du discours de l'auteur au récit autobiographique et aux poèmes plus allusifs. On pourrait suivre selon un même étagement de l'élaboration littéraire des motifs prouvant que la parole, prononcée ou muette, retenue ou échappée, est l'objet d'une préoccupation particulière chez Tyard, dont l'eros est soucieux d'éthique. Mais on est conduit aussi à chercher s'il est plus convaincant lorsqu'il raconte, détaille, explique, ce qui ne va pas sans contradiction ni pesanteur, ou lorsqu'il fait agir la passion directement, dans les mots du poème.

Quelle est donc, à nos yeux qui ne sont pas ceux de la dame, cette « secrete difference » qui en somme séparerait un discours sur la passion d'un discours de la passion ? Elle n'est pas forcément dans une simplification du langage telle qu'on peut la constater dans les *Nouvelles Œuvres Poétiques*, à travers certains cas de récriture. Ainsi le songe érotique, traité avec un maniérisme sensuel dans les *Erreurs* :

> Combien heureux les œillets, et les roses
> Ceingnoient le bras de mon ame espamée,
> Affriandant une langue affamée
> Du Paradis de deux lèvres descloses ! (III, xxi, p. 142)

Il perd de sa saveur dans les alexandrins de 1573, « représentation ample et simple »[1] annonçant, il est vrai, le goût classique – « Viens abuser mon mal de quelque doux mensonge »[2] – mais plus abstraite. Ce n'est pas non plus dans un assagissement du culte amoureux qui désormais ne se compare à l' « oblation » chrétienne que pour s'en distinguer soigneusement, là où le désir, délicieusement, « fondait tout en devotion »[3]. Ce n'est pas non plus dans le réalisme assez rugueux qu'on trouve dans certaines requêtes de la dernière période – « Ma maistresse, ajdoustez matiere à mon ardeur » – et dans les louanges devenues chiches, n'étant plus accordées « qu'autant que la femme peut estre / Soudaine à bien comprendre et ferme au souvenir ». Ce désengagement et cette tendance à démystifier son propre discours ne libèrent pas d'accent personnel qui puisse justifier une certaine déperdition poétique.

Cet accent, on l'entend mieux, quoi qu'on en ait dit, là où la rhétorique amoureuse assume sa part de fiction et de théâtralité. En prêtant sa voix à Pygmalion ou à Prométhée, à un disciple de Socrate ou encore à une dame, le poète ne l'étouffe pas, il l'amplifie. Ménageant chaque fois un suspens et ne révélant qu'après coup l'identité de l'énonciateur, il ne produit pas seulement une surprise plaisante, il s'autorise à occuper des positions de parole extrêmes tout en inscrivant son histoire dans les mythes qui lui donnent sens. Mais que ce soit en son nom ou pas, que ce soit à la cantonade ou pas, il donne à son discours l'espace

---

1   F. Charpentier, *loc. cit.* p. 188. Sa préférence ne va pas aux *Erreurs amoureuses*.
2   *Nouvelles Œuvres Poétiques.*, vi, p. 214.
3   *Ibid.*, x, p. 219 et I, v, p. 12.

et la tension d'une parole adressée, celle de la prière, du reproche, de l'exclamation indignée ou ravie. Moments de profération pathétique, qui introduisent dans la représentation bien ordonnée le désordre de la passion, en brisant la phrase – « ô douce Mort, renverse / Avec ce corps... » – en la suspendant dans le vide – « Mais quelle humeur sortiroit d'une cendre ? », en la cabrant pour souligner l'inconcevable – « Donq tu feindras ta foy, et je vivray ? ». Ils culminent dans l'adynaton du compte impossible, ce défi à la mesure (« Qui peut nombrer... ») ou dans celui de l'imprécation, ce défi au danger, cette surenchère exaltée (« Plustôt jamais... »). Le rythme est ici essentiel. Il épouse l'effort de la passion pour surmonter les obstacles qu'elle écarte :

> Non, bien que moy de moy mesme j'esgare,
> Non, quand encor le Nautonnier avare... (I, xxxvi, p. 124)

Il fait concevoir que l'âme, un jour, délivrée de la prison du corps, « au Ciel sur le Soleil / Puisse saillir », ou la naissance de l'espoir, « doux enfantement / Du desir ». Mais il épouse aussi le repliement sur soi d'une sensibilité inquiète et les hésitations d'une expression qui se cherche en entrecoupant de corrections et parenthèses la phrase commencée, avec de légères anticipations – « Mais je sçay bien (ô tard) qu'il adviendra » – ou retours en arrière. Les plus réussis sont pourtant les vers dont le balancement exprime l'apaisement de la passion réconciliée avec l'harmonie universelle :

> Mais si encor heureusement j'espère
> Qu'enfin ton cours (ô ma divine Sphère)
> Veut asseurer la crainte qui me touche,
> J'auray parfait en toy l'heur de ma vie
> Et toy en moy l'heur d'estre bien servie
> D'esprit, de cœur, d'œil, de foy et de bouche. (III, xxxiii, p. 153)

Ici se confondent « heureusement » la perfection sphérique du ciel, que reflète la dame, la circularité de l'échange qui donne un dénouement angélique aux trois Livres du recueil, la diffusion du mot « heur » et le bouclage de la structure rapportée dans le dernier vers. L'intérêt de Tyard pour la musique, sa conception du cosmos et sa science de la versification ne font plus qu'un dans le chant d'amour. La densité du sujet lyrique se mesure alors au fait qu'il n'est pas séparable du texte.

Cela ne serait pas possible sans un passage par l'expérience sensible, une présence du corps. Que Tyard les puise dans une topique pétrarquiste n'enlève rien à la vivacité de ses courts-circuits entre sensations, comme dans « tenebreuse plainte », ou entre l'abstrait et le concret, quand il fait « pleuvoir la cruauté », et montre comment se quintessencie la matière charnelle :

> Le corps se fond en pleurs, quand ce Soleil
> Empraint le feu plus ardemment en l'ame[1].

Ce qui suppose un pétrissage sensuel de la matière verbale, où le sens circule comme un influx, lorsqu'une image, « au tremblant » du cœur, est « indeleblement peinte » ou qu'au son d'une musique de « Lycie », une passion « melancoliée » reçoit, « langue en douleur desliée », réponse de « pitié » et d' « amitié ».

Il n'empêche que les plus beaux élans, paradoxalement les plus marqués d'émotion, traduisent une fascination pour les pouvoirs de la pensée :

> Je trespassay, car mon ame estonnée
> De ta grandeur, pour librement penser,
> Te voulut suivre............................. (I, xxvii, p. 40)

Ce n'est pas un angélisme fade. Si Tyard est disciple de Scève, c'est parce qu'il a appris dans *Délie* son catéchisme amoureux, et dans *Microcosme* une confiance dans le génie humain qui ne préside pas seulement à ses recherches savantes, mais aussi à ses enthousiasmes de poète. Dévôt de la perfection mathématique, il lui adresse des prières : « O centre... Fais qu'en ta circonference... », dit-il dans le seul moment lyrique de l'Ode du Socratique, et des

---

1 I, Sextine, p. 38.

formules telles que « Fors que l'esprit » ou « Le seul penser me garde de mourir » sonnent comme des actes de foi.

Mais en même temps que la puissance, il ressent le mystère de la pensée, qui est celui de la présence immatérielle :

> Œil eslongné du Jour, qui te recrée,
> Comme, en l'obscur d'une Nuée épesse
> Peux tu tirer une si vive espece
> D'un corps, non corps, qui vivement se crée ? (III, x, p. 135)

Il a rendu admirablement l'impalpable du rêve nocturne :

> Comme l'image, et l'ombreuse mensonge
> De ta beauté, venoit flatter d'un songe
> Dans mes yeux clos la lumiere enchantée (III, xx, p. 142)

et le vertige du rêve éveillé :

> Lors esperdu (comme celuy qui songe,
> Et qui ne peut r'asseurer sa memoire,
> Mais douteux qu'il doit croire,
> Reste confuz entre vray et mensonge). (III, Chançon, p. 104)

Et si la voix féminine est sa médiatrice entre terre et ciel, quelles que soient les spéculations sur la hiérarchie des sens[1], c'est parce qu'elle est le troublant entre-deux du charnel et du spirituel.

Serait-il posssible d'aller plus loin et d'identifier un sujet lyrique situé plus en deçà du poète raisonnable, dans une région de l'inavoué qu'on pourrait entrevoir entre les lignes de quelques motifs obsédants ? G. Mathieu-Castellani remarque dans les *Douze Fables de fleuves et fontaines* la séduction exercée par le double androgyne et M. M. Fontaine dans son enquête sur Pasithée propose l'idée d'un dédoublement entre mère et fille ou entre deux filles. Le rapprochement est tentant avec l'Elégie « pour une Dame enamourée d'une autre Dame » qui, en résonance avec le sonnet « Fust-il seigneur... »[2] fait jouer un jeu ambigu au couple

---

1 Voir le débat de *Solitaire Second*, p. 197.
2 I, iv, p. 85.

allégorique d'Amour et d'Honneur ; ou avec l'Ode sur « les roses de son isle » où F. Charpentier décèle « une délectation à peine secrètement érotique » :

> La blanche print de sa voisine
> Un peu de couleur cramoisine :
> Et d'une blancheur délicate,
> La blanche se feit incarnate[1].

On pourrait encore noter que c'est l'influence des Gémeaux qui gonfle de sève printanière le sonnet le plus épanoui des *Erreurs* :

> Heureux jumeaux qui ce mois recevez,
> De l'œil du Ciel l'embrasement,
> Et qui par doux estroit embrassement,
> Mille plaisirs ensemble concevez :
> Feuilles et fleurs à foison vous pleuvez
> Pour tesmoigner vostre esjouissement. (II, xvii, p. 101)

Séduisantes lignes de fuite…

La passion chez Tyard est une passion réfléchie, dans la mesure où la forme poétique, soigneusement façonnée, suppose un certain degré de conceptualisation, orientée par le désir de la « situer harmonieusement »[2] dans un monde supposé harmonieux en montrant la face créatrice du « travail » qu'elle inflige ; dans la mesure aussi où elle est l'occasion d'un retour réflexif, à la fois esthétique et éthique, sur les complaisances de la plainte amoureuse. Cette maîtrise intellectuelle ne devrait pas faire ignorer une musicalité qui d'ailleurs en procède. Pour les subtilités, elles ne sont ni indéchiffrables ni inchoérentes et l'ironie d'A. M. Schmidt est injustifiée. Si la « symmetrie » de Tyard résiste moins à l'analyse et égare moins délicieusement que les savants déséquilibres de Scève, et si elle conjugue moins finement le

---

1   *Livre de vers liriques*, p. 197-198 ; F. Charpentier, *loc. cit.* p. 180. Le lecteur d'aujourd'hui est-il influencé par le souvenir de *L'après-midi d'un faune* de Mallarmé ou est-ce lui qui s'est souvenu de Tyard ?
2   E. Kushner, *loc. cit.* p. 110.

charnel au spirituel, il n'est pas vrai qu'elle soit totalement abstraite des « utiles servitudes de l'incarnation »[1]. Si son lyrisme n'a pas l'assurance du chant de Ronsard, cette puissance d'expansion qui s'appuie sur les forces naturelles, il n'est pas pour autant confiné car il se donne l'espace illimité de quelques visions lumineuses. Si sa réflexion sur le mensonge possible de l' « art » est moins poussée que celle de Du Bellay, elle a moins de rigidité. Mais plutôt que de déterminer son rang, on pourrait essayer de caractériser la posture propre de son discours, le son distinctif de sa voix, et ce serait : plus de naïveté que chez Scève, plus d'hésitation que chez Ronsard, plus de santé que chez Du Bellay, plus de sagesse que chez Jodelle. On regrettera peut-être que cela exclue, soit l'état de possession, soit l'énergie impérieuse, l'imprudence, voire l'agressivité qu'appellerait le mot de passion, mais Tyard passionnaire se situe à mi-chemin entre le visionnaire ébloui et le missionnaire ardent. Peut-être faut-il chercher dans ses vers, plutôt que « l'ancien souffle lyrique ou la direction personnelle enthousiaste de la phrase », des moments d' « illumination réciproque »[2].

Simone PERRIER
Université Paris7-Denis Diderot

---

1   A. M. Schmidt, *Poètes du XVIe siècle*, « Pléiade », p. 368.
2   Mallarmé, *Crise de vers*, « Pléiade », 1945, p. 366.

LA GLOIRE DE LA DAME ET LA GLOIRE DU POÈTE :
À PROPOS DES *ODES À PASITHÉE* DE JEAN TAGAUT

L'édition récemment procurée par Franco Giacone nous a révélé une œuvre poétique inconnue : les *Odes à Pasithée* de Jean Tagaut, dont le manuscrit date de 1550/1552[1]. N'abordant qu'à peine, aujourd'hui, leur évaluation esthétique (question essentielle, mais subjective), disons que l'ouvrage sollicite vivement la curiosité, par son caractère tout à la fois ingénu et bizarrement complexe, non sans contradictions ou réticences[2].

Pour cette première approche, il semble naturel de considérer ces *Odes* au sein du genre encomiastique et d'y étudier le « fonctionnement » de l'éloge amoureux. Le titre nous y convie, par cette préposition (« à ») qui consacre la création poétique (les « *Odes* ») à la toute-divine (« Pasithée ») : le recueil s'affiche comme une célébration.

Tentant de décrire et de caractériser la louange adressée à l'aimée, nous verrons comment Tagaut s'y trouve « empesché », et une brève comparaison avec le Ronsard des *Amours* de 1552 nous l'expliquera peut-être. Nous serons ainsi préparés à la question plus ample du rapport entre l'éloge amoureux et l'éloge en général, pour aboutir à celle de la légitimation (si l'on ose ce terme) de la louange amoureuse.

En 1550[3], le jeune Jean Tagaut sort de longues études : doctorat en médecine, sans doute aussi mathématiques, humanités

---

1 Jean Tagaut, *Odes à Pasithée*, éd. crit. par Franco Giacone, Genève, Droz, TLF n° 457, 1997, CLIII + 311 p. Les *Odes à Pasithée* sont distribuées très inégalement en deux Livres (v. note 6 ci-dessous) et contiennent en tout dix-neuf odes, en strophes composées surtout d'hexasyllabes, heptasyllabes et octosyllabes. Le premier Livre est daté de 1550, le second de 1552.

2 Outre les méandres et obscurités du discours lyrique, même le substrat référentiel est loin d'être clair, notamment quant aux éventuelles inspiratrices de Tagaut. Même l'introduction de Franco Giacone n'élucide pas tout.

3 Puisqu'on va, ici, s'intéresser presque exclusivement au premier Livre, c'est cette date-ci qu'il faut prendre en considération (et cette précision importe, notamment pour

certainement très poussées[1]. Il atteint les trente ans lorsqu'il s'ouvre
ainsi au monde en lisant les poètes de l'amour ; et bien sûr il
entreprend de les imiter, puisque bien sûr il est amoureux lui aussi.
Mais la fièvre sera brève – car, dès 1552, il abjure « cette vaine
poëzie »[2] : son cahier attendra quatre siècles et demi les soins
diligents de son éditeur moderne[3].

Tagaut vient de lire les premières *Odes* de Ronsard, dont les
rythmes l'ont ensorcelé[4]. Il a lu le *Poliphile*. Il a l'air de connaître
intimement le *Canzoniere* de Pétrarque[5]. Quant au pétrarquisme
français, le jeune poète ne peut guère avoir pratiqué, à cette date de
1550, que la *Délie* de Scève, les premières *Erreurs amoureuses* de

---

déterminer les œuvres que Tagaut peut avoir lues). Dans ce Livre premier, nous
privilégierons beaucoup l'ode I, très longue, et porteuse de toute la thématique qui nous
intéresse aujourd'hui.

1   F. Giacone, *op. cit.* p. XXX-XLIV. Noter que le père du poète nous est décrit comme
un humaniste « évangélique », qui dut donner à son fils une éducation exigeante.

2   J. Tagaut, *Odes à Pasithée*, II, 4, v. 35-36 : « cette vaine poëzie/ jadis pour saincte
choisie ».

3   Telles que nous les lisons, les *Odes à Pasithée* nous paraissent offrir tous les signes
de l'inachèvement. Des deux Livres qu'elles comportent, le premier couvre 260 pages, le
second 38, et il est difficile de croire qu'une composition aussi déséquilibrée représente
l'intention définitive du poète. D'autre part, s'il avait songé à publier, en vue d'une carrière
d'écrivain, Tagaut n'aurait pas manqué de corriger les très visibles incohérences de son
recueil et les très nombreuses maladresses de sa rédaction, sans laisser de ratures. Appelé à
d'autres pensées par son adhésion fervente au calvinisme, épousant chrétiennement celle qui
avait été l' « idole » de ses Odes, et bientôt père de famille (voir, sur tous ces points, la
substantielle introduction donnée par F. Giacone à son édition et notamment en ce qui
concerne l'état religieux de Claude, d'abord cloîtrée par son père dans un couvent de
bénédictines), Tagaut s'est désintéressé de ses essais pétrarquisants : dès les odes 3, 4 et 5 du
Livre II, il renonce explicitement à cette poésie bonne pour des païens. Nous nous croyons
donc fondé à voir dans ces *Odes à Pasithée* une entreprise poétique qui a tourné court – et
d'autant plus intéressante, justement, que ce manuscrit laisse entrevoir assez naïvement ses
contradictions. Mais cette interprétation nous est personnelle.

4   Les formes strophiques qu'il adopte sont des variations (très proches) des *Odes*
« pindariques » de Ronsard, et miment leur hauteur de ton. Dans l'ode I, 10, Tagaut emploie
même les termes de « strophe », « antistrophe » et « épode ». Il dit expressément que
Pasithée mériterait un Pindare. On a le droit de se demander si cette forme était la plus propre
à la poésie amoureuse. Ronsard fit un autre choix, et la postérité lui a donné raison.

5   Voir, entre autres, les notes de F. Giacone à l'ode I, 1 (*op. cit.*, p. 9, 13, etc.). Quant à
F. Colonna, voir plus loin le « triomphe » de la dame sur son char – et I, 2, v. 166.

Pontus de Tyard, la première *Olive* de Du Bellay, tous contemporains immédiats qui paraissent avoir entièrement supplanté chez lui le souvenir de Marot. Les classiques latins sont constamment présents à son esprit. Il a dû fréquenter de près (sous quel maître ?) la poésie alexandrine, et notamment l'*Anthologie*, comme en témoignent ses allusions érudites. Sa familiarité avec la Bible apparaît aussi clairement : peut-être même a-t-il touché à l'hébreu. Bref, Jean Tagaut appartient, sans équivoque, au chœur des doctes.

Tel est l'écrivain qui entreprend de prendre rang aux côtés de Scève, Tyard et Du Bellay. Tout naturellement, il prend leurs poses. Face à la dame qu'il a élue, il se présente comme « serf » et comme idolâtre : les richesses de son esprit seront tout entières vouées à la louange.

Première étape de l'*ornatus* indispensable à tout éloge : la dénomination. L'aimée s'appelant bonnement Claude Bernard, Tagaut se hâte d'emprunter à Pontus de Tyard l'auguste nom de Pasithée, pour chanter plus noblement son amour[1]. Ainsi commence la distanciation mythique : le dialogue n'est plus entre Jean et Claude, mais entre un « moi » humblement anonyme et une déesse. Reste à donner un corps (glorieux) à celle-ci.

C'est par une longue série d'identifications métaphoriques qu'il va la faire exister littérairement. Les plus simples et les plus spontanées seront empruntées à la nature : Pasithée est une rose qui s'ouvre, « toute odeur effaçant / den sa pointe decloze / peu à peu rougissant »[2] ; sa voix est « trop plus douce / que l'oyzeau mieux chantant »[3] ; la jeune fille est neige, lys, soleil, ivoire, et c'est la

---

1 Sur l'identité de la jeune Claude Bernard, son moniage apparemment forcé, son « enlèvement », voir l'introduction de F. Giacone. S'il faut saluer les découvertes archivistiques de l'érudit, il ne nous semble pas que cette aventure romanesque (achevée par un mariage) ait laissé tellement de traces dans les *Odes* telles que nous les lisons (v. toutefois, note 33 ci-dessous, le « Voile noir »).

2 *Odes à Pasithée*, I, 1, v. 350-353.

3 *Ibid.*, v. 369-370.

fulgurance de l'or qu'elle apporte à ce monde[1]. Mais Tagaut est bien trop savant pour s'en tenir là. L'identification aux beautés de la nature est identification aux divinités qui animaient l'univers dans la mythologie païenne. Dieux et héros vont être convoqués pour fournir à Pasithée cette illustration de la race qui est, pour l'encomiaste, un thème obligé : ils vont constituer autour d'elle une famille d'adoption où pourront se manifester de riches ressemblances – et que le poète n'aura nulle peine à exalter. Et, de fait, il s'y ébroue. S'il est banal de dire que les cheveux de la belle évoquent « la teste dorée / du celeste sonneur » ou la chevelure de Bérénice, de proclamer que sa « grand'beauté » « passe une Cypris », et que le berger Pâris s'est trompé d'adresse, de citer Diane, Danaé, Narcisse et les Sirènes[2], le « Pasithéophile » ne laisse pas de se singulariser par son érudition, et sophistique dès qu'il le peut les désignations onomastiques : la Lune devient « Levone », la Sirène « la fille d'Acheloys », et Tagaut nous donne à décrypter l'histoire de la « fiere Teucrienne » qui eut à subir les vengeances d' « Adrastienne » (Anaxarète poursuivie par Adrasté-Némésis) ou celle de « la jalouse Aetolide » (Déjanire)[3]. On donnerait cent exemples de ces assimilations mythologiques : trop foisonnantes peut-être à notre goût « classique », elles expriment une sorte de profusion que Tagaut juge essentielle à la louange, et il les prodigue de la façon la plus délibérée qui soit. L'éloge est son devoir. Les cheveux de Pasithée « reluisent » au soleil ? « Sera donc mon office / de faire ceuz cy dieuz ». Office de célébration, liturgie savante qu'il voudrait solennelle : l'assertion de ressemblances héroïques et divines amène un glissement du profane au sacré, de la femme à la déesse, et fera admettre au lecteur l'emploi de termes religieux : « idole », « sainte »[4]...

---

1 *Ibid.*, v. 329-334.
2 *Ibid.*, v. 310-312, 330-334, 249-256 (étonnante rencontre entre « Paris » et la Seine !), 517, 757-759, 845, 859-860...
3 *Ibid.*, v. 471, 757-760, 493-496, 657...
4 *Ibid.*, v. 335-336 (« faire ceuz cy dieuz »), 259 (« ydolatre »), 330.

Nous avons emprunté nos exemples à l'ode I, 1 ; mais, dans la suite de ce Livre I, dans les odes 2 et 8 notamment, on trouverait nombre de pareilles évocations empruntées aux anciens poètes, et parfois surprenantes si l'on s'en tient à l'interprétation courante des fables alléguées[1], sans parler d'autres images qui, certes, ne s'appliquent pas directement à la dame, mais contribuent au décor : ainsi, une foule de satyres et de sylvains, avec Priape et les « Ityphalles »[2].

Dénomination auguste, grâces comparées à ce que la nature a de plus parfait, apparentement aux immortels, ces voies de l'éloge (très classiques en somme, et proches de la simple *descriptio puellae*) concourent toutes à dire la beauté, l'excellence de l'aimée, surhumaine entre les humains. Mais suffiraient-elles à accomplir le passage (qu'on a vu s'amorcer) du profane au sacré ? à justifier l'adoration (car il s'agit bien de la justifier, et nous reviendrons tout à l'heure sur ce point essentiel) ? Non, sans doute. L'encomiaste doit aussi apporter tous ses soins à dire les qualités morales de l'être qu'il loue. Quintilien (dont Tagaut est bien plus proche qu'il ne semble) le disait déjà pour les éloges civiques. Il faut s'attendre à ce que le sage Pasithéophile y manque moins qu'un autre[3].

La « douceur » de Pasithée, très souvent affirmée, n'est pas seulement un autre nom de cette « grâce » qui appelle l'amour : parmi ceux de « serenité », de « noblesse », de « courtoisie », ce mot de « douceur » prend (croyons-nous) sa vraie acception de qualité de l'âme : affabilité qui procède de la « prudence », de la maîtrise des passions[4]. Pasithée en témoigne par son incomparable « chasteté », garante d'un honneur sans tache, à l'abri des tentations

---

1 Par exemple ode I, 9, v. 35-39 (la Gorgone).

2 V. les v. 113 et suiv. de la très confuse ode I, 8 : de tels intervenants, dans une ode adressée (si nous comprenons bien) à deux religieuses en promenade, ont quelque chose de surprenant.

3 Cf. Quintilien, *Institution oratoire*, III, ch. VII, 15-18.

4 *Odes à Pasithée*, I, 1, v. 387-392 et *passim*.

– et c'est pour dire sa « pudeur », plus encore que sa beauté, que foisonnent surtout les identifications mythologiques[1]. Par là se couronne la louange, établissant au firmament ce que Tagaut appelle, d'un terme englobant, la « valeur » (ou la « vertu ») de Pasithée, dont nous verrons tout à l'heure le « triomphe ». Sauf le désordre qu'impose la « fureur poétique » (à quoi s'ajoute le rythme très court des strophes, prohibant toute période oratoire), l'éloge amoureux s'est construit sans rupture avec les préceptes que la rhétorique édictait pour toute entreprise encomiastique : il s'agit, en somme, d'une adaptation de ce modèle général, où les motifs de celui-ci demeurent bien reconnaissables.

Mais quelles paroles va dire le poète à la statue ainsi dressée ? Des mots, parfois, que l'on n'attendrait pas. Ainsi ces vers 257-260 de l'ode I, 1, où il s'adresse ainsi à Pasithée :

> J'honore, hellas, ta grace
> Plus que mon cœur ne peut,
> J'ydolatre en ta face
> Plus que raison ne veut...

Si les deux premiers vers n'offrent pas grand sens (appelés aprèscoup par instinct de symétrie ?), les deux derniers sont curieusement ambigus. Dans leur contexte, ils doivent vouloir dire simplement que la raison désapprouve cet amour sans récompense – mais on ne peut exclure qu'ils signifient souterrainement autre chose : l'exaltation pétrarquiste des beautés de la dame, telle que je suis en train de m'y livrer, est-elle bien raisonnable ? ... N'y auraitil pas déjà ici, dans la première partie de la première ode du premier Livre, comme une prise de distance par rapport à l'éloge que déroule la rhétorique ? Tagaut avouerait qu'il est en train de faire de la littérature... Du reste, la statue est trop altière : comment lui parler d'amour ?

---

1 *Ibid.*, surtout v. 505 et suiv., 601 et suiv.

> Sa vertu est trop haute,
> Croi-je, pour si bas cœur[1].

Mais on trouvera plus de matière encore à s'étonner, en considérant quelle fonction assume l'éloge au sein du discours amoureux pris dans sa stratégie globale. Par nature, ce discours vise à assurer la dame de la passion dont elle est l'objet, et à la persuader d'accéder au désir de celui qui la chante : fonction persuasive, qui se mêle intimement à l'encomiastique. Or, quand Tagaut fait l'éloge de la « vertu » de Pasithée, il apparaît que c'est pour exhorter éloquemment la jeune femme à conserver cette chasteté, à cultiver encore cette maîtrise de soi qui fait sa « valeur » : c'est ainsi qu'elle doit fuir l' « oysiveté » mauvaise conseillère, s'adonner aux travaux d'aiguille, à la lecture et au chant, ignorer les galanteries dont l'entourent ses admirateurs[2]. Certes, çà et là, l'amant-poète réclame timidement son dû charnel, mais ces prières font une impression d'incohérence parmi de si honnêtes exhortations[3]. Et nombre des mythes évoqués vont à contre-courant de la prière d'amour, privilégiant les images de Diane et de ses émules. Bien plus, l'ensemble du mouvement encomiastique apparaît construit pour aboutir au tableau du « Triomphe de Pasithée », réécriture antithétique et vengeresse de tant de « Triomphes de Vénus ». L'ode I, 1 (qui, à elle seule, représente près du quart de l'ensemble des *Odes*) s'achève sur l'humiliation de Cupidon, qui se voit refuser le rang divin, tandis que tu triomphes, toi, Pasithée, « qui (...) du servaige / d'amour nous has tirés » : étrange final, pour une ode amoureuse[4]... Du

---

1 *Ibid.*, v. 467-468.

2 *Ibid.*, v. 613 et suiv., 634 et suiv., 775-776.

3 *Ibid.*, v. 221-224, 341 et suiv., 417 ; v. aussi v. 593-600.

4 Diane et Minerve sont omniprésentes dans tous les passages cités ci-dessus, même si la redoutable puissance de l'amour est partout affirmée (à regret ?) : la vierge qui résiste à celui-ci doit éviter la démesure (v. 953-956). Un cœur noble sait « convertir » en « desir honneste » l'effet du « douz trait qui nous blece » (v. 921-926). Quant au « Triomphe de Pasithée » (v. 1021 et suiv.), il reprend antithétiquement tous les détails iconographiques des

coup se confirme la structure que Tagaut avait voulu donner à ce
long poème, de part et d'autre de la « pause » centrale du v. 497.
D'abord, l'asservissement amoureux et ses déceptions, mouvement
qui s'achève sur l'espoir – tout profane – d'une vengeance sur
l'insensible. Puis ce huitain-pivot :

> Mais si tu es si dure
> Qu'amour ne puisse entrer
> En ta chaste froydure :
> Ny ton cœur penetrer :
> Je louë, honore et prize
> Ton cœur victorieuz :
> Une chaste entreprise
> Plaist et agreë auz cieux[1].

Après quoi vient l'image sereine de la vierge Minerve, en
opposition aux tempêtes, longuement déduites, de l'amour,
jusqu'au Triomphe de la toute-divine.

Jean Tagaut s'est-il avisé du caractère insolite de ce plan
(d'ailleurs bien moins net, à la lecture, que nous ne l'avons présenté
ici) ? Cette évidente anomalie dialectique qui consiste à encourager
à la chasteté celle-là même que l'on veut conquérir, procède-t-elle
d'une pure maladresse, le poète novice, enivré et emporté par sa
mythologie, accumulant ses exemples pour leur valeur décorative,
sans trop songer à leur réelle portée argumentaire ? Il se peut. Mais
une autre interprétation est possible, que suggèrent les données
biographiques apportées par F. Giacone dans son édition. Eloigné
de Claude (par la distance géographique ou simplement par la
clôture du couvent de bénédictines où elle demeure[2]), mais espérant
fermement la conquérir un jour, l'amant doit conjurer les périls du
présent et supplier celle qu'il aime de l'attendre dans une prudente

---

« Triomphes de Vénus », classiques au moins depuis le *Poliphile* (Jeanne Flore, par
exemple) : on dirait que Tagaut en a une gravure sous les yeux. Quant au « servaige »
d'amour, voir v. 1053-1054 (toujours dans l'ode I, 1).

1   *Ibid.*, v. 497-504.

2   V. ci-dessus, note 6, et surtout l'introduction de F. Giacone à son édition critique.

chasteté, à l'abri des tentations et des souffrances d'amour[1]. Du reste, il existe une contradiction latente entre l'éloge pétrarquiste auquel Tagaut s'exerce ici et les intentions matrimoniales qui animent ce jeune homme parfaitement sérieux : on pense au cas, assez comparable de Philibert Bugnyon en ses *Erotasmes*, quelques années plus tard[2]. Peut-être même est-il déjà en train de se déprendre des prestiges poétiques dont il accusera dans deux ans la vanité, se vouant désormais au pur Evangile[3].

Quoi qu'il en soit de ces pensées secrètes, la rhétorique de l'éloge amoureux a savamment fonctionné, et Pasithée a rejoint, dans un ciel abstrait, les autres idoles poétiques de ce temps. Relisant ses vers, le poète peut s'émerveiller de la « gloire » de sa dame, censée retentir « de l'Inde à la Tamise » grâce à la seule force assertive de ses vers[4]. S'illusionne-t-il sur les pouvoirs d'une louange si arbitraire – et contre laquelle son cœur proteste au point d'en miner le texte même ? Apories de l'éloge amoureux...

Cette construction oratoire laisse-t-elle transparaître la « sincérité » d'une émotion humaine ? Quoiqu'on sache bien la frivolité d'une telle question, on ne peut s'interdire de la poser. Ainsi, le lecteur remarque l'éloge, répété, des « tresses » où

---

1   Dès les v. 111-112 (« ma constance œternelle / te vaincra quelque fois »), la certitude de la victoire future est affirmée, et elle est plusieurs fois répétée. En attendant, l'ombre du rival rôde, inquiétant et indignant l'amant (ainsi, I, 1, v. 417).

2   Philibert Bugnyon, *Erotasmes de Phidie et Gelasine* (1557), éd. critique par Gabriel-A. Pérouse et M.-Odile Sauvajon, Genève, Droz, TLF n° 492, 1998, 265 p. (v. l'introduction). On peut voir aussi : G. -A. Pérouse, « Un pétrarquisme bourgeois (...) », dans *Morales du XVIᵉ s., Hommage à Denis Baril*, n°50 (spécial) de *Recherches et Travaux*, Université Stendhal/Grenoble-3, 1996, p. 31-43.

3   Sur l'adhésion de Tagaut à la Réforme, v. l'introd. de F. Giacone, p. LXXXIV-CVIII. Parmi beaucoup d'hypothèses, on y trouvera l'idée très vraisemblable d'un parallélisme entre l'itinéraire de Tagaut et celui de Théodore de Bèze, qu'il connaissait bien : ainsi la ressemblance entre les remords que Bèze avait conçus de ses *Juvenilia* et ceux qu'éprouvait Tagaut du « *Musae studium pellacis inane* » auquel il s'était d'abord livré (p. XC).

4   *Odes à Pasithée*, I, 8, v. 155

s'entortillent les cheveux « orins » de Pasithée[1]. Le fait qu'elles ne soient appelées à rimer ni avec « détresse » ni avec « maîtresse » suggérerait qu'elles ne sont peut-être pas pure rhétorique ; mais ne nous y fions pas trop, car l'Admirée de Jacques Tahureau aura aussi la « tresse dorée »[2]. Reste-t-il au moins, pour nous faire rêver d'une présence, le teint « brun » de la belle enfant ? Car, alors que la blancheur liliale sur laquelle tranche le « rouge » de la jeunesse est, chez les autres poètes, un motif obligé, Pasithée, elle, a le teint « brun » d'Andromède, « teint meslé de rougeur / douce, honeste et pudique » ; mais Cassandre aussi a le teint « brun » : on le saura deux ans plus tard. Il reste possible qu'il y ait là l'écho d'un tremblement du cœur, comme dans l'évocation du « voile noir » aperçu un instant sur les cheveux blonds[3].

Quand, sortant des *Odes à Pasithée*, on reprend une centième fois les *Amours* de 1552, le recueil de Ronsard apparaît sous un jour nouveau. Opposé aux mètres courts de Tagaut, le décasyllabe offre des harmonies plus riches, et aussi l'espace d'une structure syntaxique plus ample et plus nuancée. Mais surtout, Cassandre y apparaît, sinon plus réelle[4], du moins plus présente. L'éloge de sa beauté n'est pas développé comme un thème, en figures imposées, mais chaque attitude, chaque trait prêté à la jeune fille nous est rendu évident par la médiation du corps et du cœur du poète, dont les sonnets nous disent l'émotion chaque fois nouvelle. Ainsi, dit Ronsard, toutes les grâces de Cassandre ne sont rien au prix du lent mouvement de sa gorge quand elle chante :

---

1   *Ibid.*, I, 1, v. 299 et suiv., et *passim*

2   Jacques Tahureau, (Epitre) « à Pierre de Pascal », dans *Odes, sonnets et autres Poésies (...)*, éd. P. Blanchemain, Genève, Gay, 1869, p. 61.

3   *Odes à Pasithée*, I, 1, v. 289-293, 345... (Céphée, le père d'Andromède, était roi d'Ethiopie, ce qui suggère un brun passablement soutenu). V. Ronsard, *Amours* de 1552, éd. H. et C. Weber, Paris, Garnier, sonnet XLVII notamment. Quant au voile noir, v. *Odes à Pasithée*, I, 2, v. 381 (mais, cette fois, il est question de la blancheur de la jeune fille).

4   Cassandre, en tant que personne, nous paraît proprement irréelle (ou évanescente) dans le texte de Ronsard : v. notre article sur « L'ombre de l'amoureuse (...) », dans *Réforme, Humanisme, Renaissance*, n° 45, déc. 1997, p. 39-53 ; mais, en tant que *dramatis persona* dans l'aventure d'amour, son personnage est agent.

> Ne plus, ne moins, que Juppiter est aise,
> Quand de son luth quelque Muse l'apaise,
> Ainsi je suis de ses chansons épris,
> Lorsqu'à son luth ses doits elle embesongne,
> Et qu'elle dit le branle de Bourgongne,
> Qu'elle disoit, le jour que je fus pris[1].

Tagaut, quant à lui, disait :

> Tes deuz vives etoylles,
> Ce corail soul d'odeur,
> Ces tresses qui sont telles
> Que pour elle(s) je meur'...[2]

Dans les deux cas, nous avons bien affaire à un éloge, mais le premier est animé d'une sensualité palpitante – alors que nous ressentons le second comme abstrait, malgré les tresses. Les *Amours* nous mettent constamment face à une lutte, et Ronsard est bien « le poète de la conquête amoureuse »[3]. Il n'a pas éloigné sa Cassandre dans quelque empyrée, mais l'imagine souvent dans ses bras, dans son lit. Et la chasteté ne lui est pas attribuée comme un arbitraire don du ciel, mais c'est celle d'une « guerriere », opiniâtre en son orgueil de vaincre, puisque l'honneur de l'homme et l'honneur de la femme sont à l'opposé[4]. Les *Amours* de 1552 acquièrent par là une sorte de dramatisation qui contribue beaucoup à leur charme. L'éloge prend son sens dans la stratégie amoureuse : il est là pour amollir un cœur trop fier, pour dire aussi la gravité de la plaie qu'imprime la beauté, le désespoir que cause la « chasteté », l'espoir d'une divine conquête. S'il se déploie aussi pour sa propre splendeur verbale, il ne laisse pas d'être ainsi motivé, intégrant le mouvement encomiastique au mouvement

---

1 Ronsard, *Amours* (de 1552), éd. cit., sonnet CVIII, p. 68.

2 *Odes à Pasithée*, I, 1, v. 297-301.

3 Selon le titre si justement évocateur de l'ouvrage d'André Gendre.

4 Cette différence est un des ressorts principaux de l'*Heptaméron* de Marguerite de Navarre, dont la narration s'achève, par la mort de la reine, dans les mois mêmes où Tagaut écrit.

persuasif, en une logique qui entraîne l'adhésion du lecteur. La plus grande intensité sera atteinte lorsque le rappel de la fuite du temps, rendant pathétique l'éloge de la beauté, en rendra la jouissance urgente. Tagaut semble avoir entrevu ce point où culmine tout l'éloge, mais (à nos yeux du moins) n'y est point parvenu[1].

La tentative ingénue que représentent les *Odes à Pasithée* nous a sans doute aidée à saisir plus précisément la nature de l'éloge amoureux, nous invitant par là même à le situer par rapport au genre littéraire de l'éloge tout court, dans l'acception la plus générale.

Le genre oratoire de l'éloge officiel (celui des Académies, ou des fastes civiques, ou celui qui salue une victoire) prend en charge un sentiment collectif d'admiration, généralement à l'égard d'un ou plusieurs morts, qu'il s'agit d'héroïser par la parole. Dans ce cas, l'éloge est un aboutissement, une consécration. L'éloge ne vise qu'à la mémoire, qu'il contribue puissamment à instaurer et à informer.

Sur ces deux points déjà, l'éloge amoureux diffère substantiellement de l'éloge officiel. Il exprime par essence un sentiment individuel et intime : même si l'humanité entière et les objets du monde, « de l'Inde à la Tamise », sont conviés à adorer la merveille, celle-ci est d'abord une merveille pour moi. D'autre part, même s'il prétend graver le nom de la dame au « temple de Mémoire », l'éloge amoureux s'inscrit en principe, ici et maintenant, dans une entreprise de séduction (tous les cultes visent à rendre les dieux bienveillants)[2]. Sur ce plan-là, si l'on voulait trouver à la louange pétrarquiste un parallèle dans le registre de la louange officielle, on ne pourrait la rapprocher que de l'éloge

---

1 *Odes à Pasithée*, I, 10, v. 69 et suiv. Ici comme en deux ou trois autres passages, la menace du déclin de la beauté est évoquée – mais Tagaut semble n'avoir pas pleinement vu l'argument dramatique que Ronsard saura en tirer.

2 Il s'y inscrit en principe seulement, car ce n'est qu'en principe qu'un *canzoniere* s'adresse seulement à la belle inhumaine : en vérité, il s'adresse au public – et à la postérité.

adulateur adressé à un tyran : cas-limite, dont l'allégation ferait fausse note.

Collectif, désintéressé, l'éloge civique (et formes assimilées) est un genre moral. Celui ou celle qu'on héroïse par le verbe est évoqué dans une sorte de narration historique, que l'orateur doit exploiter dans un but exemplaire, pour ses auditeurs ou lecteurs et pour la postérité. Rien de vraiment pareil dans le cas de l'éloge amoureux : nul ne saurait prendre exemple sur les perfections d'un objet qui, par essence, est sans pair, incomparable, divin. Certes, la « vertu » toujours présente et affirmée chez la dame pourrait, en principe, avoir valeur exemplaire pour les lectrices, et Tagaut, justement, paraît parfois tenté par une telle exploitation moralisante, mais il semble ici isolé. L'éloge amoureux est amoral en lui-même – et d'aucuns le jugent immoral[1].

Il est superflu d'ajouter que le panégyrique est très généralement en prose, pour recevoir les articulations logiques qui le rendront persuasif, et pour faire place aux circonstances, souvent longuement déduites. Les éloges amoureux qui nous occupent ici sont des poèmes : images et musique aux pieds de l'aimée.

Mais cette dernière différence nous fait justement prendre conscience des ressemblances qui témoignent de l'unité essentielle du genre encomiastique. Amoureux ou non, tout éloge est une construction verbale, plus ou moins réussie – et si seul l'éloge amoureux cherche (ou semble chercher) à séduire le ou la destinataire, tous les éloges visent à séduire le lecteur ou l'auditeur par un usage soutenu de la parole : genre d'apparat.

Ce caractère d'artifice (ici simple cas particulier de ce qu'on appelle la « littérarité » d'un texte) pose dans tous les cas le problème du rapport de l'éloge avec la vérité. Et celui-ci se présente

---

1 La poésie amoureuse de la Renaissance, lointainement mais directement liée à celle des troubadours, évoque toujours, dans la conscience collective, une passion adultère. La lecture en est partout proscrite aux âmes innocentes, et l'on est un peu surpris de voir Tagaut conseiller à Pasithée la lecture de Ronsard (mais il est vrai qu'il s'agit des *Odes*).

dès la sélection des traits pertinents : la vérité autorise-t-elle à vanter la ville natale du héros ? son lignage ? ses actions ? les espérances suscitées ? L'éloge amoureux, comme on a vu, trace lui aussi sa route par une série de choix. Ainsi, chez Tagaut, un mot sur « notre Seine » (puisque Claude-Pasithée est parisienne) ; rien sur les ancêtres terrestres, mais une foule de strophes sur les Olympiens, famille adoptive de l'élue ; rien sur les actions de la modeste jeune fille, mais toute l'insistance sur la « valeur » que lui confèrent ses « vertus »[1] – outre évidemment l'accent mis sur la beauté, essentiel à l'éloge amoureux.

Enfin, les thèmes ainsi retenus sont, dans ce cas comme dans celui de tout éloge, développés de façon constamment emphatique : l'hyperbole est la loi du genre. Elle se manifeste non seulement par le choix des épithètes et la modalisation intensive de celles-ci, mais par des formules qui élargissent la louange jusqu'aux extrémités du temps et de l'espace, l'ensemble étant assumé par un discours assertif et exclamatif, d'autant plus péremptoire qu'il s'exempte de tout contrôle du réel : l'éloge est un édifice verbal qui, finalement, crée son objet – et donc sa vérité. L'éloge amoureux au premier chef.

Face à un phénomène littéraire si caractérisé et si constant (venu de l'antiquité, ne survit-il pas, plus ou moins artificiellement, jusqu'aux approches du romantisme ?), il est tentant de s'interroger sur ses causes. Prétendre qu'il s'agit d'une mode semble peu soutenable – et le recours systématique à l'influence néo-platonicienne cache, croyons-nous, toutes sortes de confusions. Revenons aux textes, et d'abord à celui de Tagaut.

L'entrée en amour est une défaite : « Ton œuil et ta vertu / d'une douce tristesse / m'ont à mort combatu » – et l'amant poète s'accuse d'y consentir : il a aimé cette défaite, et sa « foi » est

---

1 *Odes à Pasithée*, I, 1, v. 149 (« grandeur de lignaige »), 255 (« notre Seine »), 152 (« valeur »). On reste très près, en effet, des préceptes de Quintilien (v. note 3, p. 61, ci-dessus).

désormais « asservie »[1], terme dont nous ne mesurons peut-être plus la force scandaleuse (car c'est librement qu'on « donne sa foi » à son suzerain). Cet état d'abaissement inspire à l'amant un désir de mort, dont l'autre nom est le « desespoir »[2] – et nous avons sans doute oublié aussi que ce mot est alors synonyme de suicide, irrémissible péché dans la conscience de ce temps-là. Pour le très chrétien Jean Tagaut, l'amour est désordre et péché. « Serf » de l' « aigre plaisir » d'aimer, il s'est laissé « abuser », « laissant peut-estre mieuz »[3] : notons ces mots essentiels.

Il faut prendre au sérieux ces plaintes et ces accusations de soi, car ce sont elles, d'abord, qui donnent son sens à l'éloge amoureux. Ces désirs charnels indignes d'un chrétien, cet abaissement indigne d'un homme libre, où trouveront-ils leur excuse, sinon dans l'irrésistible perfection de l'aimée ? Aussi bien, plus le poème exaltera celle-ci, montrera sa « puissance », la beauté hors-pair de son corps et de son âme, plus l'amant sera aisément pardonné d'avoir plié sous les sortilèges qui l'ont « ravi »[4]. Et toute la première partie de l'ode I, 1, jusqu'à la « pause » du v. 496, tisse intimement les deux motifs : celui de l'esclavage et celui de l'éloge de la maîtresse. Dès les strophes initiales, le paradoxe est signifié : comment s'étonner que j'aime « ta Hautesse / que la vertu conduit » ? – et c'est tout naturellement que la seconde partie de cette ode I, 1 s'élèvera jusqu'au Triomphe de Pasithée[5]. C'est ainsi que le poète, d'abord pécheur souffrant, prend peu à peu le visage d'un héros. Amoureux de la vertu même, il s'assimile maintenant à l'objet de son amour : la « hautesse » de la dame impose l'éloge, et celui-ci convainc le lecteur de la légitimité de la passion qui lui est vouée. Finalement, c'est surtout l'amant lui-même qui sort grandi

1 *Ibid*, I, 1, v. 17-20, 187.
2 *Ibid.*, v. 203-208, 234-240.
3 *Ibid.*, v. 407-408, 464.
4 *Ibid.*, v. 294.
5 *Ibid.*, v. 1020.

de ses douloureuses « erreurs », pour avoir su aimer l' « object de plus haulte vertu »[1], et l'éloge de l'aimée est l'éloge de son propre cœur.

Nous ne prétendons certes pas que tout éloge de l'aimée, sous la plume de tous les poètes, naisse clairement de ce procès d'accusation/absolution. Il est même évident que, chez un Ronsard, cet éloge trouve d'abord sa raison d'être dans la troublante richesse des descriptions (des « hypotyposes »[2]) qu'il autorise, outre la fonction persuasive qu'on disait ; mais, même dans son cas, le narcissisme du poète est assurément flatté lorsque l'amant qu'il est se pose comme serviteur de la parfaite beauté et de la parfaite vertu. Et c'est pourquoi tant de poètes œuvrent « à l'exaltation de l'amour et des dames »[3].

Mais un Jean Tagaut, beaucoup plus profondément chrétien, reste d'abord habité par l'anxiété du mérite et du démérite, et ce souci moral se fait jour sous la rhétorique de ses vers ingénus. L'approfondissement de sa foi calviniste lui fera bientôt voir comme un crime cette « idolâtrie » des amours profanes, délices (naguère) de sa « vaine poëzie »[4].

Gabriel-André PEROUSE
Université Lumière-Lyon II

---

1   On se souvient que c'est là l'intitulé du *canzoniere* de Maurice Scève, juste après le nom de Délie.

2   Philibert Bugnyon qualifie ainsi la tâche qu'il assigne à sa poésie : une louange descriptive de sa Gelasine, appelant le ciseau du sculpteur (éd. cit. note 2, p. 65 ci-dessus, sonnet I, v. 13, p. 10). Ronsard la pratique aussi, mais bien moins scolairement. La mission de décrire la beauté procède du « devoir de voir » (devise de Claude de Taillemont).

3   C'est le sous-titre des *Discours des Champs faëz* de Taillemont, composés à quelques mois de distance des *Odes à Pasithée*.

4   *Odes à Pasithée*, II, 4, v. 35-38.

FUREUR ET PASSION DANS LES *AMOURS* DE RONSARD
(1552-53)

Les *Amours* de 1552-53 sont pour Ronsard très proches des *Odes*. Le sujet et le style du *canzoniere* ont une dimension épique et nous avons eu l'occasion de montrer que l'ardeur amoureuse se confond avec la fureur poétique elle-même[1]. Les topiques pétrarquistes prennent souvent une signification métatextuelle – le *solo e pensoso* par exemple, soutenu par une contamination avec l'intertexte horacien, devient le signe d'élection du poète. Dans le contexte néo-platonicien de l'époque, la superposition des fureurs amoureuse et poétique n'a rien de surprenant. De plus, les interférences entre le langage érotique et la mystique remontent à une longue tradition biblique et patristique. Dans la mesure où Ronsard fait de l'inspiration poétique une rencontre avec le sacré, il est tentant de reconnaître, sous les traits de Cassandre, une des variations métaphoriques par lesquelles le poète donne un « visage » à l'insaisissable fureur. Sous les descriptions de la passion amoureuse se glissent celles de la véritable « passion » du poète : passion d'écrire, et finalement « passion » au sens sacrificiel, que le poète assume volontairement parce qu'elle s'inscrit pour lui dans une certaine conception de sa mission.

C'est le double sens de cette passion que nous voudrions examiner ici : d'une part la fureur poétique suppose une flamme (un élan amoureux), qui va au-devant d'une force transcendante, spirituelle (l'enthousiasme), la provoque et la soutient. Nous

---

1 Voir notre analyse « La "fureur lyrique" dans les *Amours* de Ronsard », Colloque *Aspects du lyrisme du XVIe au XIXe siècles (Ronsard, Rousseau, Nerval)*, 5-6 déc. 1997, Nice, éd. M. H. Cotoni, J. Rieu, J. M. Seillan, Public. de la Fac. des Lettres de Nice, C. I. D. diffusion, Paris, 1998. Pour le rapprochement des *Amours* de 1552-53 et de l'inspiration épique, voir l'introduction d'André Gendre aux *Amours* (1552-53), Le livre de poche classique, Librairie Générale française, 1993, p. 26. Nos références aux *Amours* de Ronsard renvoient à cette édition. Pour une analyse de la fureur amoureuse néoplatonicienne chez Ronsard, voir Robert Mélançon, « La fureur amoureuse », *Sur des vers de Ronsard (1585-1985)*, éd. M. Tétel, Paris, 1990.

verrons que cette passion est programmée, en quelque sorte, dans
une définition dynamique de l'être humain, et qu'elle lui donne un
« élan » métaphysique. Au-delà de cette relation passionnelle à
l'écriture, le poète vit son engagement comme un don de lui-même,
un parcours de souffrance et de sublimation, qu'il se doit
d'accomplir pour maintenir l'équilibre et l'harmonie du monde.

La fureur passionnelle

L'inspiration poétique – enthousiasme, fureur divine pour les
platoniciens, et qui était associée à une « infusion de grâce » par
Guillaume Télin[1] ou à une « divine afflation » par Sébillet[2]–, fait
l'objet d'une réévaluation avec la Pléiade. Certes, elle reste
insaisissable et surnaturelle dans son essence[3], mais elle se mêle de
façon indissociable au travail du poète, qui consiste en une
imprégnation des textes anciens (la doctrine) et une maîtrise des
rythmes poétiques (l'art). La nouvelle manière de penser
l'inspiration concernera la part de fureur qu'on envisage *dans le
travail*. Il apparaît ainsi que Ronsard plus que Du Bellay par
exemple imagine une rélation quasi mystique aux textes
poétiques[4] : Du Bellay considère que les lettres antiques ne sont
qu'un champ de dépouilles définitivement mortes, et valent
seulement par le nouvel esprit que le poète va faire circuler dans ce
matériau. Ronsard, s'appuyant sur *Ion* de Platon, croit en une

---

1   Guillaume Télin, *Bref sommaire des sept vertus, ars libéraux, sept ars de Poësie...*
Paris, 1533, fol. LXIII.

2   Thomas Sébillet, *Art poétique*, 1548, éd. in Francis Goyet, *Traités de poétique et de
rhétorique de la Renaissance*, Le livre de poche, L. G. F., 1990, p. 52.

3   Ronsard : « Les divines fureurs de Musique, de Poësie, et de paincture, ne viennent
pas par degrés en perfection comme les autres sçiences, mais par boutées et comme esclairs
de feu, qui deça qui dela apparoissent en divers pays, puis tout en un coup s'esvanouissent »,
Préface au roy François II, publiée en tête du *Livre des Meslanges* de 1560, *Œuvres
complètes* de Ronsard, éd. Laum., XVIII, p. 486-87. Parfois, le poète est submergé par cette
fureur, et ne peut plus parler : « Je suis semblable à la Prestresse folle, / Qui bègue perd la
vois et la parolle, / Dessous le Dieu qu'elle fuit pour néant » (sonnet 27).

4   Voir notre étude, *L'esthétique de Du Bellay*, Sedes, 1995.

contagion de l'inspiration sacrée au travers des textes anciens : le poète moderne devra tenter de capter quelque chose de cette fureur divine, par delà les erreurs d'interprétation du paganisme. Cette conception est nouvelle en ce qu'elle suppose une part de volonté et de passion humaine pour que se produise cette rencontre surnaturelle : non plus invasion, mais rencontre. Le miracle de l'enthousiasme dépend de la ténacité du poète, et de sa capacité à susciter et entretenir la passion en lui-même. Parallèlement, le poète doit savoir couvrir de voiles fictionnels la vérité « nue », non pour la cacher, mais pour aiguiser le désir du lecteur, et l'attirer dans une quête toujours plus prenante[1]. Ronsard exprime d'ailleurs cet art d'attiser la curiosité chez le lecteur en termes de désir érotique. Ce n'est pas cet aspect qui nous intéressera ici, mais la manière dont le poète appréhende sa propre fureur, au moment de la création. Nous prendrons comme texte d'investigation les *Amours*, parce qu'ils mettent en scène cette fureur, de façon omniprésente, et parce que le langage érotique y définit les relations du poète et de sa muse.

Dans les *Amours*, en effet, Cassandre se substitue aux muses, mais accomplit la même fonction. Elle est une médiation de l'inspiration :

> Je ne suis point, Muses, accoustumé
> Voir votre bal sous la tarde serée
> Je n'ai point beu dedans l'onde sacrée...
> De tes beaus rais chastement alumé
> Je fu poète : et si ma vois recrée,
> Et si ma lyre aucunement agrée,
> Ton œil en soit, non Parnasse, estimé.
> Certes le ciel te devoit à la France... (sonnet 170).

Ailleurs, les yeux de la dame régénèrent le poète, qui « Morne de cors et plus morne d'esprit », était devenu incapable d'écrire : « Donques mon Tout, si je fai quelque chose, / Si dinnement de vos

---

1   Voir Ronsard, *Les Hymnes*, éd. A. Py, Genève, Droz, 1978, Hymne de l'Automne, v. 79-82, p. 395 ; Hymne de l'Hyver, v. 71-78, p. 413.

yeux je compose, / Vous me causés vous mesme ces effets. / Je
pren de vous mes graces plus parfaites : / Car je suis manque et
dedans moi vous faites, / Si je fai bien, tout le bien que je fais »
(sonnet 95). Cette figure féminine, incarnée dans l'histoire présente
et en France, permet au poète de placer sa création sous le signe de
la *translatio poiesis*[1] et de se réapproprier le schéma de la
transmission de la fureur. D'ailleurs, ce sont les mêmes termes qu'il
utilisait pour évoquer le rôle de sa muse Calliope :

> Desçen du ciel, Caliope...
> C'est toi qui ma lire
> Guides et conduis
> C'est toi ma princesse,
> Qui me fais sans cesse
> Fol comme je suis.
> ...Tu es ma déesse
> Mes souhets parfais
> Si rien je compose
> Si rien je dispose
> En moi tu le fais[2].

Dès 1550, Ronsard, pour définir la poésie, utilise le vocabulaire
amoureux et associe l'image de la muse à celle d'une amante :

> L'honneur, sans plus, du vert laurier m'agrée,
> Par lui je hai le vulgaire odieus,
> Voila pour quoi Euterpe la sacrée,
> M'a de mortel fait compagnon des Dieus.
> Aussi el' m'aime, et par les bois m'amuse,
> Me tient, m'embrasse, et quand je veil sonner,
> De m'accorder ses fleutes ne refuse
> Ne de m'apprendre à bien les entonner...[3]

Inversement, la relation que le poète entretient avec Cassandre est
souvent celle d'une communion artistique : la dame est musicienne,
elle apprécie les vers qu'il est ainsi incité à composer pour elle,

---

1 Pour le thème de la *Translatio poiesis*, voir par ex. les sonnets 16 ; 36 ; 160 ; 184...
2 *Odes*, livre II ode II, 1550, A Caliope, Laum., I, p. 174-179.
3 *Odes*, III, II, Laum., III, p. 4-5.

dans une admiration réciproque (sonnet 220). Ces images d'amantes offrent au poète une possibilité de transposition du phénomène mystérieux de l'inspiration, indiscernable en ses profondeurs, dans le registre de la passion amoureuse, qui en serait l'expérience la plus proche. La confusion des domaines sacré et érotique reflète elle-même la décadence progressive de l'humanité, et son éloignement de la source divine.

A l'origine, en effet, l'inspiration envahissait « naturellement » et directement les poètes divins,

> ...les poètes divins,
> Divins, d'autant que la nature
> Sans art librement exprimoient,
> Sans art leur nayve escripture
> Par la fureur ilz animoyent...
> ...Eulz piquez de la doulce rage,
> Dont ces Femmes les tourmentoyent,
> D'un demoniacle courage
> Les secretz des Dieux racontoyent
> ...Et loing sus les eaux solitaires
> Carollant en rond dans les prez
> Les promovoyent Prestres sacrez
> Et leur aprenoyent les mystères[1].

Ensuite vinrent les poètes humains qui « Par un art melancolique / Trahissoyent avec grand soing / Leurs vers, esloignez bien loing / De la saincte ardeur antique »[2]. Les successeurs reçurent un souffle atténué des muses. C'est désormais par un effort de volonté, et par l'utilisation des passions humaines que le poète tente de ressusciter en lui l'ardeur originelle. Il s'agit d'une participation active qui réalise la synergie, au sens où l'homme accomplit la moitié du chemin, l'autre moitié étant celle de la Grâce divine. De la même façon, la pensée de la Contre-réforme conçoit que l'émotion sensible puisse éveiller l'âme à une émotion spirituelle. Certes,

---

1 Ode à Michel de L'Hospital, *Ve Livre des Odes*, 1552, Laum., III, p. 149-150, v. 549-568.
2 *ibid*, v. 575-578.

Dieu peut intervenir directement et soudainement, et Ronsard prend
soin de distinguer les deux domaines, celui de l'invention,
spirituelle en son origine, irréductible aux règles, et celui de l'art,
notamment dans l'*Abbrégé de l'art poétique* : « ...tes inventions,
desquelles je ne te puis donner reigles pour estre spirituelles, seront
bien ordonnées et disposées... »[1]. Mais précisément pour ce qui
concerne l'art, seul domaine d'action humaine, le poète doit
chercher à recréer le plus possible la filiation interne qui rattache
son travail à la fureur. Cette re-création ou pro-vocation du lien
essentiel qui unissait le poète à Dieu et faisait de lui autrefois un
prophète, nécessite un conditionnement psychologique : cultiver
l'esprit par l'étude, cultiver la sensibilité par une vie austère, mais
aussi cultiver l'orgueil comme moteur des grandes entreprises, et
utiliser les passions humaines pour s'exalter jusqu'à l'immortalité.
En cela, Ronsard retrouve les préceptes des Pères de l'Eglise.

Rappelons que si les passions sont, en général, considérées
comme mauvaises par la sagesse antique (selon les Stoïciens par
exemple), les Péripatéticiens apprécient les passions modérées : les
passions étant tous les mouvements de l'appétit sensitif, qui
peuvent être dirigés par la raison. Pour saint Thomas, les passions
sont loin d'être néfastes : elles sont le signe de l'intensité de la
volonté, et l'homme doit même choisir d'être affecté de quelque
passion qui lui permettra d'agir plus promptement grâce à la
coopération de l'esprit sensitif[2]. Saint Augustin prenait déjà en
compte la passion humaine dans la manière d'expérimenter la foi.
Dans *La Catéchèse*, il donne une série de conseils à ceux qui
doivent enseigner : la joie, la bonne humeur sont nécessaires pour
faire mieux passer le message. Et quand le catéchiste est troublé de
diverses émotions, et ne peut prononcer un discours calme et
agréable, il doit utiliser ce trouble même :

---

1   Laum., XIV, p. 13.
2   Voir Etienne Gilson, *Saint Thomas d'Aquin*, Paris, 1925, p. 125-126, et Thomas,
Summa théologica, Ia, IIae, qu. 24, art. 3, Concl.

Or, je ne sais comment (…) le discours est plus ardent chez l'orateur à qui une douleur présente fournit un foyer de chaleur. Par suite, non seulement nous ne serons pas nonchalants, mais nous prononcerons avec plus de feu et d'impétuosité des paroles que, plus libres de soucis, nous aurions prononcées avec plus de froideur et de mollesse. Et nous nous réjouirons qu'une occasion nous soit donnée où le trouble de notre âme ne passe pas sans porter des fruits[1].

Le trouble de l'âme est ainsi revalorisé, s'il est bien utilisé. Dans le *De Vera religione*, les péchés mêmes sont présentés comme des manifestations erronnées d'un désir supérieur, et offrent l'image à la fois de l'insuffisance de ce désir et de sa vocation vers l'absolu. Le désir sensuel implique celui de l'harmonie, même si surviennent aussitôt les souffrances, qui nous rappellent que c'est l'immuable beauté que nous cherchons profondément. L'orgueil aussi, dit-il, « comporte un appétit d'unité et de toute puissance, mais dans le domaine du temporel, toujours éphémère comme l'ombre »[2]. La passion peut et doit servir à la dynamique de dépassement par laquelle l'homme se métamorphose toujours davantage en citoyen céleste. Ce pouvoir transitoire des passions devient un véritable moteur de progression intérieure. La lecture ou l'écriture sont soumises aux mêmes principes. Selon saint Augustin, les Ecritures ont prévu de jouer sur les ressorts de la psychologie humaine, en ménageant des passages obscurs pour exciter le désir de chercher à comprendre, et des passages clairs pour ne pas décourager la quête[3].

La passion amoureuse, dans les *Amours*, nous a semblé pouvoir être considérée comme une expression de la création poétique, ce qui nous engage à mieux comprendre la manière dont le poète ressent son « inspiration ». La fureur soudainement reçue

---

1 Saint Augustin, *De catechizandis rudibus,* chap. XIV, 21, Desclée de Brouwer, Paris, 1949, p. 77-79.

2 Saint Augustin, *De vera religione,* Bibl. Augustinienne, 8, Desclée de Brouwer, Paris, 1951, XLV, 84, p. 151. Pour le désir charnel, voir XL, 74 et 75.

3 *De doctrina christiana,* L, II, C, VI, 7, *Œuvres* de saint Augustin, 11, Desclée de Brouwer, Paris, 1949, p. 247.

transforme l'être, et soumet le poète à une relation passionnelle, avec ses fluctuations, ses difficultés. Elle est vécue comme une expérience insaisissable, violente, souvent douloureuse, que le poète doit accommoder à une parole codifiée, domestiquer, apaiser, pour prolonger le plus longtemps possible en lui la présence de l'Enthousiasme. Mais surtout, le poète, brûlé par cette révélation intérieure, connaît une transformation plus essentielle. Grâce à la volonté, il s'efforce de « conduire » cette passion, par delà les souffrances, pour faire se rejoindre dans un même élan vital sa création et la Création, même si, dans cet exercice d'équilibre, il a « grand peur (…) que (sa) Reine ne verse » (sonnet 21).

« Ma seule Entéléchie »

En effet, la création est une victoire sur le chaos, et il faut être soutenu par une grande passion pour continuer le combat[1]. La poésie n'est pas une grâce subie, ni un supplice infligé : le poète a volé le feu sacré. C'est lui qui a été chercher l'inspiration, mais de plus, nouveau Prométhée, c'est lui qui accomplit son sacrifice : « Plus heureux, dit-il, si je n'eusse arraché / Mon cœur de moi, pour l'avoir attaché / De clous de feu sur le froid de sa glace » (sonnet 5). D'un bout à l'autre du sonnet, le poète agit : « J'égale au soleil que j'adore, l'autre soleil », c'est lui qui crée sa Pandore, en faisant de la dame une beauté parfaite et inaccessible, c'est lui qui l'emmure dans un « fort diamantin », et grave ainsi la contingence dans l'éternité. Les clous de feu sont aussi les vives étincelles de l'inspiration, emprisonnées dans la forme poétique (« en cent papiers plus durs que diamants » sonnet 193). Le contraste entre la glace et le feu marque l'hétérogénéité des ordres humain et sacré, que le poète vit dans sa chair comme une blessure et une stimulation : tel Prométhée, le poète est écartelé entre le divin et l'humain. Or, cet arrachement et ce « supplice » ont été volontaires,

---

1 L'imaginaire guerrier compose l'univers des *Amours* de 1552-53 (guerre de Troie, mythologie sanglante…)

car l'œuvre du poète est une participation consciente et personnelle
à la mission surnaturelle qui lui a été attribuée. Le volontarisme
expansif des *Amours* de 1552 est significatif de cette prise de
conscience, et les nombreuses anaphores « Je veux » soutiennent un
lyrisme conquérant[1].

En effet, le poète mène la fureur excessive à son achèvement
dans le poème construit, de la même façon que l'homme, selon les
conceptions de la Renaissance, doit prolonger l'œuvre du Créateur.
Il a ce devoir métaphysique qui suppose une grande liberté et tous
les dangers de dévoiement, mais qui fait sa noblesse et sa
supériorité. Son être a été « prévu » en fonction de ce dépassement,
et l'univers attend son action. Dans les *Amours*, le vocabulaire est
parfois nettement philosophique :

> Cela vraiment que l'aer est aus oiseaus
> Les bois aus cerfs, et aus poissons les eaus,
> Son bel œil m'est : ô lumière enrichie
> D'un feu divin qui m'ard si vivement
> Pour me donner et force et mouvement,
> N'estes vous pas ma seule Entéléchie ? (sonnet 69).

La fureur amoureuse (feu divin qui m'ard si vivement) incite le
poète à mener son être vers sa perfection (son être et son œuvre).
Parallèlement, s'accomplissent deux mouvements ontologiques. La
passion amoureuse éveille l'être à la connaissance de lui-même, et
l'incite à rejoindre l'être de sa dame sur le modèle de l'androgyne
(« En toi je suis et tu es dedans moi, / En moi tu vis et je vis dedans
toi, / Ainsi nos touts ne font qu'un petit monde », sonnet 135). Mais
le terme aristotélicien d'Entéléchie entre aussi dans la définition de
la vocation poétique. La fureur pousse le poète à se métamorphoser
jusqu'à étendre son être aux limites du monde, et actualiser par le
tissage des mots, les liens universels qui disent l'accord profond de
la Création et de la créature.

---

1   Voir par exemple les sonnets 16, 20, 47, 167, ...

A partir d'une référence directe à Platon, le poème 82 développe une réflexion sur la relation qui s'instaure entre le poète et le monde :

> Pardonne moi, Platon, si je ne cuide
> Que sous la voûte et grande arche des dieus,
> Soit hors du monde, ou au profond des lieus
> Que Styx emmure, il n'i ait quelque vuide.
> Si l'aer est plein en sa courbure humide,
> Qui reçoit donc tant de pleurs de mes yeux,
> Tant de soupirs, que je sanglote aus cieus,
> Lors qu'à mon dueuil Amour lâche la bride ?
> Il est du vague, ou certes, s'il n'en est,
> D'un aer pressé le comblement ne naist :
> Plus tôt le ciel, qui benin se dispose
> A recevoir l'effet de mes douleurs,
> De toutes pars se comble de mes pleurs,
> Et de mes vers qu'en mourant je compose (sonnet 82).

Le sonnet se présente comme un raisonnement argumenté sur le problème du vide et sur le devenir des larmes. Sous une allure plaisante, puisque, par un jeu hyperbolique, le poète compare le fonctionnement de l'univers à sa propre douleur, se cache une question plus essentielle. Les larmes, et leur place dans le monde, sont une production du poète, comme les vers : les deux sont mis en parallèle au dernier tercet. Le poème dit en substance : il faut imaginer l'existence de vide dans le monde, car si l'air est plein, qui reçoit le surplus (« mes larmes ») ? C'est-à-dire, si le monde est déjà complet, harmonieux et autosuffisant, comment comprendre la présence de l'homme et de ses productions ? l'homme est-il un étranger au monde, ou le macrocosme attend-il sa perfection du microcosme ? Il faut qu'il y ait du vide, dit Ronsard, ou bien, s'il n'y en a pas, le « comblement » ne vient pas d'une plénitude établie et compacte (« d'un air pressé »), mais le ciel a prévu ces pleurs ou cette création artistique qui le comblent. Le ciel attend, avec bienveillance, cette participation, et « se dispose » en vue de cet achèvement. Les pleurs ne sont d'ailleurs pas des manifestations d'une passion désordonnée, puisqu'Amour les régule (leur « lache la bride » à certains moments) ; ils sont orientés vers les cieux ou le monde (et non repliés sur une relation entre deux amants), et vont emplir l'univers, de toutes parts, retrouvant ainsi la correspondance préparée par la « courbure humide » du cosmos. Le dernier vers délivre plus clairement le sens de l'image : c'est bien le sens et la valeur de la production humaine qui sont en jeu : les pleurs sur le plan affectif, les vers sur le plan poétique, ne sont pas superflus. Ils disent un véritable sacrifice du poète (« Et de mes vers qu'*en mourant* je compose »), qui se dissémine dans le ciel, pour achever l'être cosmique. C'est le poète en effet qui recompose l'harmonie du tout, selon l'attente programmée du ciel, tandis que « l'amour » impose aux passions le rythme de l'expression lyrique. Le ciel attend l'homme, et le monde attend le poète, qui contribue, par sa création poétique, à la pulsation vitale du cosmos.

Cette idée est très forte à la Renaissance. Pour Peletier, un même système d'organisation unit la Création, et donc régit l'esprit ingénieux de l'homme, qui, lorsqu'il a compris le secret des nombres, en poursuit « naturellement » le perfectionnement :

> L'Art conduit, et garde de se dévoyer : Nature donne la disposition, comme une matière : l'Art donne l'opération, et comme la forme. En somme, la Nature bien demande le secours et la main artisane : Et l'Art ne peut rien sans le naturel. Car les Muses ne se veulent point avoir par force : il faut attendre le Dieu à venir : il faut épier cette sainte chaleur[1].

L'idéal de réharmonisation de la Création divine et de l'action humaine, soutenues par un même principe, dont l'ordre de l'expansion vitale dans la nature donne l'exemple, reste puissant pendant tout le siècle. Il reprend d'autant plus de force lorsqu'il s'agit de lutter contre les doutes et déceptions devant la crise de la société à la Renaissance, devant la désagrégation politique,

---

1 Jacques Peletier, *Art poétique*, chap. II, éd. F. Goyet, in *Traités de rhétorique et de poétique à la Renaissance*, Librairie Générale Française, 1990, p. 245-46.

religieuse, et l'accentuation de la séparation du mondain et du spirituel, que le baroque vit sur le mode tragique[1]. Au plus fort des désillusions, un auteur maniériste comme Belleau rêve d'une secrète unité retrouvée entre les signes littéraires et la nature :

> ...je vous diray leurs complaintes que je vey mignonnement tracées et contrefaites au pinceau, sur le tronc de ces arbres, qu'il sembloit qu'elles fussent de relief, creües et engrossies avec leur escorce[2].

Pour Ronsard, la parole poétique lancée vers les cieux voudrait se confondre avec le langage même de la création, signe parmi les signes, de même nature, sinon qu'elle seule traduit, « interprète »[3], et rend visible la secrète alliance du projet divin et du monde humain :

> Je veus darder par l'univers ma peine...
> Je veus changer mes pensers en oiseaus,
> Mes dous soupirs en Zephyres nouveaux
> Qui par le monde évanteront ma pleinte.
> Et veus encor' de ma palle couleur,
> Aus bors du Loir enfanter une fleur,
> Qui de mon nom et de mon mal soit peinte (sonnet16).

Le poète surcharge l'univers d'une réécriture, comme il imagine mettre ses pas dans les pas des Muses, et entrer dans leur danse[4]. La danse des Muses, contrairement au délire bachique, représente l'harmonie apollinienne qui recrée l'ordre du monde dans la beauté. Les *Amours* présentent les deux aspects de la fureur passionnelle :

---

1   Voir Michèle Clément, *Une poétique de crise : poètes baroques et mystiques (1570-1660)*, Champion, Paris, 1996.

2   Rémy Belleau, *Première journée de la Bergerie*, in *Œuvres poétiques*, éd. Marty-Laveaux, Slatkine reprints, Genève, t. I, p. 183.

3   « Ce sont les seuls inteprètes / Des vrais Dieux que les poëtes... » *Bocage* 1550, II, v. 53-54, Laum., II, p. 159.

4   Voir *L'Hymne de l'automne* (1563) : « J'allois apres la danse et craintif je pressois /Mes pas dedans la trac des Nymphes et pensois /Que pour mettre mon pied en leur trace poudreuse /J'aurois incontinent l'ame plus genereuse, /Ainsi que l'Ascréan qui gravement sonna /Quand l'une des neuf Sœurs du laurier luy donna. /Or je ne fu trompé de ma douce entreprise... » v. 43-49, *Hymnes*, éd. A. Py, Droz, 1978, p. 394.

l'une, indomptable et sauvage, peut conduire le poète à un trop-plein d'inspiration et à une impossibilité de parler (sonnet 27) ; l'autre, accommodée à la mesure humaine (la mesure aussi qui régit les mouvements de l'univers[1]), permet une dynamique harmonieuse. Le poète parvient à se fondre dans les rythmes de la création toute entière :

> Avant qu'Amour du Chaos ocieus
> Ouvrist le sein qui couvoit la lumière,
> Avec la terre, avec l'onde première,
> Sans art, sans forme, estoient brouillés les cieux.
> Ainsi mon Tout erroit sedicieus
> Dans le giron de ma lourde matière,
> Sans art, sans forme, et sans figure entière :
> Alors qu'Amour le perça de ses yeux.
> Il arrondit de mes affections
> Les petis cors en leurs perfections,
> Il anima mes pensers de sa flamme.
> Il me donna la vie et le pouvoir,
> Et de son branle il fit d'ordre mouvoir
> Les pas suivis du globe de mon ame (sonnet 53).

Les « affections » du poète servent à polir et parfaire les éléments qui composent le monde : la passion dont le poète se sert pour sa création entre dans un procès ontologique, qui concerne à la fois son être propre et l'univers, puisque le but à atteindre est bien leur mise à l'unisson. Si les éléments de « l'amoureus univers » devaient se dissocier, ils ne se résoudraient pas en eau, air, terre ou flamme, dit Ronsard, « Non, mais en vois qui toujours de ma dame / Par le grand Tout les honneurs sonnera » (sonnet 37). La création poétique continue à résonner, au-delà des subjectivités qui ont vécu les passions : l'art a permis la construction d'un univers qui s'entremêle désormais davantage à l'univers tout entier plutôt qu'il

---

1 Nathalie Dauvois observe aussi chez Ronsard cet idéal inspiré des théories pythagoriciennes en vogue à la Renaissance : « L'œuvre poétique est pour Ronsard, comme la peinture pour Léonard, « secunda creazione », parce qu'elle obéit au même principe de proportion, d'harmonie, de cohésion formelle que la nature » *Mnémosyne, Ronsard, une poétique de la mémoire*, Champion 1992, p. 225.

ne reste lié à la personne qui l'a produit. C'est pourquoi le poète vit sa création comme une dissémination de lui-même, par séries de métamorphoses infinies, jusqu'aux confins du monde visible. Il devient le monde et l'imaginaire du monde (dont les personnages mythologiques sont des représentations particulièrement suggestives), et son écriture aussi se fond dans le monde. Comme Narcisse, qui sent « de son beau sang naistre une belle fleur » (sonnet 153), la parole engendre à nouveau le monde, et le monde en écho, répercute la parole du poète (« Je vous suppli, ciel, aer et vent, monts et plaines, / Taillis, forets, rivages et fontaines, / Antres, prés fleurs, dites-le lui pour moi » sonnet 67). Dire, nommer, c'est créer en retour non pas les choses ni même le sujet, mais un lien d'être à être, qui est en lui-même une nomination originelle : originelle parce qu'elle a à voir avec un surgissement absolu. Les « énumérations extatiques »[1] qui scandent les *Amours* placent le pouvoir incantatoire de la poésie au dessus de toute évocation descriptive, elles réancrent la *présence* dans la parole prononcée et reprononcée (« Ce beau coral, ce marbre qui soupire... / Me sont au cœur en si profond émoi... / Et le plaisir qui ne se peut passer, / De les songer, penser, et repenser, / Songer, penser et repenser encore », sonnet 23). Dans la simple nomination poétique se joue une relation ontologique qui engage un don de l'être, – et un accroissement réciproque d'être. Car le don sacrificiel de la personne du poète est aussi un acte de possession, où la métamorphose aboutit à une fusion avec l'univers :

> D'une vapeur enclose sous la terre,
> Ne s'est pas fait cet esprit ventueux...
> Seuls mes soupirs ont ce vent enfanté,
> Et de mes pleurs le Loir s'est augmenté
> Pour le départ d'une beauté si fière :
> Et m'esbaïs de tant continuer
> Soupirs et pleurs que je n'ai veu muer
> Mon cœur en vent et mes yeus en rivière (sonnet 208).

---

1 Selon la belle expression d'André Gendre, Introduction aux *Amours*, éd. citée, p. 11.

Claude Gilbert Dubois a bien observé le mouvement dialectique de l'écriture ronsardienne dans les *Amours*, qui mène d'abord le sujet à une expansion, où l'être s'amenuise dans sa substance, pour se retrouver comme *homo loquens*, poète ordonnateur du monde[1]. Ronsard croyait-il pouvoir retrouver les rythmes profonds et originels de la Création, par l'alchimie poétique, ou bien croyait-il seulement à la puissance entrainante d'une passion communicative ? Nous serions tentée de comprendre sa foi en une « contagion » de l'inspiration[2] sur le modèle de l'efficacité de la musique sur les mouvements de l'âme. Efficacité psychologique, et au-delà, spirituelle, qui opère grâce à la participation d'une passion contrôlée et néanmoins effusive, toujours en débordement vers l'inconnu. La dame chante, et son chant emporte l'âme de l'auditeur dans une ondulation rythmique apaisante, parce que les rythmes profonds de chacun s'y « marient » :

> Dous est son ris, et sa vois qui me pousse
> L'ame du cors pour errer lentement
> Devant son chant marié gentement
> Avec mes vers animés de son pouce... (sonnet 38)

Jupiter lui-même est apaisé par les chants des Muses (sonnet 108), ou bien – autre métaphore de l'harmonie –, par la beauté des gestes et du sourire de la dame, qui dissipent l'orage (sonnets 43, 142), et ramènent le printemps en hiver (sonnet 107). Le langage pétrarquiste et les notions néo-platoniciennes servent une évocation plus directement métatextuelle de la poésie, comme moment épiphanique où se rencontrent la passion humaine et la grâce surnaturelle. A force de volonté et de violente ténacité, la grâce de l'art a creusé un réceptacle pour accueillir la surprise de l'imprévisible Grâce. Dans la poésie amoureuse comme dans toute

---

1   Cl. G. Dubois, « Esthétique descriptive et esthétique dynamique : substance, énergie et parole dans le discours amoureux (recueils de 1552-53) », *Ronsard, Colloque de Neuchâtel*, pub. par André Gendre, Droz, Genève, 1978.

2   Cette notion de contagion vient de Platon, *Ion*, (§ 503-536).

poésie inspirée, le poète « travaille » avec la surhumaine
« merveille » :

> Comme un qui prend une coupe,
> Seul honneur de son tresor,
> Et donne à boire à la troupe
> Du vin qui rit dedans l'or :
> Ainsi versant la rousée,
> Dont ma langue est arousée,
> Sur la race des Valois,
> En mon dous nectar j'abreuve
> Le plus grand Roi qui se treuve...
> ...Muse, ma douce espérance,
> Quel Prince frapperons nous
> L'enfonçant parmi la France ?
> Sera-ce pas nostre Roi,
> Duquel la divine oreille
> *Humera cette merveille*
> *Qui n'obéist qu'à ma loi ?*[1]

Le poète est le charmeur de grâce, celui qui ordonne la loi de
son apparition, qui dispose la coupe et joue avec le feu (le vin, la
fureur). Dans ce jeu dangereux, il donne sa vie pour accomplir sa
mission pacificatrice, pour réordonner l'univers que le chaos
menace toujours : par sa création, il participe à l'unité et à la beauté
enfin visible de la Création. Prométhée crucifié, c'est lui désormais
qui propose encore sa Pandore (sa belle recréation de l'univers) aux
volontés du ciel.

La fureur poétique chez Ronsard est donc double en son origine
et en son essence. Elle est sacrée et imprévisible, mais le poète peut
et doit préparer son surgissement, grâce à l'application de toute sa
passion. C'est encore la passion qui soutient les différentes
métamorphoses et gradations par lesquelles l'art rejoint
l'inspiration divine, et par lesquelles le poète, offert au monde,
renaît comme parole du monde. Sa poésie reprend dans ses filets
ondulants en cascade infinie les images et les personnages

---

1   *Odes,* I, I, Laum., I, p. 66.

mythiques de la mémoire des hommes (sonnet 20), pour les attacher à l'intemporel, pour *lier* ce qui ne peut encore connaître la fusion. Par la sertissure d'un art parfait, par la symétrie des vers rapportés, le poète fixe ses clous de feu qui le blessent, sur la glace de l'éternité. Sa passion est totale, puisqu'elle conduit au-delà des souffrances, à la transformation et la sublimation du sujet et du monde. Désormais, le poète, au-delà de l'oubli ou « la mort» de soi, donne naissance à la beauté de l'harmonie retrouvée, grâce à l'art de relier dans un équilibre subtil, les insaisissables émotions de l'âme et les passions sublimées comme l'or au feu de la poésie :

> Mais cet oubli ne me tourmente point
> Tant doucement le dous Archer me point,
> Le feu me brule et l'or crespe me lie (sonnet 3).

Josiane RIEU
Université de Nice

MONTAIGNE ET LE CORPS EN PROCÈS :
« DE LA FORCE DE L'IMAGINATION » (*ESSAIS*, I, 21)[1].

Montaigne et le genre de la « déclamation »

D'Érasme à Montaigne[2], et de l'affirmation de l'humanisme à sa crise, la déclamation connaît une vogue indiscutable dans la littérature européenne de la Renaissance. Terme à la fois plus large et plus technique que celui de « paradoxe »[3], la « déclamation » désigne l'exercice de développement oratoire sur un thème donné que les rhéteurs recommandaient pour la formation ou l'entraînement de l'orateur. « Le « réel irréel », tel était l'objet psychologique, judiciaire et rhétorique » du déclamateur. Loi et cause fictives entraînant une procédure fictive : tout récemment, l'écrivain Pascal Quignard a montré par l'exemple à demi-inventé d'Albucius à quels romans « ahurissants » et surréalistes avant la lettre pouvait conduire un tel exercice[4].

Plusieurs des chapitres ou fragments de chapitres des *Essais* de Montaigne relèvent de la déclamation. Le plus célèbre exemple en est sans doute « Des Cannibales » (I, 31), apologie des libres anthropophages du Brésil, en qui revivent et l'âge d'or des anciens et la république idéale rêvée par Platon et Plutarque. Montaigne

---

1 Une première version de ces pages a été présentée dans le cadre du séminaire d'Antoine Compagnon à Columbia University, en novembre 1996. Je remercie Antoine Compagnon de m'avoir permis, par ses remarques, de compléter et préciser plusieurs des éléments de la présente étude.

2 Voir notamment André Tournon, *Montaigne. La glose et l'essai*, Lyon, Presses Universitaires de Lyon, 1983, p. 203-228. Toutes les références à Montaigne renvoient à l'édition P. Villey des *Essais*, Paris, P. U. F., 1965.

3 Depuis la première rédaction de ces pages, a paru l'excellente étude de Patrick Dandrey, *L'Éloge paradoxal de Gorgias à Molière*, Paris, PUF, 1997, dont un chapitre est consacré à « Montaigne paradoxal », p. 137-173. On voit que la perspective ici adoptée est tangente à la sienne.

4 Pour le bon usage de la déclamation, voir Pascal Quignard, *Albucius*, Paris, P. O. L., 1990, p. 21-22, où 53 causes fictives conduisent à 53 romans aussi rigoureusement logiques qu'invraisemblables.

emploie lui-même le mot en ce sens pour désigner le *Discours de la Servitude volontaire* de son ami La Boétie[1]. Dans la déclamation, « les deux notions essentielles, qui sont liées, sont celles d'exercice et de fiction »[2]. La déclamation se définit en outre par sa totale liberté, qui en fait l'instrument privilégié pour une réflexion morale sans préjugé. Dégagée des contingences historiques, exempte de tout dogmatisme comme de toute finalité didactique, elle affecte « un certain détachement de la réalité immédiate pour mieux la considérer et l'évaluer »[3].

Ce recul et cette distance, éventuellement teintés d'ironie, rencontrent dans le chapitre I, 31 des *Essais* l'éloignement géographique des Cannibales, reculés jusqu'aux antipodes. Dans l'*Éloge*, qu'Érasme rangeait parmi ses « déclamations », la Folie n'avoue-t-elle pas être née dans les Iles Fortunées, où « tout vient en abondance sans semailles ni labour », où, de surcroît, l'on ignore, comme dans le Brésil de Montaigne, le travail, la vieillesse et la maladie[4] ?

La déclamation n'est pour autant ni insincère ni vainement rhétorique. L'auteur reste présent sous le masque, même s'il est difficile de mesurer son degré d'adhésion à chacun des arguments qu'il énonce[5]. Dans la déclamation le point de vue est mobile, l'identité du locuteur constamment fuyante. La parole glisse, dans le cas des « Cannibales », de Platon à Montaigne, et de Montaigne aux Indiens du Rio de Janeiro. Mais Urbain Chauveton, source

1   Voir sur ce point Jean Lafond, « Le *Discours de la Servitude volontaire* de La Boétie et la rhétorique de la déclamation », *Mélanges sur la littérature de la Renaissance à la mémoire de V. -L. Saulnier*, Genève, Droz, 1984, p. 736. Sur les rapports de la *Servitude* avec « Des Cannibales », voir mon livre : *Le Cannibale, grandeur et décadence*, Paris, Perrin, 1994, ch. VIII, p. 181-183.
2   Jacques Chomarat, *Grammaire et rhétorique chez Erasme*, Paris, Les Belles Lettres, 1981, t. II, p. 935.
3   Jacques Chomarat, *op. cit.*, p. 940.
4   Erasme, *L'Eloge de la Folie. Déclamation d'Erasme de Rotterdam*, ch. VIII, trad. J. Chomarat, Paris, Le Livre de Poche, 1991, p. 117.
5   Jean Lafond, art. cit., 1984, p. 740.

littérale des premières pages du chapitre, pointe sous Platon, et Michel de Montaigne arbore le nu du Cannibale, cette défroque ironique et provocante qui exhibe pour mieux cacher... Indiscernable parfois, mais toujours présente, la part de jeu inhérente à la déclamation devrait interdire de voir dans un tel chapitre « une exagération passagère de la doctrine de Montaigne », comme le voulait Pierre Villey[1]. Il s'agit d'un « essai » au sens strict du terme, exercice de pensée sans frontières et sans bride, expérimentation ludique et rigoureuse tout à la fois d'une liberté scabreuse.

Plaidoyer pour le membre

Parmi les exemples de déclamation au sens strict, on peut citer dans les *Essais* l'éloge circonstancié de la gravelle dans le chapitre « De l'experience » (III, 13), ou, cas plus piquant et moins douloureux assurément, le plaidoyer en faveur du « membre indocile » qui prend place dans « De la force de l'imagination » (I, 21). À la fin de ce même chapitre, du reste, Montaigne définit à merveille l'objet hypothétique de la déclamation :

> Aussi en l'estude que je traitte de noz mœurs et mouvemens, les tesmoignages fabuleux, pourveu qu'ils soient possibles, y servent comme les vrais. Advenu ou non advenu, à Paris ou à Rome, à Jean ou à Pierre, c'est tousjours un tour de l'humaine capacité...[2].

Advenu ou non advenu, probable ou improbable... La situation imaginée au point de départ de l'éloge du membre viril relève en effet de la pure hypothèse d'école : « S'il m'avoit payé pour plaider sa cause ». Ce morceau oratoire rigoureusement composé, réparti entre un exorde, un développement argumentatif et une péroraison, est de tonalité évidemment humoristique. Il est consacré à l'apologie d'un organe dont les défaillances et les rébellions,

---

1 Pierre Villey, éd. cit. des *Essais*, I, 31, p. 202. Pour le commentaire de ce même chapitre dans une perspective plus proche de la nôtre, cf. A. Tournon, *op. cit.*, p. 217-221.

2 Montaigne, *Essais*, I, 21, « De la force de l'imagination », éd. Villey, p. 105.

quelque fâcheuses qu'elles soient, ont le mérite d'illustrer le dysfonctionnement permanent de notre organisme. Comme l'a noté A. Tournon, le plaidoyer parodique ressortit par bien des traits au folklore de la Basoche. L'équivoque permise par les mots « membre » et « partie » rappelle les facéties estudiantines des clercs du temps. Quand Montaigne, commis avocat d'office, se tourne vers son client et le nomme « monsieur ma partie », il donne franchement dans la farce[1].

Mais il y a plus. Comme telle, cette déclamation ne constitue pas seulement un hors-d'œuvre plaisant. Dans le cours de l'essai, où elle s'est insérée après coup, sous la forme d'une addition manuscrite de l'exemplaire de Bordeaux, elle introduit un changement de cap. Par cette digression tardivement intégrée, c'est tout le contexte immédiat des « nouements d'aiguillettes » qui se trouve réinterprété. La force de l'imagination, cette étrange puissance occulte qui contraint le corps et le réduit à quia, n'est plus seule en cause, et avec elle les divers phénomènes qui relèvent de ce que la médecine aujourd'hui appellerait la psychosomatique. Désormais l'identité, voire l'unité du corps propre sont en jeu : le voici tiré à hue et à dia par la discorde de ses organes et l'empire de ses pulsions contradictoires.

Dans son développement oratoire, Montaigne recourt à toute la panoplie du parfait rhéteur : adresses au public, apartés comiques, confidences personnelles, fausses questions sont destinés à remuer en tous sens l'esprit de l'auditeur et à emporter l'adhésion. Il tire également parti des diverses astuces juridiques à sa disposition. L'accusation est ainsi détournée sur les « autres membres, ses compagnons », ces comploteurs sournois à qui il est reproché de faire du membre par excellence un bouc émissaire. Vient une maxime, destinée à rallier les hésitants sur le solide terrain du sens commun : « Elles [= les parties de nostre corps] ont chacune des

---

1 *Essais*, I, 21, p. 103. Cf. A. Tournon, *op. cit.*, p. 387.

passions propres, qui les esveillent et endorment, sans nostre congé ».

Ce principe général est suivi d'une série d'illustrations où l'on voit les différents membres et organes s'animer, acquérir soudain l'autonomie de personnes désirant et agissant pour leur propre compte et dans le plus grand désordre : tour à tour le visage, le cœur, le poumon, le pouls, les cheveux, la main, la langue, la voix s'individualisent, pour vivre chacun sa vie, sans souci de ses voisins et dans l'ignorance complète de l'intérêt général. Il n'est pas jusqu'aux organes de l'excrétion qui ne manifestent dans cette cacophonie leur présence « indiscrète et tumultuaire », cette turbulence synonyme de liberté. La juxtaposition de phrases courtes, parfois réduites à une indépendante, l'hypotypose qui joue par exemple de l'allitération conduisant de « poulmon » à « pouls » confèrent à cette rébellion des membres un ton joyeux, une verve carnavalesque.

C'est sur un ton plus grave que Montaigne évoque cette même révolte des membres dans le chapitre « De l'exercitation » (II, 6), à propos de la chute de cheval qui faillit lui être fatale au temps de « nos troisiesmes troubles ou deuxiesmes », et qui le plongea dans un coma de plusieurs heures. À son réveil, on lui dit que, tout évanoui qu'il était, il s'était efforcé d'ouvrir son pourpoint « à belles ongles ». « J'avoy mon estomac pressé de ce sang caillé, mes mains y couroient d'elles mesmes, comme elles font souvent où il nous demange, contre l'advis de nostre volonté ». Dans cette exploration aux limites de la conscience, qu'il interprète après coup comme un exercice d'agonie ou une « exercitation » à la mort, Montaigne découvre cette vérité qu'il inclura plus tard dans « De la force de l'imagination » : « Chacun sçait par experience qu'il y a des parties qui se branlent, dressent et couchent souvent sans son congé »[1]. Les parties en question, cœur, poumons, cheveux et

---

1 Montaigne, *Essais*, II, 6, p. 376.

membre, ne sont pas nommées, et pour cause, comme elles le seront pêle-mêle et prolixement dans l'ajout manuscrit intercalé sur l'exemplaire de Bordeaux au chapitre I, 21. C'est que le ton de confidence personnelle de cet essai rédigé vers 1574 ne le permet pas. Mais la réflexion est amorcée, qui déjà conclut au caractère autonome des « passions » agitant les divers membres du corps, des passions étroitement localisées, étrangères en vérité à l'individu : « Or ces passions qui ne nous touchent que par l'escorse, ne se peuvent dire nostres ». Forte consolation pour celui qui veut apprendre à mourir. Le corps peut ne souffrir que par sa périphérie et son « écorce », alors même qu'il est insensible en son centre. À preuve le sommeil : « et les douleurs que le pied ou la main sentent pendant que nous dormons, ne sont pas à nous ». À preuve encore l'extrême agonie des suppliciés. Lorsque leurs membres disloqués tressaillent sous la torture, ils pourraient bien n'en rien ressentir : « Et les voix et responses courtes et descousues qu'on leur arrache à force de crier autour de leurs oreilles et de les tempester, ou des mouvemens qui semblent avoir quelque consentement à ce qu'on leur demande, ce n'est pas tesmoignage qu'ils vivent pourtant, au moins une vie entiere »[1].

La consolation implicite dans le plaidoyer pour le membre, allongeail de 1592, est moins amère et moins dramatique, mais elle va dans le même sens que cet exercice d'apprivoisement de la mort. Pourquoi se lamenter sur la dispersion des « passions » et l'anarchie des membres, et ne pas plutôt s'en réjouir ? Car ce qui est enlevé à l'emprise de la volonté l'est aussi à l'empire de la souffrance.

Une objection est écartée au passage, plaisamment fondée sur l'autorité de saint Augustin et de son docte commentateur Vivès[2] : celle qui, pour soutenir « la toute-puissance de nostre volonté »,

---

1 *Essais*, II, 6, p. 375.

2 Saint Augustin, *La Cité de Dieu*, XIV, XXIV : « Si les hommes fussent demeurés innocents dans le paradis, tous les actes du corps eussent été soumis sans exception à la volonté ».

allègue l'exemple de pétomanes prodiges, capables de moduler leurs pets « suivant le ton des vers qu'on leur prononçoit ». Montaigne n'élude aucunement l'indécence du propos, bien au contraire. En réplique au père de l'Église, il n'hésite pas à invoquer, en toute impudeur, les désagréments que lui cause la révolte de son propre fondement :

> Joint que j'en sçay un si turbulent et revesche, qu'il y a quarante ans qu'il tient son maistre à peter d'une haleine et d'une obligation constante et irremittente, et le menne ainsin à la mort[1].

Étant donné le caractère étrangement labile de la déclamation, la bouffonnerie de la confidence pourrait n'être qu'apparente. La conclusion inattendue, d'une gravité funèbre, est-elle à prendre pour une marque d'ironie suprême ? Rien n'est moins sûr. Le dérèglement d'un anus en folie conduit tout naturellement à la mort. Saint Augustin n'aurait pas désavoué un tel constat, lui qui s'efforçait, en sens inverse de Montaigne, de retrouver dans la docilité de quelques-uns de nos organes le souvenir d'un état d'innocence et de plénitude où tous les actes du corps étaient également soumis à la volonté. Dans la condition parfaite d'Adam et Ève, ignorants du désir comme de la mort, la procréation même aurait été sujette à la pure volonté, et la concupiscence charnelle n'y serait entrée pour nulle part[2].

La démonstration paradoxale culmine chez Montaigne lorsque la volonté elle-même est suspectée de menées séditieuses. C'est là, semble-t-il, pour parler comme l'*Apologie de Raimond Sebond*, le « dernier tour d'escrime » du raisonnement, un « coup desesperé »[3]

---

1   Montaigne, *Essais*, I, 21, p. 103.

2   Saint Augustin, *loc. cit.* : « Seminatur igitur prolem vir, susciperet femina genitalibus membris, quando id opus esset, et quantum opus esset, voluntate motis, non libidine concitatis. »

3   *Essais*, II, 12, p. 558 : « car ce dernier tour d'escrime icy, il ne le faut employer que comme un extreme remede. C'est un coup desesperé, auquel il faut abandonner vos armes pour faire perdre à vostre adversaire les siennes, et un tour secret, duquel il se faut servir rarement et reservéement. »

bien propre à ruiner tout effort en vue de rejoindre en amont de la Chute l'intégrité perdue de l'être humain. L'enquête de la *Cité de Dieu* sur ce point paraît définitivement frappée d'inanité.

La volonté désobéit à la volonté même : « Veut-elle tousjours ce que nous voudrions qu'elle voulsist ? » Bien souvent en effet, elle se refuse à suivre les « conclusions de nostre raison ». Comme le suggère le polyptote sur le verbe de volition, la volonté est un sujet tournant, au nombre et à l'identité variables, sans véritable autonomie ni but assigné. À l'instar d'une girouette folle, elle passe sans transition du singulier au pluriel, de l'indicatif au conditionnel, puis au subjonctif, et de la troisième à la première personne. Il s'agit donc d'un mot vide de sens ou dont la signification, à tout le moins, est affectée d'une instabilité foncière.

Sans doute l'antanaclase, qui fait osciller le sens de « volonté » du désir inavoué à l'intention réfléchie, permet-elle de résoudre l'absurdité première de la proposition. « Ne veut-elle pas souvent ce que nous luy prohibons de vouloir : et à nostre evident dommage ? » L'évidence est que la volonté se contredit sans cesse ou, pour parler comme Montaigne, « s'échappe à soi ».

Ayant ainsi prouvé par l'hyperbole et par l'absurde la désorganisation totale de notre « moi », l'avocat du « membre » peut renvoyer dos à dos accusé et plaignants : « Partant se void l'animosité et illegalité manifeste des accusateurs ». L'« illégalité » et la mauvaise foi sont d'autant plus flagrantes que le « consort » du membre, c'est-à-dire le sexe féminin, est soigneusement tenu à l'écart du procès. Or leurs causes sont « inseparablement conjointes […] et indistinctement ». Mais l'accusation a bien pris soin de concentrer ses attaques sur le seul membre viril, « et par des arguments et charges telles, veu la condition des parties, qu'elles ne peuvent aucunement apartenir ny concerner sondit consort »[1]. Qu'est-ce, à vrai dire, qui distingue le sexe masculin de son

---

1 *Essais*, I, 21, p. 103.

« consort » et complice, sinon sa défaillance majeure, à savoir l'impuissance ? C'est sur ce point précis que les destinées des deux sexes se séparent. L'un et l'autre se manifestent de manière intempestive et échappent à tout contrôle de la volonté. Soit. Mais le « refus » d'agir caractérise en propre la virilité. Un ajout de l'édition de 1595 dissipe toute équivoque à cet égard, en précisant les mœurs et conditions du sexe opposé : « car l'effect d'iceluy est bien de convier inopportunement par fois, mais refuser jamais : et de convier encore tacitement et quiètement »[1]. Un chapitre du livre III, « Sur des vers de Virgile », reviendra plus à loisir sur l'inégalité des « effets » de chacun des deux sexes À en croire Montaigne, les femmes, en toutes circonstances, l'emportent sur les hommes : « nature leur a donné une perpetuelle capacité ; à nous rare et incertaine » ; « de leur part tousjours aumoins il est pourveu à la necessité, de nostre part il peut avenir autrement »[2]. Cette vision d'une sexualité féminine abyssale, bouche insondable et toujours prête, qui invite à voir en Montaigne un misogyne fasciné, ridiculise par comparaison les petites prétentions du sexe masculin, Priape renfrogné et sujet à éclipses.

En bonne logique, on devrait conclure à l'infirmité toute spéciale du membre viril, un membre particulièrement disgracié, puisqu'en lui alternent la désobéissance passive la plus obstinée et l'obscénité la plus inquiète et la plus bruyante. Il n'en est rien pourtant. Conformément à l'économie sophistique constitutive de l'éloge paradoxal depuis Gorgias[3], le plaidoyer en faveur du membre fait du plus faible le plus fort. Devançant la réplique des avocats de la partie adverse et la sentence des juges, la péroraison est un éloge vibrant de la nature qui a conféré à cet organe « quelque particulier privilege ». C'est bien raison, conclut Montaigne, puisqu'il est l'auteur du « seul ouvrage immortel des mortels ».

---

1   *Ibid.*, p. 103, note 9.
2   *Essais*, III, 5 : « Sur des vers de Virgile », p. 884 et 886.
3   P. Dandrey, *op. cit.*, p. 1-2 et 9-10.

Le néoplatonisme en vogue est appelé *in fine* à la rescousse : la chute du discours exalte, sur la foi de Socrate, l'action divine de la génération et son corollaire, l'amour, « desir d'immortalité et Daemon immortel luy-mesmes ». La référence au discours de Diotime, l'étrangère de Mantinée, dont Socrate, dans *Le Banquet*, reprend à son compte la définition sublime de l'amour[1], introduit un contraste si brusque avec le propos qui précède qu'elle en devient presque comique. Mais il faut toujours se méfier de Socrate : sous des dehors grotesques, ce dernier recèle des trésors d'intelligence et de vertu, comme nous l'enseigne Alcibiade, dans le même dialogue du *Banquet*, avec la fameuse comparaison des silènes qu'Érasme, dans les *Adages*, puis Rabelais, dans le prologue de *Gargantua,* reprendront à leur compte[2]. Si bien que la dérision n'est pas totale, ni la chute du passage tout bonnement ironique. Le plaidoyer pour le membre est à l'image de ce *Socrates bifrons*, rustre par-dehors et délicat par-dedans. La gauloiserie délibérée du propos n'empêche pas la formulation d'une vérité supérieure et bien digne d'admiration.

Une crise anatomique

Ce morceau d'éloquence du barreau à la forte charpente rhétorique, dans lequel abondent figures de style et ruses logiques, où le ton, de surcroît, passe alternativement du bouffon au sublime, pour peindre les débordements scatologiques de la digestion et l'ascension du désir amoureux, retient encore l'attention par le vocabulaire politique qu'il met en jeu. À côté de « rebellion », deux fois présent dans le passage, on trouve les mots d' « authorité », de « sedition », de « desreglement » et de « desobeissance ». Sous

---

1 Platon, *Le Banquet*, 207a, 208e, trad. Léon Robin, Gallimard, « Pléiade », 1950, p. 741, 744.

2 Érasme, *Adages*, 2201 : « Les Silènes d'Alcibiade », in *Œuvres choisies*, éd. J. Chomarat, Paris, LGF, « Le Livre de Poche », 1991, p. 402-435. Cf. Rabelais, prologue du *Gargantua*.

l'anarchie du corps sensible, se découvre un autre désordre dont il est en quelque sorte l'allégorie : celui de la société en révolte contre toute espèce d'autorité.

On reconnaît alors, sous le travestissement comico-réaliste d'une déclamation à prétexte médical, la fable fameuse des Membres et de l'Estomac qui, d'Ésope à La Fontaine, sert de référence constante au discours politique traditionnel[1]. Surtout connu à la Renaissance par l'usage qu'en fit Menenius Agrippa pour persuader la plèbe de renoncer à la sécession, l'apologue est de pleine actualité au temps de Montaigne, à une époque où l'autorité royale est contestée par les féodaux, les parlements et les villes, où il semble enfin que le royaume de France soit sur le point de se dissoudre en des guerres civiles incessantes. L'estomac a bien sa raison d'être ; sans lui, les différentes parties du corps seraient privées de leur principe vital, ce fruit de la digestion qu'est le sang :

> Inde apparuisse ventris quoque haud segne ministerium esse, nec magis ali quam alere eum, reddentem in omnes corporis partes hunc quo vivimus vigemusque, divisum pariter in venas maturum confecto cibo sanguinem.

Chez Tite-Live[2] et Plutarque, qui s'en inspire, l'épisode de Menenius Agrippa a un sens nettement conservateur. Il s'agit de préserver l'unité du corps social, au prix de concessions faites à la plèbe. D'où la création des tribuns de la plèbe, destinés à contrebalancer le pouvoir jusqu'alors exclusif des sénateurs, émanation des patriciens. La paix civile est de la sorte rétablie au profit de tous, sans que la hiérarchie de l'estomac et des membres soit fondamentalement remise en cause.

---

1 Ésope, *L'Estomac et les Pieds*. Cf. La Fontaine, *Fables*, III, 2, « Les Membres et l'Estomac », éd. J.-P. Collinet, « Pléiade », p. 108.

2 Tite-Live, *Histoire romaine*, II, 32. Je cite ce texte d'après l'édition Jean Bayet et Gaston Baillet, Paris, Les Belles Lettres. Version très voisine dans Plutarque, *Vie de Coriolan*, VIII, trad. J. Amyot, « Pléiade », t. I, p. 476-477. L'apologue est également mentionné par Florus, *Epitomé*, I, XXIII ; Valère-Maxime, *Faits et dits mémorables*, VIII, IX ; Quintilien, *Institution oratoire*, V, XI, 19.

Mais la fable est aussi susceptible d'une lecture inverse : c'est ce qui arrive au temps des monarchomaques, dans les innombrables procès instruits contre la tyrannie des princes. Dans la littérature d'inspiration protestante notamment, avec une virulence qui redouble au lendemain de la Saint-Barthélemy, la référence à l'apologue d'Ésope permet de dénoncer les abus d'un pouvoir avide, qui littéralement vampirise le royaume et le saigne à blanc. Le déséquilibre des humeurs engendre un état de dyscrasie préjudiciable à l'organisme qui dépérit. C'est ainsi que, dans le tableau des « Misères » qui ouvre *Les Tragiques*, d'Aubigné accuse

> Ce ventre dans lequel tout se tire, tout entre,
> Ce faux dispensateur des communs excremens[1].

Au lieu de répartir équitablement la substance nourricière, l'estomac dilaté « n'envoye plus aux bords les justes alimens ». La longue métaphore filée qui assimile la France à un géant aux membres débiles, soutenu par des béquilles, aboutit à une apostrophe véhémente lancée aux « financiers » et « justiciers » :

> Vous, ventre de la France, enflez de ses langueurs[2].

Le même usage critique de la fable se rencontre chez un auteur de toute évidence plus serein et moins porté à l'anathème. Le paisible Du Bartas, au second jour de sa *Sepmaine*, décrit en des termes comparables le roi tyran, en l'espèce l'empereur Caligula. Cependant, par une fidélité plus grande envers Galien plutôt que par une adaptation au progrès des connaissances anatomiques, l'estomac est remplacé par le foie :

> Ainsi le trop d'humeur qu'à la longue le foye,
> Mal-propre à digerer, dessus la chair envoye,
> Bouffit le corps malade[3]...

---

1 Agrippa d'Aubigné, *Les Tragiques*, I, 150-151, éd. H. Weber, « Pléiade », p. 24.

2 *Ibid.*, I, 167.

3 Guillaume de Saluste du Bartas, *La Sepmaine ou Creation du Monde*, II, 113-115, éd. Y. Bellenger, Paris, S. T. F. M., 1981, t. I, p. 42.

Quelles que soient au demeurant les menues corrections apportées au récit canonique, la fable apparaît d'un usage ambigu. Si tant est qu'elle milite en faveur d'un organisme bien tempéré, il lui est loisible de condamner avec la même vigueur la grève des membres rétifs et la paresse d'un appareil digestif qui garde pour lui la nourriture au lieu de la distribuer. Plutôt que de recommander le respect d'une union inégale, elle peut tout aussi bien prôner le « devoir de révolte »[1] auprès de membres manifestement lésés dans le grand partage.

C'est dans ce contexte nouveau, sans nul doute, qu'il convient de situer l'adaptation montaignienne de l'apologue antique. La désinvolture parodique apportée au traitement d'un lieu commun politique s'expliquerait en partie par le malheur des temps et la crise des valeurs qui en découle. Montaigne, en effet, fait subir à l'allégorie traditionnelle un double renversement. En premier lieu le politique ne joue plus le rôle de comparé, mais de comparant. Le référent ultime, ce n'est plus le corps social, mais le corps individuel, le corps propre, qui acquiert de ce fait une importance sans précédent.

L'épisode de Menenius Agrippa plaidait d'autre part en faveur de la cohésion et de l'unité du corps social ; le plaidoyer de Montaigne, au rebours, justifie la disjonction, le morcellement, voire l'éclatement du corps physiologique, tiraillé entre des pulsions contradictoires, miné par des défaillances qu'il ne parvient ni à prévenir ni à maîtriser.

En ce sens, on peut dire que Montaigne va plus loin que Rabelais qui, au début du *Tiers Livre*, par la voix de Panurge, insérait l'apologue d'Ésope dans l'éloge des dettes[2]. Dans cette autre déclamation, prononcée avec autant d'éloquence que de

---

1 J'emprunte cette formule à Arlette Jouanna, *Le devoir de révolte. La noblesse française et la gestation de l'État moderne, 1559-1661*, Paris, Fayard, 1989.

2 Rabelais, *Le Tiers Livre*, ch. 3 et 4, éd. G. Demerson des *Œuvres complètes*, Paris, Le Seuil, 1973, p. 385-388 ; éd. M. Huchon, « Pléiade », 1994, p. 360-367.

mauvaise foi, le compagnon de Pantagruel se bornait en réalité, pour justifier ses dépenses inconsidérées, à amplifier la matière d'Ésope et de Tite-Live, sans en modifier l'intention ni la leçon explicite. Le corps sans dette, à l'en croire, c'est le microcosme – ou « l'autre petit monde, qui est l'home » – tombé subitement en « un terrible tintamarre ». Il en résulte une « conspiration plus pernicieuse que n'a figuré AEsope en son Apologue », puisque les membres sans exception se désolidarisent les uns des autres en se refusant un mutuel usage. La conséquence inévitable en est une prompte mort.

Il est fort possible que dans sa plaisante hypotypose Montaigne se soit souvenu de cette sorte d'émiettement de l'organisme révolté, l'énumération des parties séditieuses chez Rabelais incluant la tête, les pieds et les mains, le cœur, le « poulmon », le foie, la vessie et le cerveau – mais nullement « le » membre. Pourtant, une fois cette anarchie galopante amplement peinte et démontrée par l'exemple, Panurge en revient sagement au principe de hiérarchie. Contre-épreuve de ce désordre mortifère, voici, au chapitre suivant, la figure de l'homme « en son naturel » : tous les organes coopèrent harmonieusement au labeur commun, qui consiste à « forger sang continuellement ». Or

> En ceste forge sont tous membres en office propre : et est leur hiérarchie telle que sans cesse l'un de l'autre emprunte, l'un à l'autre preste, l'un à l'autre est debteur[1].

Image rassurante en définitive que cette circulation effrénée, où les diverses parties, liées et enchaînées entre elles dans un ordre immuable, conspirent au bonheur général. Il n'en va pas de même chez Montaigne, dont toute la démonstration consiste au contraire à briser la cohérence et l'harmonie du « petit monde ». La seule hiérarchie qu'il maintient est d'ordre moral : c'est la précellence de l'organe de la génération sur des voisins jaloux. En lui et par lui

---

1   *Ibid.*, p. 387 ; cf. « Pléiade », p. 365.

achève de se défaire le principe d'individuation du corps propre. Morcelé et dépossédé de son unité de sujet autonome, le corps s'ouvre, pour finir, dans l'acte qui assure la continuation de l'espèce et signe en même temps sa mort. Tel est le déplacement capital opéré par le chapitre I, 21 des *Essais* : en glissant du ventre au bas-ventre et de l'estomac au membre viril, la fable n'échange pas seulement un centre de gravité pour un autre ; elle change profondément de sens.

En cela réside la portée révolutionnaire de la déclamation du « membre ». Montaigne a placé la sexualité au centre du corps, là où, non sans raison ni prudence, les Anciens faisaient résider l'organe de la digestion. Il en découle cette conséquence inévitable que la crise anatomique est désormais sans issue.

Montaigne ne renouerait-il pas *in extremis* avec saint Augustin ? Pour l'auteur de la *Cité de Dieu*, on s'en souvient, l'harmonie du corps et l'obéissance de ses moindres parties au principe supérieur de la volonté appartenaient à un âge révolu, celui d'avant le péché d'Adam. La différence fondamentale chez Montaigne est qu'il n'y a dans l'apologie du membre ni nostalgie ni deuil, ni même l'espoir d'un retour à cette plénitude de l'être à la fin des temps. Tout se ramène ici au présent, à l'instant d'un corps fragmenté et dispersé, qui ne se ressaisit que partiellement, dans la fuite et la perte euphoriques que postule l'amour.

On perçoit incidemment l'audace du propos : le péché originel, dont l'indiscipline du membre, chez Augustin, est la marque et le signe persistant, a cessé d'être ressenti par Montaigne comme une malédiction. C'est au contraire un motif de joie et une bonne occasion de célébrer l'amour de la vie. Vive la sexualité, qui garantit la pérennité de l'espèce ! Et qu'importe si elle met en péril l'unité du corps et si la volonté n'a sur elle aucune prise. Si l'on n'était ici précisément dans le genre de la déclamation, qui suppose liberté, mobilité et dépossession ludique, on voit tout ce que cette affirmation pourrait avoir de scandaleux.

À la réflexion, la leçon que délivre ce passage des *Essais* est d'autant plus scabreuse que le corps mystique mis en scène par Tite-Live se confond avec un autre, souvent présent dans la littérature épidictique de la Renaissance. C'est celui que décrit saint Paul dans la première épître aux Corinthiens, 6, 15 : « Ne savez-vous pas que vos corps sont des membres du Christ ? » Les membres en procès renvoient inévitablement à ce texte canonique où il est dit que les chrétiens, quelles que soient leur condition et leurs capacités, sont tous membres d'un même corps en Christ. D'où il découle qu'à la différence des habitants de Corinthe réprimandés par saint Paul, ils ne doivent pas avoir de procès les uns avec les autres, mais vivre comme frères dans l'amour de tous pour tous[1].

Contrairement à l'apologue de Tite-Live, le texte paulinien ne sacrifie pas les *inhonesta membra*, même s'il les désigne par une périphrase. Il leur fait une place dans l'organisation d'un corps bien tempéré, dont les différentes parties se prêtent un secours mutuel. Montaigne rejoint partiellement la leçon de l'apôtre, qui affirme que les membres les plus indécents méritent le plus d'égards et de pudeur : « Et qui plus est, les membres du corps qui semblent estre les plus debiles, sont beaucoup plus necessaires. Et ceux que nous cuidons estre les plus deshonnestes membres du corps, sont accoustrés par nous plus honorablement : et les parties qui sont en nous les plus laides, ont plus de parement »[2]. Mais ces membres honteux, traités et vêtus avec plus d'honneur que les autres, n'en acquièrent pas pour autant « quelque particulier privilege », comme le voudra Montaigne.

À l'exemple de Tite-Live, en effet, saint Paul insiste sur l'unité et la solidarité des membres. La pierre de touche de cette solidarité effective est l'épreuve contrastée de la souffrance et de la

---

1   I Corinthiens 6, 1-11.

2   I Corinthiens 12, 22-23, dans la traduction de René Benoist, Paris, Michelle Guillard, 1568.

glorification. Nuit du tombeau, suivie abruptement de la gloire rayonnante des justes. Il est symptomatique que saint Paul place en premier lieu la souffrance, et relègue au second plan la joie et l'honneur, hiérarchie que Montaigne inversera. De même qu'on peut voir dans le plaidoyer pour le membre une parodie de discours judiciaire, de même l'intertexte évangélique invite à soupçonner dans cette page la trace d'une *parodia sacra*. Le plaisir désinvolte de la déclamation flirte ici avec le sacrilège. La liberté d'allure des *Essais*, qui se calque au plus près sur celle d'un corps rétif, écartelé entre les passions propres de ses membres discordants, est au prix de ce risque calculé.

Frank LESTRINGANT
Université Paris IV-Sorbonne

DEUXIÈME PARTIE

PASSIONS TEMPÉRÉES

LA CONVERSATION TEMPÉRÉE : DEVIS ET PASSIONS DANS LE *COURTISAN* DE CASTIGLIONE

Attaché à « former en paroles un Courtisan parfait[1] », à en dessiner les contours éthiques, le cercle d'Urbino rassemblé par Castiglione procède, tout au long des quatre journées de dialogue, à une véritable répression des passions. Dès l'origine, le choix du sujet laisse présager un débat à proprement parler dépassionné : la question du Courtisan est en effet préférée à d'autres conversations relatives à l'amour, à la haine[2], voire à la folie. Les pulsions extrêmes, les débordements irrationnels sont renvoyés à l'extérieur du cercle et ne franchissent pas davantage le seuil de l'ouvrage. Ainsi, messire Gonzaga, persuadé qu' « en chacun de nous se trouve quelque semence de folie, qui, réveillée, peut se multiplier à l'infini », propose précisément à chacun des devisants de déclarer sa « veine de folie », dans le but cependant de lui trouver remède[3].

> L'on se mit à rire fort de ce jeu, et il n'y avait personne qui pût se retenir de parler. L'un disait : « Ma folie, ce serait de penser » ; l'autre, « de regarder » ; un autre disait : « Je suis déjà devenu fou d'aimer », et autres choses semblables[4].

A peine est-elle proposée que la folie se répand dans le cercle, procédant d'une même contagion propre à soulever les corps. Mais cet éclat soudain et irrépressible des rires et des passions au sein du cercle civil constitué par les devisants sera précisément réfréné au profit d'un sujet plus moral : l'examen du parfait Courtisan. De la même manière, parmi les propositions qui sont faites, celle

---

1 Baldassar Castiglione, *Le Courtisan*, I, 12, présenté et traduit de l'italien par Alain Pons, d'après la version de Gabriel Chappuis (1580), Paris, éditions G. Lebovici, 1987 – rééd. GF-Flammarion, 1991, p. 34.

2 « ... mais si vous voulez un beau jeu, faites que chacun dise son avis pour savoir d'où vient que les femmes ont presque toutes en haine les rats et aiment les serpents », Castiglione, *Le Courtisan*, I, 9, éd. cit., p. 30.

3 *Ibid.*, I, 8, p. 28-29.

4 *Ibid.*, I, 8, p. 29.

d'examiner les divers aspects du dédain amoureux donne aux
devisants l'occasion d'énumérer le catalogue des passions (haine et
douceur, courroux, amertume…), au centre duquel Pietro Bembo
soulève la question de la souffrance amoureuse :

> Ainsi voudrais-je que notre jeu fût tel que chacun dît, en admettant que
> la personne qu'il aime dût avoir pour lui du dédain, d'où il voudrait
> que naquît la cause du dédain, ou bien d'elle, ou bien de lui-même,
> pour savoir ce qui fait le plus souffrir, ou bien de causer du déplaisir à
> la personne aimée, ou bien d'en recevoir d'elle-même[1].

A l'inverse de ces « débats amoureux », la proposition faite par
messire Federico Fregoso de dire ce qui convient à un bon
Courtisan met donc les devisants d'Urbino sur la voie de l'*éthos*. Le
débat quitte les sphères de la passion, s'affranchit de la
conversation amoureuse pour se constituer en contradiction,
« comme dans les écoles de philosophie[2] ». Chacun se soumet non
aux sentiments, mais au jugement de l'autre, selon la question
éthique de la convenance : dans les thèmes comme dans la forme, la
cour d'Urbino accomplit donc une éradication volontaire des
passions.

Castiglione réitère avec évidence l'exclusion des passions
immodérées au seuil du deuxième livre, quand il reproche aux
vieillards de toujours critiquer, au nom de leur jeunesse perdue, le
temps présent :

> Je pense donc que les vieillards ont cette fausse opinion parce que les
> ans qui fuient emportent avec eux beaucoup de commodités, et entre
> autres enlèvent du sang une grande partie des esprits vitaux, ce qui
> altère la complexion, et les organes par lesquels l'âme exerce ses
> vertus, s'affaiblissent[3].

---

1   *Ibid.*, I, 11, p. 33.
2   *Ibid.*, I, 12, p. 34.
3   *Ibid.*, II, 1, p. 106.

Soumis à un dérèglement humoral, le vieillard se livre à l'amertume et à l'irascibilité : exclu de la société devisante, condamné à rester de l'autre côté du seuil établi par l'auteur, le vieillard doté d'une complexion déséquilibrée forme à l'entrée du deuxième livre un contre-modèle, figure colérique, négative et antithétique du parfait Courtisan. Prenant dans le même temps la défense de la cour moderne d'Urbino et des mœurs nouvelles qui y paraissent, Castiglione retourne alors aux devisants attachés à définir les qualités éthiques de ce nouveau modèle social.

Tout au long des débats il s'agira donc d'exalter les vertus et d'éviter tout ce qui excite les passions au sein de la société aulique :

> Que celui que nous recherchons soit donc très fier et agressif quand il sera devant les ennemis, et toujours parmi les premiers ; mais en tout autre lieu, qu'il soit humain, modéré et posé, fuyant plus que tout l'ostentation et l'impudente louange de soi-même, par où l'homme suscite toujours contre soi la haine et le dégoût de ceux qui l'écoutent[1].

Dans les jeux également, l'*urbanitas* commande au Courtisan de savoir exceller sans être agressif, et de préférer parfois aux exercices guerriers des passe-temps plus paisibles, « pour éviter l'envie et avoir des rapports agréables avec chacun[2] ». Car l'autre est devenu, au sein du système de cour, une véritable raison qui dirige l'action du courtisan, qui comprime et réfrène ses pulsions : cette « invention de l'autre », selon l'expression de Robert Muchembled[3], ou plus exactement cette « exaltation de la raison des autres[4] » par laquelle il s'agit de « viser au plaisir des autres par

---

1 *Ibid.*, I, 17, p. 43.

2 *Ibid.*, I, 22, p. 50.

3 R. Muchembled, *L'invention de l'homme moderne, sensibilités, mœurs et comportements collectifs sous l'Ancien Régime*, Paris, Fayard, 1988, p. 136-154.

4 Nous empruntons cette expression au titre d'un article d'A. C. Fiorato, « L'occultation du savoir et l'exaltation de la raison des autres dans le *Galateo* de Della Casa », in *Le Pouvoir et la plume, incitation, contrôle et répression dans l'Italie du XVIe siècle*, Actes, Paris, Centre universitaire de Recherche sur la Renaissance Italienne, Université de la Sorbonne Nouvelle, 1982, p. 152.

une mortification opportuniste de soi[1] », constituent l'usage commun en force ordonnatrice du comportement individuel et consacrent la suprématie absolue de l'autre à laquelle se soumettent tout ensemble le savoir-vivre et le savoir-parler[2]. De manière très évidente, et comme l'a théorisé Norbert Elias dans *La Société de Cour*, un lien nécessaire rattache la « rationalité de la société de cour » et « le contrôle des affects[3] ».

Il ne s'agit d'ailleurs pas seulement de se maîtriser soi-même, mais également de contrôler les passions et les réactions de l'autre, d'éviter de provoquer en lui du dégoût, de la colère, de l'envie, etc. Ainsi le seigneur Gasparo, véritable contempteur de l'honneur féminin, blâme-t-il les femmes trompeuses qui font croire à un grand nombre d'hommes qu'ils sont aimés d'elles ; car à force de faveurs appuyées ou de faux dédains, elles créent entre les amants des jalousies féroces :

> De là naissent les haines, les inimitiés, les scandales infinis et les catastrophes manifestes, parce qu'il est inévitable qu'un homme montre l'extrême passion qu'il ressent dans un tel cas, encore qu'il en résulte, pour la dame, le blâme et le déshonneur[4].

Plus que la personne sujette aux passions, c'est donc ici la source d'excitation des passions qui se trouve véritablement

---

1   A. C. Fiorato, art. cit, p. 152. Bien des phrases extraites du *Galatée* pourraient venir illustrer cette tyrannie de l'autre au sein de l'espace curial : « celui qui ne se soucie aucunement de plaire ou de déplaire à autrui est un rustre mal élevé et peu avenant » – Giovanni Della Casa, *Galatée ou des Manières*, II, p. 40.

2   « Castiglione treats the courtier's language as an aspect of behaviour, as just another part of the social-cultural system in which he lives [...] Castiglione sees the linguistic system as a synecdoche for the larger social-cultural system of which it is a part » – W. A. Rebhorn, "The Enduring word : Language, Time and History in Libro del Cortegiano", in *Castiglione, The Ideal and the Real in Renaissance culture*, ed. by R. W. Hanning and D. Rosand, p. 71.

3   « La compétition de la vie de cour oblige les hommes qui en font partie à maîtriser leurs passions, à s'astreindre, dans leurs rapports avec autrui, à un comportement judicieusement calculé et nuancé » – N. Elias, *La Société de Cour*, Paris, trad. de l'allemand par P. Kamnitzer et J. Etoré, avec une préface de Roger Chartier, Champs Flammarion, 1985, p. 108.

4   Castiglione, *Le Courtisan*, III, 74, p. 317.

châtiée. De même les devisants s'opposent aux courtisans corrompus qui favorisent les mauvais penchants du prince, « aux flatteurs, aux médisants et à tous ceux qui s'ingénieraient à corrompre son esprit des plaisirs déshonnêtes[1] ». Dans le quatrième livre, ajouté tardivement, et où sont examinées les relations du Courtisan avec son prince, le seigneur Ottaviano entend au contraire faire de l'homme de cour un véritable instituteur du pouvoir royal, susceptible de freiner les pulsions du prince et de le ramener à un exercice raisonné du pouvoir. Dans ce dispositif particulier, la figure récurrente d'Alexandre conduit par Aristote à la vertu est un *exemplum* particulièrement éloquent : en effet la double tradition – qui fait d'Alexandre soit le glorieux conquérant d'un immense empire, soit un homme livré à l'*hybris* – se trouve ici appariée, Aristote venant précisément pour maîtriser les passions ardentes du jeune roi : « Aristote connut si bien la nature d'Alexandre et la seconda si adroitement, qu'il fut aimé et honoré par lui plus qu'un père[2] ». Du premier au quatrième livre du *Courtisan,* il s'agit donc de trouver un équilibre entre la sévérité morale de l'instituteur du prince et l'élasticité[3] du Courtisan, d'inventer les conditions de possibilité d'une parole contraignante mais jamais importune. Ici encore la recherche de la *mediocrità* nécessite de la part du Courtisan une totale maîtrise de soi[4], gage d'une meilleure incitation du prince à la vertu. *Le Courtisan* est dans son ensemble un éloge de la tempérance comme une victoire gagnée contre le désordre des passions :

---

1 *Ibid.,* IV, 46, p. 373-374.

2 *Ibid.,* IV, 47, p. 375. Sur ce sujet, cf. également J. Mazzeo, "Castiglione's Courtier : the Self as Work of Art", in *Renaissance and Revolution*, New York, 1965.

3 « [The courtier] must always be ready to accomodate himself to the latter's changing and unpredictable whims » – D. Javitch, "Il Cortegiano and the Constraints of Despotism", in *Castiglione, The Ideal and the Real in Renaissance Culture*, p. 17-28.

4 Sur ce sujet, cf. J. Mazzeo, "Castiglione's Courtier : the Self as Work of Art", in *Renaissance and Revolution*, New York, 1965

> Les affections donc, modérées par la tempérance, sont favorables à la
> vertu ; c'est ainsi que la colère aide la force morale, la haine contre les
> méchants aide à la justice [...] Ne vous étonnez donc pas, messire
> Cesare, si j'ai dit que de nombreuses autres vertus naissent de la
> tempérance ; car quand un esprit est ainsi accordé selon cette
> harmonie, il reçoit ensuite aisément, par le moyen de la raison, la
> véritable force qui le rend hardi et ferme contre tout danger, et le place
> pour ainsi dire au-dessus des passions humaines[1].

Au sein de cette institution du parfait Courtisan, les devisants ne
cessent de châtier les vices, de combattre les difformités des esprits
et des corps, dénoncés comme autant de masques d'une nature
humaine vicieuse et corrompue : « Ceux qui sont laids sont donc
pour la plupart mauvais[2] ». Chasser les passions, corriger les vices
dans l'ordre physique et moral de la cour[3], éliminer les impuretés,
enfin dénoncer le mensonge tapi derrière de belles manières qui ne
seraient qu'apparentes, sont ainsi une façon d'assurer la perfection
morale de l'ordre politique.

Dans cette perspective, la question du rire apparaît donc au sein
du système de cour comme une problématique pour le moins
délicate. Car le rire, avec son cortège de grimaces, de
bouffonneries, de récits comiques et de jeux d'esprits, réintroduit la
difformité au sein de l'espace aulique ; il autorise, même de
manière comique, la réapparition et la monstration du vice et des
passions dans le champ social. Il fait donc l'objet d'un traitement
particulier, se trouve condamné dans ses tendances à la grossièreté[4],
et devient finalement au sein de la société aulique le lieu d'une

---

1   Castiglione, *Le Courtisan*, IV, XVIII, p. 342.

2   *Ibid.*, IV, 58, p. 387.

3   La comparaison du corps maladif pour évoquer la corruption de l'esprit apparaît de
manière récurrente chez Castiglione : « un Prince d'une nature si mauvaise qu'il ait vieilli
dans le vice comme les phtisiques dans la maladie » – *Ibid.*, IV, 47, p. 376.

4   « ... faire rire n'est pas toujours convenable au Courtisan, ni aussi d'employer la
manière qui est celle des fous, des ivrognes, des imbéciles stupides, et même des bouffons ;
et bien qu'il semble que ces sortes de gens soient requises dans les cours, ils ne méritent pas
d'être appelés Courtisans, mais chacun par son nom, et ils doivent être estimés pour ce qu'ils
sont » – *Ibid.*, II, 46, p. 167.

catharsis : il conspue les vices et les difformités, atténue la colère[1], naît de ce qui ne convient pas mais doit toujours s'attacher à ne pas se moquer des personnes misérables ou de celles qui méritent davantage la punition. « Sans descendre à la bouffonnerie et sortir des limites[2] » : ici encore le rire fait l'objet d'un contrôle mesuré et nécessite la prudence. *Le Courtisan* de Castiglione dessine les contours d'un *éthos* du rire au sein de la société aulique.

Par la préférence accordée à l'*éthos*, la conversation de cour est avec Castiglione une rhétorique dépassionnée, tempérée, qui réfrène les passions plus qu'elle ne les soulève[3]. Elle requiert le jugement raisonnable de l'autre, et non son assentiment affectif. Ainsi les narrations offertes par certains des devisants ont un statut paradoxal puisqu'elles recherchent l'adhésion des auditeurs par le mode élégant du rire, sans vouloir jamais leur inspirer des passions et en limitant considérablement leurs réactions affectives. Ces récits viennent essentiellement illustrer un propos et soutiennent de manière distrayante une démarche rationnelle. Ainsi, dans le livre troisième consacré à la dame de cour, messire Cesare raconte l'histoire lamentable d'une paysanne de Guazolo qui se noya après avoir été violée par un maître de maison, et qui préféra la mort au déshonneur[4]. Ce récit intervient comme un véritable *exemplum* à la louange des Dames :

> Vous pouvez comprendre par cet exemple combien il y a d'autres femmes qui font des actions dignes de mémoire que personne ne connaît[5].

---

1 Messire Bernardo conlut ainsi l'histoire de Marc'Antonio dalla Torre défendant à l'aide d'un bon mot un religieux coupable d'avoir engrossé cinq nonnes : « Alors l'évêque ne put se retenir de rire, et il adoucit beaucoup son courroux et la peine qu'il avait préparée pour le malfaiteur » – *Ibid.*, II, 61, p. 183.

2 *Ibid.*, II, 50, p. 171.

3 Sur les questions de rhétorique dans le *Courtisan* de Castiglione, cf. J. Seigel, "Rhetoric and Philosophy in Renaissance Humanism", in *Poetry and Courtliness in Renaissance English*, éd. by D. Jarvitch, Princeton University Press, 1978, p. 18-49 ; W. A. Rebhorn, art. cit, p. 69-90.

4 Castiglione, *Le Courtisan*, III, 47, éd. cit., p. 284-286.

5 *Ibid.*, III, 47, p. 286.

De manière très révélatrice, Castiglione ne nous indique pas la réaction des devisants. Après avoir rendu un ultime hommage à cette jeune paysanne, et avant d'évoquer un cas semblable, messire Cesare se contente d'une « petite pause[1] » : il s'agit bel et bien de passer sous silence l'émotion et la pitié soulevées par cette histoire tragique où l'on voit une jeune femme « échevelée et en pleurs[2] » se jeter dans les eaux de l'Oglio et refuser tout secours. Le seul lien évoqué par l'auteur est une fois encore le rire des devisants, véritable antidote au sérieux du débat, à la violence pathétique de l'émotion, rire qui interrompt les conversations, atténue les oppositions, refoule les sentiments plus violents et, d'une certaine manière, « arrondit les angles ».

« Parlez d'autre chose, et n'abordez plus ce sujet, car vous avez beaucoup d'autres choses à dire » : à messire Cesare qui fait se succéder les récits malheureux, la Duchesse demande de retrouver le fil de son argumentation et de ne pas se perdre dans des digressions narratives. Esquive de l'émotion provoquée par le récit, refus de transformer le cercle d'Urbino en une « conversation conteuse[3] » : la société élue par Castiglione reste attachée à composer une morale de cour.

A l'inverse, L'*Heptaméron* de Marguerite de Navarre nous présente une société devisante où les passions ont droit d'asile : non seulement le récit fait l'objet d'un soin particulier, et chacun des devisants en accentue les effets dramatiques ou comiques, mais surtout la réception des récits dans les espaces réservés au dialogue déploie précisément toute la gamme des émotions : pitié et effroi, pleurs, indignation, insolence, jusqu'au silence effrayé qui met en péril l'exercice de la conversation.

---

1   *Ibid.*, III, 48, p. 286.

2   *Ibid.*, III, 47, p. 285.

3   Nous empruntons cette expression à l'ouvrage de Gisèle Mathieu-Castellani, *La conversation conteuse, Les Nouvelle de Marguerite de Navarre*, Paris, PUF, 1992. Sur le thème des passions dans l'*Heptaméron*, voir en particulier le troisième chapitre, « Un Fleuve nommé désir », p. 41-56.

« Les dames, oyant cella, eurent toutes la larme à l'œil[1] » : cette réception affective de la nouvelle 9 de l'*Heptaméron* est d'autant plus éloquente que le récit malheureux rapporté par Dagoucin traite précisément d'un gentilhomme qui préféra mourir plutôt que de révéler son amour. Mise en question de la « parfaite amour» et de l'idéologie courtoise, ce récit qui renvoie l'étouffement des passions dans les domaines de l'excès n'est pas non plus sans rappeler et contredire le troisième livre du *Courtisan* de Castiglione, où il est précisément question « d'enseigner à tenir l'amour secret[2] ». Contre une école du secret, contre l'éradication des passions, l'*Heptaméron* adopte une stratégie plus favorable : l'expression des émotions trouve sa place au sein de la conversation, et loin de tendre à un idéal ascétique, les devisants s'efforcent plutôt de vivre avec la réalité du monde et de la nature humaine.

La variété des réactions[3], leur contradiction aussi d'un devisant à l'autre se différencie donc nettement de l'unisson relatif qui chez Castiglione caractérise l'entreprise globale de la conversation : tout converge en effet chez Castiglione vers la construction morale du parfait Courtisan. A l'inverse, chez Marguerite de Navarre tout diverge, les opinions et les commentaires, les émotions et les modes de narration, sans que les débats puissent réellement progresser vers une vérité unique. Par ailleurs la gamme des procédés stylistiques requis par Marguerite de Navarre dans l'écriture des dialogues ne sert pas seulement à reproduire une vivante oralité, elle assure également l'union profonde de l'expression et du sentiment. Dans la polyphonie et le dialogisme qui caractérisent les devisants de ce

---

1 Marguerite de Navarre, *L'Heptaméron*, Nouvelle 9, éd. par M. François, Paris, Classiques Garnier, 1967, p. 53.

2 Castiglione, *Le Courtisan*, III, LXXII, éd. cit., p. 314.

3 « Cette histoire fut bien écoutée de toute la compaignye, mais elle luy engendra diverses opinions » – Marguerite de Navarre, *L'Heptaméron*, Nouvelle 12, éd. par M. François, Paris, Classiques Garnier, 1967, p. 95.

« néo-*Décameron* », la pluralité des passions exprimées est un élément fondamental : « ... les dames, selon leur coustume, parloient autant par passion que par raison[1] ».

L'opposition ici mise en place du *Courtisan* et de l'*Heptaméron* recouvre celle de l'*éthos* et du *pathos*, du *docere* et du *movere*. Du côté d'Urbino, c'est le contrôle et même l'étouffement des passions qui se donnent comme la condition de possibilité de la vie *civile*, tandis que les devisants réunis à Notre-Dame de Serrance adoptent un mode d'accueil et de régulation des pulsions excluant toute lubricité. On sait effectivement que le but que se donnent les devisants de Castiglione, à savoir la formation et l'institution du parfait *Courtisan*, appartient sans contredit au domaine du *docere*. Mais plus profondément encore, ce sont deux compréhensions de l'ordre social qui viennent ici s'affronter : le désaccord est grand entre la société corsetée du *Courtisan*, et chez Marguerite de Navarre la nécessité et la volonté de composer avec la nature foncièrement défectueuse et imparfaite des êtres mortels. D'un point de vue religieux enfin, il y a chez Marguerite de Navarre un refus tout évangélique du *cuyder*, cette idée insensée, évidemment démesurée, selon laquelle l'homme pourrait, tel le Courtisan, atteindre la perfection par un effort accompli sur lui-même, sans intervention aucune de la grâce divine.

La vivacité des répliques chez Marguerite de Navarre, et surtout les prises de parole intempestives des devisants nous mettent sur la voie d'un *impetus loquendi*, d'une pulsion de parole, d'un langage impulsif où la grammaire vient enserrer le libre déploiement d'une réaction affective et naturelle. A l'inverse, un trait récurrent dans le *Courtisan* de Castiglione consiste à accompagner du rire l'intervention soudaine d'un devisant : « Alors Roberto da Bari dit en riant[2] », « Le seigneur Ottaviano se prit à rire et dit[3] », « A cet

---

1   Marguerite de Navarre, *L'Heptaméron*, Nouvelle 12, éd. cit., p. 95.
2   Castiglione, *Le Courtisan*, III, LVII, éd. cit., p. 298.
3   *Ibid.*, III, 3, p. 233.

endroit madame Constanza Fregoso se prit à rire et dit[1] »... A l'opposé de la pulsion de parole qui gouverne autant qu'elle désoriente la conversation conteuse, le cercle d'Urbino se caractérise par une parole tempérée, où des éléments modérateurs viennent réfréner les intempérances des devisants. De ce point de vue, le rire joue un rôle équivalent à celui des modalisateurs : « Il me semble, dit alors madame Emilia, que votre dispute est désormais trop longue et ennuyeuse ; c'est pourquoi il serait bon de la remettre à un autre moment[2] ».

Attentif à offrir le spectacle d'une collectivité tempérée, Castiglione insiste à d'autres moments sur la passation régulée de la parole : « A ce moment, comme le seigneur Ottaviano s'était arrêté de parler, le seigneur Gasparo dit...[3] », « Chacun s'étant tu, messire Federico dit...[4] », « A ce moment, après que le seigneur Ottaviano eut fait une courte pause, comme s'il voulait se reposer, le seigneur Gasparo dit...[5] » : le silence introduit entre chaque propos est à la fois un temps accordé à la compréhension et le signal qu'une nouvelle parole est alors autorisée. Dans le même esprit, la disposition circulaire des devisants au début de chaque journée renforce de manière très évidente cette régularité de la conversation :

> Quand donc, le jour suivant, à l'heure habituelle, la compagnie se fut assemblée dans le lieu accoutumé et qu'elle se fut assise en silence, chacun tourna les yeux vers messire Federico et Julien le Magnifique, en attendant que l'un d'eux commençât la discussion[6].

La notion de régulation ne s'oppose pas seulement au désordre des passions, mais aussi à l'idée plus fixe de la règle. Triomphe de

---

1 *Ibid.*, I, 40, p. 78.
2 *Ibid.*, I, 39, p. 77.
3 *Ibid.*, IV, 48, p. 376.
4 *Ibid.*, III, 53, p. 294.
5 *Ibid.*, IV, 19, p. 343.
6 *Ibid.*, III, 2, p. 230.

l'autre et travail sur soi, l'exercice de la conversation requiert en effet la conciliation savante de la souplesse et de la règle, cherche à brider les affects, à réguler la circulation de la parole sans pour autant la figer en une suite compassée de tirades. La marge de manœuvre qui se libère ainsi pour l'individu est véritablement celle de la prudence et de l'aisance, de la capacité à se couler dans les formes resserrées de la société aulique ; c'est l'espace imparti à la *sprezzatura*, « règle universelle » des comportements et des usages linguistiques, mais règle paradoxale consistant dans un permanent ajustement du courtisan à l'ordre du monde. Soumise à l'impératif de la convenance, excluant le bas mais aussi le sublime[1], la conversation tempérée du cercle d'Urbino s'inscrit dans un cadre flou de régularités sans règle, dans l'ordre sans cesse mouvant des relations à l'autre. Autrement dit la tempérance est aussi dans *Le Courtisan* de Castiglione le mode délié par lequel s'édictent les comportements de cour : à l'inverse des éditions futures (celle de Lodovico Dolce en particulier, publiée en 1541 et remarquablement commentée par Carlo Ossola[2]), agrémentées de *Tables* et qui tendront à faire du *Courtisan* un catalogue prescriptif, Castiglione refuse autant la permission absolue que la sévérité taxinomique des préceptes et des catalogues, et prétend construire le modèle du *Courtisan* apparemment « sans aucun ordre certain, ni aucune règle

---

1   En effet, la prière extatique et néo-platonique que Bembo adresse à l'Amour divin à la fin du quatrième livre du *Courtisan* est une injonction à quitter le corps. Mais cette sainte fureur est rabaissée avec humour par Madame Emilia : « Prenez garde, messire Pietro, qu'avec ces pensées, votre âme à vous aussi ne se sépare de votre corps ». Emilia ramène Bembo au sein de la société devisante en le tirant d'ailleurs « par le pan de son vêtement ». Cette pointe vaut comme un rappel à l'ordre réel et intervient comme une modération de ce qui est vécu comme un emportement. De même Cesare Gonzaga atténue l'enthousiasme de Bembo et jette un doute sur l'entreprise ascétique vers laquelle messire Pietro s'efforce de conduire la cour d'Urbino : « La route qui conduit à ce bonheur [...] me semble si raide que je crois à grand peine qu'il soit possible de l'emprunter ». Plus sarcastique encore, le seigneur Gasparo estime que cette ascèse sera certes difficile pour les hommes, mais impossible pour les femmes, trop enclines aux passions.

2   Voir notamment C. Ossola, *Miroirs sans visage, Du courtisan à l'homme de rue*, traduit de l'italien par N. Sels, Paris, Seuil, coll. « La couleur de la vie », 1997, p. 76-87.

faite de préceptes distincts[1] ». Evoluant entre ces deux registres, Castiglione reproduit les façons du Duc Guidubaldo, figure posée au seuil de l'ouvrage : « tantôt corrigeant, tantôt louant chacun selon ses mérites[2] ». La *sprezzatura* sera précisément cette règle irrégulière, à inventer sans cesse au gré des circonstances et des situations. A sa manière, infiniment souple, et montrant le chemin qui mène à la sagesse pratique, la conversation tempérée mise en œuvre par Castiglione est un traité dépassionné et un discours non-méthodique de la méthode.

Jean-Max COLARD
Université de Paris VII-Denis Diderot

---

1 Castiglione, *Le Courtisan*, I, 1, p. 19.
2 *Ibid.*, I, 3, p. 23.

PÈRE ET FILS DANS L'ADOLESCENCE CLÉMENTINE :
« EFFACER JEAN, ET ESCRIRE CLÉMENT »

La critique contemporaine, pourtant sensible depuis les travaux de G. Genette à l'importance des seuils, a fait trop peu de cas du geste fondateur qu'a eu Marot de désigner son œuvre de jeunesse sous le titre d'*Adolescence clémentine*. Celui-ci a pourtant tenu à guider les premiers pas de son lecteur : il a savamment orchestré l'ouverture de son prime recueil, de même qu'il a élu avec soin les textes qui ont servi d'*incipit* aux différentes sections[1]. Ainsi, dans son premier rondeau « sur le commencement », il aime à jouer sur l'ambiguïté sémantique du groupe prépositionnel, désignant un poème dont le propos, tout comme le procès, est le commencement (Marot est « sur le départ » d'un poème qui a justement pour projet le commencement)[2]. De même, le premier terme proprement dit du texte poétique, « racler » – « Racler je veulx (approche toy mon Livre) »[3] – est au delà de son sens dénotatif et circonstanciel – il s'agit d'ôter du recueil toute une série de « lourderies, qu'on a meslées en <s>es livres »[4] – un geste inaugural qu'on aurait tort de minimiser : le « doux Marot »[5] sait aussi être l'homme des ruptures et ses « coups d'essay » peuvent parfois prendre l'allure de coups d'éclat.

---

1 On retrouve dans le recueil un soin au moins identique de la part de Marot pour clore les différentes sections. Sur les clausules archétypales de *L'Adolescence*, voir M. Huchon, « Rhétorique et poétique des genres : *L'Adolescence clémentine* et les métamorphoses des œuvres de prison », in « *Le Génie de la langue française* » : autour de Marot et La Fontaine, ENS Editions, 1997, p. 53-71.

2 C. Marot, *L'Adolescence clémentine*, in *Œuvres poétiques*, éd. G. Defaux, Paris, Classiques Garnier, 1990, t. I, p. 130. Toutes nos références au texte de Marot renverront désormais à cette édition.

3 C. Marot, *ibid.*, p. 15.

4 C. Marot, *ibid.*, p. 10.

5 Sur ce *topos*, je renvoie parmi d'innombrables exemples à la préface de l'éditeur des *Œuvres de Clément Marot*, à la Haye, chez P. Gosse et J. Neaulme, éd. Lenglet-Dufresnoy, 1731, p. 101 : « Je ne laisse pas moins de réduire Marot à quatre chefs : la noblesse, la correction, la facilité et la douceur. »

Or le titre de l'ouvrage de 1532, conservé en 1538, nous semble
faire partie de ceux-là. Signer son œuvre par l'intermédiaire de son
prénom, c'est d'abord racler son « surnom », c'est-à-dire son
patronyme. C'est d'une certaine manière masquer une filiation avec
le père, signaler haut et fort que l'on n'est pas (ou que l'on n'est pas
uniquement) l'héritier de Jean Marot : on en voudra encore pour
preuve l'échange des rondeaux XVII et XVIII où Etienne Clavier
fait l'éloge du « filz Marot » et où le filz Marot répond par son
prénom serti dans une devise aux rimes sénées partielles : « C, c'est
Clément contre chagrin cloué »[1]. D'autre part, créer un adjectif à
partir de son prénom, c'est innover dans sa langue, c'est introduire
un néologisme, qui suit un mode de formation française, celui de la
dérivation propre, permettant la naissance d'une nouvelle lexie
ayant pour base un nom propre et pour affixe un suffixe adjectival[2].
Ne peut-on pas lire alors inscrit sur le frontispice de l'œuvre un
choix délibéré en faveur de l'instauration d'un lexique français, une
revendication linguistique visant à promouvoir la langue française,
choix confirmé par bon nombre de prises de positions de notre
auteur et par bon nombre de textes de *L'Adolescence clémentine*[3] ?

---

1   C. Marot, *ibid.*, p. 142.

2   L'adjectif participe à l'effort commencé bien avant la Pléiade d'extension du
vocabulaire français. Si le suffixe *in/ine* était utilisé abondamment par les poètes réunis
autour de Ronsard (« aimantin, printanin, laurierin »), il était déjà souvent employé par des
auteurs comme Lemaire de Belges ou Marot. A ce titre, voir M. Huchon, *Le Français de la
Renaissance*, Paris, PUF, QSJ 2389, p. 77. *L'Adolescence clémentine* apparaît parfois comme
un laboratoire d'expérimentation en matière de morphologie lexicale. Ainsi « palladian »
utilisé par E. Clavier au rondeau XVII (v. 12) connaît une variation suffixale au rondeau XIV
sous la forme « palladial » (v. 3). Dans le rondeau XXIII, déjà présent dans l'édition de 1532,
Marot utilise le substantif « causeur » dont la première attestation remonte, si l'on en croit les
dictionnaires étymologiques, à Rabelais... (1534). S'il existe bien un « Rabelais
grammairien », il existe aussi un Marot grammairien, pourvoyeur de mots nouveaux.

3   On songe à l'activité de réformateur de l'orthographe pratiquée par Marot, à ses
intérêts pour la prosodie du français, à ses travaux philologiques d'édition. Le souci d'une
illustration de la langue française à l'œuvre dans *L'Adolescence clémentine* – je rappellerai
uniquement ici que l'édition *princeps* de 1532, publiée par l'imprimeur G. Tory, constitue un
des premiers textes où sont introduits de nouveaux signes orthographiques tels la cédille ou
l'accent aigu – n'est sans doute pas étranger au fait que Marot découvre tardivement la

Enfin, on est en droit de s'interroger sur le statut sémantico-syntaxique de l'adjectif « clémentin » : la critique s'est souvent intéressée dans le titre de l'ouvrage de Marot au substantif, la notion d' « adolescence » permettant de poser dans des termes riches la question de la jeunesse ; on a plutôt délaissé l'adjectif qu'on se devait de lire de manière transparente, comme un équivalent, un clone sémantique et stylistique du syntagme « de Clément ». Nous n'aurions là, selon elle, qu'un emploi banal d'adjectif relationnel qui aurait pour intérêt de pointer, conjointement avec « adolescence », la relation autobiographique... Mais nous pourrions y voir aussi la création d'un propre qualifiant, supportant aisément le degré (un texte de Marot pourrait se lire alors comme étant plus ou moins « clémentin ») et qui désignerait une manière d'écrire proclamée dès le titre.

J'aurais donc aimé proposer un parcours du premier recueil de Marot qui, sans renier la part d'héritage que celui-ci retient et module à sa guise, insiste sur des éléments de rupture qui me paraissent définir la spécificité de ce recueil d'adolescence et montrer comment cette dynamique de rupture allait de pair avec l'affirmation d'un écrivain à part entière, avec la naissance de l'écrivain Clément Marot. On voit à quel point le sujet était vaste. On touchait à la question de la naissance d'un style, voire d'une langue (création de stylèmes en rupture avec la Grande Rhétorique, créations d'un lexique qui favorise les modes de formation typiquement français aux dépens des latinismes[1]), mais aussi d'un auteur, au sens institutionnel du terme ; on ne s'étonnera pas en effet, après avoir lu le paratexte de l'édition des œuvres de 1538,

---

langue de l'Ile de France. En effet, la langue maternelle de Marot est l'occitan ; aussi la langue française ne sera pas chez lui le fait d'une nature mais d'un examen : elle constituera un objet d'étude.

1 Voir sur ce point la réécriture du « Temple de Cupido » et les variantes des v. 1, 28 et 57 ainsi que les articles de C. Thiry, « La Jeunesse littéraire de Clément Marot », *Revue des langues vivantes*, XXXIV, (1968), p. 576 et d'I. Hersant, « Les traductions de Marot dans l'illustration de la langue française », in « *Le Génie de la langue française* », *ouvr. cit.,* p. 48.

que Marot se voie accorder du roi un des premiers privilèges d'auteur, faisant défense à tout libraire ou imprimeur d'imprimer quelque œuvre de Marot que ce soit si elle n'a pas été revue par lui-même, et si une copie ou un exemplaire signé de sa main, et accompagné de sa permission, n'a pas été remis au roi[1]. Dans le cadre qui nous est imparti, on se contentera de décrire la manière dont le fils se constitue en occultant le père dans ce recueil adolescent. Jean Marot est d'une certaine manière effacé de ce premier recueil, mort symbolique s'il en est, qui permet à l'auteur d'affirmer son propre rapport à la littérature.

AU NOM DU FILS

On voit ainsi que du prisme sémantique fourni par l'adjectif « clémentin », on ne conservera en fait ici que son sens apparemment le plus plat ou le plus anodin : *L'Adolescence clémentine*, c'est avant tout l'adolescence de Clément. Mais cette assertion à l'orée du recueil, pour descriptive qu'elle puisse apparaître, n'en est pas moins polémique et réfutatoire. Contrairement à Gérard Defaux, je ne suis pas sûr que, du moins dans ce premier recueil, Marot ne se pose pas en s'opposant[2]. Signer l'œuvre par le prénom, c'est effacer le nom illustre du père, c'est dire que l'adolescence sera « clémentine » et non « marotine », pour reprendre un adjectif qu'emploie Dolet et qui a

---

1   Paris, BN, MS fr. 18111, ff. 57ʳ-59ʳ. Voir J. Veyrin-Forrer, « Les Œuvres de Clément Marot : questions bibliographiques », *Humanism and Letters in the Age of François Ier*, Proceedings of the Fourth Cambridge French Renaissance Colloquium, 19-21 sept. 1994, éd. P. Ford and G. Jondorf, Cambridge French Colloquia, 1996, p. 166.

2   Cette idée, soutenue par moments par G. Defaux dans sa préface aux *Œuvres poétiques*, me paraît légèrement infléchie et plus justement exprimée dans l'analyse fort convaincante que ce dernier donne de « l'Epître à Lyon » et du « Rondeau parfaict », p. CXI : « Cette poétique, Marot ne se contente plus de la « déplacer », de la transformer de l'intérieur en lui restant extérieurement fidèle ; il la déplace et la remplace par une autre. Au respect apparent et réel succèdent une volonté de rupture, un désir d'être libre, d'aller plus loin. Le désir, au fond, d'être soi, et personne d'autre. »

au moins le mérite d'être calqué sur celui inventé par Marot[1]. L'adjectif « marotique » (1585) supplantera « clémentin » au moment où le problème de la concurrence des deux hommes ne se posera plus, l'histoire littéraire, soucieuse de palmarès à podium unique, ayant effacé le père au profit du fils[2] et entériné ainsi la dynamique suggérée par C. Marot lui-même.

Le nom de Marot employé seul, sans recours au prénom, apparaît à huit reprises dans *L'Adolescence clémentine*[3] : il est à six reprises employé dans le paratexte (textes liminaires, titres de pièces…). Seules deux occurrences appartiennent de fait au texte strictement dit : c'est d'abord le fameux « Vença Marot, trouves-tu en rime art » de la *Petite Epistre au Roy* ; et aussi, un passage fort instructif, auquel nous faisions allusion au début de notre étude, et qui concerne le dialogue entre Estienne Clavier et Clément Marot (rondeaux XVII et XVIII). Le nom de « Marot » n'est pas alors placé sous la responsabilité de Clément mais du « frère d'Apollo » : c'est ce dernier qui inscrit Marot dans une filiation en le désignant sous l'appellation de « filz Marot ». Cette mention allographe est soulignée comme telle dans le rondeau suivant : « Responce du*dict* Marot au dict Clavier » et, ce qu'elle pouvait contenir de hiérarchie ou de subordination, immédiatement désamorcé : le poète répond par son seul prénom en le déclinant « C, c'est Clement contre chagrin cloué ». Le nom est tu, occultant ainsi le père et le lignage qu'il suggère.

Le prénom « Clément » apparaît, lui, dix fois dans notre texte : à six reprises, il est associé au patronyme ; à quatre reprises, il apparaît seul[4]. Pour ce qui concerne le premier ensemble, on remarquera là encore que le syntagme « Clement Marot » s'inscrit

---

1   Cité par M. Huchon, *art. cit.,* p. 69, n. 22.

2   Voir sur ce point, F. Rigolot, *Poétique et onomastique*, « Digrammatisme et poésie chez les deux Marot », Genève, Droz, 1977, p. 57.

3   P. 15 (2 occ.), 87, 91, 97, 141, 142, 200.

4   P. 9, 17, 21, 27, 71 (acrostiche), 141 et p. 126, 130 (2 occ.), 142.

prioritairement dans le cadre du paratexte, à une exception près :
celle de la signature en acrostiche du rondeau qui vient conclure
l'histoire de Maguelonne et de Pierre de Prouvence. On peut
avancer qu'il s'agit là dans la disposition du recueil, si subtilement
pensée par Marot, d'un seuil essentiel qui nous fait passer des
traductions aux œuvres personnelles. En effet, cette épître dont on
sait qu'elle s'inspire dans son cadre rhétorique des *Héroïdes*
d'Ovide, et parfois, dans son écriture et dans ses motifs, d'une pièce
d'André de la Vigne[1], suit la trame d'un roman médiéval, *L'Ystoire
du vaillant chevalier Pierre filz du conte de Provence et de la belle
Maguelonne*. Cette dernière influence, si elle est bien connue, n'a
pas été évaluée à sa juste mesure car, à certains endroits, la pièce de
Marot confine tout bonnement à la translation du texte original, au
même titre que les autres traductions de *L'Adolescence clémentine*[2].
Au moment même où Marot va présenter ses œuvres personnelles,
il signe un rondeau, « duquel les letres Capitales portent le nom de
l'autheur ». Cette mise en scène auctoriale a lieu à un stade
essentiel de la construction du recueil dans un poème qui, de plus,
réfléchit à la question de la *translatio* comme continuité mais aussi
comme rupture : Maguelonne l'emporte sur l'amoureuse Didon.
Les passions connaissent une inflexion radicale, Ferme Amour
supplantant Fol Amour – le rentrement « comme Dido » sert ici de
contrepoint et de faire valoir –, tout comme l'écriture elle-même,
celle de Virgile-Maro (et celle plus secrète d'Ovide) se transmuant
en celle de Marot. Mais l'homonymie de la Préface des

---

1   Sur ces influences, voir F. Lestringant, « De la défloration aux ossements : les jeux
de l'amour et de la mort dans les *Héroïdes* d'André de La Vigne et de Clément Marot », *La
mort dans le texte*, éd. Gilles Ernst, Lyon, Presses Universitaires de Lyon, 1988, p. 65-83. On
pourra lire aussi une version remaniée de cet article dans *Op. cit.*, novembre 1996, p. 67-77.
2   Si certains vers de l'épître constituent de vastes sommaires du roman, la longue
scène amoureuse tout comme la scène de réveil se rapprochent d'un exercice de traduction.
On comparera ici avec intérêt les vers 86 et suiv. de « l'Epître de Maguelonne » et la fin du
chapitre XXIII, « Comment Maguelonne dormist sur le manteau de Pierre son loyal amy
dedens le boys. Et comment quand elle se reveilla, elle se trouva toute seule dedens le boys. »

Métamorphoses n'est pas présente ici et ne reste qu'implicite dans *L'Adolescence clémentine*[1]. Avant de faire miroiter son nom, il faut imposer son prénom et signer ce premier rondeau du texte de sa griffe. En effet, il s'agit là du premier poème... du genre dans lequel Jean Marot était connu pour exceller. Or il apparaît que c'est justement dans les rondeaux que la signature clémentine est la plus insistante : c'est le cas pour ce premier rondeau de l'ensemble du recueil ; c'est également le cas pour le premier rondeau de la section consacrée au genre, « rondeau responsif à ung autre, qui se commenceoit, Maistre Clement mon bon amy ». Trois des quatre occurrences d'emploi du prénom seul sont situés dans cette section[2]. En investissant le genre d'élection de son père, en s'alignant sur les consignes formelles de ce dernier (prédominance du rondeau cinquain, rentrement réduit à l'hémistiche initial), Marot semble s'installer dans une position de « disciple soustenant son maistre ». Mais cette affiliation se donne aussi à lire comme une rupture, ce que Sébillet perçoit mal quand il se contente de signaler que les rondeaux de Clément « sont plus exercices de jeunesse fondés sur l'imitation de son père, qu'œuvres de telle étoffe que sont ceux de son plus grand âge »[3]. Sans doute ces rondeaux sont-ils volontairement imités du père, on y reviendra, mais afin de favoriser un travail d'émulation poétique. Si un rondeau rappelle « le bon Janot », c'est pour mieux faire ressortir la

---

1 Sur ce jeu de mots absent du premier recueil mais courant chez C. Marot et chez ses contemporains, voir les notes 19 et 20 de J. Vignes, « *En belle forme de livre*, la structure de *L'Adolescence clémentine* », *Op. cit.*, novembre 1996, p. 85. On remarquera que Marot n'use pas de jeux de mots sur son nom dans *L'Adolescence clémentine* : point encore ici de maroteaux. Quant à l'allusion anagrammatique présumée dans « l'Epistre à Lyon » sur l'om-rat (voir F. Rigolot, *ouvr. cit*, p. 49), elle est pour le moins implicite. Le prénom ne donne pas non plus matière à variations onomastiques comme dans *L'Enfer*, t. II, p. 29, v. 344 : « Car tu es rude, et mon nom est Clément ». Est-ce à dire qu'il faille asseoir la puissance du nom avant de pouvoir jouer avec ce dernier ?

2 P. 130 (2 occ.) ; 142.

3 T. Sébillet, *Art poétique français*, in *Traités de poétique et de rhétorique de la Renaissance*, éd. F. Goyet, Paris, Le Livre de poche, 1990, p. 109.

faconde, l'ingéniosité de « maistre Clément ». Dans une des lignes de force narratives que prend le recueil et qui est l'accès de l'adolescent apprentif à la maîtrise poétique, la section des rondeaux constitue déjà une apogée : le dépourveu qui se devait de « deschass[er] crainte, soucy, & doubte » rejoint dès les premières ballades une communauté de frères chassant « Maistre Ennuy » ; il s'arroge définitivement à l'orée des rondeaux une maîtrise déclinée explicitement par les pièces I et III (assurément, le maître, alias C. Marot, ne craint plus personne dans l'art de poétrie : « mon Maistre vous annonce/ Par moy, qui suis l'un de ses Clercs nouveaulx, / Que pour rimer ne vous craint deux Naveaux ») et relayée astucieusement dans la seconde pièce où le poète fait la preuve par l'exemple de sa virtuosité puisqu'il vient payer un créancier d'un simple poème, esquivant brillamment la demande d'argent et payant de mots un futur Monsieur Dimanche[1].

« COMME À CELUY [...] QUE JE TIENS POUR PERE & PLUS QUE PERE[2] »

Cette première enquête nous amène déjà à la conclusion que le texte de *L'Adolescence clémentine* est sans doute plus « clémentin » que « marotique ». Les premiers pas du jeune poète de Cour doivent d'emblée se distinguer des traces laissées par un père trop envahissant, « père et plus que pere » jouissant d'une renommée considérable, jouant auprès de son fils les rôles troublants du père et de la mère : de fait, si le prénom de Clément est scandé à des moments essentiels du recueil et a sans conteste une valeur

---

1 Sur ce texte, on pourra lire l'analyse de J.-M. Colard à laquelle je souscris entièrement, « L'écriture comme *passetemps* », in *Clément Marot, L'Adolescence clémentine, Cahiers Textuel*, n°16, 1996, p. 83. Marot paiera en « cliquaille » (v. 13), c'est-à-dire en « monnaie sonnante » ; en élisant ce terme de « cliquaille », Marot insiste plus sur le son des sous que sur l'argent lui-même : il annonce ainsi qu'il paiera plus en rime (riche ?) sonnante qu'en argent comptant.

2 Marot, *ouvr. cit.*, t. I, p. 88. Sur cette expression et le rapport au père dans l' « Epistre pour le Capitaine Bourgeon à Monsieur de la Rocque », voir P. Chiron, « Les styles de Marot », *Information grammaticale*, n°72, janv. 1997, p. 21-24.

d'assertion et de signature violente, on remarquera que *L'Adolescence clémentine* ne comporte pas une seule entrée au nom de Jean. Ceci resterait sans doute un détail statistique, purement factuel et difficilement interprétable, s'il ne recoupait pas une réalité qui ne laisse pas d'étonner : ce recueil de jeunesse, censé raconter l'adolescence (biographique, poétique) de Clément Marot, n'évoque jamais de manière explicite la figure paternelle. Il n'y a aucune trace du bon Janot dans le premier recueil de Marot et les grands poèmes où Jean Marot est mis en scène sont hors de *l'Adolescence*. Il faut en effet attendre 1539 et « l'Eglogue au Roy soubz le nom de Pan et Robin » pour lire un récit qui raconte la jeunesse et l'apprentissage poétiques de Clément aux côtés de son père. Ce dernier, absent des écrits de jeunesse, peut enfin réapparaître, la distanciation temporelle permettant d'amenuiser la force émotionnelle de l'évocation :

> Desjà pourtant je faisoys quelcques nottes
> De chant rusticque, & dessoubs les Ormeaulx
> Quasi enfant sonnoys des Chalumeaulx.
> Si ne sçauroys bien dire, ne penser,
> Qui m'enseigna si tost d'y commencer,
> Ou la nature aux Muses inclinée,
> Ou ma fortune, en cela destinée
> A te servir : si ce ne fut l'ung d'eulx,
> Je suis certain, que ce furent touts deux.
> Ce, que voyant le bon Janot mon pere,
> Voulut gaiger à Jacquet son compere,
> Contre ung Veau gras, deux Aignelletz bessons,
> Que quelcque jour je feroys des Chansons
> A ta louange (ô Pan Dieu tressacré)
> Voyre Chansons, qui te viendroyent à gré.
> Et me souvient, que bien souvent aux Festes
> En regardant de loing paistre noz bestes,
> Il me souloit une leçon donner,
> Pour doulcement la Musette entonner,
> Ou à dicter quelcque Chanson ruralle
> Pour la chanter en mode pastoralle.
> Aussi le soir, que les trouppeaulx espars
> Estoyent serrés, & remis en leur parcs,

Le bon vieillard apres moy travailloit,
Et à la lampe assez tard me veilloit,
Ainsi que font leurs Sansonnetz, ou Pyes
Aupres du feu bergeres accropyes.
Bien est il vray, que ce luy estoit peine :
Mais de plaisir elle estoit si fort pleine,
Qu'en ce faisant sembloit au bon berger,
Qu'il arrousoit en son petit verger
Quelcque jeune ente, ou que teter faisoit
L'aigneau, qui plus en son parc luy plaisoit :
Et le labeur, qu'apres moy il mist tant,
Certes c'estoit affin qu'en l'imitant,
A l'advenir je chantasse le los
De toy (ô Pan) qui augmentas son clos,
Qui conservas de ses prés la verdure,
Et qui gardas son trouppeau de froydure[1].

Ce texte est très nettement postérieur à la mort de Jean Marot et ce scénario, avec la reconnaissance du père qu'il exhibe, ne pouvait être de *L'Adolescence*. Il n'est pourtant pas sans rappeler un des premiers poèmes de C. Marot, « l'Epistre du Dépourveu », qui réfléchit également sur la vocation poétique. Mais en 1518, date approximative de la rédaction de l'épître, le procédé allégorique employé estompe la possibilité d'une identification référentielle. Sans doute l'image de Jean Marot n'est-elle pas étrangère à la création du personnage de Bon Espoir : ce dernier apparaît lui aussi sous les traits d' « ung bon Vieillard », « portant chere joyeuse, confortatif, de parole amoureuse » et appelant à « hardy couraige ». Sans doute Marot cherche-t-il à faire allusion à son père dans ce personnage « bien ressemblant homme de grand renom », et dans la Ballade de Bon Espoir, la référence au jugement de Pâris peut évoquer les variations courtoises de Jean Marot au sujet de ce thème mythologique[2]. Il n'empêche que même si l'on accepte de voir se glisser sous la figure de Bon Espoir Jean Marot, le

---

1   C. Marot, *Œuvres poétiques*, « Eglogue au Roy soubs les noms de Pan et Robin », éd. cit., t. II, p. 35-36, v. 40-78.
2   Voir notre article, *infra*, p. 136.

fonctionnement allégorique subsiste et ne permet en aucune manière un « dépliage » aussi simple. Si Jean Marot est continuellement présent dans *L'Adolescence clémentine*, il l'est toujours de manière oblique. Ici, Bon Espoir ne peut devenir encore Jean Marot : force génératrice d'écriture, il risquerait alors de se retourner en son contraire, en une Crainte, figure castratrice par excellence.

L'autre grand texte consacré à Jean Marot (« Au Roy ») n'a pas ce caractère d'évocation sensible et signale un rapport pour le moins ambivalent au père, dont « l'Eglogue » semblait *a priori* exempte. Toutefois, on pouvait déjà s'étonner là de la portée des vers qui précédaient la scène familiale proprement dite (v. 40-48). Sans doute l'églogue fait-elle l'éloge d'une paternité affectueuse mais le bon Janot ne contribue en rien à la vocation du jeune enfant, celle-ci relevant des Muses ou de la simple Fortune. Jean n'y joue pas un rôle de *stimulus* mais de simple enseigneur, ce qui atténue quelque peu la force du discours épidictique. Enfin, sous couvert affectif, l'historiographe de Louis XII n'apparaît que sous les traits champêtres de Janot, ce qui est sans doute convenant à l'écriture pastorale de l'ensemble de la pièce et à l'écriture marotique mais qui permet aussi de domestiquer le glorieux Jean Marot. L'ambivalence des rapports entre Jean et Clément est en revanche nettement orchestrée dans l'épître « Au Roy » qui fait état de la mort de Jean Marot et qui contient les vers nous servant d'épigraphe : « Et ne falloit, Sire, tant seulement, / Qu'effacer Jan, & escrire Clement »[1]. Il ne faut certes pas surinterpréter cette formule mais la replacer dans son contexte, avoir égard aux termes louangeurs qu'emploie Marot à l'égard de son père dans la suite du poème. Toutefois le verbe employé doit être pris au pied de la lettre et sonne comme un congé violent : il s'agit d'effacer le nom du père, c'est-à-dire d'abord d'effacer le nom de Jean du registre royal

---

1 C. Marot, épître XXIV de « La Suite de l'Adolescence clémentine », éd. cit., t. I, p. 327-330, v. 21-22.

pour lui substituer celui de Clément. Cette manipulation de prénom métaphorise ce qui a été l'entreprise poétique et sociale de *L'Adolescence clémentine*. On « efface » ici, comme on a « raclé » ailleurs. Les deux termes ne renvoient-ils pas au travail d'écriture ? On racle des parchemins, on efface des mots[1]. Marot cherche à effacer le nom de Jean, c'est-à-dire peut-être aussi le texte de Jean.

« LE FILIGRANE PATERNEL[2] »

Il n'en reste pas moins que le texte clémentin ne peut se détacher si aisément des réminiscences poétiques de Jean Marot. Dans une étude précieuse dont l'auteur signale elle-même qu'elle reste à compléter, F. Joukovsky a montré la récurrence des emprunts faits à Jean Marot, notamment dans *L'Adolescence clémentine*[3]. On a déjà entrevu comment la ballade de Bon Espoir pouvait constituer une reprise du trente-cinquième rondeau du *Recueil Jehan Marot*. Le palimpseste sert ici de clin d'œil, suggérant l'identification entre l'allégorie et le père. « L'Epître du Dépourveu », rédigée autour de 1518, est un texte de jeunesse où le modèle paternel reste prégnant tout en restant caché. Seuls quelques échos textuels permettent d'asseoir notre lecture :

> De grant beaulte Paris vit troys Deesses
> Mais je qui suys prins & mené es lesses
> De Cupido, en voy troys en ung corps
> Ou Dieu, Nature, & Elemens concords
> En le formant monstrerent leurs haultesses

---

1 Le terme *racler* vient du lat pop. *rasiculare (< lat. class. *radere*). Il rappelle assurément la pratique de la préparation du manuscrit que l'on « raclait » avec un polissoir ou parfois, pour les beaux manuscrits, avec l'ongle. Il arrivait aussi qu'on « racle » des parchemins déjà écrits afin d'effacer des textes préexistants : c'est la technique du palimpseste. Que « racler » qui rappelle cette pratique soit à l'orée de notre texte est loin d'être neutre.

2 L'expression est de T. Mantovani, « Remarques sur la rime chez Clément Marot », *Cahiers Textuel, ouvr. cit.*, p. 59.

3 F. Joukovsky, « Clément et Jean Marot », *BHR*, 1967, XXIX, p. 557-565. Sur le rapport des deux hommes, on lira aussi G. Defaux, « Marot père et fils : une succession bien embrouillée », *Op. cit., ouvr. cit.*, p. 55-65.

> Car c'est Juno en maintien & noblesses,
> Pallas en ditz d'eloquence et saigesses,
> Riz de Venus aux yeux misericords
> De grant beaulte.
>
> Dont si mes yeulx vers toy font leurs adresses
> Ne t'esbahys : car mes maulx et destresses
> Te vont disant, ce que mectre dehors
> N'ose le cueur : car crainte & doubte alors
> Luy cloent le bec, contemplant tes richesses
> De grant beaulte[1].

Si la contemplation de la Dame où le multiple vient se résoudre en l'un tend ici à faire de l'amoureux locuteur la proie de Crainte et de Doubte, il n'en est pas de même chez Clément pour qui il n'est jamais « temps de clorre le bec »[2] : la Vertu de la Dame incite au contraire à «, deschass[er] crainte, soucy, & doubte ». Ce premier palimpseste connaît dans *L'Adolescence* une nouvelle variation quand le thème de la ballade se reflète à nouveau, cette fois-ci dans un rondeau qui n'apparaît pas dans l'édition de 1532. Ce texte plus tardif – il s'agit du rondeau LIX de l'édition de 1538 – représente un véritable décalque du rondeau paternel, décalque nettement polémique. Ce transfert a été fort bien analysé par T. Mantovani dont je rappellerai ici les conclusions :

> Les rimes bâties sur les mêmes phonèmes et dans le même ordre dans les rondeaux, les récurrences lexicales et la similitude des thèmes traités sont autant de présomptions en faveur d'une filiation consciente, délibérée et polémique ; si la forme est identique, les sujets des deux poèmes sont très différents : le rondeau de Jean Marot est d'inspiration courtoise […]. Le second, celui de Clément Marot […] fait allusion à la « Paix des Dames » négociée entre la France et l'Empire par Louise de Savoie, Marguerite de Navarre et Marguerite d'Autriche. […] A un poncif mythologique dont il occulte le préambule mondain qui constituait toute la matière du poème de Jean Marot pour n'en considérer que les conséquences meurtrières, à savoir la Guerre de Troie, Clément substitue une thématique politique et religieuse […]. Il

---

1 *Le Recueil Jehan Marot*, Paris, Vve Roffet, s. d., p. 77.
2 C. Marot, *L'Adolescence clémentine*, Ballade XI, « Du Jour de Noël », p. 122, v. 5.

donne ainsi congé, ou en manifeste du moins l'intention, à deux sources d'inspiration majeures dans les productions de ses prédécesseurs et de ses contemporains : la veine amoureuse, c'est-à-dire Fol Amour, et la veine martiale[1].

L'apprentissage se donne ainsi à lire au cours du recueil, comme si l'écart entre le père et le fils se creusait irrémédiablement. D'autre part, le rondeau LIX assure la maîtrise du genre pratiqué par le père et qui pouvait apparaître dans « l'Epître du Dépourveu » comme « une forme maudite »[2], puisqu'elle était en partie assumée par Crainte. Clément, devenu maître depuis en l'art de rondelizer, peut désormais affirmer nettement sa différence, voire son désaccord.

Cette rupture de la filiation se retrouve encore orchestrée dans la ballade VII consacrée à la « naissance de Monseigneur le daulphin », laissée pour compte par la critique dans la mesure où elle semble relever d'une rhétorique codée et qu'elle se situe aux antipodes de l'écriture marotique habituelle, multipliant les effets de style haut[3]. Ce texte, censé chanter la naissance du dauphin, nous parle en fait d'une transmission de pouvoir du père au fils, de Neptune au dauphin[4]. Or, c'est précisément dans ce texte qu'on retrouve un des échos les plus nets de vers de Jean Marot. Mais alors que ce dernier, dans son *Voyage de Gênes,* demande à ce que « Mars commande à Neptune/ Ses Brigandins et Carraques armer »[5], Clément écrit « Quand Neptunus, puissant Dieu de la Mer/ Cessa d'armer Carraques et Gallées » (v. 1-2). En pointant

---

1   T. Mantovani, *art. cit.,* p. 59.

2   L'expression vient d'O. Rosenthal in « Marot et les formes en rond », communication faite à l'Université de Nantes dans la journée « Poétiques (Marot, La Fontaine, Apollinaire) » organisée par le Centre d'études métriques (14. 2. 1997).

3   Ainsi, d'après l'index des actes du colloque de Cahors publiés par G. Defaux et M. Simonin, *Clément Marot, « Prince des poëtes françois », 1496-1996,* Paris, Champion, 1997, aucune des contributions ne s'est intéressée à cette ballade.

4   L'allégorie repose sur une allusion mythologique savante, non signalée dans l'édition. Delphos, fils de Poséïdon (Neptune) avait été conçu lors d'une métamorphose de son père en dauphin. D'où son nom.

5   J. Marot, *Sur les deux heureux voyages de Genes et Venise,* Paris, Pierre Roffet, 1533, fol 6.

ainsi l'allusion à son père dans un texte qui nous parle de passation et de transmission de pouvoir, il n'est pas impossible que Clément nous parle de la manière dont il entend lui-même régler son héritage. Clément, au contraire de Jean, ne sera pas le chantre des guerres d'Italie. Le travail d'historiographe, il le transforme en celui d'un humaniste porteur des idées de paix : la rhétorique guerrière laisse place à l'écriture pacifique. Cette ballade qui ressort *a priori* du genre épidictique s'infléchit bien dans le genre délibératif comme en témoigne l'envoi (« Je te *supply* garde que la Balaine/ Au Celerin plus ne fasse nuisance »). La louange devient conseil au prince, et ce dauphin tant désiré devient une allégorie de la Paix[1]. On notera enfin que Jean Marot lui-même avait écrit trois rondeaux sur la naissance du dauphin[2]. La ballade de *L'Adolescence* cherche ainsi à la fois à estomper – voire à effacer – et la veine belliqueuse du *Voyage de Gênes* et la veine épidictique des rondeaux du père. Le résultat escompté est au bout du chemin puisque Thomas Sébillet citera comme seul modèle de ballade le texte de Clément, assurant ainsi sa gloire[3].

Cet effacement du père nous paraît être un des premiers pas de cet affranchissement qui ne va pas sans violence chez l'écrivain Clément Marot. Les premiers mots de son *Adolescence* nous confient subrepticement quelque chose d'essentiel : « Racler je veux ». Il s'agit là d'un geste fondateur, des prémices de la revendication d'une propriété littéraire. Fondateur, ce geste l'est aussi pour bon nombre de recueils poétiques du XVIᵉ siècle qui

---

1 Sur ce qui permet d'asseoir une telle lecture critique, voir les articles respectifs de F. Goyet et d'U. Langer in *Clément Marot, « Prince des poëtes françois » (1496-1996), ouvr. cit.*

2 *Le Recueil Jehan Marot*, éd. cit., R. XXVII, XXVIII et XXIX, p. 72-74. Ces trois rondeaux, « à la louenge de Monseigneur le Daulphin, nouvellement né » insistent particulièrement sur les valeurs de prouesse chevaleresque et guerrière qu'on attend du futur prince...

3 T. Sébillet, *Art poétique français*, éd. cit., p. 116-117.

s'ouvrent sur l'exhibition d'une négation polémique et l'affirmation d'une écriture nouvelle. Du Bellay n'est pas le seul à prôner une « poésie du refus »[1]. Assurément, *Les Regrets* commencent bien par ce vers fameux « Je *ne veux point* fouiller au sein de la nature ». Mais on retrouve déjà chez Marot l'expression d'une volonté forte et d'une négation première dans ce geste inaugural qui vise à rayer, à supprimer, à effacer, à faire disparaître. On peut aussi songer à la *Délie* de M. Scève et à son premier mot (« *Non* de Vénus les ardents étincelles, / Et moins les traits desquels Cupido tire, /Mais bien les morts qu'en moi tu renovelles/ *Je t'ai voulu* en cet Œuvre decrire »), « Non », que F. Charpentier, dans son édition, commente à juste titre comme « inscrivant d'emblée la tentation mortelle, les contradictions, la violence secrète qui donne à l'œuvre sa tonalité propre : hauteur, dureté, tension constante »[2]. Dans les trois incipits, en tous les cas, on retrouve une négation forte et l'inscription d'une volonté. Aussi ne doit-on pas s'étonner de voir le « doux Marot » constituer l'origine, sinon un membre à part entière de ces « poètes du refus ».

Jean-Charles MONFERRAN
ENS Fontenay/ Saint-Cloud

---

1 F. Rigolot, « Du Bellay et la poésie du refus », *BHR*, 1974, XXXVI, n°3, p. 489 et sv.

2 M. Scève, *Délie*, éd. F. Charpentier, Paris, Poésie/Gallimard, 1984, p. 7.

LIEUX DE MÉMOIRE ET PASSION DE L'AMI CHEZ RABELAIS
(*PANTAGRUEL*, CHAPITRE V)

Dans une œuvre multiforme comme celle de Rabelais, l'hypothèse de la cohérence du texte s'avère indispensable, ne serait-ce que pour se frayer un chemin à travers le chaos linguistique de l'ensemble. Aussi la critique a-t-elle fondé ses analyses sur la structuration des ouvrages, qu'elle soit attribuée au système médiéval de *mid-points* ou autres. En fait, qui voudrait dénier l'efficacité du mot « dessein » qui, depuis le travail de V. -L. Saulnier, confirme la présence d'une trame narrative cohérente, par exemple la quête en ce qui concerne le *Tiers Livre* (1546) et le *Quart Livre* (1552), y fournissant un thème unificateur ? L'œuvre rabelaisienne aurait, selon cette lecture, un *telos* qui organise les épisodes pourtant si hétéroclites que, sans celui-ci, la cohérence du tout risquerait d'échapper au lecteur[1].

Cependant, il est une autre sorte de lecture qui privilégie les apories, digressions, et illogismes d'une histoire riche en anomalies. En termes narratifs, ce sont les récits « accidens » qui introduisent des événements non prévus, moteurs de récits nouveaux et d'intertextes où le lecteur est sollicité de s'écarter du droit chemin, tel Ulysse en pleine écoute des Sirènes enchanteresses. Cette musique, celle du désir, est un signe aussi de la densité du texte, dont les complexités ont été révélées par Françoise Charpentier dans une série d'articles qui, tout en s'inscrivant dans la lignée de la

---

1 Selon V. -L. Saulnier, le principe d'ordre atteste l'unité dans la variété même : « Car il n'est pas d'œuvre littéraire qui se dispense d'une cohérence interne, d'une propre logique : quand ce ne serait que cette cohésion de la chose vécue. » Voir *Rabelais : Rabelais dans son enquête*, 2 vols., éd. Jean Céard (Paris : SEDES, 1982), Troisième Partie, « Le dessein de Rabelais », I, p. 132-133. Voir plus récemment les deux ouvrages d'Edwin Duval, *The Design of Rabelais's Pantagruel* (New Haven : Yale UP, 1991, and *The Design of Rabelais's Tiers livre de Pantagruel* (Genève : Droz, 1997) ; François Rigolot, « La 'Conjointure' du *Pantagruel* : Rabelais et la tradition médiévale », *Littérature* 41 (février 1981), p. 93-103 ; et Paul J. Smith, *Voyage et écriture : Etudes sur le Quart Livre de Rabelais* (Genève : Droz [THR 217], 1989).

cohérence de l'ensemble, ne cessent de bouleverser nos schémas
par trop prévisibles, surtout quant à l'inconscient du texte où sont
submergés les ambivalences d'une culture à l'écoute d'elle-même.
En fait, c'est Françoise Charpentier qui nous fait voir depuis 1975
l'absence des femmes chez Rabelais, symptôme d'une angoisse
qu'elle développera en exposant les contradictions de l'auteur bon
rieur[1]. Notre article se veut une analyse « de même billon », portant
sur les non-dits d'un récit qui oblige à une lecture autobiographique
du *Pantagruel* mais révèle aussi le rôle décisif de l'ami Pierre
Lamy dans le développement des pulsions intellectuelles et
corporelles de l'œuvre. Ce dernier sujet émergera d'une re-lecture
du *Pantagruel* V, vu d'abord comme poétique de l'enfance de
l'homme-auteur.

Ce L'épisode que nous traitons est bref, n'occupant que deux pages
à l'intérieur du chapitre consacré à la visite du jeune géant aux
villes universitaires de France, « Des faictz du noble Pantagruel en
son jeune eage ». Le récit satirise les excès de la pédagogie
scolastique basée encore dans les années 1530 sur la frivolité, et
souvent, la torture des élèves aux mains des maîtres. On se rappelle
que dans *Pantagruel* 3-7, l'auteur ridiculise les vieilles méthodes
sans joie de l'enseignement des scolastiques, après quoi il proclame
la réforme des lettres dans la fameuse lettre humaniste (Ch. VIII),
telos auquel les chapitres sur l'enfance aboutiraient, selon l'optique
de l'acquisition des bonnes lettres. La critique a privilégié le trajet
vers la sagesse, cependant, au prix de détours où le récit affiche son
indépendance vis-à-vis de l'itinéraire éducatif prévu.

---

1   Voir en particulier les articles suivants : « La Guerre des Andouilles : *Pantagruel* IV,
35-42 », *Etudes seiziémistes offertes à V. -L. Saulnier* (Genève : Droz [THR 177], 1980),
119-135 ; « Le lion, la vieille et le renard », *Europe* 70. n° 757 (mai 1992), p. 80-91 ; et
surtout les interventions dans les actes du colloque *Renaissance et nouvelle critique :
Quatrième symposium sur la Renaissance,* 16-19 octobre 1975 (Albany : Institut d'Etudes de
la Renaissance, 1978), où elle remarque à plusieurs reprises l'oubli de la femme chez
Rabelais.

Ainsi, le séjour à Poitiers est interrompu par un de ces « accidens » chers à Rabelais, digression qui semble défier la logique du récit rectiligne obéissant à un itinéraire thématique prévu. Drôle de récit, en effet, où l'adolescent abandonne ses amis écoliers pour aller voir le pays de ses ancêtres, en l'occurrence, Geoffroy à la grand dent, dont le tombeau est à Maillezais, près de Poitiers. On se rappelle que sur la route de Maillezais, Pantagruel et ses compagnons passent par les villages de Legugé, Lusignan, Sansay, Celles, Colonges, et Fontenay-le-Comte, où ils saluent « le docte Tiraqueau », juriste qui servait d'exemple à la formation du jeune Rabelais humaniste. Jean Plattard rappelle que Rabelais entra au couvent du Puy-Saint-Martin à Fontenay vers la fin de l'année 1520 ; il fréquente ensuite le cénacle humaniste de Tiraqueau et autres en compagnie de Pierre Lamy, frère mineur comme lui au Puy-Saint-Martin. Quant aux localités citées, telles que Legugé, Lusignan, Celles, et Sansay, ce sont des villages du Poitou, bien que certains d'entre elles ne soient pas sur la route entre Poitiers et Maillezais. On y voit donc un voyage-méandre en paysage de souvenir, dans lequel les références topologiques sont à la fois réelles et déviées quant au trajet normal du voyageur sur les chemins de France. L'anomalie est à noter. Charles Estienne ne publiera son *Guide des chemins de France* qu'en 1552. Cela dit, nous entendons le périple vers Maillezais autrement, comme une géographie intérieure où le promeneur-auteur retourne à un endroit-clé de sa jeunesse pour y répéter (mais avec différence !) l'expérience de son séjour de moine nouvellement installé à Maillezais. Le retour en arrière est alors un signe auto-référentiel qui permet d'élucider le rapport entre la vie et l'œuvre, axe de recherche indispensable pour un auteur qui goûte les noms de lieux, les noms propres, et les légendes d'une province riche en récits légendaires.

Comme détour, le trajet de Pantagruel constitue, donc, une visite aux « lieux de mémoire » où l'autobiographie de l'auteur se greffe sur la généologie du géant, dans la mesure où Rabelais avait lui aussi un parent « Geoffroy », nommé Geoffroy d'Estissac, évêque de Maillezais, dont l'abbaye fut un refuge à la suite de sa rupture avec l'abbaye du Puy-Saint-Martin. Plattard rappelle que l'ordre du transfert du couvent franciscain au couvent bénédictin s'est fait avec l'agrément du Pape Clément VII[1]. Ainsi, le regard rétrospectif de l'auteur serait-il un souvenir de mutation et un hommage au protecteur qui l'a accueilli.

Le géant, pour sa part, a trouvé le nom de son propre ancêtre, comme dit le texte, en lisant les « belles chronicques de ses ancestres » (P. 230). En fait, cet ancêtre n'est autre que Geoffroy à la grand dent, héros de la légende du XVe siècle mise en prose par Jean d'Arras dans son *Roman de Mélusine*. On a affaire à un texte archéologique composé de strates d'histoire, de légende, et d'autobiographie, à laquelle s'ajoutera un autre discours – celui-ci poétique – où Rabelais rappelle la source Hippocrène des poètes classiques, après que Pantagruel, amateur de jeux, invente des passetemps qui rappellent l'historiographie des Celtes fondateurs de la Gaule :

> .... un jour [Pantagruel] print d'un grand rochier qu'on nomme Passelourdin, une grosse Roche, ayant environ de douze toizes en quarré et d'espesseur quatorze pans. Et la mist sur quatre pilliers au millieu d'un champ bien à son ayse.... Et en memoire de ce n'est aujourd'huy passé aulcun en la matricule de ladicte université de Poictiers, sinon qu'il ait beu en la fontaine Caballine de Croustelles, passé à Passelourdin, et monté sur la Pierre levée[2].

1   Jean Plattard, *L'adolescence de Rabelais en Poitou* (Paris : Les Belles Lettres, 1923), p. 30.

2   Nos références à l'œuvre de Rabelais renvoient aux *Œuvres complètes*, éd. Mireille Huchon, avec la collaboration de François Moreau (Paris : Editions Gallimard [Bibliothèque de la Pléiade], 1994), p. 229-230. Les références sont indiquées par livre et numéro de page entre parenthèses. Abréviations utilisées : P = *Pantagruel* ; TL = *Tiers Livre* ; QL = *Quart Livre* ; CL = *Cinquième Livre*.

Le narrateur dit encore que Pantagruel y a créé la coutume d'écrire son nom avec un couteau, faisant de la sorte des inscriptions ; ensuite, l'allusion à la fontaine Caballine renvoie au mythe de Pégase qui fait jaillir la source sur le Parnasse – tous signes que la pratique poétique d'Horace se conjugue avec une historiographie des origines celtes, fondement d'une ré-écriture qui rejette la source gréco-latine de l'histoire de France. Vu la superposition d'allusions historiques et personnelles, Maillezais aurait donc véhiculé un double récit d'enfance, celui de Pantagruel, et celui de l'auteur, qui retourne au haut lieu de sa vie d'*adulescens* en Poitou.

L'hypothèse d'un retour en arrière au jeune Rabelais poète permet de réfléchir sur le rapport autobiographie-récit, et concrètement, de décrypter le lieu solennel et ses secrets. D'abord, Pantagruel montre du respect pour son aïeul, mais reste perplexe devant le noble portrait en marbre où Geoffroy paraît furieux et sort un malchus de sa gaine. Le décor du lieu évoque le mystère, car l'image féroce n'est justifiée par aucune explication ; aucun témoin non plus ne saurait renseigner sur la date ou les circonstances de l'image, ou sur sa raison d'être dans cet endroit précis. Quand Pantagruel tâche de se renseigner auprès des chanoines présents, il reçoit cette réponse évasive : « *Pictoribus atque Poetis etc.* » ce qui ne l'aide pas à comprendre « la raison ou cause de ce ». (230)

Néanmoins, l'arrêt devant le tombeau prête à la contemplation de l'image qui présente ses propres anomalies – le calme du lieu, mais la colère de l'homme « furieux » là représenté. En bon historien d'art, Pantagruel est appelé à lire l'image, et le lecteur fera de même lorsqu'il lira Pantagruel en train de lire l'image-texte *ekphrastique*. Comprise comme *ekphrasis*, l'image représente une aporie dans la liste généologique déjà tracée au chapitre I du livre. A notre stupéfaction, nous apprenons que la généologie de Pantagruel comprend un ancêtre, Geoffroy de Lusignan, qui ne figurait pas sur la liste plutôt exhaustive des progéniteurs de

Pantagruel. En fait, Geoffroy est « le grand pere du beau cousin de la seur aisnée de la tante du gendre de l'oncle de la bruz de sa belle mere ». (230) Généologie absurde, s'il en est, mais qui permet de situer Geoffroy à la fois dans la légende et dans le réel, car Geoffroy II de Lusignan, seigneur de Vouvent, était un homme véritable et la source de la légende de Geoffroy à la grand dent. Plus étonnant encore, l'aïeul compte parmi les personnages les plus violents du Moyen Âge chevaleresque. Maillezais enfin, comme tout « lieu de mémoire », est criblé d'oublis, mais aussi programmé dans sa représentation sous forme d'un code ambigu. Grâce à ce code, l'écriture polysémique liant poétique et adolescence, légende et histoire, peut se fixer dans un lieu cher à l'auteur et formateur pour ses récits.

Retournons aux chanoines peu bavards mais connaisseurs de la poétique latine. Le lecteur avisé sait que le fragment *Pictoribus atque poetis etc.* appartient au *De arte poetica* d'Horace, fragment que Rabelais traduit aussitôt : « c'est à dire que les Painctres et Poetes ont liberté de paindre à leur plaisir ce qu'ilz veullent ». (P. 230) Peu satisfait de cette réponse, Pantagruel prétend au contraire que son ancêtre n'aurait pas été représenté si violemment sans cause, ajoutant que celui-ci paraît appeler à la vengeance pour régler une injustice faite contre lui. L'épisode finit ainsi, suivi du départ du prince qui terminera son « tour de France universitaire », tout en jurant de trouver la vérité du portrait ailleurs.

A quoi mène cet interlude hors programme ? D'abord, il évoque le problème de la représentation : quelle liberté l'artiste a-t-il quand il exécute son travail ? C'est justement la question qu'a posée Horace dans son *De arte poetica*, mais ici, le lecteur, tel Pantagruel, est appelé à réfléchir sur les normes de la lecture, dont l'enjeu est finalement celles de l'interprétation. Pantagruel doit-il lire le portrait comme un ouvrage de fantaisie, tel que le proposent les chanoines ? Ou comme une écriture représentant un événement historique bien précis ?

Mais il n'y a pas que cela. Le lecteur humaniste du XVIe siècle sait que le tombeau mémorialise à la fois un homme véritable, Geoffroy II de Lusignan, et une légende, Geoffroy à la grand dent, connu de la posterité comme le fils rapace de la fée-serpente Mélusine, dont les exploits comprennent l'incendie du monastère de Maillezais et le massacre de ses habitants, y compris le frère de Geoffroy, Froment, qui a pris ses ordres à Maillezais. Comment le noble Pantagruel peut-il avoir un aïeul si honteux ? Si la généologie se présente comme la continuité d'exploits exemplaires, fondateurs de la race, Geoffroy se présente, lui, comme l'Autre immoral dont le passé menace d'envahir le récit noble des géants ; pire, de compliquer la narration en y introduisant asymétrie et différence, entres autres la femme double en la personne de Mélusine.

Grâce à l'imprimerie, le roman de Jean d'Arras eut un renouveau aux premières décennies du XVIe siècle. Les éditions se sont multipliées de 1455 à 1530, après quoi la légende d'après Jean d'Arras a bifurqué, de sorte qu'une branche Mélusine s'est détachée de celle de Geoffroy qui, elle, a pris essor en fonction du goût du public pour les romans de chevalerie[1]. Maillezais est alors un lieu affectif et Mélusine une présence refoulée, dont le corps est l'emblème de l'hétérodoxie ou, en termes esthétiques, du grotesque. Son hideuse queue de serpente attachée à un torse de belle femme, Mélusine rappelle l'origine serpentine de la sexualité, de la transgression, et du péché. Selon la légende, Mélusine a rendu sa famille riche en biens, mais a interdit à son époux Raimondin de la regarder le samedi, le jour où elle se cachait du regard des autres. L'effet du tabou était double : proscrire la découverte de la « différence » de Mélusine, mais aussi, empêcher que la narration

---

1 L'*editio princeps* de l'*Histoire de Mélusine* parut en 1478. Harf-Lançner note que vers 1520, un éditeur décida de diviser le roman de Jean d'Arras en deux parties, celui contenant le récit de Mélusine, et celui racontant les aventures de Geoffroy à la grand dent. Voir Laurence Harf-Lançner, « Le Roman de Mélusine et le Roman de Geoffroy à la grand dent : les éditions imprimées de l'œuvre de Jean d'Arras », BHR 50 : 2 (1988), p. 349-66.

ne fasse déviation vers le monstrueux, c'est-à-dire, le féminin, dont les origines ne sont que trop démoniaques. Mélusine, c'est le rappel que l'œuvre esthétique pourra se disjoindre si elle introduit des éléments féminins, et plus grave encore, qu'elle pourra prêter au ridicule.

Rabelais ne glose-t-il pas ici sur sa propre hésitation à rendre les femmes visibles dans son récit ? ce qui risquerait d'introduire un élément grotesque qui briserait la cohérence de l'ensemble épique ? Françoise Charpentier a montré, il y a plus de vingt ans, à quel point l'absence de la femme accuse sa présence dans l'inconscient du texte de Rabelais, et encore, la contradiction de cette absence dans une œuvre qui, elle, se fait génératrice de vie[1]. Mais mettons dans son contexte le fameux début du *De arte poetica*, où le poète affirme que toute variété ne peut pas être justifiée selon la doctrine de la libre création :

> Humano capiti cervicem pictor equinam
> jungere si velit et varias inducere plumas
> undique conlatis membris ut turpiter atrum
> desinat in piscem mulier formosa superne
> spectatum admissi risum teneatis, amici ?[2]

Ces vers semblent exclure le geste que fait Horace pour harmoniser les éléments dissonants dans un ensemble unifié, mais ce n'est pas le cas. Ils fonctionnent plutôt normativement, en mettant des bornes à ce qui est et ce qui n'est pas acceptable selon une gamme de possibilités s'étendant de la chose inappropriée jusqu'à l'absurde, l'image d'une femme à la queue de poisson étant l'exemple du dernier. Ainsi, le *De arte poetica* engendre-t-il son Autre en vue de définir sa pratique poétique, et *Pantagruel* fera de même, la

---

1 Françoise Charpentier, « Un royaume qui perdure sans femmes », in *Rabelais's Incomparable Book : Essays on his Art*, ed. Raymond C. La Charité (Lexington : French Forum, 1986), p. 195-209.

2 Horace, *De arte poetica*, v. 1-5.

référence à Geoffroy à la grand dent fonctionnant comme la limite tolérable de la différence dans l'histoire des géants, le point au-delà duquel le récit ne peut aller sans rendre la chronique manifestement absurde.

On peut dire, alors, selon la logique de la superposition, que le texte conjugue à la fois la phobie sexuelle et une réflexion sur les risques du mélange des genres, catégories qui sont par ailleurs très floues au XVIe siècle. L'image grotesque que décrit Horace est féminine, mais aussi serpentine-phallique, et rappelle que la femme incarne la transgression des bornes, notamment celles qui gouvernent l'harmonie et la mesure de la composition. Mélusine serait alors le symbole parfait de la confusion sexuelle et générique[1].

Mais l'intérêt de Mélusine ne s'arrête pas là : la femme-serpente protectrice de la maison des Lusignan est catégorisée traditionnellement comme une *lamia*, espèce sous un genre connue depuis l'antiquité comme un démon, c'est-à-dire, pour les anciens, un esprit intermédiare entre Dieu et le monde. Apulée décrit les *lamiae* comme des êtres aériens qui vivent entre la terre et les cieux et servent de messagers entre les hommes et les dieux. Selon la tradition médiévale, ces esprits seraient néfastes parce qu'ils excitent des émotions tumulteuses (*perturbatio*), définies comme des agitations mentales contraire à la raison[2]. A la Renaissance, Erasme considère que les démons détournent le croyant de la vision

---

1 L'on sait aussi l'importance accordée à l'étymologie au XVIe siècle, servant parfois de « preuve » de l'accord entre les mots et les choses. Mélusine serait-elle liée étymologiquement à mêler, faisant d'elle le signe – Mélusi(g)ne, de l'hétérodoxie esthétique ?

2 Lucius Apuleius, *De Deo Socratis* [*Apulée, Opuscules philosophiques et fragments*], ed. Jean Beaujeu (Paris : Les Belles Lettres, 1973), Ch. 13 : §248, et saint Augustin, *De Civitate Dei* 8 : 17. Voir aussi *Apuleius cum commento Beroaldi* (1516), B. N. Réserve, RXVI, 181. Pour une analyse de l'ontologie du mythe de Mélusine, voir Stephen G. Nichols, « Melusine Between Myth and History : Profile of a Female Demon », in *Melusine of Lusignan : Founding Fiction in Late Medieval France*, ed. Donald Maddox and Sara Sturm-Maddox (Athens : U. of Georgia Press, 1996), p. 137-164.

de Dieu ; leur influence sur les enfants serait particulièrement négative car dans le petit monde de l'école, ils empêchent les écoliers de bien former leur jugement. Toujours est-il que ces démons paraissent régulièrement dans les récits folkloriques ; pour cette raison, la pédagogie aura la tâche de discréditer les *lamiae* comme nocives et même ogresses avaleuses de petits enfants. A ce sujet, Erasme est exemplaire parce qu'il groupe les lamies avec toutes figures populaires nuisibles à l'enfant en voie d'acquérir les bonnes lettres. « Quantum somniorum, quantum inanium aenigmatum, quantum inutilium naeniarum de lemuribus, spectris, laruis, strigibus, *lamiis*, ephialtis, sylvanis ac daemogorgonibus, quantum inutilium mendaciorum ex vulgaribus historiis.... »[1]. La censure des monstres et fantômes serait donc indispensable pour garder la droite voie dans l'enseignement des jeunes écoliers fragiles.

La fiction, elle, est moins habile dans sa manière de supprimer de tels sujets : pourquoi, en effet, cèderait-elle son pouvoir de représenter le monde dans ses fantasmes ? Elle a toujours été ce qui permet d'exposer l'ambiguïté des signes grâce à ses figures et tropes ; entre autres, la métonymie privilégie la construction du texte hybride, cachant l'inconscient du texte à la lecture empirique. Autre figure utilisée ici, la paronomase, qui permet au texte de rapprocher des choses n'ayant en apparence aucun trait en commun, en l'occurrence, lamie-Lamy, où, comme dans un rêve, le démon et l'ami – apparemment dissemblables – peuvent former une union inquiétante grâce à la ressemblance de leurs sons. Le rapprochement est sinueux dans le chapitre que nous traitons parce que l'espèce *lamie* émane du genre Mélusine, elle-même refoulée mais évoquée par l'intermédiare de Geoffroy.

---

1 Erasme, *De pueris instituendis,* ed. Jean-Claude Margolin, LB 511, ll. 13-16, in *Opera Omnia* 1-2 (Amsterdam : North-Holland Publishing Company, 1971), p. 69.

Pierre Lamy, l'helléniste, qu'aurait-il à faire dans ce jeu de noms ? Il n'est pas besoin d'insister sur l'importance accordée au cratylisme dans la poétique de la Renaissance. Rabelais consacre un chapitre entier (QL, 37) au pouvoir prophétique du nom propre ; ailleurs dans l'œuvre, la comédie étymologique renforce l'idée que les noms ont leurs origines dans un rapport de nature avec le sujet, rapport confirmé après par l'*institutum*. Comme l'on sait, Rabelais suit Platon dans cette ligne de pensée. Cependant, la dénomination des choses n'est jamais sans risque de contradiction. Notamment, Françoise Charpentier montre dans l'épisode des Andouilles que la reine des Andouilles est désignée par un nom d'essence phallique, Niphleseth (« membre viril » en hébreu), tandis que la reine elle-même est de nature féminine. Cette anomalie serait le signe d'une sexualité « close et stérile » qui n'accorde pas de place à la femme dans une œuvre pourtant foisonnante de vie[1].

Au Ch. XXXVIII du *Quart Livre*, « Comment les Andouilles ne sont à mespriser entre les humains », Rabelais n'oublie pas Mélusine qu'il groupe avec d'autres andouilles aux généologies diaboliques ; la femme-serpente y trouve sa place comme une « andouille serpentine, ou bien serpent andouillicque », phrase qui souligne sa nature double et réversible. Et chose plus grave encore, Mélusine est confondue avec la tentation (« Le serpens qui tenta Eve, estoit andouillicque » [QL, 628]) et avec le phallus (« ce tentateur estoit l'andouille nommée Ithyphalle, en laquelle feut jadis transformé le bon messer Priapus grand tentateur des femmes par les paradis en Grec, ce sont Jardins en François » [QL, 628])

Si, alors, le glissement métonymique Mélusine > lamie atteste la présence du plus cher ami dans l'inconscient du texte, et si Pierre Lamy fut l'initiateur de Rabelais aux études grecques[2], Maillezais

---

1   Charpentier, « La Guerre des Andouilles : *Pantagruel* IV, 35-42 », p. 134.

2   Voir Plattard, p. 26-27, et Henri Busson, « Les Dioscures de Fontenay-le-Comte : Pierre Amy – François Rabelais », *Etudes Rabelaisiennes* 6 (1965), p. 1-50, qui date le départ de Fontenay [sic] de Pierre Amy à la fin de 1523, après la confiscation des livres grecs des

peut être lu comme une scène de tentation, ou mieux, la répétition
de la scène où le goût de Rabelais pour les lettres grecques fut suivi
de la consommation-transgression et de l'expulsion de son
monastère du Puy-Saint-Martin. Eveil dangereux.... Non seulement
les textes gréco-latins seraient contre les ordres qui dénoncent tout
ce qui s'appelle curiosité et présomption et qui, selon la *Genèse*,
engendre le désir de tout savoir, cause du péché originel, mais
l'invitation grecque de Lamy – ce secret qu'ils gardent ensemble –
serait contre l'Ordre d'une amitié aux contours clairs et précis. Elle
rappelle en effet le débat sur la forme du serpent dans le paradis,
connu selon certains comme « saucission », c'est-à-dire, comme
une Eve phallique[1]. La tentation serait aussi celle de l'ami-Lamy
dont l'érudition promet la joie des lettres, et également, la
jouissance des pulsions corporelles et de l'épistémophilie. Il est vrai
que nos recherches connaissent mal les titres que les deux
franciscains pouvaient avoir étudiés ; par contre, ce qui nous paraît
décisif, c'est la passion partagée entre le maître et le disciple, et de
là, la passion engendrée par leur promiscuité de savants.

Le détour du *Pantagruel* V serait alors une réflexion sur la
source « grecque » de la passion, au sens livresque et vécu. Il nous
semble que le détour à Maillezais a obligé l'auteur à penser les
modalités de sa fiction, aussi bien que sa passion de savant éveillée
par la tentation de l'ami. Car la passion de totaliser le monde, de
tout di-gérer, reflète le désir de posséder (et transformer) l'ami

---

deux moines. La Sorbonne interdit l'étude de la langue grecque en France en 1523, et Lamy
fuit Puy-Saint-Martin le 25 février 1524, bientôt après la confiscation des livres grecs des
deux moines. Il entra d'abord dans le couvent des Bénédictins de Saint-Mesmin, près
d'Orléans, et selon Plattard, alla ensuite en Suisse où il mourut. Par contre, Rabelais ne quitta
Puy-Saint-Martin qu'après le départ de Pierre Lamy. Rappelons qu'Amy a fait une *Apologie*
du sexe féminin pour répondre à André Tiraqueau, dont le *De legis connubialibus* accordait
un rôle inférieur aux femmes. La participation de Pierre Amy et de Rabelais dans ce cénacle
est bien établie, aussi bien que l'aide précieuse que Rabelais a donnée à Tiraqueau pour la 2e
édition du *De legibus*. On remarque aussi le caractère misogyne de ces discussions, en même
temps que la réfutation des thèses misogynes de Tiraqueau par Pierre Lamy.

  1   Voir M. A. Screech, *Rabelais* (Ithaca : Cornell UP, 1979), 391.

corps et *corpus* des lettres grecques. L'adulte Rabelais n'oubliera ni le traumatisme ni la passion de cette rencontre[1].

Hope GLIDDEN
Tulane University (Nouvelle-Orléans)

---

1   Il y a deux autres références en forme d'hommage à Pierre Lamy dans l'œuvre de Rabelais. Dans le *Cinquième Livre*, la bande arrive au pays de Lanternois. Après avoir soupé, les visiteurs demandent une lanterne pour éclairer leur chemin vers la Dive-Bouteille. Curieusement, ils choisissent une lanterne « amie » : « Par nous fut eslue et choisie la mye du grand M. P. Lamy, laquelle j'avois autrefois connue à bonnes enseignes » (OC, xxx[bis], 910-911). Une lecture masculine-féminine de l'ami exploiterait ce passage où règne l'équivoque des sexes. Voir aussi TL, p. 382, où se trouve une référence à Pierre Amy « [qui] explora les sorts virgiliens] pour sçavoir s'il eschapperoit de l'embusche des Farfadetz » (*i. e.,* les Franciscains du couvent du Puy-Saint-Martin).

FRANÇOISE (DE LA CHASSAIGNE) ET (SON ?) MICHEL : DU MÉNAGE CHEZ MONTAIGNE

*A vous Madame, qui non seulement estes
d'une naissance tres-spirituelle, mais
encore avez couché vingt-huict ans aux
costez de feu Monsieur de Montaigne,
miracle de son siecle*

Charles de Gamaches, gendre posthume de Montaigne.

De ce qu'a pu représenter Françoise de La Chassaigne dans la vie, le cœur, voire la sexualité, de Montaigne, son unique époux, nous ne savons, à très peu près, que ce que veulent bien dire les *Essais*, la lettre-dédicace d'une traduction inédite de La Boétie et le texte d'un pieux ex-voto suspendu à Lorette par le voyageur pour la protection de sa femme et de sa fille. De ce peu, la critique s'est efforcée depuis plus d'un siècle de tirer des conclusions. Elle l'a le plus souvent fait en projetant les lubies de son moment. La question de la bonne entente du ménage, indissociable de l'heure où elle est posée et de l'identité de ceux qui s'en inquiètent, n'est pas venue aux lèvres des lecteurs avant 1936 : jusqu'alors elle apparaissait à peu près sans objet, sauf crise majeure. A cet égard, le portrait de Françoise brossé par Paul Bonnefon en 1893 est un modèle d'assimilation, « femme de grand sens », qui « sut bien vite, *sans jamais s'imposer* [c'est nous qui soulignons], faire sentir autour d'elle une atmosphère bienfaisante. Elle fut une compagne discrète et dévouée, telle que Montaigne l'avait rêvée. » Et cependant Montaigne dit n'avoir rêvé ni à un cœur simple ni à autre chose, insoucieux de se marier : « De mon dessein, j'eusse fuy d'espouser la sagesse mesme, si elle m'eust voulu ». Formule plus équivoque qu'on ne le croit : ne pas souhaiter épouser la sagesse, est-ce bien refuser toute union ou plutôt refuser de rêver ? La bluette continue : « En se mariant, il désirait surtout trouver une liaison douce et constante, pleine de confiance réciproque. Ce qu'il recherchait dans le mariage…c'était l'affection solide, la tendresse modérée et mutuelle, et il les y trouva. » On croirait lire le portrait d'une épouse effacée de « grand homme », comme les célèbrent les prosopographes petits-bourgeois du début du XXe siècle. Il faut ensuite prévenir les objections : si Montaigne n'a pas clamé dans les *Essais* la satisfaction que Bonnefon lui prête, « c'est qu'il entendait rendre par ce silence pudique un délicat hommage au charme de la vie d'intérieur. »[1] Il n'est pas jusqu'à l'expression utilisée qui ne soit ridiculement déplacée.

« Le plus grand sacrifice que Montaigne » aurait donc « fait à la coutume aurait été de se marier », de s'être « laissé marier ». « A l'insignifiance de ce mariage, à l'ennui qui en est résulté, à tout ce qu'il y a de refoulé et d'éteint chez Montaigne » nous devrions les *Essais*.[2] Poursuivant d'une foule d'autres[3], Robert Trinquet[4] a proposé naguère « quelques réflexions sur une question qui, faute de documents absolument concluants », soulignait-il avec prudence, « ne pourra sans doute jamais être parfaitement éclaircie. » Depuis, le dossier n'a guère avancé, à la notable exception d'une étude de F. Charpentier qui rend – si l'on peut dire – à la mère de Montaigne les défauts qui n'appartiennent pas à sa femme[5]. Du fait de cette mise en garde ? Faute d'informations nouvelles ? Au nom d'une

---

1 F. Strowski, *Montaigne et son temps*, Paris, 1933, p. 102.

2 A. Thibaudet, *Montaigne*. Texte établi par F. Gray, Paris, Gallimard, 1963 (et 1997). Thibaudet a travaillé à son livre entre 1913 et 1933 environ.

3 Paul Bonnefon, *Montaigne, l'homme et l'œuvre*, Bordeaux, 1893, p. 106 ; Jean Plattard, *Montaigne et son temps*, Paris, 1933, p. 102 ; Paul Laumonier, Madame de Montaigne d'après les *Essais* », *Mélanges Abel Lefranc*, 1936, p. 406 sq ; Fortunat Strowski, *Montaigne*, 1938 (ne connaît pas le travail de Laumonier) ; Alexandre Nicolaï, *Montaigne intime*, p. 75-78 ; Maurice Rat, « Le ménage de Montaigne », *BSAM*, 1949-1952, p. 14-24 ; Ferdinand Duviard, « Montaigne en ménage », *Revue des sciences humaines*, janv. -mars 1956, p. 5-19 ; Maurice Rat, « Sur Montaigne en ménage», *BSAM*, n°18, janvier-juin 1956, p. 26-7 (réponse à l'article de F. Duviard) ; Donald Frame, *Montaigne : A Biography*, New York, 1965, p. 85-102.

4 « Le ménage de Montaigne », *BSAM*, 1973, p. 7-26

5 « L'absente des *Essais* : Quelques questions autour de l'Essai II : 8, *De l'affection des peres aux enfans* », *BSAM*, 1984, p. 7-16.

crainte de l'anachronisme plus vive de nos jours que par le passé ?
On peut le souhaiter. N'y-a-t-il pas quelque vanité à prêter à ce
ménage du XVIe siècle conduites, valeurs et préférences qui sont,
passagèrement, nôtres ? Le caractère déjà suranné de l'image que
s'en était formé le XIXe siècle ne prévient-il pas notre présomption
archéologique ? De là, en lieu d'offrande, pierres nouvelles pour
servir à l'édifice toujours recommencé de la reconstitution
biographique, deux documents inédits, tirés des archives notariales
parisiennes.

Le 23 septembre 1565, le conseiller à la Chambre des Enquêtes
du Parlement de Bordeaux, Michel de Montaigne épousait
Françoise de La Chassaigne. Un contrat est dressé. Françoise est
née le 13 décembre 1544, deuxième fille, cinquième (et dernier)
enfant de Joseph de La Chassaigne, seigneur de Pressac. Ce
conseiller-clerc au parlement de Bordeaux pendant un quart de
siècle (du 7 juillet 1543 à 1568), avant d'en devenir le 5ème président
le 1er octobre 1568, mourra quelques jours après le 27 juillet 1572[1].
Elie Vinet et De Lurbe s'accordent à voir en lui « un personnage
d'un exquis et rare sçavoir et fort curieux de choses antiques »[2] qui
aurait même possédé, selon Pierre de Brach, une belle
bibliothèque[3]. La Boétie lui dédia une pièce latine[4] ; et Maurice de
Marcis une épigramme sur sa villa.

Auparavant est survenu un malheur que la famille supportera
longtemps. Le père de Joseph, le président Geoffroy de La
Chassaigne, au faîte de son pouvoir, venait de recevoir le sévère

---

1   Cet événement qui rendait nécessaire à Bordeaux la présence de Montaigne parmi sa
belle-famille pour les obsèques et l'ouverture du testament, se situe à quelques jours, voire
pendant la Saint-Barthélemy.

2   De Lurbe, *Discours sur les antiquités trouvées près le Prieuré S. Martin les
Bourdeaus en juillet 1594*, Bordeaux, S. Millanges, 1619, 2 édit., p. 68 – passionné, mais pas
toujours éclairé, croit bon de préciser C. Jullian, *Inscriptions romaines de Bordeaux*, t. I,
p. 218 ; t. II, p. 334-5.

3   Dans son *Hymne de Bordeaux* in *Œuvres poétiques*, édit. R. Dézeimeris, t. II, p. 98.

4   *Œuvres complètes*, édit. Bonnefon, p. 215 et 358.

édit du roi sur « les procez d'erreur »[1], qu'il s'apprêtait en
catholique fervent à faire exécuter quand une révolte éclate à
Bordeaux, le 21 août 1548, à la suite de troubles chroniques, dus à
l'instauration de la gabelle en 1542 dans une région qui l'avait
ignorée jusqu'alors[2]. L'attitude du parlement et celle de la jurade, à
tout le moins équivoque et pusillanime, apparaît vite félonne aux
yeux du roi. Les jurats (dont Pierre Eyquem) sont suspendus. Le
président de La Chassaigne est démis de son office, poursuivi à la
fois par la veuve de Monneins, qui le tient pour responsable de la
mort de son mari, et par la rancune royale. Jugé innocent, il sera
réintégré deux ans plus tard, avant de se voir une nouvelle fois
condamné[3].

C'est seulement au début des années 60 que les élites
bordelaises commenceront à se remettre d'une tragédie qui a frappé
leurs rangs et très durablement ébranlé fortunes et solidarités.
Lorsque le chancelier de L'Hospital, de passage avec le roi au cours
du grand voyage, le 12 avril 1565, à la faveur d'un lit de justice,
morigène sévèrement le parlement parce « que les ordonances n'y
étoient pas gardées »[4], il n'a, pas plus que Catherine de Médicis,
oublié les graves faiblesses de conduite d'une ville soupçonnée de
préférer ses intérêts propres à ceux de son roi. La mémoire de ces
événements est du reste si peu oubliée que Montaigne évoquera
encore à dessein 1548 dans un livre publié en 1580. S'agissait-il,
par raison « particulière » et « domestique », d'achever de
sauvegarder la mémoire de La Chassaigne aux dépens de celle de
Monneins ?

Cette union n'est pas la première entre deux familles dont
l'ascension sociale offre plus d'un trait commun. A l'origine des La

---

1   Texte signé dans *Ordonnances royaux sur le fait de la justice et authorité d'icelle*,
Rouen, Thomas Daré, 1617, 2 vol. in-16°, t. 2, p. 23.

2   S.-C. Sigon, *La Révolte de la Gabelle en Guyenne 1548-1549*, Paris, 1906.

3   E. Courbet, édition des *Essais*, Paris, Lemerre, 1900, t. V, p. XXVII.

4   Dom Devienne, p. 148-150 ; *id.*, t. 1, p. 191-2.

Chassaigne, un fief dans la paroisse de Vitrac, en Corrèze. Ils essaiment, après la guerre de Cent Ans, à Egletons et à Tulle. Dans cette dernière cité, une branche se mêle à des bourgeois, les Sage. Puis c'est la descente vers Bordeaux, l'irrésistible élévation du bisaïeul de Françoise, Jean de La Chassaigne, licencié aux lois, sieur d'Arfeuille, conseiller du roi et procureur général au parlement de Bordeaux. A la fin de sa longue et riche existence, il achète la seigneurie de Châtelus Le Marcheix. Comme le père de Ronsard, Jean s'est marié fort au-dessus de sa condition, avec une Ségur qui lui apporte la soldanerie de Pressac. La soldanerie conférait en Guyenne, et en Guyenne seulement, une dignité assimilable à un titre de noblesse. Le fils aîné Geoffroy, le président, n'aura pas moins de neuf enfants en deux mariages. De son union avec Catherine de Lescrous naissent quatre enfants et cinq de celle avec haute et puissante dame Renée Harpedame de Belleville, d'une vieille famille de souche anglaise, belle-sœur de M. de Burie, avec qui il s'était remarié le 8 avril 1556.

Tandis que la plus jeune des filles épousait Raymond Eyquem, Joseph, l'aîné, était uni à Marguerite Douhet, dame de Javerlhac[1], d'une riche famille du Limousin, le 1er mai 1538. Les autres frères étaient tous d'Eglise, sauf Alain[2], chose conforme aux fermes convictions catholiques que nous connaissons chez Geoffroy et à l'intérêt bien compris d'une concentration des biens à laquelle les partages seraient fatals. La chronologie invite même à considérer le mariage de Michel et de Françoise, moins comme une initiative

---

1 Dossier Dast de Boisville, cit. par P. Courteault, *Geoffroy de Malvyn*, p. 63, n. 3. Le 12 décembre 1557, Jehanne Eyquem, sœur du père de Montaigne et veuve de Me Nicolas du Grain, achète à Jehanne de Lavie, damoiselle, femme de Me Julien de Douhet, procureur en la Cour, une maison rue du Hâ, à Bordeaux (Th. Malvezin, *Michel de Montaigne, son origine, sa famille*, Bordeaux, 1875, p. 72).

2 Joseph Ballet, « Françoise de La Chassaigne, l'épouse de Montaigne », t. LXVIII (1964), p. 55-9 (l'auteur annonce une suite qui n'a, semble-t-il, jamais vu le jour). Son étude est fondée sur un nobiliaire limousin manuscrit compilé, selon toute vraisemblance, par Etienne Baluze.

nouvelle que comme le ravaudage d'un tissu de solidarités sociales fragilisé par la rupture d'un de ses fils. Si en effet, près de vingt ans plus tôt, le 8 février 1546, Raymond Eyquem de Bussaguet avait épousé Adrienne de La Chassaigne, fille de Mᵉ Geoffroy de La Chassaigne, conseiller au Parlement, il est mort au début de l'été 1563[1], à peu près au moment où, en juin, s'éteint le patriarche Geoffroy, inhumé selon sa volonté en l'église Saint-André de Bordeaux dans la même sépulture que sa première femme. Il a testé le 2 du mois, en présence, parmi les témoins, de La Boétie (à quelques semaines de sa propre mort !) et de Montaigne, qui signera le 1er janvier 1564 le contrat de mariage de sa cousine Jeanne Eyquem avec Estienne de La Taulade[2].

Le rapprochement entre la date de ce décès et celle de la réalisation du mariage de Montaigne s'impose : les Eyquem et les La Chassaigne s'empressent de reforger le lien affaibli par la mort ancienne d'Adrienne et réduit à rien par celle de Raymond. Les deux familles ne s'en tiendront pas là. Le 24 novembre 1566, une autre fille de Geoffroy de La Chassaigne, née du second lit, Louise, épouse Gaston d'Arsac dont la sœur Jaquette est donnée, le même jour et au même lieu, à Thomas de Montaigne, sieur de Beauregard, frère puîné de Michel mais déjà veuf, et protestant déclaré. L'union semble avoir été préparée de longue main, comme l'atteste la présence de Thomas au chevet de La Boétie mourant, d'autant que Gaston et Jaquette sont les enfants d'un premier lit de Marguerite de Carles, épouse en secondes noces de La Boétie ; mais il est vrai qu'entre temps, Thomas a eu, pour fort peu de temps, le projet de se marier une deuxième fois, avec la fille du seigneur de Langon, Sérène Estève[3]. Les alliances avec les La Chassaigne se poursuivront par le mariage de Jeanne de La Chassaigne avec Jean IV de Fayolles, seigneur de Puyredon et de la Vidalie le 5 décembre

---

1   Th. Malvezin, p. 75-6.
2   L. Desgraves, p. 141.
3   Voir notre contribution, *Actes du coll. E. de la Boétie*, Duke U., 1999, s. p.

1575[1]. A cette date Joseph est mort. Sa veuve Marie Douhet testera devant Artieu notaire du roi, le 4 ou 14 décembre 1595, selon la maintenue de 1667.[2]

Au souci obstiné des solidarités sociales, apparent chez Pierre Eyquem, répond l'indépendance, un brin insolente de son fils, comme le montre le trait suivant. Nous sommes au début de 1565. Le mariage se prépare. Le futur beau-père, Joseph de La Chassaigne, humaniste zélé et parlementaire ambitieux, a entrepris d'élever un tombeau littéraire en mémoire du maître et ami d'Etienne de La Boétie, Arnaud de Ferron[3]. Michel Eyquem, tout en siégeant au parlement avec assiduité, vient de passer plusieurs mois à la lecture cursive du *De natura rerum* de Lucrèce et à celle des *Annales* de Nicole Gilles pour ne citer (faute d'en connaître d'autres avec certitude) que ces deux-là[4]. De partout en Guyenne parvient aux mains de Joseph une foule de pièces, parfois fort brèves. Elles seront déposées, délicat geste d'hommage, au seuil des commentaires du défunt sur la *Coutume de Bordeaux.* Le plus ancien des participants n'est autre que le vieux Geoffroy de La Chassaigne, père de l'éditeur et proche de la tombe. Ses forces lui ont seulement permis un distique latin. Mais n'est-ce pas en la circonstance d'abord l'intention qui compte ? Parmi, à l'opposé, les cadets, jeunes versificateurs de Bordeaux, se profile Pierre de Brach. Du promis de Françoise de La Chassaigne, veuf en quelque sorte de La Boétie et donc touché ne serait-ce qu'à ce titre par la mort de Ferron, point de nouvelles. On objectera que Montaigne s'est interdit la poésie et l'a fait savoir. Nous voyons maintenant

---

1   Minutes du notaire Sixte Guay.

2   Saint-Saud (Comte de), *Recherches sur le Périgord et ses familles. III. Généalogies périgourdines*, Bergerac, pour l'auteur, 1898, p. 235.

3   Voir la notice de R. Dezeimeris en tête de son édition des *Remarques* de La Boétie sur le traité de Plutarque intitulé Ἐρωτικός (Public. des Biliophiles de Guyenne, t. 1, p. 87 sq).

4   M. Screech, *Montaigne's annotated copy of Lucretius*, Genève, Droz, 1998, p. 10 ; Montaigne, *Œuvres complètes*, édit. A. Armaingaud, t. XII, Paris, L. Conard, 1951, p. 19 sq.

que ce refus s'étend aux circonstances où la révérence publique et les devoirs de l'amitié exigeraient sa présence.

A peine le grand-père Geoffroy enterré, l'on signe, le 22 septembre 1565. Françoise apporte en dot 7000 livres. Nous connaissons deux rédactions de ce contrat. Toutes sont datées de ce même jour[1], comme du reste la caution fournie par le père pour la dot de sa fille[2]. Un avocat au parlement de Bordeaux, Me Antoine de Louppes, est chargé du paiement de la dot. Selon Bonnefon, c'est parce qu'on se serait aperçu après la signature du premier contrat que la convention intervenue « ainsi au milieu des conventions matrimoniales des futurs époux était, en réalité, une convention accessoire et secondaire, qui ne se rattachait pas étroitement au principal objet de l'acte », qu'il fut « cancellé » et aussitôt remplacé par un autre. D'autres explications sont possibles, qui n'ont pas leur place ici.

Le contrat sera insinué en Guyenne le 5 avril 1566[3], à Périgueux, le 22 mai[4] et encore le 5 juin[5]. Dans la pratique du temps, ce geste, coûteux, vise à garantir l'authenticité d'un acte ; il a toujours valeur de précaution, face à d'éventuelles contestations ultérieures. Michel et son père se méfient-ils de leurs proches ou des La Chassaigne ? Il est plus juste de dire qu'ils agissent comme si la famille de Françoise s'apprêtait à rencontrer des difficultés pour respecter ses engagements financiers. On va voir que les inquiétudes des Eyquem n'étaient que trop fondées.

---

1   *AHG*, X (1868), p. 163-167 et *AHG*, X (1868), p. 167-171 ; Desgraves, p. 143.

2   *AHG*, X (1868), p. 171-3 ; Desgraves, p. 143. Analyse dans Bonnefon, p. 104.

3   Procuration par laquelle noble monsieur maistre Michel Eyquem de Montaigne charge Arnaud de Laplace, procureur en la cour du sénéchal de Guyenne, de requérir en ladicte cour l'insinuation de la donation faite en faveur de son mariage par Pierre Eyquem de Montaigne, seigneur dudit lieu, son père (*AHG*, X (1868), p. 176, note 1 ; Desgraves, p. 143).

4   Procuration donnée par Michel de Montaigne pour requérir en la Cour de parlement de Périgueux l'insinuation de son mariage (*AHG*, X (1868), p. 175-6 ; Desgraves, p. 143).

5   Insinuation faite devant Pierre de Marquessac, lieutenant-général de la sénéchaussée de Périgueux, par Jean Audebert, procureur de Pierre Eyquem, de la donation faite par ce dernier à son fils Michel Eyquem de Montaigne, à l'occasion de son mariage (BM Bordeaux, Ms. 738 (III), fol. 86 ; Desgraves, p. 144).

En novembre 1569, tandis qu'ils se rendent à la Cour pour le service du parlement, le président Joseph de La Chassaigne et les conseillers Gabriel de Gentils, Antoine de Poynet et François de La Roche sont enlevés par Pardaillan et les huguenots de Blaye. Pardaillan fixe la rançon à trente mille livres et remet en liberté deux d'entre eux seulement, moyennant otages[1]. Chassaigne et Gentils échangent alors contre eux-mêmes leurs enfants qui, de ce moment, sont détenus à Blaye « en grand detresse » ; ils seront libérés en septembre[2]. Les deux autres conseillers sont encore prisonniers à Blaye après le 11 février 1571, lorsque Monluc s'empare de La Roche-Calais[3]. Le parlement souhaite que ce prisonnier au lieu d'être rançonné soit échangé contre les prisonniers catholiques ; c'est aussi l'avis du roi. Monluc tentera de s'opposer à cet arrangement et conservera la rançon[4]. Rien n'était plus propre à embarrasser les finances des La Chassaigne que les déboires du président après 1548, en le privant de sa charge parlementaire et des revenus qui lui étaient attachés, avaient déjà obérées.

A la fin de juin 1570, cinq ans après le mariage, naît Toinette, premier enfant du couple. Elle vivra deux mois seulement : « N'ayant enfant qu'une fille longuement attendue au bout de quatre ans de notre mariage, il a fallu que vous l'ayiez perdue dans le deuxième an [*sic* pour mois ! – mais l'erreur est instructive] de sa vie. » Antoinette de Loupes est marraine. Il ne sera plus question d'elle en revanche à l'occasion de la naissance des quatre autres filles, du moins si l'on en croit le Beuther, ici notre seule source. Mais comme ce livre de raison a parfois été rédigé après coup, ce

---

1   P. Courteault, *Geoffroy de Malvyn*, p. 122.

2   *Id.*, *ibidem*., d'après les registres secrets, ms 369, 3, f° 385.

3   P. Courteault, *Blaise de Monluc*, p. 530-1. Le roi décide en mars suivant de l'échange.

4   BM Bordeaux, s 369, 3, fol. 371-372, 385, 394 – rien dans les *Commentaires*, édit. De Ruble, t. III, p. 167.

peut être une omission rétrospective et volontaire. Dans l'intervalle
compris entre la naissance de Toinette et celle d'Eléonore,
l'ombrageuse belle-mère a quitté le château pour aller vivre à
Bordeaux, sans doute chez un autre de ses fils. Le 9 septembre 1571
ou 1572 naît Léonor de Montaigne[1]. Elle a pour parrain Pierre
Eyquem, seigneur de Gaujac et pour marraine, sa tante Léonor de
Montaigne. Il y aura encore, de 1573 à 1583, quatre filles, trois
avant le grand voyage, une ensuite, toutes mortes en bas âge.
Pendant cette décennie, Michel peut encore rêver à un descendant
mâle, Françoise penser le lui donner, et le couple se réunir assez
souvent pour s'y appliquer.

En août 1580, en route pour l'Allemagne et l'Italie, Montaigne
assiste au siège de La Fère où son ami, M. de Grammont, est blessé
mortellement. Il fait conduire, nous dit-il, le corps à Soissons[2]. Sur
les lieux se trouve encore son beau-frère, Geoffroy de La
Chassaigne qui au sortir des combats présente au roi ses *Epistres de
L. Annaee Seneque, philosophe très excellent, traduictes en
François ; avec le Cleandre, ou de l'honneur et de la vaillance*[3],
soit sous la forme d'une édition à l'essai, soit encore en manuscrit[4].

Un autre membre de la famille de La Chassaigne, son frère
Nicolas, écuyer, sieur de Saint-Martin a sans doute participé lui
aussi aux opérations. Le jeune militaire a-t-il lui aussi été blessé
pendant les assauts ou au cours d'un duel ? A-t-il contracté pendant
les chaleurs une maladie fatale ? Nous l'ignorons, même si la

---

1 Beuther, édit. Marchand, p. 289.

2 III, iv. Voir aussi A. Suin, « Les funérailles du comte de Gramont à Soissons en
1580. Note sur un passage des *Essais* de Montaigne », *Bull. de la soc. archéol. de Soissons*,
VI (1852), p. 146.

3 Bonnefon, p. 192, note, cite d'après la 2e édition qui est de Paris, G. Chaudière,
1586. La dédicace au roi, datée de Pressac, est du 18 janvier 1582. La *Continuation des
Epistres de Seneque, tranduictes en Françoys,* datée pour sa part du 12 février 1587, précise
que la traduction des premières épîtres avait été présentée au roi « au retour du siège de La
Fère. »

4 J. Balsamo, « Geoffroy de La Chassaigne soudan de Pressac, *La Familia de
Montaigne* », volume dirigé par John O'Brien, à paraître.

première hypothèse est tentante. Quoi qu'il en soit, nous le trouvons à Paris, le samedi 1er octobre suivant, gisant en son lit, malade, au troisième étage d'une maison située derrière la Madeleine, près du Palais. Il dicte son testament. Bon catholique, il entend être enterré aux Cordeliers de Paris et que soit dite l'an suivant sa mort une messe quotidienne de requiem. Il veut que ses dettes soient payées. Puis il gratifie les siens :

> Item ledit testateur a donné et legue par droit de legat delaisse a damoiselle Françoise de La Chassaigne, femme de Messire Michel de Montaigne, chevalier de l'Ordre du Roy, et Jehanne de la Chassaigne femme du sieur de Puy Redon, sesdites sœurs a chacune la somme de 100 écus sol. Item tous droits et parts et portions qu'elles pourroient prétendre en la succession dudit testateur les faisant et instituant ses héritières particulières.

Il donne à son serviteur domestique, Johannes Waltherius Taur, originaire de Suisse ou d'Allemagne donc, la somme coquette de 30 écus. Et aussi à Jehan de Gonnac, demeurant à Bordeaux, la somme de 100 écus sol. Il institue son exécuteur et héritier universel Geoffroy de La Chassaigne, son frère aîné, écuyer, sieur de Pressac à qui il demande de régler ses dettes : 100 écus au sieur de Saignac son cousin, 35 écus à François Millaume, de Padoue. Pour le cas où Pressac mourrait avant lui, il lui substitue son autre frère, François de La Chassaigne[1]. Nicolas a-t-il disparu peu après ? A la date du 13 mai 1587, qui est celle du premier testament de son oncle, Guillaume de La Chassaigne, il n'est plus de ce monde.

En ce 6 avril de l'année 1588, si chargée d'événements pour lui, Michel de Montaigne rencontre Geoffroy de La Chassaigne, son beau-frère, à Paris chez un notaire afin de régler des questions afférentes au règlement de la dot et de l'héritage de Françoise de La Chassaigne, son épouse[2].

---

1   Inédit et inconnu. MC, Et. XXIX, 72.

2   Archives nationales, Minutier central des notaires, Et. XVIII, 112 – inédit

[fol.] VIII^{xx} XV

Furent présent en leurs personnes messire Michel/de Montaignes, chevalier de l'ordre du roy, demeurant ordinairement/au lieu de Montaigne en Périgort, estant de présent/en la suitte de la court logé à Paris sur le quay de/la Tournelle paroisse Saint Nicolas du Chardonneret, /tant en son nom que comme soy faisant et portant/fort en ceste partie de dame Françoyse de La Chassaigne/son espouze par laquelle il a promis et promect/faire ratiffier et avoir pour bien agréable le/contenu en ces présentes touttefois et quantes/que besoing et requis en sera : pourquoy il l'a auctorisée et auctorise, et à l'entérinement du contenu en ces présentes la faire obliger avec/luy et elle seulle et pour le tout sans division/ne discussion la faire renoncer ausd. bénéfices/et deceptions d'iceulx, et encores/aux droictz et bénéfices de velleian division/adrian et autenticque si qua melior/qui lui seront déclairez et donnez à entendre/par les sentences de tabellion par devant/lequel elle comparoistra pour faire ladite ratiffication et obligation estre telz et/disposer que femme maryée ne se peult obliger pour aultrui mesmes pour/son mari telle obligation ne vault et en peult estre rellevée et restituée si au préalable elle n'y avoit renoncé/esd. noms d'une part ; et Geuffroy de La Chassaigne, /escuier sieur de Pressac et de Jarvillac, /gentilhomme ordinaire de la chambre/du roy demeurant aud. lieu de Pressac en/Bourdellais, estant aussy de présent en/ceste ville de Paris logé rue des Petitz Champs/

[verso]

en la maison ou sourt pour enseigne les/ Sept estailles. Disant lesd. partyes/assaveoir led. sieur de Montaignes que de ce qu'il /luy avoit esté promis en mariage restoict/à luy paier la somme de deux cens/trente troys escuz ung tiers et si/avoict esté donné à ladite dame Françoise de la Chassaigne par deffunctz messire/Joseph de la Chassaigne en son vivant/chevallier président en la/court de parlement de Bordeaux, dame/Marguerrite Douet son espouze et par/deffunct Nicolas de la Chassaigne luy/vivant escuyer sieur de Sainct Martin, frère/commun desd. Geuffroy de La Chassaigne/et dame Françoyse de La Chassaigne certaines/sommes de deniers à plain et par le menu spéciffiez et declairez par les testamens/et ordonnances de dernière volunté d'iceulx deffunctz/lesquels deniers lesd. sieur de Montaignes et lad. Dame voulurent/demander dellivrance allencontre dud. Sieur/Geuffroy de La Chassaigne, et pour [n'] entrer/à procès, fraiz et mises qui s'en fussent/ensuivy, nouvelle paix et amitié entre elles/ qui sont frère et sœur ont de tout ce que dessus de leurs bons grez pures faire autres et verballes voluntez sans aucune/contrainte, decepvance ne persuation/aucune si comme ilz disoient recognoistre/et confessèrent et par ces présentes confesse/avoir signé et composé amiablement/ensemble en la forme et manière qui/

[Fol.] VIII^{xx} XVI

ensuict. C'est assaveoir ledict sieur de Montaignes/esd. noms avoir remis et quicté et par ces/présentes remect et quicte audict sieur de Pressac/ce acceptant tant ladicte somme de deux cens trente troys escuz ung tiers/qui ainsy lui restaict à paier du/contenu en son contract de mariage que dons et legs ainsy à lad. dame/ Françoyse de La Chassaigne faictz par/lesd/ deffunctz sesd. père, mère et frère lesquelz ledict sieur de Montaigne/esd. noms dict bien sçavoir pour la communicquation qu'il a eu d'iceulx/testamens, ensemble remect et quicte/ausd. qu'il a eu d'iceulx/testamens, ensemble remect et quicte/ausd. sieur de Pressac aussy ce acceptant/ tous droictz, noms, raisons, actions générallement quelzconques et tant/ ressendentes que ressizions que/icelle dame Françoyse de La Chassaigne eussoit peu et pourroit prendre et/demander ores et pour le temps advenir/es biens et successions desd. deffunctz/ses père, mère et frère avec tous/les arrérages et intérestz qu'elle/ pourroit prétendre par deffault de luy avoir paié ladicte somme de deux cens trente troys escuz ung tiers/et lequel [un mot illisible] de tout le temps/passé jusque à huy, et ce faict/moyennant la somme de mil escuz d'or/

[verso]

soleil que pour ce ledict sieur de Pressac/en a promis, sera tenu promectre et gaige/bailler et paier aud. sieur de Montaignes/esd. noms ou au porteur desd. présentes/lectres pour luy dedans le jour et feste/Saint Michel pénultième jour de septembre/prochainement venant et oultre confesse/led. sieur de Pressac debvoir et gaige audict/sieur de Montaigne la somme de sept/vingtz cinq escuz d'or soleil pour par/ vray et loial prest à lui fait à son/besoing et nécessité si comme il disoict/laquelle somme de sept vingtz cinq escuz/sol icelluy sieur de Pressac luy a promis, /sera tenu, promect et gaige bailler et/payer ou au porteur de ces présentes lectres/pour lui dedans ledict jour et feste Sainct/Michel prochainement venans. Le tout sans innover ne prejudicier aud. sieur/ de Montaignes es ypothècques qu'il a/et peult avoir pour raison des choses/dessusdictes sur les biens d'icelluy sieur/de Pressac. Et pour l'exécution du contenu/en ces présentes circonstances et deppendances/ont icelles parties esleu et eslissent/leur

domicilles irrévocable, assaveoir led. sieur de Montaigne esd. noms en
sad. maison/ de Montaigne aud. pais de Périgort, /et led. sieur de
Pressac en sad. maison de/Pressac scize aud. pais de Bordelois.

[Fol.] VIII^{xx} XVII

ausquelz lieux et domicilles ainsy esleuz ilz/veullent, consentent et
accordent que/tous explictz et actes de justice qui y/seront faictz pour
raison et à cause des sommes/ de tel effect force et vertu comme
si/faictz estoient à leurs propres personnes/et vrayz domicilles, car
ainsy a le tout/esté dict, convenu et expressement accordé/par entre
lesd. parties et faisant, passant/et accordant ces présentes qu'elles
mesmes/avoyent voullu passer ne accorder sans/ce que dessus est dict,
promectans/obligeans chacun en droict soy et l'un envers/l'autre led.
sieur de Montaigne esd. /noms et en chacun d'iceulx nom lui seul/et
pour le tout sans division ne discussion, ilz/mesmes ausd. bénéfices de
division, fidejussion, ordre de droict et de discussion. Faict et passé/en
la maison en laquelle icelluy sieur de/Montaignes est à présent logé
avant midi/double l'an mil cinq cens quatre/vingtz huict, le mercredi
sixiesme jour d'apvril et ont signé :

[signé]

MONTAIGNE   GEOFFROY DE LA CHASSAIGNE

Perier   Charles

Ainsi demeurent dus par Geoffroy de La Chassaigne, désormais
chef de la famille, 233 écus 1/3 sur la dot d'un mariage réalisé près
d'un quart de siècle plus tôt[1] ! Ce n'est pas tout. Non seulement, les
La Chassaigne (usons de ce pluriel commode) n'ont pas encore
achevé de solder cette première dette, mais ils ont laissé les intérêts
s'accumuler. Plus. Alors que nous avons vu Nicolas de La
Chassaigne léguer huit ans plus tôt 100 écus à sa sœur, ils n'ont pas
l'air d'avoir été, eux non plus, payés. Le tout se monte maintenant à
1000 écus. Et pire, si l'on peut dire. Décidément fort impécunieux,
Geoffroy trouve encore le moyen d'emprunter à son beau-frère 145
écus. Un total de 1145 écus qu'il s'engage à rembourser au couple

---

1   MC, Et. XVIII, 112.

Montaigne pour le 29 septembre suivant en Guyenne, dont la justice est déclarée compétente en cas de litige, d'un commun accord, par les parties. Bien entendu, ses biens sont hypothéqués. On conçoit bien maintenant que l'auteur des *Essais* ait quitté Blois vers la mi-septembre au plus tard : il avait à faire en Guyenne.

Le document du 6 avril 1588 apporte un peu de lumière sur plusieurs points. En mettant au jour ce lourd passif, il marque la différence entre les destins respectifs des deux familles. Alors que Montaigne a géré plus ou moins sagement son bien, Geoffroy a choisi les armes ; son rang de gentilhomme ordinaire de la Chambre n'a cessé d'exiger qu'il suive la Cour de façon régulière ; ce qui implique un logement parisien. Il montre entre Françoise et son mari une confiance de bon aloi : elle n'est pas présente mais lui a délégué ses pouvoirs pour la partie de la dette qui lui est due en propre. La coutume lui conserve cependant le droit de refuser les arrangements auxquels Michel aurait pu consentir. Le couple apparaît uni. Née La Chassaigne, nous la trouvons solidaire d'un mari obligeant envers sa belle-famille dont il est assez fortement créancier. Mais pourquoi Montaigne et son épouse s'avisent-ils maintenant et non pas plus tôt de mettre en ordre ces anciennes affaires ? Quelle raison ont-ils de sommer Geoffroy de s'acquitter dans les six mois qui suivent après une aussi longue patience ? Il en est une qu'imposent les dates. Dès ce moment, Montaigne songe à marier sa fille unique et rêve d'un gendre qui le soulagerait. Ce qu'il fera en 1590, dès que la situation à Bordeaux, où il sert le maréchal de Matignon lui laissera enfin quelque relâche. Et l'on devine que le père ait préféré s'avancer vers cet ultime contrat d'importance en ayant éclairci sa propre situation. D'autant qu'à l'occasion du mariage, Montaigne a médité une solution juridique pour obvier à l'absence de descendant mâle, « la substitution », qui risque de l'engager, il ne peut l'ignorer, à entrer en procès avec les siens, encouragés sans retenue par Antoinette de Louppes, voire avec tous ceux qui leur sont alliés, comme par exemple les La

Chassaigne. Ultime information. Nous apprenons encore de cette minute que Montaigne est logé à Paris, quai de la Tournelle. Le quai est borné par le château de La Tournelle, construit au XVᵉ s., et percé de la porte Saint-Bernard, qui sera reconstruite sous Henri IV. Parmi les quartiers de terrain sur lesquels sera bâti au XVIIᵉ siècle l'hôtel de Nesmond, il s'en trouve qui appartiennent alors à Faye d'Espeisse. C'est aussi un lieu de baignades et l'emplacement de l'embarcadère du coche d'eau pour Fontainebleau[1]. Mais c'est d'abord l'adresse d'Estienne Pasquier qui possède à cet endroit, depuis 1580 au plus tard[2], une vaste maison. Montaigne a-t-il logé chez lui ou bien dans une chambre du jeu de paume mitoyen ? Ailleurs encore sur le quai ? Nous l'ignorons. Mais les deux hommes, s'ils n'ont pas cohabité, n'ont pu manquer de se rencontrer fréquemment. Et l'on s'explique mieux maintenant que Pasquier ait pu être aussi précis dans son décompte du nombre et de la durée des visites champêtres rendues au cours de l'été par son ami à Mlle de Gournay. Et si la jeune fille cherchant l'auteur des *Essais* était aller frapper chez Pasquier parce qu'il était son hôte ?

Michel SIMONIN
Centre d'Etudes Supérieures de la Renaissance, Tours

---

1   Jacques Hillaret, *Evocation du vieux Paris*, Paris, Les Editions de Minuit, 1952, p. 570 et 575.

2   MC, Et. XXIX, 91.

LE PRINCIPE DE PRIVATION

Au hasard d'une conversation, Françoise Charpentier insistait, voici quelques années, sur l'importance de l'ontologie dans les *Essais*. Paroles auxquelles l'auditeur du moment acquiesça volontiers, sans trop comprendre ; ce faisant, il gardait et garde encore l'espoir de découvrir quelque secrète connexion entre le problème de l'Etre en tant qu'être, et les investigations par lesquelles, d'article en article, notre collègue a si bien éclairé les attitudes qui se dessinent parfois en filigrane dans les *Essais*, en scrutant avec une précision exemplaire les rapports complexes entre l'écriture et le vécu. En réplique tardive, faute de véritables explications qu'elle seule pourrait donner, sera risquée une expérience : prendre l'énigme pour un conseil, ou pour une injonction delphique, et tenter de suivre la direction indiquée – mais en la déviant légèrement : il sera question ici de non-être plutôt que d'être, de défaut plutôt que de plénitude, afin que l'objet soit assorti à l'enquête et à ses assises philosophiques ; autrement dit, lacunaire comme elles.

Pour point de départ, une trop belle envolée rhétorique de Montaigne, contre

> l'opinion d'Aristote, sur [l]e sujet des principes des choses naturelles : Lesquels principes il bâtit de trois pièces, matière, forme, et privation. Et qu'est-il plus vain que de faire l'inanité même cause de la production des choses ? La privation, c'est une négative : de quelle humeur en a-il pu faire la cause et origine des choses qui sont ?[1]

Le grief n'a rien d'original : il avait déjà été formulé, en termes encore plus péremptoires, par Guy de Bruès et par Ramus[2], celui-ci

---

1   *Essais*, II, 12, éd. Villey-Saulnier (PUF 1965) p. 540, ponctuation rectifiée selon l'original, et orthographe modernisée, comme pour toutes les citations ci-après. Variante de 1580, 82 et 88 : « ... privation. Car qu'est-il plus vain que de faire la vanité et inanité... »

2   Donnés comme sources par P. Villey dans le t. IV de l'Edition Municipale, p. 255. Ramus s'exclamait déjà : « *At Deus bone ! privatio ista quidnam est omnino, aut unde in physicam inducta ? [...] Nam cum dicis privationem esse principium, esse causam, ut*

faisant en outre observer qu'Aristote semble avoir assez tôt renoncé à faire de la privation un « principe ». Il est ici allégué contre l'autorité reconnue au « Dieu de la science scolastique » (p. 539) et à la cohérence de son système, dont l'un des concepts de base serait faussé par une contradiction interne. Dans la critique des doctrines qui forme l'essentiel de l' « Apologie de Raimond Sebond », ce procédé est de bonne guerre. On peut se demander toutefois ce que vaut l'argument, et s'il est bien assorti à ce que l'on entrevoit ailleurs de la philosophie de Montaigne. Postulons seulement que celui-ci connaissait assez bien la *Physique* – directement, ou par transmission didactique – pour comprendre le rôle qu'y joue la « privation » ; cela suffira pour rendre la question embarrassante, et par conséquent significative.

Car le prétendu bon sens auquel font appel ces interrogations oratoires ne résiste guère à l'examen, à moins que l'on ne s'enferme dans une ontologie parménidienne, excluant toute altérité, tout changement, toute différence dans l'unité absolue de l'Etre. Plus attentif au concret, Aristote introduit le manque (*sterêsis*, littéralement l'effet d'une spoliation, la perte – terme traduit en latin par *privatio*) dans les principes de l'univers physique afin de pouvoir rendre compte des transformations[1]. Un sujet change en

---

Aristoteles hoc ipso in capite loquitur, quid aliud loqueris quam mortem esse vitam, frigus calorem ? Causa enim status rei salusque ; privatio autem pernicies ac ruina » (*Scholæ physicæ*, VII). Il est imité par G. de Bruès : « O bon Dieu où [Aristote] a-t-il appris que la privation, qui n'est qu'une négation, soit cause des choses naturelles ? »

1 « Il n'y a pas de génération qui vienne absolument du non-être, ce qui n'empêche pas qu'il y en a à partir du non-être, à savoir, dirons-nous, par accident : à partir de la privation en effet, qui est en soi un non-être, et sans qu'elle subsiste, quelque chose est engendrée » (*Physique*, I, 8, 191 b, trad. H. Carteron) – L'exemple canonique est celui de l'homme qui devient cultivé (est produit comme homme cultivé) en « perdant » sa forme première, d'homme inculte ; il n'est pas très clair, car il met en jeu une notion par elle-même négative, dont la « perte » se conçoit mal ; mais le principe de la *sterêsis* vaut pour tout couple de qualités contraires, telles que l'acquisition de l'une doive être considérée comme la perte de l'autre (191 a, lignes 1 à 14). A cette première conception du changement, et sans la désavouer, Aristote lui-même a substitué sa théorie plus connue du passage de la puissance à l'acte, qui ne fait plus intervenir les contraires en tant que tels.

perdant une première forme pour en acquérir une nouvelle : l'eau
« perd » sa forme de liquide en gelant, et « perdra » sa forme de
solide après fusion. En d'autres termes, on ne peut penser
l'évolution naturelle d'un être que par rapport à ce qu'il n'est plus
ou à ce qu'il n'est pas encore. Pour méconnaître cette évidence,
Ramus et Guy de Bruès ont dû assimiler, par un sophisme de
polémistes, le non-être relatif, qui affecte le sujet par accident (celui
qui affecte l'eau du glaçon, qui *n'est plus* liquide) au non-être
absolu, au néant (de ce qui *n'est pas*). La distinction est pourtant
simple, et Montaigne avait pu l'apprendre au Collège de Guyenne,
de son précepteur Grouchy, aristotélicien notoire[1]. Faut-il croire
qu'il l'avait oubliée ?

Cela paraît peu probable, si l'on songe que l'univers dessiné par
les *Essais* est bien moins stable et compact que celui de la
Physique. Quand Montaigne évoque le devenir des choses, et
conclut à leur inconstance, quand il surprend en lui-même, et
jusque dans la pensée qu'il vient d'enregistrer sur la page, les hiatus
qui altèrent son identité et interdisent de lui assigner un prédicat
définitif, quand il inscrit ces béances aléatoires dans les traits de son
style, sous la forme, par exemple, des « hyperbates » naguère
analysées par Françoise Charpentier dans un article de très grande
portée[2], on peut difficilement l'imaginer en adepte d'une
philosophie du Même. Du reste, il se défend fort bien contre la
fascination de l'immuable en réservant respectueusement cette
qualité à Dieu, et en constatant qu'ici-bas tout est flux, altérité et
défaut d'être, surtout pour le contemplateur ou badaud « plein
d'inanité » (III, 9, p. 1000) qui « peint le passage » en notant ses

---

1   Voir G. Hoffmann, « Fonder une méthode à la Renaissance – I. Montaigne et ses
professeurs de philosophie », *Bulletin de la Société des Amis de Montaigne*, Juillet-Décembre
1990, p. 31-57.

2   « L'hyperbate : une maîtresse forme du Troisième allongeail », colloque
L'accomplissement des Essais, publié dans le *Bulletin de la Société des Amis de Montaigne*,
Juillet 1988 – Juin 1989, p. 231-247.

essais, « contrerôle de divers et muables accidents et
d'imaginations irrésolues, Et, quand il y échet, contraires » (III, 2,
p. 804-805)... Les citations ne manqueraient pas pour illustrer cette
évidence, ni les analyses à grande échelle, par exemple celle du
chapitre « De la vanité », dont le titre à lui seul est révélateur, ou,
par delà, des structures de dédoublement qui rendent partout
sensibles les fêlures ou vacances intérieures du sujet ; en un mot, le
défaut d'être, comme une *sterêsis* non seulement située dans les
moments successifs du temps, mais même coextensive à la pensée
comme à son objet. Alors, pourquoi blâmer Aristote d'avoir
introduit dans sa physique cette instance de la négation, et
demander « de quelle humeur » il l'a mise au nombre des principes
de la nature telle qu'il la voyait, elle qui convient encore mieux à
l'univers quasi héraclitéen des *Essais* ?

L'outrance de l'expression pourrait l'indiquer, dans la mesure
où elle paraît marquer une sorte de nervosité qui ne sied guère aux
spéculations théorétiques. On y décèle une nostalgie de la solidité
d'un univers compact ; au revers, l'anxiété devant une réalité à
chausse-trapes, et le risque de s'y perdre. Dans le contexte même de
la satire des rigidités doctrinales se profile comme un aveu de leur
contrepartie, la sécurité que procureraient ces lisières : « Vraiment
c'était bien raison que cette bride et contrainte de la liberté de nos
jugements, et cette tyrannie de nos créances, s'étendît jusques aux
écoles et aux arts » (p. 539). Ironie sans doute ; mais une formule
analogue figure dans les conseils de prudence intellectuelle donnés
plus loin : « On a raison de donner à l'esprit humain les barrières
les plus contraintes qu'on peut. En l'étude, comme au reste, il lui
faut compter et régler ses marches » (p. 559). Terence Cave a
excellemment décrit la « logique de l'antipéristase »[1] à l'œuvre
dans le contexte, où alternent l'approbation des tutelles rassurantes

---

[1] Dans la communication présentée sous ce titre au colloque de Haïfa (1992), *Le
lecteur, l'auteur et l'écrivain. Montaigne / 1492-1592-1992*, éd. I. Zinguer, Champion 1993,
p. 1-15 (citation ci-après, p. 8). Voir aussi ses *Pré-histoires*, Droz 1999, ch. I et II.

et l'éloge des investigations qui s'en affranchissent : entre conformisme et audace, docilité et critique pyrrhonienne, « une tension non résolue s'inscrit au cœur même de l'*Apologie* ». La formule pourrait être étendue à l'ensemble des *Essais*, du moins en ce qui a trait à la négativité. Chaque faille, chaque forme de vacuité décelée ou approfondie fait naître un certain malaise. Même l'acceptation de la « vanité » s'achève sur un trait d'ironie, confirmé en contrechamp par le « commandement paradoxe » d'Apollon :

> Si les autres se regardaient attentivement, comme je fais, ils se trouveraient, comme je fais, pleins d'inanité et de fadaise : De m'en défaire, je ne puis, sans me défaire moi-même. Nous en sommes tous confits, tant les uns que les autres ; mais ceux qui le sentent en ont un peu meilleur compte ; encore ne sais-je. Cette opinion et usance commune, de regarder ailleurs qu'à nous, a bien pourvu à notre affaire. C'est un objet plein de mécontentement, nous n'y voyons que misère et vanité. [...] C'était un commandement paradoxe que nous faisait anciennement ce Dieu à Delphes : Regardez dans vous, reconnaissez-vous, tenez-vous à vous [...] C'est toujours vanité pour toi, dedans et dehors, mais elle est moins vanité quand elle est moins étendue. (III, 9, p. 1000)

Raillé pour sa prétention à comprendre l'univers, le « badin de la farce » se voit prescrire par oracle la connaissance de soi ; mais celle-ci lui découvre son vide intérieur : en aura-t-il « meilleur compte » ? Et à la fin des *Essais*, la résolution de « jouir loyalement de son être », qui conclut le livre sur l'idéal d'une « absolue perfection, et comme divine » (III, 13, p. 1115), est précédée de l'aveu d'une inconsistance foncière, qu'il faut assumer :

> Moi qui me vante d'embrasser si curieusement les commodités de la vie, et si particulièrement, n'y trouve, quand j'y regarde ainsi finement, à peu près que du vent. Mais quoi, nous sommes partout vent. Et le vent encore, plus sagement que nous, s'aime à bruire, à s'agiter, et se contente en ses propres offices, sans désirer la stabilité, la solidité, qualités non siennes. (p. 1106-1107)

Toujours le non-être au cœur de l'être, perçu tout à la fois comme défaut et comme trait caractéristique de la condition humaine. Ce serait fausser le texte que de tenter de l'escamoter, pour ne retenir que les aspirations à la plénitude ; mais il serait aussi fallacieux de le privilégier, par un éloge sans réserve de la « vanité ». Accidentelle ou irrémédiable, la fêlure ontologique provoque quelque gêne.

Gêne intellectuelle, devant un concept paradoxal. Gêne existentielle aussi. Car on peut sans trop de témérité assigner des motifs moins abstraits à la protestation rageuse contre le principe aristotélicien de changement par « privation ». La perspective du déclin de l'âge, d'abord, lui associe des images moroses d'amenuisement des forces vives. La perte d'une dent suffit à faire surgir celles-ci, et la sérénité en devient résignation :

> ...et cette partie de mon être et plusieurs autres sont déjà mortes : autres demi-mortes, des plus actives et qui tenaient le premier rang pendant la vigueur de mon âge. C'est ainsi que je fonds, et échappe à moi. [...] J'ai des portraits de ma forme de vingt et cinq et de trente cinq ans : je les compare avec celui d'asteure : combien de fois ce n'est plus moi ! (III, 13, p. 1101-1102 – B)

Si résolument qu'il soit assumé, le vieillissement est dépossession, et avant-goût de néant :

> Je ne pense désormais qu'à finir : me défais de toutes nouvelles espérances et entreprises : prends mon dernier congé de tous les lieux que je laisse : et me dépossède tous les jours de ce que j'ai. (II, 28, p. 703 – C)

Ces phrases sont tardives ; mais dès 1572, lorsqu'il composait le chapitre « Que philosopher c'est apprendre à mourir », Montaigne s'installait dans le même processus de déperdition progressive, quitte à y trouver un apaisement :

> D'autant que je ne tiens plus si fort aux commodités de la vie, à raison que je commence à en perdre l'usage et le plaisir, j'en vois la mort d'une vue beaucoup moins effrayée. (I, 20, p. 90 – A)

Parti pris d'écrivain âgé, qui dès son avis au lecteur anticipait, comme l'a bien montré Fausta Garavini, sur le souvenir posthume qu'il laisserait[1] ? Sans doute. Mais lorsqu'il évoque le temps des projets et désirs, la « privation » y creuse également son empreinte, cette fois sous la forme symétrique du manque. Car toutes les traditions morales dont il est tributaire se rejoignent dans leur commune défiance à l'égard des appétits humains pour en présenter cet envers négatif, image de leur nocivité, afin de préconiser, en réplique, la stabilité. Constance du stoïcien, sérénité de l'épicurien, *epochè* et ataraxie du sceptique, toutes les attitudes recommandées tendent à faire coïncider le sage avec lui-même pour l'installer dans une confortable autarcie, à l'abri de toutes les perturbations externes ou internes. Même l'éthique aristotélicienne, plus proche de la vie concrète, propose pour bien suprême la contemplation, non l'action qui présupposerait des besoins[2]. Par corollaire, tout désir est censé procéder d'une frustration. Cela se voit bien dans l'image sapientiale du désir par excellence, l'amour. Les penseurs les plus acharnés peut-être à le censurer sont les adeptes de la philosophie épicurienne du bonheur ; tel Lucrèce décrivant le mirage des amants passionnés :

> Semblables à un homme qui dans un rêve veut apaiser sa soif
> et ne trouve pas d'eau pour éteindre l'ardeur qui le consume
> – il s'élance vers des simulacres de source, il s'efforce en vain,
> il demeure assoiffé au milieu du torrent où il tente de boire –
> ainsi les amants sont leurrés par les simulacres de Vénus...[3]

Moins soucieux de satisfactions terrestres, les platoniciens sont au contraire enclins à faire valoir la privation comme stimulant d'Eros, fils de Poros et de Pênia, animé d'un appétit que seule apaisera l'extase devant la Beauté en soi. Mais ce n'est pas dans la phase première de cet itinéraire, l'élan inquiet vers l'être aimé, que réside

---

1   « Il libro testimonio », dans *Mostri e Chimere*, Bologne, Il Mulino, 1991, p. 113-131.
2   *Ethique pour Nicomaque*, X, VIII, 7, sur le modèle de la vie divine.
3   *De natura rerum*, IV, 1097 sq.

la sagesse ; elle n'est acquise qu'au terme de l'ascèse, au moment où le désir purifié se mue en contemplation et y trouve la sérénité. En somme, le bonheur selon les philosophes, quelles qu'en soient la formule et les voies d'accès, n'est effectif que lorsque le manque initial, désir, nostalgie, inquiétude, vacuité, angoisse, s'est résorbé dans la plénitude de l'être, par coïncidence avec soi ou avec l'absolu enfin contemplé.

Montaigne n'en est pas là, et ne cache guère ses réticences devant les « humeurs transcendantales » qui ne s'accommodent pas de la condition de l'homme : « La vie est un mouvement matériel et corporel, *Action imparfaite de sa propre essence*, et déréglée : je m'emploie à la servir selon elle » (III, 9, p. 988 – je souligne l'apposition que Montaigne a marquée d'une majuscule). Reste cependant le discrédit jeté sur toute forme du défaut d'être qui rappelle cette imperfection, en concurrence avec les séductions de la vie, qu'elle anime. Chaque croisement de ces deux perspectives détermine un point de tension dans le texte, répercuté en énoncés contrastés, sinon contradictoires. C'est ainsi que le chapitre « Sur des vers de Virgile » fait alterner l'éloge nostalgique des « jeunesses passées », avivé par l'évocation de tous les manèges de l'amour courtois, et les sentences réprobatrices des maîtres de vertu. Le débat ne tient pas à une hésitation occasionnelle : il est comme programmé par le statut contradictoire assigné au désir amoureux. Celui-ci est tenu pour « une passion qui mêle à bien peu d'essence solide beaucoup plus de vanité et rêverie fiévreuse » (III, 5, p. 880) ; expression de désenchantement ? on peut en douter : la même page expose complaisamment les ruses propres à utiliser ses affinités avec la « fantasie » pour « arrêter sa fuite » en prolongeant les manœuvres d'approche, et lui donner ainsi le semblant de consistance d'une aventure inscrite dans la durée, en vertu de son inanité même de pulsion jamais assouvie. Reste, au cœur de tous ces jeux, une inquiétude.

Cela s'exprime en toute clarté dans les pages où Montaigne définit l'amour par *distinguo*, à partir de l'amitié. Après en avoir caractérisé les effets superficiels par métaphores – le « feu téméraire et volage » de l'un opposé à la « chaleur constante et rassise » de l'autre – il prononce la formule décisive :

> Qui plus est, en l'amour ce n'est qu'un *désir forcené après ce qui nous fuit* [...] Aussitôt qu'il entre aux termes de l'amitié, c'est-à-dire en la convenance des volontés, il s'évanouit et s'alanguit : La jouissance le perd, comme ayant la fin corporelle et sujette à satiété. (I, 28, p. 186)

En d'autres termes, l'amour exige que la ou le partenaire[1] soit ce que Proust plus tard devait appeler un « être de fuite », jamais atteint ni totalement connu, sinon au détriment du désir. D'autres passions sont citées comme encore moins susceptibles de satisfaction – l'ambition par exemple, tenue dans « L'Histoire de Spurina » pour plus violente parce qu'elle ignore l'assouvissement[2] ; mais dans le chapitre « Sur des vers de Virgile », l'appétit charnel est lui aussi donné pour insatiable[3]. Mieux encore : récusant violemment le stéréotype du vieux sage

---

1 La distinction importe peu. Lorsque Montaigne traite des amours socratiques, il note d'emblée la « disparité d'âges et différence d'offices entre les amants » qui empêche la « convenance » de leurs volontés et introduit dans leur relation le « désir forcené », sous la forme des « insolents et passionnés efforts que peut produire une ardeur immodérée » (p. 187). En d'autres termes, l'amour homosexuel est à ses yeux tout aussi frustrant et tout aussi étranger à l'amitié que l'amour hétérosexuel. Dénégation, qu'infirmerait le ton passionné sur lequel il évoque son amitié avec La Boétie ? Il n'est pas nécessaire de s'inscrire ainsi en faux contre la distinction catégorique alléguée ici, car ces accents de deuil amoureux peuvent s'expliquer autrement, comme on verra plus loin.

2 « [...] tels désirs [charnels] sont sujets à satiété et capables de remèdes matériels [...] Là où les passions qui sont toutes en l'âme, comme l'ambition, l'avarice, et autres, donnent bien plus à faire à la raison, car elle n'y peut être secourue que de ses propres moyens, ni ne sont ces appétits-là capables de satiété, voire ils s'aiguisent et s'augmentent par leur propre jouissance » (II, 33, p. 728-729).

3 « Si on ne trouve point de bout en l'avarice, et en l'ambition, il n'y en a non plus en la paillardise. Elle vit encore après la satiété, Et ne lui peut on prescrire ni satisfaction constante, ni fin, Elle va toujours outre sa possession. » (III, 5, p. 885).

affranchi de la tyrannie des voluptés[1], il fait de la « recordation des jeunesses passées » un motif supplémentaire de désir, par nostalgie ; ce qui lui fait plus tard noter comme un second degré d'insatisfaction :

> Je plains, étant malade, dequoi je n'ai quelque désir qui me donne ce contentement de l'assouvir [...]. Autant en fais-je sain. Je ne vais guère plus qu'espérer et vouloir : C'est pitié d'être alangui et affaibli jusques au souhaiter. (III, 13, p. 1087, avec correction de la coquille *consentement)

Amare amabam, se reprochait S. Augustin au souvenir de ses frasques[2] ; Montaigne, comme La Fontaine épiloguant sur les amours des *Deux Pigeons* (« Ah ! si mon cœur osait encor se renflammer ! »), désire désirer, comme s'il redoutait que la « privation » n'en vînt à affecter la structure existentielle qui lui donne lieu. « Ce n'est pas le vide qui manque », constate un personnage de Beckett ; pour le vieillard qui tente de se ragaillardir à l'évocation de ses amours d'antan, au contraire, il pourrait venir à manquer, et ce serait pire que toute insatisfaction...

Reste une seule passion exempte de ces formes douloureuses ou séduisantes de la « privation » ; et Montaigne la place au-dessus de tout, comme on pouvait s'y attendre. C'est l'amitié. Dans cette relation telle qu'il la décrit – en l'opposant sur ce point à l'amour – la « convenance des volontés » assure une connaissance mutuelle, en toute certitude de loyauté, et une présence indéfectible jusque dans les moments de séparation, qui peuvent même la rendre « plus riche », pourvu qu'il y ait « moyen de s'entr'avertir », par multiplication des prises sur la vie (III, 9, p. 977). Si le désir subsiste, il est de la nature de ces « hauts désirs sans absence » qui

---

1   « Celui qui disait anciennement être obligé aux années dequoi elles l'avaient défait de la volupté, avait autre opinion que la mienne : Je ne saurai jamais bon gré à l'impuissance de bien qu'elle me fasse » (etc.) III, 2, p. 815

2   *Confessions*, III, I, 1

selon A. d'Aubigné animeront la félicité des élus, au paradis[1]. De fait, en poussant la description à l'extrême, l'amitié serait fusion mystique, réciprocité sur laquelle se fonde une communion, et comme une forme supérieure d'identité, alors que l'amour est aliénation, par découverte fascinante d'une altérité que rien ne saurait réduire. Exaltation dans les deux cas, peut-être ; mais en sens opposés ; et seule l'amitié peut se vivre comme plénitude.

Cette extraordinaire chance d'échapper aux déceptions comme aux leurres du désir insatisfait, Montaigne l'a perdue à la mort de son ami. Ou, plus exactement, la plénitude trouvée par la grâce d'une confiance totale s'est muée en « privation » plus pénible qu'aucune autre, et sans recours. On peut comprendre alors que pour évoquer sa relation avec le disparu, dans le chapitre « De l'amitié », le survivant trouve des accents passionnés qui appartiennent indéniablement au langage de l'amour[2], en dépit de la distinction opérée plus haut – ou plutôt, en raison de cette même distinction, appliquée à une situation toute différente. Car du vivant de La Boétie, si l'on en croit le témoignage des *Essais*, leur relation était bien une amitié : communion, foi, solidarité entre pairs, rien qui donne lieu à l'inquiétude amoureuse ; intervient la mort, qui change soudain le partenaire indéfectible en être de fuite ; dès lors, tout se détache sur fond d'irréparable frustration ; et l'amitié est devenue amour, dans le désarroi présent et aussi dans le passé revu sous l'éclairage du deuil. La trace de cette mutation apparaît dans la perspective téléologique des fragments de récit qui viennent périodiquement animer la méditation : la « force inexplicable et fatale » qui conduit l'un vers l'autre les deux futurs amis et les incite à se chercher « avant que de [s']être vus », leur première

---

1 *Les Tragiques*, VII, v. 1207. – Montaigne réserve une part de désir, mais sans « privation », dans sa description de l'amitié : « L'amitié au rebours [de l'amour] est jouie à mesure qu'elle est désirée, ne s'élève, se nourrit ni ne prend accroissance qu'en la jouissance, comme étant spirituelle, et l'âme s'affinant par l'usage » (p. 186).

2 Cf. Fr. Charpentier, « Figure de La Boétie dans les *Essais* de Montaigne », *Revue Française de Psychanalyse*, Janvier 1988, spécialement p. 181-183.

rencontre espérée et comme anticipée, une hâte à s'engager qui vaut prémonition de la fin déjà imminente... – le temps est jalonné d'attentes, puis d'indices de fugacité, comme si la séparation présente s'était ébauchée d'emblée sous forme de destin à l'horizon des quelques années de vie partagée. C'est là un effet de rétrospection narrative : lorsque Montaigne rédige ces pages, il ne peut plus décrire sa relation avec La Boétie que sous l'aspect du deuil, ni la revivre que par un désir sans espoir de satisfaction, à maintenir vivace ; et cela se projette sur le passé évoqué, et y profile les virtualités de l'amour posthume. Beaucoup plus tard, quelques lignes biffées d'un trait appuyé, dans des propos sur l'amitié au chapitre « De l'affection des pères aux enfants », diront la volonté de pérenniser ce désir forcené après ce qui a fui à jamais, et avec le terme dont il est ici question :

> En vaux-je mieux d'en avoir le goût, ou si j'en vaux moins ? J'en vaux certes bien mieux. Son regret me console et m'honore. Est-ce pas un pieux et plaisant office de ma vie d'en faire à tout jamais les obsèques ? Est-il jouissance qui vaille *cette privation* ? Je me lairrais facilement endormir au séjour d'une si flatteuse imagination.[1]

La tâche est dès lors assignée : dans la mesure où il remplace la parole perdue et procède d'une absence[2], le livre devra incorporer et perpétuer « cette privation » ; non la pallier, mais lui donner sens. Ce qui conduit à prendre en compte le principe de privation comme l'un des aspects fondamentaux de l'existence et de la vérité telles que l'homme peut les découvrir, en lui-même et dans les phénomènes accessibles à sa pensée ; quitte à y soupçonner le défaut ontologique d'une réalité minée par le temps et la mort,

---

[1]   Passage reproduit dans le texte de référence à la place que lui assigne l'édition de 1595 (voir p. 396, note 1). Sur l'Exemplaire de Bordeaux, il figure à la page précédente, après « ...avec quelle religion je la respecte ! »

[2]   Voir Fr. Charpentier, article cité ci-dessus, p. 177-178, et « Lire Montaigne dans le soupçon », comm. au colloque de Haïfa, 1992, *Le lecteur, l'auteur et l'écrivain – Montaigne*, Champion 1993, p. 17-25, avec la formule capitale : « La mort a scellé pour toujours le manque de l'Autre », p. 25.

« branloire pérenne » qui ne reflète en aucune manière l'immuable perfection de son créateur. Avec quoi il s'agira quand même de vivre, et d'être heureux.

On distingue plus nettement les traces de ce travail dans les écrits des dernières années, et tout spécialement dans le chapitre « De la vanité ». Autant que tout autre, sinon plus, il fait état du défaut d'être, dont son titre même porte témoignage ; il lui associe l' « écrivaillerie », entreprise interminable dans la mesure même de son inanité ; il insiste sur les dérives et décalages qui peuvent soustraire à la réalité ambiante, vante l'errance dans l'espace et dans l'imaginaire, les « gaillardes escapades » de l' « allure poétique », les chimères symbolisées par la « bulle de bourgeoisie romaine » ironiquement exhibée... Toutes formes de détachement qui ont pour trait commun la vacance intérieure ou extérieure, l'instabilité, et par conséquent relèvent de la « privation ». Mais les menaces ne viennent pas de là ; au contraire, elles émanent d'une réalité bien massivement présente, avec ses importunités, ses guerres civiles, et surtout ses contraintes politiques, sociales et familiales, qui tendent à l'assujettissement sous ses diverses formes. Contre elles, Montaigne revendique le droit de rester à distance, que lui confère la « vanité » revendiquée en réplique aux admonitions des maîtres de sagesse ; et cette forme de « privation » devient salutaire, comme si le défaut de consistance, avoué, était agent d'affranchissement.

L'absent n'est certes pas oublié : c'est même dans ce chapitre qu'est évoquée la vérité qui émanait de son regard[1]. Mais au deuil s'ajoute une autre forme de fidélité, suggérée par l'évocation allusive, à proximité, du legs essentiel qui a toujours subsisté,

---

1   « Lui seul jouissait de ma vraie image, et l'emporta » (p. 983, note 4). Cette phrase a été biffée sur l'Exemplaire de Bordeaux ; mais pas l'exclamation « O un ami ! ... », à la p. 981. Et F. Charpentier a fait observer que les formules les plus intenses du chapitre « De l'amitié » apparaissent dans les additions manuscrites, après 1588 (« Figures de La Boétie... », p. 182 et 188-189).

perpétuant sa parole : le message qui s'inscrivait en creux (par
« privation » : l'effacement) au centre du premier livre[1], et inspire
la maxime discrètement énoncée au centre du troisième – « Je suis
dégoûté de maîtrise et active et passive » (III, 7, p. 917) – ainsi que
sa contrepartie critique, sur la double nocivité des relations
d'asservissement qui excluent de tout commerce humain le
détenteur du pouvoir (p. 919), et forcent ses sujets à la
complaisance abjecte ou au silence (p. 920). En lieu de cénotaphe[2]
ou de nouvelle liturgie funèbre de La Boétie, c'est là une
résurgence de son « discours à l'honneur de la liberté contre les
tyrans » (I, 28, p. 184), appel à l'émancipation qui avait préexisté à
l'amitié, la sollicitant avant toute rencontre et la fondant en raison
comme relation personnelle et civique. Comme si Montaigne avait
voulu témoigner de sa foi en ce message en adjoignant à sa
philosophie de penseur démuni de certitudes une éthique de
gentilhomme trop jaloux de son indépendance pour bénéficier des
hiérarchies et des réseaux d'influence qui déterminent les carrières
de courtisans. Ces traits de pensée et de comportement s'acquièrent
au prix de la perte des tutelles protectrices, tant politiques ou
mondaines qu'intellectuelles. De ce fait, ils pourraient bien
procéder du principe de « privation » ; mais ils lui confèrent la
valeur la plus positive qui soit : ils en font un gage de liberté.

André TOURNON
Université de Provence

---

1   Voir sur ce point « 'Notre liberté volontaire...' – le *Contre Un* en marge des
Essais », *Europe*, Janvier 1990, p. 72-82.
2   On notera qu'après 1588 Montaigne a ôté de son livre les « Vingt-neuf sonnets
d'E. de La Boétie » qui avaient servi d'ersatz au *Discours de la servitude volontaire*, et
risquaient d'en masquer l'absence ; il accusait ainsi jusque dans la matérialité du texte la
« privation » qui lui avait donné lieu, et la place vide de celui qui en avait soufflé le principe.

TROISIÈME PARTIE

PASSIONS POLÉMIQUES ET VIOLENTES

ETIENNE PASQUIER
LES PASSIONS ET L'HISTOIRE DANS LES RECHERCHES DE LA FRANCE

> *Les passions qui sont toutes en l'âme, comme l'ambition, l'avarice et autres, donnent bien plus à faire à la raison ; car elle n'y peut être secourue que de ses propres moyens, ny ne sont ces appetits-là capables de satiété, voire ils s'esguisent et augmentent par la jouyssance.*
>
> Montaigne, *Essais*, II, 33, « Histoire de Spurina »

Pasquier n'est pas directement un moraliste dans les *Recherches de la France :* nulle pause de définition des passions, nulle entrée dans l'*Index rerum*, sinon à ambition (174c) et vengeance (335)[1]. Pourtant, qu'il examine l'histoire des individus ou l'histoire des collectivités, elles sont à l'œuvre : ambition, envie, haine, colère, vengeance, amour.

Les Recherches de la France[2] étalent leur rédaction sur près de soixante ans d'évolution, et sur un objet historique de seize siècles : l'immensité du projet et sa diversité ne laissent pas attendre une forte unité de pensée, d'autant que l'objet n'en est pas de réfléchir sur l'évolution historique, mais de discuter de l'authenticité des faits et des récits qui en témoignent, et d'abord de les raconter. L'unité est dans la voix du narrateur, dans ses implicites autant que ses explicites. Certains moments historiques ont les faveurs manifestes de Pasquier : soit qu'ils soient l'objet d'une longue analyse systématique, comme les disputes entre Frédégonde et Brunehaut ou la trahison du Connétable de Bourbon, soit qu'ils reviennent plusieurs fois sous sa plume, comme les guerres des

---

1   « Ambition et affliction ont fait oublier nos privilèges » (de l'Eglise gallicane), et « Vengeances estranges des papes contre les Empereurs »

2   Nous prenons nos références dans l'édition des *Recherches*, effectuée sous la direction de F. Roudaut et M. M. Fragonard, Paris, Champion, 1996, numérotée selon les pages de l'édition complète de 1665.

Anjou-Sicile et les périodes troublées du XVe s. français : Cabochiens, Armagnacs et Bourguignons, meurtre du duc d'Orléans. Le privilège textuel donné à ces épisodes, où l'allusion ne domine plus (alors que le débat sur l'Eglise gallicane repose sur la capacité à évoquer un maximum de cas convergents à peine racontés en vingt lignes[1]), a plusieurs conséquences : d'abord on suppose que le lecteur ne sait pas tout d'avance, il n'y a plus d'implicite, mais une argumentation ostensible et un récit informatif ; ensuite les motivations de nombreux participants sont expliquées dans leurs contradictions, dans les enjeux que chacun donne à son action, et comme il s'agit globalement de la mise en péril dynastique et « nationale », les valeurs sont clairement indiquées. C'est là que nous irons donc chercher si la mise en récit de Pasquier fait la part des passions dans le déroulement historique, où domine bien entendu le désir de pouvoir, ce qui ne saurait surprendre personne !

Tout homme est passion, et même une succession de passions dominantes, qui gouvernent, même si on les renie, la progression du tempérament : « Nous même condamnons nos actions ; l'amour par nous exercee en nostre printemps, l'ambition en nostre esté, l'avarice sur nostre hyver ». L'esprit n'est jamais sans passions, cet « esprit qu'on ne peut bonnement occuper sans quelque entrelas de passions selon la diversité des objets »[2] ne pourrait bonnement survivre sans elles. Encore faut-il choisir et contenir. Pasquier fait donc partie des modérés « plutarquiens » pour qui la maîtrise des passions est utile, non leur éradication ; il faut de quoi frémir, et virtuellement il existe de bonnes passions : l'amour, le désir, la joie. Mais la réflexion vaut pour le macrocosme social : les passions sont aussi collectives. Elles concernent les convulsions du corps

---

    1   Voir Marie-Madeleine Fragonard, « Les épisodes historiques, enjeux de la dispute gallicane », *Mélanges offerts à Arlette Jouanna*, Presses de l'université de Montpellier, 1997
    2   *Lettres familières*, à Marillac sur ou plutôt contre l'*otium* rural, édition de D. Thickett, Droz, 1974, p. 37

politique et au sens où ce corps est corps individualisé et osmose du corps collectif, on est fondé à parler de passions du corps social autant que de passions des individus. La déviation vers les passions institutionnelles, en tant que ces institutions sont, au vocabulaire du XVIe siècle, des « corps », est à la limite envisageable[1]. Et dans la mesure encore où il y a une spécificité nationale, on discute du caractère comparé des peuples, et c'est sans doute par une sorte de vengeance des Italiens contre les victoires des Gaulois qu'ils nous appellent des « barbares » (I, ch. 2, p. 6) ; mais nous laisserons là ces groupes trop généraux, où le cliché s'impose, pour voir à l'œuvre des cas passionnels.

Si nous avons commencé par l'épigraphe de Montaigne, c'est qu'il nous apparaît que Pasquier fait le même choix de hiérarchie entre les passions fortes, montrant sur l'évolution historique la grande faim dévorante des hommes et de chaque homme : « la convoitise des hommes est sans bride et jamais ne treuve assouvissement » (p. 28). L'ampleur diverse des conséquences, créée par la place de chaque homme dans l'action, brouille ce qui est une constante de comportement. Elle engendre une sorte de spécificité « sociale » des passions adoptées par tel groupe, et des dangers engendrés par elles.

Si l'on mesure les faits historiques en les démasquant sous les flous des historiographes, les passions des grands, comme acteurs historiques, retiendront évidemment plus notre attention. Que Pasquier les accentue ou non met en cause une représentation de l'histoire : force providentielle, force collective, force individuelle, dans laquelle l'action individuelle déclenche l'évolution ou au

---

1 On bute alors sur une question : les institutions peuvent-elles avoir des passions ? On est amené à répondre que, du fait qu'il y a une formation d'entités pour représenter la collectivité, « La France », « L'Eglise », « Les Jésuites », il appert que les mettre en sujet d'action crée une pseudo-psychologie de groupe, et qu'au moins pour le collectif « les Jésuites », mais pour « La Papauté » aussi, il y a bien « ambition » (comme il y a lutte entre des villes, Rome et Constantinople). En ce qui concerne les Papes, force récits sont personnalisés : l'inimitié de Urbain VI contre Charles de Durazzo p. 551, etc.

moins les catastrophes qui font l'histoire. La question qui s'ensuit est celle de la maîtrise des passions par les hommes politiques, discours stoïcien dont Pasquier s'abstient ici (il faut voir le *Pourparler du Prince*). Il me semble qu'il comprend et qu'il accepte comme composante inévitable le rôle des passions et pas toujours pour le déplorer, même si la dominante réprobatrice ordonne sa vision et qu'il en représente les effets pernicieux sous la forme d'une contagion, où nul des puissants ne peut contrôler assez ou soi-même ou son immédiat inférieur pour que la passion demeure un ravage privé. De surcroît, certains moments sont plus révélateurs ou plus nettement marqués d'une action individuelle : bien sûr ce sont les catastrophes. Est-ce l'effet du gros plan narratif qui se choisit des héros, est-ce l'effet dramatique qui réagit à la misère générale devant laquelle le lecteur ne doit pas rester plus froid que l'énonciateur ?

Ainsi se trouve minoré, quel que soit le rang, le domaine des passions du corps et particulièrement l'amour. Globalement, les rois semblent pouvoir assez impunément développer des passions de type personnel : pernicieuses, mais non nuisibles. Si certains récits ont malgré tout des allures de vaudevilles, la sexualité des rois n'est pas en soi source de calamités. Charles VII s'occupe de sa belle Agnès : passion privée qui le détourne du gouvernement, mais qui *a fortiori* prouve que c'est bien Dieu qui protège la France en faisant agir des Capitaines. Charlemagne peut se distraire auprès des « grands troupeaux » de putains qui encombrent sa cour, qu'importe ! Non cette fois parce que Dieu veillait, mais parce que ces passions ne modifient pas la conduite du roi en tant que roi. Par contre lorsqu'il est pris par l'amour[1] et, en fait, par la magie démoniaque (livre VI, ch. 32), là il « oublia non seulement les affaires du royaume, mais aussi le soin de sa propre personne » (p. 564). Par contre la sexualité des reines (les deux Jeanne de

---

1   VI, ch. 32, p. 654

Sicile, Frédégonde) est, elle, catastrophique en ce qu'elle motive le meurtre de maris ou de favoris successifs, et que ce meurtre pousse à la guerre les clans politiques. Clairement le cas des femmes est différent : les reines sont obligées d'épouser pour garder un pouvoir que les mâles sont seuls à pouvoir défendre. Jeanne de Durazzo (Jeanne II) « qui faisait banque de paillardise et impudicité dans sa maison » (p. 547), est cause d'une série de ruses et d'assassinats qui font des guerres de Sicile une « tragédie ». Dans ce récit toutefois, il n'y a pratiquement pas d'adjectifs de jugement moral ni de mention passionnelle, sauf « inimitiez » et « jalousies » : Pasquier est très discret en fait de marques d'opinion. Et il admet que les femmes sont parfois excusées de se servir de leur séduction : le cas de Brunehaut séduisant le fils de Chilpéric pour se venger de Chilpéric qui a fait tuer son mari est logique. En matière de morale, la différence est nette entre la façon dont Pasquier raconte les divorces des rois qui ont besoin d'une dynastie et se débarrassent de leurs épouses assez brutalement (de quoi se mêle le Pape ?) et les amours des reines. Mais en matière d'efficacité (au moins à court terme) le même réalisme prévaut : les rois doivent divorcer et les reines font ce qu'elles peuvent.

Le crime même n'appelle pas forcément la réprobation, surtout lorsqu'il est évoqué pour les temps archaïques : pas de qualification originale sur les crimes de Clovis, les marchés de Pépin, les trahisons de Pépin le Vieux. Mais ce qui est forme privée a ses limites. On touche à l'interdit dans le cas des haines internes à la famille (la haine que voue Isabeau de Bavière à son propre fils). Le proche serait-il l'ennemi de base ? C'est ce que dit aussi le chapitre sur la minorité des rois : l'ennemi devenu tuteur se fera un point d'honneur d'être irréprochable, quand le proche parent est le mieux à même d'empiéter sur son pupille. Par contre Pasquier apparaît plus perplexe devant les scandales énormes : les ravages, meurtres, incestes et autres de Clotaire s'accompagnent de prospérités « emerveillables » (p. 398), « histoires vraiment paradoxes, et contre le sens commun », qui ont peut-être un sens si l'on attend de voir quelle fut l'intention divine...

Pasquier est en fait assez économe de son indignation et de qualifications sur beaucoup de récits. Le cas particulier de la mise à mort des favoris montre une certaine ambiguïté : ce sont les favoris qui gouvernent, la colère des rois s'exerce en fait dans le bon sens, vise à rétablir leur autorité, qu'importe la manière. Mais l'action n'est pas pour autant positive pour le règne, puisqu'elle s'attaque à un individu occasionnel et non au principe pervers de la délégation abusive du pouvoir : les empereurs du Bas Empire tuent leurs favoris sans savoir pourquoi et en mettant à leur place des gens qui ne valent pas mieux ; ils agissent par déclin d'amour et non par réflexion, et vendent occasionnellement le reste des fonctions publiques (p. 21). Le meurtre du grand abusif par plus grand que lui est légitime. Alfonse le Sage est exhérédé par Jeanne pour avoir tué son favori Caraccioli, et il plaide coupable (il a tué), mais sauveur (il le fallait) : « Parquoy tant s'en falloit que ce qui avoit esté fait par luy fust sujet à réprimande, qu'au contraire il meritoit repremiation et guerdon »(p. 553). La passion réactive du roi est de la jalousie de sa grandeur, autrement dit elle possède une dimension légitime, encore que le résultat de cette jalousie soit une ingratitude noire, et son propre affaiblissement concret, quand le favori était un homme réellement doué. Il en est des peuples comme du roi, comme de tout homme : « une seule injure commise amortira une infinité de services ». Tibère oubliera les services rendus par le criminel Séjan, et Valentinien les services du généreux Aetius au détriment même de leur royaume, et parfois sans motif comme Odoacre tuant Symmaque et Boèce « par quelque jalousie de regner » alors même qu'il a été un roi assez débonnaire (p. 26). L'équilibre est instable. L'ingratitude de Théodose pour Bélisaire (p. 584) rentre dans un ordre du monde décevant, où l'ingratitude des rois (défaut) est alliée à leur jalousie du pouvoir (légitime chez le roi).

Plus grave est l'avarice, et par bizarrerie, elle sévit comme un fléau dans deux rangs où elle est comme déplacée : la monarchie (qui a déjà tant) et les « intellectuels » qui devraient faire métier de la maîtriser.

Les passions des princes doivent être de leur rang, entendez le pouvoir seulement, ce qu'illustrent les ravages des passions de Louise de Savoie dans le procès de Charles de Bourbon. L'avarice qui domine sur les considérations de rang vassalique mêmes (et sur le désir de mariage) brutalement entendues est ici le vrai fond du malheur historique. Le portrait de Louise fait ressortir l'inadéquation foncière de sa conduite à son rang souverain (p. 491), quand elle exerce une vengeance privée où elle déploie « puissance et animosité ».

L'historien ou le narrateur n'échappe pas aux passions basses, et cette certitude vaut bien sûr comme instrument de la critique de documents. Pour atteindre même la « réalité » historique, Pasquier souligne fréquemment une première difficulté : le récit est fait par des humains imparfaits et souvent menteurs. L'historien ne devrait pas se confondre avec ces analystes à courte vue, en particulier les moines idiots ou partiaux. Beaucoup d'entre eux ne voient pas au-delà de leur monastère et ne se posent aucun question d'ensemble. Il ne semble pas que la cécité institutionnelle de ces moines soit liée à une passion : elle relève de l'atonie naturelle de l'être monastique, dont l'institution est responsable, pas l'individu. Il n'empêche que l'atonie doit participer au risque de manipulation. Mais d'autres sont emportés par le désir : Pasquier ne semble pas croire à leur conviction sincère. Le fanatique est le produit de la cupidité. Or les passions de l'historien et des détenteurs de la parole modifient le monde aux yeux de la postérité, comme ils sont des fauteurs d'illusions pernicieuses pour les contemporains. Relevant cette fois du défaut moral, l'influence de l'avarice se conjugue au défaut institutionnel. Les historiographes payés (p. 4 et 5) exercent leurs ravages sur la postérité, comme les prêcheurs l'exercent sur

l'évolution des situations vécues. Les passions des prêcheurs
(p. 579), « hommes, par consequent tantost possédés d'avarice,
tantost d'une ambition desreglée » en font des séditieux, propres à
« remuer les humeurs » de leurs auditeurs ou à masquer la vérité.
Les prêcheurs couvrent le meurtre du duc d'Orléans (p. 456), se
mettant au service du duc de Bourgogne. Pasquier rejoint là les
accusation lancées par Aubigné sur les « prescheurs achetés »
habiles à couvrir le sang sous les fleurs (de rhétorique)[1].

L'intellectuel serait donc moins suspect de mensonge et de
partialité que de bêtise (les moines des chroniques) ou d'avarice.
Curieux défaut pour des hommes de pensée, et qui contraste avec
des définitions implicites idéalistes, ainsi qu'avec les
autodéfinitions de la démarche de Pasquier qui insiste sur sa liberté,
son humilité, et son souci d'être corrigé et bien compris si besoin.

L'ambition enfin reste le moteur du monde. Le maximum des
analyses concentre le drame autour des passions non des rois – qui
sont très actives – mais des favoris ou des seconds rôles qui se
prennent pour le roi (ainsi le duc de Bourgogne). Les passions des
grands dérangent parce qu'elles usurpent – et au sens de Jean Petit,
ils deviennent bien des tyrans. Dans un désir narcissique et
héroïque, ils veulent « tenir dans leur main la volonté des princes »
(p. 584). Ils transposent la tyrannie des passions sur leur esprit en
tyrannie sur le système du royaume. Le portrait de Guise dans la
Remonstrance aux Français, puis le diptyque Guise et Chatillon
dans les *Lettres politiques* (p. 138) dessinent dans le monde
moderne le risque des tyrans secondaires, non dépourvus de
qualités, mais inadaptés au sentiment net de la hiérarchie :
l'ambition chez eux a tout dévoré.

On l'a vu, le roi peut en concevoir de la jalousie et tuer : cela est
normal ; aussi toute chute est-elle comme une leçon posée devant
les yeux des futurs candidats, la fin catastrophique des autres

---

1   *Tragiques*, II, 135, sur Sorbin de Sainte-Foy

favoris est comme un miroir dans l'adversité (p. 584). Le roi doit « controller »[1] les passions envahissantes des grands. Ainsi (p. 453-4), l'analyse du début des troubles du XVe siècle démonte très précisément l'engrenage : le roi mineur est bien surveillé par ses oncles, mesure apparemment sage, mais il ne peut « controller », donc le trouble s'ensuit comme un débordement. « Les Princes du sang commencerent de vouloir donner voye à leur ambition, comme la bonde leur estant plainement ouverte », puis les Princes se déchaînent contre les mignons, puis les princes entre eux, chacun pour soi. Lorsque le roi croit agir en choisissant, il aggrave. Charles VI livre son royaume à l'orgueil en donnant délégation à Louis d'Orléans : « Certainement c'estoit mettre par un furieux (si ainsi m'estoit permis de dire) un glaive es mains d'un autre furieux. Parce que ce jeune Duc estoit un seigneur volontaire qui croyoit plus ses opinions qu'il ne devoit ». De là s'attisent les rivalités internes : « Il n'y eut Prince du sang qui ne fust grandement jaloux de cette grandeur extraordinaire. Mais surtout Philippe de Bourgogne, son oncle ». Pour Pasquier, Philippe de Bourgogne apparaît comme le vrai fauteur de troubles, par son « ambition détestable » qui le pousse à « empieter » (p. 458), par « ambition ancienne » (p. 462). En traître évident, il a même les défauts mineurs de celui qui ne contrôle pas les détails. Il cumule des affects passionnels : susceptible, le duc de Bourgogne « se courrouce avec parole d'aigreur à l'honnête remonstrance » de Jouvenel des Ursins (p. 568), et le meurtre ne le calme pas (p. 578). Le duc de Bourgogne après la mort de Louis d'Orléans « quitte Paris en la premiere colère ».

Les passions subalternes peuvent entrer en combinaison avec un système plus moderne qui met la raison calculatrice du prince au centre du dispositif de manipulation des passions d'autrui.

---

1 « Controller » : c'est aussi le verbe employé pour la phase où le Pape étant en Avignon, l'Italie se parcellise, « cette longue absence d'Italie occasionna une infinité de petits tyrans par faute du controlle d'un plus grand ».

L'hésitation basique entre Renard et Lion, entre l'intelligence calculatrice et la force impétueuse, apparaît chez Pasquier aux deux extrémités de sa chronologie : dans la vie de Frédégonde, renard quand elle exhorte ceux qu'elle envoie tuer Sigebert à croire qu'ils vont aller au paradis (p. 566), et surtout dans la vie de Charles Quint « qui dès sa premiere jeunesse nourrissoit dans son ame un cœur de renard » (p. 495). La démesure des Grands ruine alors l'Etat en les transformant en traîtres potentiels prêts à tout pour arriver : ce que montrent l'exemple du connétable de Saint-Pol, abusé, mais dont la condamnation pour l'exemple est une « mort d'état » (p. 487) et surtout l'exemple du connétable de Bourbon, devenu naïf à force d'ambition, manipulé par Charles Quint qui lui promet sa sœur : « par cette offre [d'épouser Mme Eléonore], joint la passion dont le Connestable estoit enyvré il ne falloit pas grand prescheur pour persuader celuy qu'il ne l'estoit que trop de soy mesme ». Il est immense, mais il se croit encore plus, il en perd le sens politique et moral. Plus que jamais l'exigence de connaître son être et son rang devrait conjoindre morale et politique.

Ce qui vaut pour les grands vaut aussi pour tous les déplacements du pouvoir, pour les rois qui se font les serviteurs du Pape par exemple, mais les deux ordres de passions y cohabitent en général : qui alors sert l'autre ? « Charles d'Anjou, prince d'une magnanimité admirable, mais aussi d'une ambition démesurée et sans frein » (p. 542) se met au service du Pape pour conquérir la Sicile, et en perd jusqu'à l'élémentaire honneur familial et nobiliaire : « mettant sous pieds tout droit de guerre auquel tous princes souverains sont obligez, il souilla ses mains du sang du jeune Conradin et de Henry duc d'Austrie son proche parent, ses prisonniers de guerre, qu'il fit décapiter en plein marché comme s'ils eussent esté ses justiciables » (p. 542).

Chacun jouerait donc le registre de ses passions, dans un jeu dramatique par enchaînement, en particulier lorsque le mauvais usage est conscient, que la passion n'est plus subie mais assumée, et en particulier encore lorsque se cumulent les tensions de passions entre des personnages qui assument en quelque sorte directement leur passions (le Roi / le Grand, prince ou duc de Bourgogne) et des personnages qui « usurpent » la passion d'autrui, s'aliènent à proprement parler, et tordent non leur propre morale (moindre péril), mais une morale sociale du chaque chose à sa place. Certains épisodes sont plus marqués que d'autres par cet entremêlement de la passion et de la servilité, et tout spécialement les récits du XVe s. Il importe à Pasquier de montrer la nocivité de ce mélange, et sa condamnation par la providence autant que par la raison et la pratique. Ainsi l'exemple de Pierre des Essarts est-il donné didactiquement, juge trop servile, « auquel je veux bailler un placart pour servir de fidèle exemple à ceux qui se rendent induement ministres de passions des princes », tout comme sont exemplairement voués à la honte les anonymes « 12 commissaires du tout vouez aux passions du duc de Bourgogne » (p. 458). La colère du Roi peut aussi grâce à eux créer des « prisons d'Etat » qui sont un produit légal mais injuste (p. 486). Dans quelques cas, la prescription sur ce qu'est un bon juge se fait explicitement par contraste avec les corrompus ; ainsi à propos des juges de Chabot (p. 485) : le vrai juge doit viser à la justice et non aux passions de celui qui la met en œuvre.

Les passions nobles suscitent ensuite des passions elles-mêmes réactives, mais incontrôlables et illégitimes : celles du peuple. Ces passions-là n'ont pas le temps pour elles, ni durables ni calculatrices, mais primairement affectives. Les ambitieux spéculent sur le temps, malgré les avertissements sur l'instabilité de la fortune, qui est un temps toujours trompeur qui vous blesse et vous met à terre. Le peuple ne spécule pas sur la durée, il s'agite pour ou contre un fait immédiat. Ainsi de la colère des Napolitains (p. 545) qui atteste la versatilité des foules qui ont d'abord détesté, puis qui suivent une relative compassion : ceux « qui à la chaude colle avaient voué une admirable bienveillance » [à Charles de

Durazzo], « l'ayant inesperement perdu/... / cette violente affection commença de se refroidir » et « par même moyen [ils changèrent] leur courroux en une pieté envers leur reine qu'ils voyoient malmenée par la fortune ». Il est vrai que ce peuple porte de toute façon trace d'une nature napolitaine et change « pour ne deschoir du privilège de légereté qui leur est de toute ancienneté familier » (p. 547). Les émeutes françaises semblent plus violentes et prises plus au sérieux : les passions du peuple y sont « tourbillons et orages » (p. 584), particulièrement au XVe s. où les grands mêmes donnent l'exemple : la « haine publique » contre le duc d'Orléans (p. 456), la « populace enflammée » (p. 461) produisent ces « furieux » troubles, qui donnent son titre au troisième chapitre du livre VI (p. 454), qui sont le produit de la furie du roi, de l'ambition des grands, de l'iniquité des magistrats. Alors, lorsque tous les ordres de l'Etat participent au désordre irrationnel et incontrôlable, le moment s'appelle à bon droit « tragédie » (p. 462/3 ou p. 542).

Le règne de la raison, ou du moins une tempérance, sont-ils possibles ? Il y a quelques rois sages, mais même la qualification de « débonnaire » est déjà un rien péjorative. Les vertus existent par contraste notable sur un contexte sériel banalisé : « Jamais roi ne fut plus sage entre les nostres que Charles cinquiesme » (p. 453) ; « sage roi » que Louis XII, sage Roi qu'Alfonse le Sage. La réponse de Pasquier à la question traditionnelle « Vaut-il mieux un mauvais roi ou de mauvais conseillers ? » décide pour un bon prince. L'exemple de Charles VII à la rigueur montre que les bons acteurs pallient les effets de la passion, puisque Dunois fait le travail victorieux alors que le Roi s'amollit à la passion amoureuse (p. 452). Mais la rareté des bons rois est un fait grave. La plupart des rois ne règnent pas sur eux-mêmes, tout grands conquérants qu'ils soient : ainsi Ladislas de Hongrie, « s'estant rendu paisible du royaume, non toutefois de son esprit » (p. 552), perd aussi vite l'avantage acquis. Ces malheurs n'ont pas qu'une cause pratique et concrète : la capacité du roi à maîtriser ses passions a une importance théorique sur la question du pouvoir royal, selon qu'on lie le pouvoir à l'exercice de la morale, au lieu de lier le pouvoir et la loi. Les *Recherches* n'en disent pas tant, mais les opuscules politiques sont plus insidieux : peut-être bien que ce qui fait qu'un roi peut et doit être obéi, est qu'il soit un bon roi (retour aux oppositions usuelles du roi et du tyran). De plus les récits montrent que les prévisions des plus sages portent des fruits douteux. La sagesse privée ne permet pas le bon règne à elle seule. Charles V a tout prévu pour sa succession, sinon que les protecteurs du jeune roi s'entre-déchireraient, Saint Louis est parti en croisade, et ce fut une catastrophe et ruine publique...

La solution du drame n'est pas dans l'exhortation à la sagesse ou à la patience : elle est dans la hardiesse, elle-même née d'un dynamisme réactif, qui surgit parmi les subordonnés, qui prennent sur eux de décider ce qui est sage. Ils outrepassent donc leur fonction, notons-le. Mais sans passion – à moins que de la justice. Le cas exemplaire est l'action de Jouvenel des Ursins ou du greffier anonyme qui a épanché sa bile dans les marges du registre du Parlement malgré les risques « pour monstrer qu'au milieu des tempestes il y a tousjours quelque noble cœur auquel il faut que la patience échappe » (p. 463). Le seul fait qu'un esprit droit choisisse de dire le vrai, sans plus de violence, réalise l'essentiel, comme si le crime même était moins dangereux finalement que le mensonge universel. En somme Pasquier formule un rappel de l'identité de chaque fonction.

Aussi n'y a-t-il pas de leçons aux rois, mais (p. 488) des « leçons à ceux qui sont près des roys » et des exemples en gros plans sur les faits mineurs parce qu'ils sont individualisés : à côté de l'ancien exemple spectaculaire d'Ambroise de Milan refusant l'entrée de l'église à Théodose, Pasquier raconte longuement le cas des sujets « normaux » et intelligents : ainsi de Bavalan refusant de noyer Clisson sur l'ordre du Duc de Bretagne, qui est développé au livre VI, ch. XXIX : « Qu'il n'est pas expédient pour un prince de mettre ses commandements faits par colère en prompte execution ». « Il appartient au Prince de sagement commander, et au subjet de sagement executer les ordonnances de son maistre, ores que ce ne soit à luy d'entrer en connoissance de cause de la volonté de son maistre » (p. 559). Ainsi du comportement d'opposition du Parlement à Louis XI : « Louis XI, prince qui s'attachait avec opiniatreté à ses premières volontez », « jura son Pasque Dieu à la chaude colle » qu'il les ferait mourir (p. 56)... et se trouve tout surpris et désarmé de les voir arriver en corps constitué réclamer la mort. La désobéissance intelligente du sujet, qui d'ailleurs accepte de mourir parce qu'il a conscience de l'affront qu'il fait au roi en étant plus moral que lui, est le seul salut contre l'engrenage des passions.

Il faut le vouloir, il faut y croire, même s'il y a un rien de volontarisme dans cette apologie : « Je crois que cette histoire [la résistance de Jouvenel des Ursins] est très vraie parce que je la souhaite telle » (p. 577).

Pasquier le moraliste et le rationnel reste pourtant séduit par quelques forces brutes qui ne sont vertu qu'assez relativement. A côté de la vaillante Comtesse de Montfort « vertueuse princesse », Frédégonde (qui préserve en bataille le royaume de son fils) et Isabelle de France (qui reconquiert son royaume) font preuve de « magnanimité » (p. 567), vertu royale et masculine, mais « avec quelque chose à redire » à cause de leur attitude envers leur mari, ceci qualifiant deux meurtres d'individus déplaisants, mais occis... Et il y a une chose qu'il comprend particulièrement bien : la vengeance, dans ce qu'elle a de primitif. Elle est mauvaise, mais compréhensible par les autres. On en accepte le principe, même si on discute la réalisation. Les crimes de sang froid s'excusent moins que les crimes de vengeance. « Un doux remords de vengeance » (p. 543) est un motif commun aux faits privés et aux faits publics : Brunehaut séduit le fils de Chilpéric, meurtrier de son mari, quoi de plus défensif ? Contre Jeanne de Durazzo, le futur roi / usurpateur est « animé tant du devoir d'une juste vengeance, que par les prieres de tout le peuple indigné d'un assassin si détestable » (p. 543) ; le roi Charles VI « prit une vengeance très rigoureuse de la ville de Paris » après les Maillotins ; les Anglais qui prennent Jeanne d'Arc vengent les injures qu'ils ont subies (p. 471), et hélas, l'héritage de la vengeance que prend Philippe de Bourgogne après l'assassinat de son père (p. 466) continue la guerre civile. Dieu même est en quelque sorte le grand rétributeur des crimes insuffisamment punis sur terre, et Pasquier emploie le même terme : « Voyez comment Dieu vengea puis après cette injustice mais avec plus grande usure » (p. 458). Le providentialisme est l'ultime recours explicatif : la vengeance terrestre ne fait qu'anticiper sur l'acte de justice. La passion mauvaise se retourne justement contre les coupables, le mal est un instrument. L'histoire, parfois, côtoie la morale.

Voyez comme « Dieu se joua lors au cœur des princes » (p. 470). L'histoire est manipulée par l'ordre ou plus souvent le désordre intérieur de ses participants. Le « cœur » individuel est bien le lieu où se règlent les comportements et les gouvernements. La catastrophe n'est pourtant pas absolument inévitable. Les passions jouent un rôle inégal, mais d'autant plus grand que la passion concerne directement le pouvoir (l'ambition est pire que le désordre privé) et qu'elle est alors susceptible de submerger ce qui relève du devoir vis-à-vis du pouvoir, intervertissant les rôles, assujettissant les esprits, poussant à la servitude volontaire. On est loin des histoires héroïques où la grandeur d'un roi fait la grandeur du royaume ; on est loin aussi des histoires d'amour de l'histoire de France où la passion privée mettrait en péril, en sous-main, dans le secret des secrets, ce qui par ailleurs serait stable. Le rôle et la place où se situe l'individu comptent plus que l'individu : ils transforment et démultiplient les ravages de son immoralité. Le cœur où se jouent les passions, autant que l'instrument du désir, est

le théâtre intérieur où s'inscrivent les hiérarchies de l'ordre du
monde. Il pourrait aussi rencontrer une force dont aucun groupe
social n'a l'exclusivité : la conscience.

M.-M. FRAGONARD
Université de Paris III – Sorbonne Nouvelle

LE RIRE DE L'AMIRAL COLIGNY DANS L'ARCHITECTURE DES *TRAGIQUES* D'AGRIPPA D'AUBIGNÉ.

> « Que tu voies la terre en ce point (…)
> (…) d'où Coligny *se riait* de la foule… »
> *Les Tragiques*, Princes (livre II, v. 1429-1431)

> « D'un visage *riant* notre Caton tendait
> Nos yeux avec les siens (…) »
> *Les Tragiques*, Les Fers (livre V, v. 831-832)[1]

LE RIRE

C'est un rire redoublé, en écho, au livre II des *Princes* et au livre V des *Fers*. Il traverse l'épaisseur tragique du poème apocalyptique d'Agrippa d'Aubigné.

C'est le même rire, sans doute, qui retentit ainsi, bien qu'il soit autre. Il résonne vers la fin du terrible bilan des deux premiers chants : *après* les atrocités de *Misères* et les abominations des *Princes*. On le réentend, ou plutôt on le voit, *avant* les deux derniers chants, avant la revanche et le châtiment de *Vengeances* et de *Jugement*.

L'Amiral de Coligny rit au ciel : l'Amiral assassiné, son cadavre dépecé, bafoué par la populace, dans le délire du 24 août 1572, à Paris, devant le Louvre. On joue aux quilles avec. On va le pendre par les pieds au gibet de Montfaucon. Cela, sur terre. Mais au ciel, d'où, en même temps, il contemple ce spectacle atroce, il rit.

Il rit aux éclats, d'un rire franc, d'un rire de joie. Non pas d'un rire de démence devant l'insoutenable. Il ne ricane pas. Il n'y a là ni raillerie, ni dérision. Ni sarcasme, ni amertume. Ce n'est pas même un rire à travers des larmes, car il ne pleure pas. Il rit d'un bon éclat de rire, immense comme l'immensité de l'univers, et qui dure comme la vie éternelle.

---

1 *Les Tragiques*, éd. Garnier-Plattard, Didier, 1966, 4 vol. C'est moi qui souligne, et je modernise la graphie.

Sa gaîté réplique à celle de Rabelais, mais à un tout autre niveau. Rire de moquerie physique et matérielle, rire de liesse intellectuelle et morale, le rire « énorme » de Rabelais, dans sa fête et dans sa farce comme dans « le gouffre » de son mystère, dans la profondeur même de ses interrogations et de sa spiritualité, ce rire reste un rire d'homme, d'homme vivant, et se veut tel. Le rire de Coligny n'a pas cette gamme de valeurs. Il est d'emblée religieux, métaphysique, cosmique. Il ne questionne pas, il affirme. Ce rire de l'au-delà est le rire de l'Élu, qui a part à la vision des Anges et de Dieu. Il possède leur compréhension totale, leur absolue sérénité.

C'est un des parcours essentiels du XVIᵉ siècle français, que celui qui va d'un rire à l'autre, de Rabelais à d'Aubigné, de l'homme à la divinité, de la terre au ciel.

Si le rire de Coligny se répercute ainsi d'un bord à l'autre des *Tragiques*, à deux places cruciales de l'œuvre, c'est bien qu'il est porteur d'une valeur-clé, sur le plan de la structure et du sens.

Comme les architectes de la Renaissance sont des érudits, les écrivains sont architectes. Ils ont un sens aigu des perspectives et des reliefs. Ils marquent avec force le ou les point(s) de vue essentiel(s) de leur ouvrage. Pour ne prendre que deux exemples, la stricte symétrie ménagée par Montaigne, dans le livre II des *Essais*, entre les deux chapitres qui dénoncent la cruauté de part et d'autre du centre constitué par *De la liberté de conscience* – unique symétrie des *Essais*, il faut le souligner, symétrie renforcée par la reprise mot pour mot, ici et là, de la même affirmation « Tout ce qui est au-delà de la mort simple me semble pure cruauté » – cette symétrie, qui structure le livre de 1580 tout entier, *expose* au regard une condamnation absolue des crimes de 1572 et de la cruauté propre à l'espèce humaine[1].

---

1   Symétrie découverte par Michel Butor, *Essai sur les Essais*, Gallimard, 1968. Sur l'architecture des *Essais*, je me permets de renvoyer à G. Nakam, *Montaigne, la Manière et la Matière*, Klincksieck, 1992, et à « L'expérience et l'art. Poétique de l'essai, Esthétique des Essais », Colloque *Actualidad de Montaigne*, Madrid-Trujillo, 1997, Actes à paraître.

Quand Du Bartas, architecte émule du grand Beçalel biblique, édifie son monument de *La Sepmaine*, il donne pour centre exact au 766 vers de son « Premier Jour », à l'hémistiche du vers 383, le signe rouge de l'*Apocalypse* : c'est l'Éternel, dit-il,

> C'est lui qui tient en main de l'horloge le poids,
> Qui tient le calendrier où ce jour et ce mois
> Sont peints en lettre rouge...

Tout au contraire de la *Genèse* hébraïque, le poète chrétien, calviniste et baroque, marque ainsi la création du monde, dès son origine, du sceau de sa destruction future. Dans « l'arche » de ses Sept Jours, la « lettre rouge » au milieu du Jour I, aura pour correspondant le « blanc » typographique au milieu du Jour Sept et dernier[1].

Pour n'avoir pas cette rigueur mathématique, le rire de Coligny et son redoublement n'en ont pas moins une signification primordiale aux yeux d'un poète qui indique lui-même avec précision, dans ses Préfaces, son architecture, sa visée, ses lignes directrices.

PRINCES

Princes, succédant à *Misères* comme la cause qui explique les faits, s'écrit d'abord dans la souffrance, et la rage au cœur :

> (Le) sein bouillant de crève-cœur extrême. (v. 449)

Dans un premier long volet, le texte montre « les horribles charognes, Des sépulcres blanchis », déroule l'horreur, exhale la puanteur des « ordures des Grands ». Il étale les meurtres, les vices, le « pus », et la gangrène de la Cour des Valois. Le pamphlet est à double visée : il accuse les auteurs des crimes, et avec plus d'amertume, leurs propagandistes, les religieux et les lettrés, les « pourris » qui ont changé les crimes en vertu et en gloire, « lâches

---

1 Voir G. Nakam, « Du Bartas-Beçalel (Deux sources pour Du Bartas) », *Réforme, Humanisme, Renaissance*, *(RHR)*, 1994, n°9 : *Exode*, XXXV, 30-35 et XXXVII, 1-2.

flatteurs », « ployables esprits », « consciences molles », vendus,
payés pour apprendre

> A nos princes fardés la trompeuse manière
> De revêtir le diable en ange de lumière. (v. 951-952)

Le poète parle pour la Vérité bafouée, tandis que les assassins
rient :

> Cependant, au milieu des massacres sanglants,
> Exercices et jeux aux déloyaux tyrans,
> Quand le peuple gémit sous le faix tyrannique,
> Quand ce siècle n'est rien qu'une histoire tragique,
> Ce sont farces et jeux toutes leurs actions ;
> Un ris sardonien peint leurs affections ;
> Bizarr'habits et cœurs, les plaisants se déguisent,
> Enfarinés, noircis, et ces bateleurs disent :
> « Déchaussons le cothurne, et rions, car il faut
> Jeter ce sang tout frais hors de notre échafaud,
> En prodiguant dessus mille fleurs épanchées
> Pour cacher notre meurtre à l'ombre des jonchées. » (v. 203-214)

La première partie du livre II est marquée par ce mauvais rire.
Bien que d'Aubigné reprenne l'expression de Du Bellay, il ne s'agit
ici nullement du rire de désespoir du poète des *Regrets* devant son
échec romain, qui était le rire jaune de son malheur, le rire forcé de
sa détresse, son humour triste sur lui-même :

> Car je ris, comme on dit, d'un ris sardonien,

disait-il au sonnet 77. Le rire à la Cour des Valois est pervers,
cynique, politique : diabolique.

Le second volet de *Princes* abandonne la vérité historique et le
réalisme, et se développe dans un espace de fictions et de visions
qui s'emboîtent l'une dans l'autre. C'est le roman d'un jeune
provincial, digne fils d'un père vertueux, et double évident du jeune
Agrippa, qui arrive à la Cour. Séduit, troublé, il a, dans un état
second entre veille et sommeil, une double vision. Fortune, d'abord,
lui apparaît dans une clarté fuligineuse, maléfique, lunaire. Son
discours est cynique et cru. Elle lui vante le succès du vice. En

repoussoir, elle lui fait voir l'échec et le malheur des vertueux.
Voici notamment Coligny :

> Que ne vois-tu (…)
> L'Amiral pour jamais sans surnom, trop connu,
> Meurtri, précipité, traîné, mutilé, nu ?
> La fange fut sa voie au triomphe sacré,
> Sa couronne un collier, Montfaucon son trophée… (v. 1225-1232)

Telle est la réalité. Ce sont les jeux cruels mais véritables des
hommes et du pouvoir. Qu'il se prostitue et réussisse !

Vertu se présente alors à lui, dans la lumière d'or des rayons du
soleil. Prêchant point par point au contraire de Fortune, elle lui fait
voir (troisième emboîtement, la vision se prenant dans l'apparition
de l'allégorie, et celle-ci dans le roman du jeune homme) Coligny
dans les cieux. Mieux : elle lui propose de se mettre à sa place,
d'adopter sa vision, d'identifier au sien son propre regard :

> Je veux faire voler ton esprit sur la nue,
> Que tu voies la terre en ce point que la vit
> Scipion quand l'amour de mon nom le ravit,
> Ou mieux d'où Coligny se riait de la foule
> Qui de son tronc roulé se jouait à la boule,
> Parmi si hauts plaisirs que, même, en lieu si doux,
> De tout ce qu'il voyait il n'entrait en courroux.
> Un jeu lui fut des Rois la sotte perfidie,
> Comique le succès de la grand'tragédie… (v. 1429-1436)

Il rit même de la trahison de son propre fils… Un mouvement
ascensionnel emporte le texte dans l'extase de cette vision.

La Saint-Barthélemy est présente dans le chant dans ses deux
parties et à tous ses niveaux.

A travers cette présence obsédante, à travers les emboîtements
de la vision baroque, se dessinent de rigoureux contrastes.
S'opposent les deux apparitions allégoriques, comme s'opposent le
Coligny vaincu, anéanti de l'une et le Coligny radieux et
triomphant de l'autre. S'opposent aussi le « ris sardonien » de la
Cour, et des Princes du monde, et le rire clair et joyeux venu du

Ciel. Ces structures – les emboîtements, la binarité, les symétries, la spirale qui emporte l'ensemble de la deuxième partie – se combinent. Mais le noyau est, je crois, le rire de Coligny. Car dans ce réseau tendu, serré, dramatique, tout en correspondances mais encore indéchiffrable, la réalité torturante de la Saint-Barthélemy trouve en lui son apaisement, et la terrible question qu'elle pose, sa réponse simple, claire, nue.

La vie sur terre n'est qu'un jeu ridicule et, vue du ciel, d'une relativité comique :

> Le monde n'est qu'un pois, un atome la France... (v. 1440)

Seul ce rire, qui rend aux choses leur juste échelle, seul l'élan de la foi totale qui l'inspire, et qui se confond avec la plus libre lucidité, avec l'intelligence absolue du Tout, ont le pouvoir de faire basculer le malheur, de soulager l'horrible douleur du massacre des siens, d'en révéler l'inanité.

Aussi, *Princes* se termine-t-il sur une annonce du Jugement Dernier, dans le fracas de chênes et de cèdres abattus par la foudre :

> Lorsque le fils de Dieu, vengeur de son mépris,
> Viendra pour vendanger de ces Rois les esprits... (v. 1513-1514)

Le chant II est animé par le même mouvement d'élévation qui porte le poème tout entier des *Tragiques*. De la même façon que tout est dans tout, que tout est annoncé, préfiguré, prédestiné, le chant II porte en lui particulièrement, on va le voir, le chant V, et, au-delà, l'œuvre entière. Dans cet univers platonicien, la partie est miroir du tout ; en même temps, selon l'orthodoxie scolastique, elle est déjà le tout, virtuellement et en puissance.

Dans la dynamique d'ensemble comme dans le détail de ses structures, le chant II se réordonne autour du rire de Coligny. Son rire illumine ce chant sombre. Son sens illumine le lecteur. Tout s'éclaire par lui. La tragédie des *Tragiques* s'inverse en comédie, et l'horreur en jeu. Non, les bourreaux n'ont pas gagné. Ils ont perdu. Et ils se sont piégés eux-mêmes, en se faisant par leurs crimes mêmes les artisans du bonheur de leurs victimes, qui sont les seuls et vrais gagnants de l'enjeu, dans les doux « plaisirs » de la vie céleste.

Le Mal prend enfin sens, et ce sens est de joie. Le rire de Coligny est le révélateur absolu, le véritable *dévoilement* du Bien et du Mal. Il s'associe logiquement au *Dévoilement* de l'Apocalypse.

LES FERS

Au début du chant V, *Les Fers*, se referme un cycle ouvert après *Princes*. En effet, dans *La Chambre Dorée* (chant III), Dieu est venu visiter le monde et constater en personne ses crimes. Il ne regagne le ciel qu'au chant V. Celui-ci se joue tout entier dans les cieux, et, par l'emboîtement des visions qu'il déroule à nos yeux, et les rapports éloquents qui s'établissent à l'intérieur du texte, semble un élargissement de la seconde partie des *Princes*.

Dieu, donc, abandonne le monde et retrouve son peuple des Anges. Mais le Mal n'a pas dit son dernier mot ! Démasqué, Satan renouvelle le pari fait sur Job, en l'inversant toutefois. Ses Élus renieront Dieu, assure-t-il, non pas comme il le prétendait de Job, à force de malheurs, mais au contraire, à force de prospérité et de succès. Cette Tentation renouvelle celle de Fortune au jeune provincial du chant II.

La peinture prend alors le pas sur le récit (qui la transcrit en « ekphrasis »). Peinture et langage ne vont cesser de dialoguer dans le texte, en renvoyant l'un à l'autre, comme le réel à la fiction, comme la réalité historique à la vision.

Satan, d'abord, se fait artiste aux Tuileries et au Louvre – lieux où se retrouve l'Enfer de *Princes*. Ses anges noirs peignent en fresques au Vatican – autre lieu de l'Enfer – la tragédie de la Saint-Barthélemy, qui est leur œuvre, leur triomphe[1]. A leur tour, dans un

---

1 Grégoire XIII avait chargé Vasari de peindre, dans la salle royale du Vatican, en effet, les événements de la Saint-Barthélemy. Voir note de Garnier-Plattard, *Les Tragiques*, éd. citée, tome III, Livre V, v. 258, p. 114.

jeu d'oppositions simples les Anges de Dieu viennent peindre sur les voûtes du ciel « les sacrés tableaux » des malheurs des fidèles.

« Dans le ciel, déguisé historien des terres » (v. 323), se développent deux séries de « tableaux célestes » : ceux des combats, d'abord, inspirés des admirables et célèbres gravures de Tortorel et Perissin, ceux des massacres ensuite.

Au tout premier panneau de la première série, voici le père du poète (original du père du jeune provincial de *Princes*), et le souvenir du fameux serment d'Amboise, germe de son œuvre :

> Entre les condamnés, un élève sa face
> Vers le ciel, lui montrant le sang fumant et chaud
> Des premiers étêtés, puis s'écria tout haut,
> Haussant les mains du sang des siens ensanglantées :
> « O Dieu, puissant vengeur, tes mains seront ôtées
> De ton sein, car ceci du haut ciel tu verras
> Et de cent mille morts à point te vengeras. » (v. 356-362)

D'Aubigné précisera, dans *Sa Vie, à ses enfants*, que son père lui fit jurer de les venger *sous peine de sa malédiction*[1]. C'est de la menace, de la terreur de cette malédiction brandie sur la tête d'un enfant de huit ans, qu'est née, assurément, la création des *Tragiques*, édifice de terreurs – terreurs de la persécution, terreur du Jugement-, *monument*, au sens propre du terme, de la mémoire du poète à la mémoire des martyrs, ses frères, et leur vengeance.

Dans la deuxième série se détache, dans son retour cyclique, la Saint-Barthélemy (déjà peinte, on s'en souvient, dans l'Enfer du Vatican) :

> Voici venir le jour, jour que les destinées
> Voyaient à bas sourcil glisser de deux années,
> Le jour marqué de noir, le terme des appâts,
> Qui voulut être nuit et tourner sur ses pas :
> Jour qui avec horreur parmi les jours se compte,
> Qui se marque de rouge et rougit de sa honte. (v. 765-770)

---

1   Son père lui a dit : « Si tu t'y épargnes, tu auras ma malédiction », selon *Sa vie, à ses enfants*, ou encore : « Si tu n'en prends vengeance, je te maudis ». Voir Gilbert Schrenck, « Le serment d'Amboise », *RHR*, 1979.

C'est ce jour de deuil et de sang, ce jour maudit, que Michel de l'Hospital, les Politiques, et Montaigne avec eux, eussent voulu effacer à jamais : « *Excidat illa dies* ! »[1]

Au tumulte de l'événement répondent le basculement des séquences du Temps, la confusion de la pensée, du regard, de la parole. Passé, présent, futur bientôt, se confondent dans un présent continu comme immobile, figé dans l'horreur. L'emboîtement fiction-visions-peinture se complique et s'intensifie dans un registre « extatique » de voyage mystique et de prophétisme, qui atteindra son paroxysme dans la transe de la deuxième partie du chant.

De nouveau, c'est Coligny, au Ciel, qui voit, montre, rit. Il se fait guide, cette fois, de ce musée céleste, car c'est au Ciel, cette fois, et en peinture, qu'il fait voir au poète (et au lecteur, dont le regard s'identifie au sien) le spectacle de ce jour. Il le fait en riant de son propre martyre, de la stupide cruauté de ses bourreaux et des profanateurs :

> D'un visage riant notre Caton tendait
> Nos yeux avec les siens, et le bout de son doigt,
> À se voir transpercé ; puis il nous montra comme
> On le coupe en morceaux : sa tête court à Rome,
> Son corps sert de jouet aux badauds ameutés,
> Donnant le branle au cours des autres nouveautés. (v. 831-836)

Ce Jour de terreur, qui répond, ici, au Ciel, à la peinture de ce même jour dans l'Enfer du Vatican dans la première partie, ce Jour de la terre et de l'Enfer, peint au Ciel toutefois, et comme *sanctifié,* appelle le Jour du Jugement.

L'immense fiction à étages de la première partie du chant V, est alors prise elle-même dans la vision mystique apparue au poète lors de son « agonie » de Talcy, après qu'il fut blessé dans un attentat en 1572 : cette pâmoison, ou plutôt cette transe de sept heures :

---

1   Voir G. Nakam, *Montaigne et son temps, Les Événements et les Essais*, chap. II, § II, éd. Nizet, 1982, p. 100 et suiv.

> Sept heures me parut le céleste pourpris
> Pour voir les beaux secrets et tableaux que j'écris... (v. 1199-1200)

Ils tournent au-dessus de lui, de droite à gauche : le passé d'abord, fait des tableaux qu'il vient précisément de nous montrer ; puis à gauche, l'avenir, depuis le siège et la famine de Sancerre, au lendemain de la Saint-Barthélemy, jusqu'à la fin des temps, annoncée pour 1666 :

> Vois de Jérusalem la nation remise,
> L'Antéchrist abattu, en triomphe l'Église.
> Hola ! car le Grand Juge en son trône est assis
> Sitôt que l'ère joint à nos mille trois six. (v. 1413-1416)

Tout est présent dans le panorama tournant des peintures du Ciel, puisque, le texte le dit sans relâche, tout est pré-destiné. Mais ce n'est plus l'Ange qui peint au ciel la réalité historique de ce monde. Ce n'est plus l'Amiral qui, lui-même au Ciel, montre, au poète et à nous, ces tableaux. C'est le poète inspiré qui a tout vu dans sa vision prophétique, dans ce sommeil sacré comme la « *tardéma* »[1] des prophètes hébreux, quand, au-dessus de son corps frappé d'une presque mort, ce spectacle s'est déroulé, dévoilé, dans le lent tournoiement de la voûte céleste. Aussi, après le passé et le présent, a-t-il vu, en « apophétie », toute la fin des guerres de religion, le reniement et l'assassinat d'Henri IV, l'Europe à feu et à sang, jusqu'à la chute de l'Antéchrist de Rome et l'Apocalypse.

Le chant dernier, *Jugement*, s'annonce donc, de nouveau. Le sacre de la vocation poétique et prophétique d'Agrippa d'Aubigné est scellé. C'est – quatrième et ultime emboîtement, après le transport de l'action dans le ciel, la projection des événements en peinture, et la vision de Talcy – c'est Dieu qui a fait don au poète de la vision de Talcy, mère de toutes les visions et de son œuvre :

> Tu m'as montré, ô Dieu, que celui qui te sert
> Sauve sa vie alors que pour toi il la perd :

---

1 *Tardéma* (hébreu) : torpeur, sommeil profond.

> Ta main m'a délivré, je te sacre la mienne.
> Je remets en ton sein cette âme qui est tienne.
> Tu m'as donné la voix, je te louerai, mon Dieu. (v. 1431-1435)

La vocation acceptée ici est l'accomplissement du serment d'Amboise rapporté plus haut. C'est par rapport au serment et à sa réalisation, dans ce temps, dans cet espace, que s'emboîtent les Jours terribles qui se répondent : le Jour marqué de rouge de la Saint-Barthélemy, et le Jour de la colère de Dieu. Ceci appelle cela, et tout s'accomplit.

Suprême vision, fiction ultime, pour que l'univers entier participe au sacré de ce mystère, pour qu'aux « eaux du ciel », comme dit la Genèse, répondent les eaux de la terre : l'Océan, ensanglanté par les massacres, repousse d'abord avec horreur les cadavres que les rivières lui apportent, pour les accueillir ensuite, et les abriter dans son sein. Ainsi la Nature et ses symboles entrent dans la dramaturgie de la Fin des Temps, comme, au bout du chant II, les forêts abattues par l'ire du Juge, et avant l'immense dramaturgie des Éléments du chant VII. Ainsi – autre symbole – le poète, nouveau Jonas, avait d'abord refusé sa vocation, pour l'accomplir enfin et accueillir en ses vers le sang et les corps des martyrs dont il dresse le monument et, dans sa vision totalisante, pénétrer et révéler le sens ultime du Tout.

Le chant se conclut donc, de nouveau, sur l'annonce du Jugement Dernier. L'ire de Dieu veille, et l'on n'attend plus que dans l'imminence sa vengeance et son châtiment : l'ire de Dieu, dont la colère fiévreuse du poète, si passionnément définie au chant II – « le sein bouillant de crève-cœur extrême » – est le reflet et l'expression, dans son rachat par la poésie, dans le sacre de sa poésie.

Cycles, binarités, emboîtements, emportement dans la vision céleste du poète et de Dieu : les mêmes structures se reproduisent. Anges noirs et Anges blancs s'opposent, combats et massacres se succèdent, Ciel et Océan se répondent. Mais surtout : d'une part, le

Jour du crime appelle indubitablement le Jour du châtiment, dont l'annonce retentit par deux fois dans ce chant, comme une sonnerie répétée – annonce de l'an 1666, annonce du Jugement ; d'autre part, – et les deux séries de correspondances s'imbriquent l'une dans l'autre – le serment juré par l'enfant à son père trouve sa réalisation dans la vocation du poète, et se renouvelle dans son serment à Dieu de s'y consacrer.

Au centre presque géométrique cette fois, du chant (1564 vers), le rire heureux de Coligny (v. 831-836) rayonne comme une Annonciation. Mais il fait plus ici que d'annoncer l'événement suprême. Il est au-delà. Il est la récompense, l'accomplissement du salut, le signe, la marque de la victoire des Élus. Il est dans l'éternité.

Loin d'être un pardon – car les *Tragiques* sont sans pardon[1] – il est la revanche sur le Mal terrestre et temporel. Il n'est pas seulement le châtiment des méchants. Il fête le salut éternel des Élus dans la félicité de leur élection. Ce rire est une fête de l'éternité.

Tel est le rire des bienheureux au chant XV, au cinquième ciel du *Paradis* de Dante – qui pourrait bien être ici, quoique dans un contexte et un climat tout autres, la source directe de d'Aubigné : Béatrice rit[2], et l'allégresse du poète est immense, car il rencontre là son trisaïeul Cacciaguida, animé de la même joie, et qui va lui révéler sa mission poétique – épisode qui se trouve pour cela même, placé au centre de l'œuvre[3].

---

1   Comme le souligne Eliott Forsyth, dans « Le message prophétique d'A. d'Aubigné », *BHR*, XLI, 1979, p. 23.

2   Dante, *Le Paradis*, texte original et traduction de Jacqueline Risset, Flammarion, 1990, chant XV, p. 144, v. 34 etc. :

« Ché dentro a li occhi suoi ardeva un riso… »

« Car dans ses yeux brûlait un rire… »

Le rire et l'allégresse remplissent le poème de Dante, à partir de là.

3   Comme le souligne en note J. Risset.

ARCHITECTURE

D'Aubigné prend soin, dans sa préface *Aux Lecteurs*, d'expliquer l'architecture de son œuvre. Il en souligne l'étagement par degrés, et les registres successifs. Les trois premiers livres sont d'un style « bas » ou « moyen » : tragique, dans *Misères*, satirique, dans *Princes* et *La Chambre Dorée*. Les deux suivants d'un style « tragique moyen » pour *Les Feux*, et « tragique élevé » pour *Les Fers*. Les deux derniers se détachent : *Vengeances* est « théologien et historial » ; *Jugement* est « d'un style élevé, tragique », comme *Fers*, mais à un degré supérieur. « Tragiques » sont donc le premier et dernier livre et, au centre, *Les Feux* et *Les Fers*. Et la pyramide s'élève de *Misères* (bas) à *Princes* (moyen), puis à *Fers* (élevé) et enfin *Jugement* (élevé).

La mise en scène générale est juridique. L'œuvre devait s'intituler *Dan*, mot hébreu signifiant Juge. A ce tribunal de Dieu, seul Juge, son poète apporte de tels témoignages sur les crimes, qu'ils appellent nécesairement leur châtiment. Cette nécessité commande la scénographie, qui s'élève donc par paliers, dans un mouvement ascendant, qui va s'accélérant de livre en livre. L'intention et le rythme sont d'autant plus sensibles que chaque livre reprend, à sa manière propre, et le procès, et l'appel du Jugement de la fin des Temps.

Ce monument à la mémoire historique et eschatologique obéit ainsi à une architecture forte, fortement scandée dans son ensemble et dans son détail. Marguerite Soulié l'analyse comme la représentation du drame intellectuel et spirituel du poète, provoqué par ce qu'il tient pour trahison chez Henri de Navarre : son abjuration. Elle détache deux séquences, de part et d'autre de cette crise : d'une part, les chants I à IV, inspirés par l'Ancien Testament, marqués par l'épopée collective et la prophétie ; d'autre part, les chants VI à VII, issus des Évangiles, dit-elle, et annonciateurs de l'Apocalypse. Eliott Forsyth, de son côté, lit trois

séquences : les livres I et II, sur le malheur des élus ; les livres III à
V, crescendo des crimes jusqu'à ce « comble des péchés » qui
déclenche enfin l'Apocalypse : la Saint-Barthélemy – ces trois
livres constituant ainsi le nœud du poème ; les deux derniers sont le
châtiment. Henri Weber opte aussi pour trois séquences, en
regroupant les chants I à III, en détachant au centre les chants IV et
V, pour terminer par les deux derniers. Cet étagement, fidèle à
l'exposé de d'Aubigné, a le double mérite de délimiter le socle du
bâtiment (I-II-III), et d'isoler son centre de gravité (IV-V)[1]. C'est
aussi mon choix. Comme le fait Michel Jeanneret, qui adopte aussi
ce découpage, j'accentuerai plus particulièrement, dans le centre, le
chant V, en ce qu'il appelle nécessairement les deux derniers, et
qu'il a d'ailleurs, comme le souligne aussi André Tournon, un statut
original dans l'œuvre[2].

Quant au centre absolu du poème, Frank Lestringant le voit dans
la profession de foi de Montalcino, brûlé à Rome en 1553. Il
l'adresse « à ses frères en amour ». Elle est dans *Les Feux* (IV) et se
résume en trois mots : Jésus seul, la foi seule, et seulement la
doctrine de la Bible (v. 655 et suiv.). Marguerite Soulié avait aussi
mis en relief l'importance de ce passage. Marie-Madeleine
Fragonard en fait à son tour le centre et le pivot de l'œuvre[3].

Ces structures ne s'excluent pas entre elles. Elles se surajoutent
au contraire l'une à l'autre, tant est dense le réseau signifiant
recherché par le poète.

---

1   Respectivement : Marguerite Soulié, *L'Inspiration biblique dans la poésie religieuse
d'A. d'Aubigné*, Klincksieck, 1977, chap. 6. Eliott Forsyth, « D'Aubigné, Calvin et « le
comble des péchés », in *Mélanges offerts à V. L. Saulnier*, Droz, 1984, p. 263. Henri Weber,
La création poétique au XVIe siècle en France, de Maurice Scève à Agrippa d'Aubigné,
Nizet, 1955, 2e vol., p. 727.

2   Voir Frank Lestringant, *A d'Aubigné, Les Tragiques*, Etudes littéraires, P.U. F.,
1986, p. 54-55. Michel Jeanneret, « Les tableaux spirituels d'Agrippa d'Aubigné », *BHR*, 35,
1973, p. 233. André Tournon, « Le cinquième sceau. Les tableaux de *Fers* et la perspective
apocalyptique d'A. d'Aubigné », in *Mélanges Saulnier, cit. sup.*, p. 273.

3   Frank Lestringant, *A. d'Aubigné, Les Tragiques, cit. sup.*, p. 10. Marie-Madeleine
Fragonard, *La pensée religieuse d'A. d'A. et son expression*, Didier, 1986, p. 103.

Dans la pyramide des *Tragiques*, donc, le centre de gravité me paraît constitué par *Les Feux* et *Les Fers*, qui font un tout, quoiqu'à deux niveaux différents : « tragique moyen », « tragique élevé ». Dans cet ensemble, nodal, *Fers*, s'il n'a pas une centralité rigoureusement arithmétique, a celle de la signification. Il est d'une part, par ses « tableaux célestes », le panorama complet du martyre protestant, marqué par la Saint-Barthélemy, *transcendé* par le rire de Coligny, continué par l'abjuration du roi jusqu'à la fin des temps annoncée. Il porte en lui, d'autre part, – second facteur nécessaire à la création des *Tragiques*-, le rappel de la promesse et de la vocation du poète jusqu'à son actuel accomplissement. Ces deux éléments majeurs, leur lien étroitement noué dans le texte par leur disposition même, font bien de ce chant un aboutissement des chants précédents et un appel des deux derniers : un foyer de l'œuvre. Par lui, tout s'ordonne, tout s'explique, tout s'organise, dans l'attente du seul dénouement possible : le Jugement divin.

Le rire de Coligny structure le livre des *Fers* encore plus rigoureusement qu'il ne le faisait dans *Les Princes*. Le premier préfigurait le second. Sa reprise en écho est par elle-même, redisons-le, éloquente. Au centre du nœud dramatique des *Tragiques* que sont *Les Fers*, ce rire constitue vraiment un foyer d'où irradie une des plus grandes significations de l'œuvre, peut-être la plus grande.

Ce rire est unique dans l'œuvre par sa résonance. On rit pourtant dans *Misères*, on l'a vu, dans *Les Fers* même. Ce sont de mauvais rires, des ricanements. Ceux de *Misères* remplissent l'espace. Ils grincent sur quatre vers. Ce sont les rires des lâches et des méchants, des indifférents, et des sadiques. D'Aubigné les maudit :

> Que ceux qui ont fermé les yeux à nos misères,
> Que ceux qui n'ont point eu d'oreille à nos prières,
> (...)
> Trouvent tes yeux fermés à juger leurs misères ;
> Ton oreille soit sourde en oyant leurs prières. (*Misères*, v. 1357 et suiv.)

Car :

> Ils ont pour un spectacle et pour jeu le martyre ;
> Le méchant rit plus haut que le bon n'y soupire :
> Nos cris mortels n'y font qu'incommoder leurs ris,
> Les ris de qui l'éclat ôte l'air à nos cris... (*Ibid., v.* 1369-1372)

A ces rires des bourreaux dans *Misères*, va répondre le « ris sardonien » des cyniques dans *Les Fers*. Il y aura aussi dans la *Préface* en vers, le rire qui accueillera le spectacle de l'abjuration de Navarre, spectacle comique et lamentable, qui réjouira les vainqueurs :

> Je vois venir avec horreur
> Le jour qu'au grand temple d'erreur
> Tu feras rire l'assistance... (Préface, v. 319-321)

Ce sont là de misérables rires terrestres, Satan les inspire. Celui qui retentit au-delà de l'espace est tout autre. C'est un rire du Ciel.

Mais il est étrange, ce rire.

Certes, dans le judaïsme, la tristesse est repoussée, la joie est une vertu majeure ; pour la beauté du monde, pour l'adoration de son créateur, pour l'amour de la vie, les humains doivent éprouver et dire leur joie. Ce n'est pas le cas ici. Dans l'héritage chrétien du judaïsme, se retrouvent joie de vivre et joie de croire. Luther boit et rit. Il y a, dans une dimension différente, et en particulier chez Marguerite de Navarre, une exultation mystique, proche de la sainteté. Le rire de Coligny n'est ni ceci ni cela. La joie exposée par Calvin, le rire de la vie éternelle : c'est de cela que, dans sa stricte orthodoxie calviniste, d'Aubigné est le plus proche[1]. Mais le rire de Coligny est autre encore.

La pensée de d'Aubigné suit et combine, on l'a rappelé, deux types de courbes : l'une est circulaire et cyclique ; l'autre est droite, verticale, transversale.

---

1 Daniel Ménager, *Le rire à la Renaissance*, P. U. F., 1995, « Perspectives littéraires », chap. IV, « Dieu et le rire ». Sauf erreur, D. Ménager ne mentionne pas le rire de Coligny.

Cyclique est, entre autres retours, celui de la Saint-Barthélemy, depuis *Misères.* D'Aubigné y montrait, entre autres aspects, et à sa manière hallucinante, l'insoutenable réalité de la famine de Sancerre rapportée, avec une rigueur scientifique, par Jean de Léry[1]. Il soulignait :

> Car pour montrer comme en la destruction
> L'homme n'est plus un homme, il prend réfection
> Des herbes, des charognes et viandes non-prêtes. (*Misères,* v. 311-313*)*

Resurgit constamment l'horreur de ce jour, et, notamment dans *Princes* et dans *Les Fers.* Léry apporte chaque fois le support de son témoignage à la vision du poète, qui chaque fois, mais toujours avec plus d'effroi, souligne la contiguïté du malheur subi par les uns et de la fête célébrée par les autres : les assiégés de Sancerre meurent de faim, tandis que s'ouvrent à Paris les fêtes les plus brillantes[2]. Reparaît dans *Les Fers* l'horrible constat de *Misères* :

> L'homme ne fut plus homme. (*Les Fers,* v. 1031*)*

Le Ciel et la Terre sont en correspondance verticale, chez d'Aubigné, cet augustinien, ce platonicien, pour qui la terre est le monde des souffrances, mais surtout des erreurs, des vanités, des apparences, quand la Vérité des Idées, la Vérité de Dieu, se lit dans les cieux et les images vraies des « tableaux célestes ». Tout est image de tout, certes, mais surtout, toute chose prend sens dans cette dimension.

---

1   Voir G. Nakam, *Au lendemain de la Saint-Barthélémy, Jean de Léry, Le Siège de Sancerre en 1572,* Anthropos, 1975.

2   C'est le jour même de la capitulation de Sancerre après une famine de plusieurs mois, le 19 août 1573, que s'ouvrent à Paris les fêtes en l'honneur des ambassadeurs polonais venus saluer en Henri de Valois le roi qu'ils viennent d'élire pour la Pologne.

La contiguïté du malheur des uns et de l'amusement des autres a été soulignée par le peintre contemporain Jean-Michel Albérola, dans son exposition récente, en janvier-février 1997, au Musée d'Art Moderne de la Ville de Paris : les camps de la mort nazis, et une chanson de Claude François. (Mais le peintre aurait pu ou dû choisir une chanson contemporaine des camps).

·

Les transversales tracent, à l'intérieur de chaque chant et d'un chant à l'autre, de fortes correspondances. Parmi celles qui unissent *Princes* aux *Fers*, on se rappelle, ici et là, une Tentation (par Fortune ou par Satan) ; ici et là, le Jour de la Saint-Barthélemy et le Jour de Dieu, en réponse ; ici et là, le rire de Coligny. Ici et là, outre les structures circulaires et binaires qui se retrouvent dans toute l'œuvre, le poète a construit un emboîtement de fictions et de visions, lui-même pris dans l'élan d'une spirale accélérée. Observons aussi qu'au parallélisme entre les chants II et V s'ajoute une progression, à tous égards, du chant V par rapport au chant II.

Dans l'enchevêtrement serré des *structures porteuses,* des rappels, des emboîtements, le rire de Coligny prend son relief propre. Il est présent dans chaque figure, chaque dimension : il est dans la Saint-Barthélemy, au retour cyclique ; il trace la transversale qui unit entre eux les livres II et V ; il s'inscrit dans la verticalité de la vision du monde des Vérités dont ce monde n'est que le triste ou risible reflet. Il est intermédiaire entre le Jour du Mal absolu (le jour rouge des *Fers*), et le Jour de la Justice absolue. Ce triple contrepoint, ou ce trinôme (la Saint-Barthélemy, le rire, le Jugement), porte à son tour le sens et presque le poids de l'œuvre. Au cœur du *Dies Irae* appelé par le Jour sanglant, retentit sans fin l'éclat de rire de Coligny.

Ce rire est sans indulgence, ni bienveillance. Il refuse toute complaisance, toute compromission. Il est exigeant. C'est le rire de l'intelligence[1], d'abord. Non pas de cette intelligence satanique qui fait ricaner bourreaux, cyniques, lâches et indifférents. Il a ce sens de la relativité et de l'absolu qui s'attache à la rigoureuse compréhension du Tout, dans la joie de la conviction et de la foi.

---

1 « Celui qui ne sait pas rire ne doit pas être pris au sérieux », assure Thomas Bernhard, dans *Le Naufragé*, à propos du pianiste Glenn Gould, auquel s'adresse l'hommage de ce livre, et qui, affirme-t-il, savait rire.

Quelle petite chose que l'événement de la Saint-Barthélemy ! Quelle petite chose que la torture que se donne le poète en la rappelant sans cesse ! Quelle chose infime au regard de l'Éternité !

Mais en même temps, quelle horreur ce fut ! Et combien terriblement le crime sera châtié ! Et de quelle splendeur jouissent les Élus, de par leur martyre même !

Le livre de *Job*, interrogation aiguë, s'il en est, sur le problème du mal, et en même temps témoignage de foi totale, se garde d'aller aussi loin. Job s'incline devant l'incompréhensible loi de la divinité.

Au contraire, le rire de d'Aubigné, la joie éclatante du croyant, pénètrent ce mystère.

Le Mal ne s'en trouve-t-il pas justifié ?

Le Mal, châtiment des fautes, d'abord, en bonne justice distributive. D'Aubigné ne manque pas de le rappeler, par la bouche même de Coligny :

> Venez voir comme Dieu châtia son Église... (*Les Fers*, v. 705)

Le Mal, condition et source de l'élection, surtout.

Le Mal se justifie en amont et en aval de la souffrance. Nécessaire pour châtier le péché des fidèles. Nécessaire pour assurer le triomphe des Élus martyrisés. Quelle rigoureuse économie règle l'univers de d'Aubigné !

Le rire de Coligny éclate par deux fois et chaque fois retentit dans les *Tragiques* entre le Jour du crime et le Jour du châtiment, comme le *Fiat Lux* de la foi. Telle est la révélation de Pauline dans *Polyeucte* :

> Je vois, je sais, je crois. (Acte V, Scène 5)

Telle est l'illumination de Pascal : « Joie ! Joie ! »

Il est la certitude. A la fois « point de vue dominant »[1], et *vision traversante*, il est le centre excentré de l'œuvre dont il dessine la perspective. Il est la *grâce*[2].

Superposé à tant de détresse et d'angoisse, à tant d'infamies, résonnant si fort et si clair au-dessus des cris et du fracas, dans ce désespoir, ce rire est d'une terrible ambiguïté. Dans le *Dies Irae* imminent de son poème, il est l'invention peut-être la plus bouleversante de d'Aubigné, et, me semble-t-il, la pensée la plus tragique des *Tragiques*.

Par sa reprise en écho, il rend ce monument plus sonore. Il fait son interrogation plus puissante. Loin d'apaiser l'angoisse, il l'intensifie.

Et dans « L'homme n'est plus un homme », répété deux fois aussi dans la basse de ce rire éclatant, comment aujourd'hui, ne pas entendre le

« Si c'est un homme... »
de Primo Levi ?

Géralde NAKAM
Paris III-Sorbonne Nouvelle.

---

1   Expression de Michel Jeanneret, dans l'art. cit. *supra*, « Les tableaux spirituels... ». Sur le centre et la perspective, voir *La perspective comme forme symbolique* d'Ernst Gombrich, Éd. de Minuit, 1975.

2   Ci-joint trois schémas : le livre II, le livre V, la pyramide des *Tragiques*. Voir à la fin de l'article.

Schéma I : Structure du livre II des *Tragiques*, *Princes*.
Partie I
        Le « ris sardonien » de la cour
        La Saint-Barthélemy
Partie II
        (Vision du jeune homme) Fortune montre Coligny sur terre :
            le corps bafoué
        (Vision du jeune homme) Vertu montre Coligny au ciel :
            il rit
        Le Jugement dernier

Schéma II : Structure du livre V des *Tragiques*, Les *Fers*.
Peintures de Satan :
        La Saint-Barthélemy en enfer (le Vatican)
Peintures des Anges :
        Le serment d'Amboise
        Le Jour de deuil (la Saint-Barthélemy, peinte au ciel)
        Le rire de Coligny, vers 831
Vision de Talcy :
        Apocalypse en 1666, vers 1416
        Sacre de la vocation
Le Jugement dernier. Le *Dies Irae*

Schéma III : La pyramide des *Tragiques*.

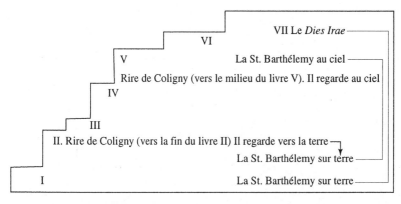

– Socle : les livres I-II-III. Central : le rire de Coligny.

– Cœur et nœud du poème : les livres IV-V. Niveau intermédiaire, le livre V, focal, se détache toutefois avec, presque au milieu, le rire de Coligny.

– Sommet : les livres VI-VII, où le livre VII se détache.

– Correspondances :

. La St. Barthélemy vue sur terre (II) et vue au ciel (V).

. Le *Dies Irae*, répondant à la Saint-Barthélemy.

. Foyer signifiant, en 3ᵉ contrepoint par rapport aux deux Jours terribles de la St. Barthélemy et du Jour du Jugement : le rire de Coligny.

MARIE DE GOURNAY DANS L'OMBRE DE MONTAIGNE :
DU BON USAGE DE LA VENGEANCE

Les œuvres de Marie de Gournay[1] s'organisent en deux livres successifs : le premier regroupe ses « traités »[2], le « Proumenoir de Monsieur de Montaigne » et l' « Apologie » de l'auteur par lui-même, le second ses traductions et son recueil poétique, suivis d'une brève autobiographie. Contrairement à celle du second, la composition du premier livre est extrêmement complexe[3], combinant classement chronologique et alternance – individuelle ou par groupes – des traités moraux ou linguistiques[4]. Les six écrits initiaux consacrés aux événements dynastiques des années 1600-1610 sont suivis des quelques pages « Du langage françois » ébauchant les thèmes plus longuement développés dans des traités ultérieurs. Vient alors, avant « L'institution du Prince », une nouvelle volée de six pièces morales, au sein de laquelle nous trouvons « Si la vengeance est licite »[5].

---

1 Intitulées *L'Ombre* en 1626, 1627, puis *Les Advis* en 1634 et 1641. Il ne s'agit toutefois pas des œuvres complètes.

2 Cette appellation est de Marie de Gournay, mais le terme « Chapitre » apparaît parfois dans une version primitive, trahissant peut-être une conception d'ensemble proche de celle des *Essais*...

3 L'œuvre de M. de Gournay, composée sous le signe de la réécriture, est également marquée par le phénomène du déplacement, tel que l'a notamment mis en lumière Anna Lia Franchetti dans « L'Ombre et le monument : Marie de Gournay éditrice de ses propres œuvres », *Marie de Gournay et l'édition de 1595 des* Essais *de Montaigne*, Paris, Champion, 1996, p. 219-32.

4 Voici, à titre d'échantillon, les titres des premiers traités et leur longueur approximative dans l'édition de 1641 : De l'Education de Messeigneurs les Enfans de France (8 p.) – Naissance des mesmes Enfans de France (11) – Exclamation sur le parricide deplorable de l'année mil six cens dix (8) – Adieu de l'ame du Roy à la Reyne Regente son Espouse (22) – Priere pour l'Ame du mesme Roy, escrite à son trespas (3) – Gratification à Venise sur une victoire (5) – Du Langage François (6) – De la Medisance (26) – Des fausses Devotions (9) – Si la vengeance est licite (22) – Antipathie des ames basses et hautes (7) – Consideration sur quelques contes de Cour (9).

5 P. 120-143 dans l'édition de 1641. C'est le texte que nous citerons, établi par nos soins. Les italiques éventuelles sont nôtres.

Le thème est d'une actualité certaine aussi bien du point de vue politique et social que sous l'angle littéraire[1], mais il se signale par son intention apologétique, visible mais inavouée, et l'écho qu'il fait ainsi avec des textes autobiographiques tels que l' « Apologie pour la Demoiselle de Gournay » et la « Copie de la Vie de la Damoiselle de Gournay » qui clôturent chacun des deux livres. Le moindre écrit de Marie de Gournay est ainsi tendu entre des préoccupations personnelles et une visée toujours plus haute[2], mais ce traité sur la vengeance a une particularité supplémentaire : il entreprend de soutenir une opinion paradoxale – l'utilité et honnêteté de la vengeance – en se présentant lui-même pour l'inverse de ce qu'il tend à être : le traité recouvre un pamphlet.

La composition du traité répond exactement à son titre ; l'interrogation qu'il pose[3] va en effet trouver une réponse non douteuse et univoque. Un bref exorde présente la vengeance comme l'un des multiples points d'application d'une vérité générale :

> Une des grandes et plus importunes erreurs du monde, c'est de deffendre l'usage de plusieurs choses pour la crainte de l'abus : et une autre encore plus énorme, c'est que soudain que telles deffences sont passées en practique chez le Vulgaire, elles prennent visage de raison et d'expresse équité, par son aveugle bestise. L'interdiction absolue de la Vengeance est à mon advis de ce rang.

Les vingt-deux pages suivantes s'attacheront donc à démontrer que la vengeance est licite, en trois étapes successives :

---

1 Particulièrement dans les années 1624-1626, période de rédaction du traité. V. le panorama dressé par Elliott Forsyth dans *La Tragédie française de Jodelle à Corneille (1553-1640) Le thème de la vengeance*, Champion, nlle éd. 1994, notamment p. 50, mais l'on pense aussi au développement dans la tragédie du thème opposé, étudié dans un de ses tout premiers travaux par Françoise Charpentier : « La tragédie précornélienne à Rouen : Montchrestien et la notion de clémence », *BHR*, t. XXIX, 1967, p. 305-38.

2 C'est une certaine manière d'imiter ce que Montaigne dit de l'archer qui ajuste son titre (*Essais*, éd. Villey-Saulnier, III, 10, 1006 B), modèle justement invoqué dans ce traité (p. 127 et 130).

3 A partir de 1634, le titre s'achève même par un point d'interrogation.

– réfutation de la thèse opposée, fondée sur trois passages des Saintes Ecritures[1] [p. 121-7],

– justification de la vengeance comme « passion naturelle éclairée et regie de la raison » [p. 128-138],

– production de « quelques authoritez et quelques exemples, pour arc-boutant de [l]a these » [p. 139-42].

Le premier but du traité est le passage au crible des arguments justifiant cette prohibition de la vengeance, et celui-ci revêt l'apparence d'une discussion exégétique hardie[2], fondée sur la formulation et la réfutation d'hypothèses au conditionnel présentées dans le cadre d'une controverse fictive, très visiblement dialogique. L'exposé progresse suivant des étapes clairement énoncées, jalonnées de rappels ou d'annonces[3]. Le mobile de cette organisation du discours se trouve dans le dessein de rationaliser la vengeance, ou plus exactement de mettre à profit le caractère rationnel ou codifié qui la caractérise alors pour en maintenir la légitimité[4] :

---

1 « l'un du Deuteronome 32 : l'autre de l'Oraison Dominicale : le troisiesme est celuy de l'Espitre Sainct Paul aux Romains »

2 Non sans une précaution dictée par une addition des *Essais* (I, 56, 318 C) : « il n'est point loisible de debattre les maximes que l'Escriture auroit establies : et qu'on ne se doit roidir contre ce qu'elle dit, ou semble dire, que par une legitime interpretation. Si neantmoins je bronche en l'interpretant, bien que cét article ne soit pas entre ceux de la Foy, je me sousmets à la correction de l'Eglise, de qui je suis tres-respectueuse fille » (p. 120-21).

3 P. 120 : « voyons avant que passer outre, si ... » ; p. 123 : « ainsi que j'ay representé », « le temperament que je proposeray tantost. si mon discours precedent, n'insinue assez, cette Chrestienne et Philosophique distinction. » ; p. 124 : « Cét axiome estably, consultons si... », etc.

4 Pour reprendre la référence absolue que constituent les *Essais*, les occurrences du mot, connoté positivement dans la moitié des cas, soulignent ce caractère volontaire, conscient, voire instrumenté, en accord avec les mœurs contemporaines : I, 1, 7 A ; I, 4, 24 C ; I, 24, 128 A ; I, 31, 209 A ; I, 38, 235 A ; II, 3, 359 C ; II, 12, 476 A etc. (*cf* en revanche II, 11, 422 A : « ce furieux appetit de vengeance », ou le plus fameux passage : « C'est une douce passion que la vengeance, de grande impression et naturelle... » III, 4, 835 B). Le besoin qu'éprouve M. de Gournay de traiter la question s'explique essentiellement par le fait qu'elle vit une révolution dans l'histoire de la vengeance : née en 1565, elle en connaît les formes consacrées par la coutume, mais le temps où elle écrit est aussi celui des guerres

> Est-il rien, au partir de là, plus équitable que les passions naturelles, éclairées et regies de la raison, puisque ce grand Architecte determinant la forme et la constitution de nostre Estre dans le Conclave de sa divine Sapience, nous a composez de ces deux choses, et composez aussi necessairement des passions que de la raison ? (p. 128)

Il s'agit en quelque sorte de légiférer :

> La reigle que j'approuve donc, pour ce poinct, et qui revient à mon comte, emporte la vangeance du tort, dispensée sur les occasions et les circonstances : avec les considerations et le temperament que je proposeray tantost, pour en user en homme, non en beste. Bien entendu pourtant, que ce n'est que pour les Offences atroces ou pesantes, que je voudrois authoriser cette permission de vangeance : quoy que je la restreigne encore soubs des loix fort severes. (p. 123)

L'intention démonstrative du traité est voyante : « Voilà deux argumens invincibles, et qui quadrent à nostre sujet par une juste analogie... » (p. 134). D'autant plus, sans doute, qu'elle dissimule une grande incertitude logique... En effet, en dépit du plan proposé, la progression de l'argumentation est en réalité presque insaisissable. L'enchaînement des idées est très complexe, proche du glissement, le discours connaît des digressions qui ne sont perçues comme telles qu'avec retard et finissent par rejoindre l'argument alors qu'on ne s'y attendait plus. Avec l'apologie des protestants (p. 132), les pages 135 à 138 sont le passage le plus spectaculaire à cet égard : la « démonstration » dérive soudain sur la question – qui a toujours passionné M. de Gournay – de l'éducation des enfants, ce qui déclenche, trois pages durant, une accumulation de préceptes éducatifs au subjonctif impératif, soulignée par l'anaphore du « Que ». Ces variations digressives se résolvent par un retour final au sujet : « Quiconque observera religieusement toutes ces advertances, circonspections et reserves, je suis trompée s'il ne se peut vanger, par une exception juste et

---

civiles, puis de la répression des duels... Ceux-ci fournissent d'ailleurs la matière des traités sur la « Médisance ».

legitime de toutes les Loix, qui portent interdiction de vangeance. »
(p. 138-9), car l'éducation vise au tempérament des passions et à
l'apprentissage du bon usage de la vengeance. Cette composition
par « plaques » est typique des traités mais prend une valeur
particulière dans un discours ostensiblement « construit ». Sous ce
rapport, comme dans la dialectique permanente entre le général et
le particulier dont l'attaque même du traité donnait le signal, on
peut dire que l'héritage du Père d'alliance n'a pas été dilapidé.

D'autres signes évoqueront le modèle montaignien ; le goût,
inopinément avoué[1], pour les exemples puisés à bonne source ou la
référence à quelques grandes notions[2]. Le questionnement des
Essais est toutefois dévoyé vers la controverse, dans sa version
agressive parfois, et la confrontation avec le seul chapitre
qu'évoque instantanément la forme du titre – unique en son genre
dans les *Advis* comme dans les *Essais* – « Si le chef d'une place
assiegée doit sortir pour parlementer » (I, 5) fait apparaître ce
phénomène de manière éclatante : chez Montaigne, l'ouverture de
la question n'appelle pas sa résolution méthodique en un « traité »
qui trouve d'emblée sa forme définitive, mais sa mise au banc
d'essai en un chapitre. La valeur de l'interrogation a changé : elle
vaut chez lui par sa variation – le titre du chapitre étant évidemment
« décalé » – chez M. de Gournay par la constance dans la
démonstration, malgré les digressions ; la portée des exemples
change également : épreuve chez le premier, ils sont chez son
émule univoquément orientés vers l'approbation de sa thèse.

---

1 M. de Gournay n'omet jamais de laisser parler « la bouche de [s]on second Pere »
(p. 139) : « ... (usons de la comparaison des Essais)... » (p. 127) ; « Je sens bien que
l'excellence des exemples et des remarques des *Essais*, m'emporte à les usurper souvent... »
(p. 130)

2 « ...consultons si la Raison pourra souffrir l'entier bannissement de la vangeance,
j'entends, si l'Honneste et l'Utile se peuvent passer d'elle » (p. 124) ; elles sont universelles,
mais la proximité de l'astre montaignien exerce inévitablement son attraction, leur conférant
une valeur allusive.

Ainsi, les *Essais* servent d'un réservoir d'exemples et de mots[1] pour produire une forme que l'on voudrait situer à la fois en amont et en aval du modèle, car le « traité » tient d'un côté de la compilation d'exemples à laquelle il se voue de manière presque exclusive dans ses dernières pages et, de l'autre, préfigure l'essai, mais au sens moderne du terme. Lectrice et éditrice de leur version finale, M. de Gournay aurait donc opéré dans ce « traité » comme un retour aux sources des *Essais* et simultanément une dérive charronienne du modèle[2], désormais voué à l'établissement méthodique d'un certain nombre de vérités. Cette contradiction formelle ne fait que répondre à l'artifice absolu de cette écriture, marquée par la divergence entre son intention et son motif : rationaliser la passion n'est qu'un biais pour la canaliser, pour traiter avec elle, et c'est sous la couleur de la transaction avec cette force irrépressible qu'il faut envisager l'entreprise de M. de Gournay.

Le cœur de la démonstration est la conformation des passions sur la raison naturelle – il semble que M. de Gournay entende ainsi l'attitude montaignienne d'acceptation de la nature. Cette inflexion fait se plier le discours à l'apparence d'ordre que nous venons de dire, et implique l'illusion du désintéressement de l'auteur, dont la réflexion se porte à un niveau de généralité d'une élévation philosophique :

> La conclusion necessaire de tous les principes de la Raison, tombe là, que les Loix Politiques sont faites pour la prosperité et commodité generale des Estats, c'est à dire, pour la tutelle et conservation des gens de bien et pour la peine et punition des meschans : deux choses

---

1 L'exemple de Rasias (II, 3, 356 A) n'est plus exposé, mais commenté ou allégué, comme chose entendue : le lecteur des « traités » est censé disposer des *Essais,* en mains ou en mémoire.

2 Bien qu'on trouve dans le « Grief des dames » (p. 387) des propos très durs pour un écrivain qui est sans doute Charron ; mais on peut penser que l'antipathie de M. de Gournay vise plus le personnage ou le fait qu'il ait touché aux *Essais* que la manière dont il les a traités.

ausquelles les Loix Divines et le Regne de Dieu s'accomplissent aussi, comme prototypes justes et naturels qu'ils sont des mesmes Loix civiles. Si donc ces deux effects, de protection des bons et punition des meschans, succedent en l'interdiction de la vangeance, il la faut interdire, et sacrifier de plus par honneur à son interdiction... (p. 124)

M. de Gournay prendra place dans un triumvirat[1] imaginaire avec ses correspondants et interlocuteurs implicites : Juste Lipse (pour la *Constance* et la *Politique*) et François de Sales (pour les chapitres « De la patience » ou « De la douceur envers le prochain et remède contre l'ire » dans l'*Introduction à la vie dévote*). Mais l'envolée tourne court quand un brusque écart vient dévoiler l'implication effective de l'auteur et sans doute le véritable enjeu du « traité » ; la phrase se poursuit ainsi :

sinon, quelle teste bien faite ne *detestera* cette interdiction chatemite ; qui sous ombre d'establir une saincteté de mœurs *egorge* les bons, sur tout s'ils sont feibles, c'est à dire double object de la protection du Ciel ; et cela pour *édifier un triomphe aux méchans ? Pernicieuse plus que l'Até d'Homere* : qui bien qu'elle marchast sur les testes des hommes, marchoit au moins indifferamment sur les meilleures et sur les pires. Or qu'il ne soit vray, que le bannissement et la rejection de la vangeance, *esgorge sur tout les bons et les foibles...*

Le dénivelé saute aux yeux – et aux oreilles... – et le discours théorique initial, dans son ironie[2], est appelé à être réinterprété *a posteriori* avec un autre affect ; il ne pouvait en tout cas être soutenu que tant que n'éclatait pas le tempérament de l'écrivain.

Et cette flamme embrasera par intermittence le pur débat intellectuel que se propose le « traité ». La question morale de l'interdiction de la vengeance – malgré son exaltation aux plans

---

1 C'est ainsi qu'elle aime à désigner Montaigne dès le *Proumenoir* de 1594. Par exemple dans l' « Egalité des hommes et des femmes » : « Le tiers Chef du Triomvirat de la Sagesse humaine et Morale » (p. 300). Les deux autres membres en sont évidemment Plutarque et Sénèque.

2 Ce sont deux aspects de l'écriture de M. de Gournay généralement oubliés ou sous-estimés : l'ironie et la verve comique ; d'où les malentendus et les contresens foisonnants si on ne la lit que d'un œil : la figure revêche imposée par la tradition paraît s'être interposée, elle occulte beaucoup de ce que cet auteur partage, en esprit, avec son modèle.

politique ou métaphysique – est « débordée » par sa représentation, où la violence connaît à certains moments une véritable escalade : coups « de la main », « soufflets », « armes », « revanche de main mise et de glaive mesme », « glaive qui vous mire le sein precipitamment », « coup precipiteux qui nous regarde », « double meurtre [du] mary, pour vanger la honte de sa couche », « larrons [qu'on tue] de nuict » (p. 125-7), autant d'éclats imaginaires qui nous entraînent du côté des ténèbres tragiques du *Proumenoir de Monsieur de Montaigne*. Confrontées aux cas de vengeance produits par les *Essais*, comme celui de « Dionysius le vieil »[1], ces visions prennent toute leur valeur : scènes de violence furtives, elles impliquent l'énonciateur tant par l'usage du pronom complément que par leur réalisme, dont la lecture de L'Estoile ou des occasionnels peut donner une idée : loin de l'*exemple*, ces évocations sont bien d'ordre fantasmatique.

Le projet de réduction rationnelle de la passion ne pouvait évidemment qu'échouer, comme le montre cette inévitable résurgence. Elle conduit la démonstration même jusqu'à l'égarement du côté du sophisme[2] et la controverse se dégrade :

> J'entends crier à pleine gorge contre moy : les moins impertinents par crainte, non de cét usage, mais bien de cét abus de la vangeance : les autres pour l'usage mesme, qu'ils ne peuvent, quoy qu'on leur presche, imaginer sans horreur, par prevention. Jusques-là, que je les ay veu declamer quelquefois plus asprement contre le vangeur, pour moderé qu'ils fust, que contre l'offenseur. Renvoyons ces derniers crieurs au discours precedent, ou bien aux Isles Anticyres, et payons les premiers si nous pouvons : ou pour mieux dire, achevons de les payer, ayant desjà solu plus de la moitié de leur payement, en prouvant l'equité et la necessité de la vengeance... (p. 131)

---

1 *Essais*, I, 1, 8 C.

2 Dans le commentaire du « Remets nos offences » du Pater Noster (p. 121-3), dans la démonstration qui établit l'abstention de vengeance comme complicité avec le méchant (p. 130-1), ou dans la comparaison entre ce qu'autorise la « Loy de Rigueur » et la « Loy de Grace » (p. 141).

La violence surgit, derrière ce discours, sous sa forme la plus cruelle : les lois qui devraient protéger l'homme de bien mais interdisent la vengeance se retournent contre lui, « servans de garands et d'iniques allumettes à l'agression des meschans contre luy-mesme », les méchants « esgorge[nt] les bons et les foibles » (p. 124 et 125), leurs outrages sont « sanglants » (p. 125), la « vilenie » est « bestiale et lasche », appelle à se venger « sanglantement », l'affronteur a « le courage... turbulent et l'esprit... yvre... » (p. 136), l'Ecriture montre David travaillé par un « viel ulcere de courroux et d'animosité » (p. 140), « colere ou appetit de revanche... fument en l'âme » (p. 126) mais la vertu de la vengeance sera « qu'elle évapore, qu'elle évente, une partie de son creve-cœur, le plus cruel et le plus ordinaire bourreau de nos vies... » (p. 128-9) Sur ce point encore l'écrivain s'écarte de son modèle, qui s'interroge sur la chaîne offense / vengeance / repentir[1], donc sur l'interaction entre les deux parties ; le point de vue de M. de Gournay est en revanche unilatéral et si l'on peut dire autarcique : elle ne s'intéresse qu'aux brûlures de l'âme, de son âme comme nous l'allons voir.

Si tant de douleur se manifeste au cœur du « traité » censé établir le bon usage de la vengeance, c'est que son écriture obéit à un mobile intime. L'allusion n'est pas signifiante en soi, mais sa récurrence révèle l'arrière-plan personnel de la rédaction :

> ... les plus offencez et les plus honnestes gens, sont communément moins capables de suporter les despenses requises aux poursuittes juridiques, et... pour comble, la Justice, particulierement en France, se moque des plus sensibles outrages... (p. 128)

Au premier rang des victimes – c'est d'elle seule qu'il s'agit en fait... – siège M. de Gournay, le « traité » étant d'ailleurs entièrement conçu du point de vue de l'offensé[2]. Le recoupement

---

1 Voir le chapitre « Couardise mere de la cruauté », *Essais*, II, 27, 694-695.

2 Il est curieux de constater que se trouve ainsi inversé le point de vue initial des *Essais* : « La plus commune façon d'amollir les cœurs de ceux qu'on a offensez, lors

avec d'autres traités ou les parties autobiographiques de l'œuvre la confirme dans ce rôle de victime de complots universels. Vision catastrophiste du monde (la « vilenie que je vois regner tous les jours », p. 136), contestation des juridictions impuissantes à punir les méchants et des magistrats qui interdisent à autrui la vengeance alors que toute leur conduite l'approuve (p. 126) viennent compléter ce tableau clinique trop connu : ses détracteurs auront beau jeu de voir dans ces écrits des ruminations de frustrée, bien reconnaissables en effet quoique couvertes du voile de la généralité :

> Si l'homme ne se peut defendre ou proteger soy-mesme justement, si les Loix le defendent ou protegent avec grands frais, et tres-peniblement pour luy, s'il est impossible à elles de le conserver, ou de punir ce qui l'offence, sans des preuves qui la pluspart du temps se trouvent le moins aux plus énormes faicts et plus cuisans, si les plus offencez et les plus honnestes gens, sont communément moins capables de suporter les despenses requises aux poursuittes juridiques, et si, pour comble, la Justice, particulierement en France, se moque des plus sensibles outrages ; l'homme de bien n'a plus d'Asyle, sur tout s'il est foible : il est deffaict et demoly par l'observation des reigles d'équité qu'on luy propose en ceste interdiction de vangeance : encores que toutes les Loix et tous les Legislateurs doivent specialement viser à sa protection. (p. 128)

A la rédaction du « traité » présidait donc une arrière pensée qu'il n'est guère utile de préciser, puisque la cible de M. de Gournay est sûrement globale ; les pages 132-3 révèlent son identité collective : les « affronteurs », les médisants[1], les courtisans, bref tous ceux que visent les autres traités moraux situés dans cette région de l'œuvre, complétés par leurs échos dans les

---

qu'ayant la vengeance en main, ils nous tiennent à leur mercy... », I, 1, 7 A. Que cette question forme l'incipit du modèle peut d'ailleurs être une des motivations de l'écriture du « traité ». Quoi qu'il en soit, cette attitude est constante chez M. de Gournay : elle adopte le même point de vue dans le traité « Advis à quelques gens d'Eglise », qui porte sutr la confession et la pénitence (p. 171).

1   Qui donnent prétexte dans tous ses écrits au développement d'un lexique abondant quoique peu varié autour de « brocard » et « draperie ».

parties autobiographiques et les poèmes[1]. Il suffit de décliner
quelques titres pour voir qu'ils tentent de réduire méthodiquement
l'ennemi : « De la Medisance » et « Consideration sur quelques
contes de Cour » pour répondre aux médisants ; « Antipathie des
ames basses et hautes », « Que les grands esprits et les gens de bien
se cherchent », « De la neantise de la commune vaillance de ce
temps, et du peu de prix de la qualité de Noblesse » et « Que
l'integrité suit la vraye suffisance » pour opposer, à la noblesse de
cour et à la brigade des « malherbiens »[2] qui se consacrent
mutuellement, la véritable aristocratie, celle de l'esprit ; « Des
fausses Devotions » et « Advis à quelques gens d'Eglise » comme
répliques aux doutes soulevés sur son orthodoxie[3]. Le traité sur la
vengeance s'inscrit donc dans la complexe et permanente apologie
que M. de Gournay doit instruire pour elle-même, sans aucun doute
à partir de 1610 et de son engagement dans la querelle sur le rôle
des jésuites dans l'assassinat d'Henri IV. Une bonne part de cette
polémique échappe, mais ses membres visibles attestent d'une
virulence qui va jusqu'aux accusations et aux insultes.
L'« Apologie » qui ferme le livre premier de ses œuvres et le
poème intitulé « Pincture de mœurs » dressent un état exhaustif de
ces accusations.

---

1 Dans le « Bouquet de Pinde » : « A Lentin » (p. 926), « Pincture de mœurs »
(p. 929), « Le couard attaque le foible » (p. 944), « Aux médisans » (p. 954).

2 Qu'elle appelle ailleurs : « l'essorée et si turbulente verve Poëtique et Grammaticale,
née un peu devant l'entrée du Regne triumphant de nostre bon Roy : laquelle a du tout enyvré
le cerveau d'une partie de nostre monde, au moins des Cours plus faciles à mener par le nez
en matiere de Lettres et d'Escrits. » (p. 734-5) Elle fustige « ce croassement d'autres
grenouilles qui nous enteste, et desrobe tant qu'il peut la faveur des Grands à nos esprits, bien
qu'elle soit si necessaire à nostre besoin, sur tout au mien. » (p. 735) Peut-on être plus clair ?

3 L'impécuniosité de M. de Gournay et sa pratique de l'alchimie – l'une s'expliquant
par l'autre selon ses détracteurs – sont les sujets principaux de son « Apologie ». Elle doit à
plusieurs reprises, dans des notes ou des manchettes, désavouer cette pratique, comme une
erreur de jeunesse. Sur le plan de la piété, elle est contrainte à quelque concession tactique
dans sa « Pincture de mœurs » (dans le « Bouquet de Pinde », p. 930) :

J'advoue encor après reprochable à bon droict,
Qu'à servir le grand Dieu mon esprit est trop froid :
Encores que mon cœur d'un zele franc l'honore.

Comment expliquer alors cette divergence entre la violence des motifs qui ont fait écrire ce traité et la modération forcée de ses apparences ? Peut-être par une estime de soi mais aussi une considération tactique qui incitent la victime à ne pas répondre d'aussi bas ou de plus bas que ses adversaires ; retrouvant les archers de Montaigne, elle opte donc pour le discours mesuré de la raison contre la passion, même si celle-ci resurgit inévitablement sous la chape de convenance. Mais, plus profondément, elle accomplit ainsi à la lettre ce qu'elle préconise dans son « Apologie » face aux riches arrogants qui refusent leur assistance aux « suffisants » infortunés :

> Pourquoy n'auroient les gens d'esprit et de merite, privilege de charger de honte ceux qui les mesprisent ou qui les negligent, s'ils tiennent eux seuls la juste reigle, par où toutes choses se doivent priser ? (p. 629)

La recherche de la « juste reigle » qui mesurera la vengeance permet dans ce « traité » une double revanche : le déchargement de l'humeur aigre lorsque filtre la passion, l'illusion ou la démonstration du triomphe sur soi-même par l'énoncé des lois de régulation. Il offre donc une double échappée à la passion : exercice modéré et sublimation, réalisant ainsi pratiquement la forme de vengeance que M. de Gournay y prescrit : une vengeance effective mais tempérée par la raison, pour le rétablissement de la justice – qui pare à la défaillance institutionnelle – et la purgation du sujet. Dicter les règles du bon usage de la vengeance permettait donc de bien se venger, en usant de la seule arme disponible : « La philosophie veut qu'au chastiement des offenses receuës, nous en distrayons la cholere : non afin que la vengeance en soit moindre, ains au rebours afin qu'elle en soit d'autant mieux assenée et plus poisante ; à quoy il luy semble que cette impetuosité porte empeschement. »[1]

Jean-Claude ARNOULD
Université de Rouen

---

1   *Essais*, III, 10, 1008 B ; allusion au De *ira*.

QUATRIÈME PARTIE

FUREUR, DÉLIRE, MÉLANCOLIE

MÉDÉE ET LA PASSION MORTIFÈRE.

Nec pueros coram populo Medea trucidet

Le double infanticide commis par Médée est le premier exemple que, dans son *Art Poétique* (v. 185), Horace donne de ces actions qui, indésirables sur une scène de théâtre, doivent trouver refuge dans le récit. Sénèque est, on le sait, le premier – à en juger du moins par les textes conservés – à transgresser de front cet interdit en mettant effectivement cette double mort en scène[1]. Il ne se contente pas, du reste, de passer outre, il fait de cet épisode un moment particulièrement spectaculaire, illustrant ainsi cette supériorité qu'Horace accorde au visible pour la manipulation des affects : chez lui le double meurtre se déroule dans des conditions qu'aucun dramaturge postérieur et presque aucun traducteur n'osera reprendre.

Mon propos ici ne sera pas de reconstruire les effets que Sénèque voulait produire – la chose est délicate et je laisse ce soin à des spécialistes du théâtre latin – mais de m'interroger sur l'étrange cécité dont font preuve les dramaturges des seizième, dix-septième et dix-huitième siècles quand ils traduisent, adaptent ou imitent la pièce. A scruter ces versions, en effet, on constate qu'elles prennent soin de désamorcer une scène dont la violence, manifestement, ne tient pas seulement à l'infanticide[2], contrairement à ce que suggère

---

1 De tous les commentateurs de l'*Art Poétique* d'Horace, à la Renaissance, seul F. Luisino évoque la transgression sénéquienne, que relèvent au contraire tous les commentateurs de Sénèque (*In Q. Horat. Poeticen Commentarii*, Bâle, H. Petri, 1555, p. 1085). Sur les nombreuses versions antiques de la pièce, dont A. Moreau dresse la liste (*Le mythe de Jason et Médée*, P., Belles Lettres, 1994, p. 174), voir A. Arcellaschi, *Médée dans le théâtre latin, d'Ennius à Sénèque*, Ecole Française de Rome, 1990.

2 L'infanticide apparaît avec Euripide et les mythographes et doxographes commencent très tôt à le censurer : ils n'en disent mot, comme Symphorien Champier, à la suite d'Isidore de Séville (v. *La nef des dames vertueuses*, Lyon, J. Arnollet, s. d. (ca 1503), f. e2v°). Au dix-huitième siècle, cela aboutira à des plaidoyers en règle pour laver l'honneur de Médée. Le plus éloquent est celui de l'abbé Banier (voir *La Mythologie et les fables expliquées par l'histoire*, P. Briasson, 1738, tome 3, I, iii, chap. 5, p. 253-264).

l'interdit horatien, mais à la singulière mécanique des affects que le texte de Sénèque met en œuvre. C'est elle, plus encore que le crime, que les modernes cherchent à réduire[1].

Déroulons rapidement le scénario de ce double meurtre. Tout commence lorsque, ayant appris la mort de Créon et de Créuse, Médée passe tour à tour de la fureur meurtrière à l'attendrissement maternel. Brutalement, surgit, sous forme hallucinatoire, une troupe de Furies accompagnée du fantôme déchiqueté d'Absyrtos[2]. C'est sur l'injonction de ces visions infernales que Médée frappe son premier fils, en offrant, en une parodie de sacrifice humain, une victime aux manes de son frère : « *victima manes tuos/ placamus ista* » (v. 970-971). Aussitôt, Médée entend les soldats et monte sur le toit du palais, tandis que Jason paraît, lançant ses hommes à l'assaut. C'est alors que, retrouvant son sceptre, son frère, son père, la Toison d'or et jusqu'à sa virginité, Médée se dit gagnée par une volupté qui est liée à la présence de Jason :

> voluptas magna me invitam subit
> et ecce crescit. Derat hoc unum mihi
> spectator iste. (v. 991-993)

A ce spectateur indispensable, Médée montre le cadavre du premier fils et annonce la mise à mort de l'autre. Jason supplie, se propose comme victime de substitution et finit par demander que le supplice ne soit pas différé. A cette prière Médée répond par le deuxième crime :

> MED. Perfruere lento scelere, ne propera, dolor :
>   meus dies est ; tempore accepto utimur.

---

1 Mon propos s'inscrit par là dans la foulée de l'article où F. Charpentier montre comment, d'Euripide à Longepierre, les dramaturges font de Médée une figure emblématique de la passion (voir « Médée figure de la passion. D'Euripide à l'âge classique », in *Prémices et Floraison de l'âge classique*, Saint-Étienne, 1995, p. 387-405).

2 On pourrait douter qu'il s'agisse d'une vision imaginaire, puisque aucun témoin n'est présent pour dénoncer le trouble, mais Sénèque brode sur un dispositif qui est en place depuis le théâtre grec, depuis la fin des *Choéphores* d'Eschyle où Oreste est en proie à des Erinyes qui, selon le coryphée, ne sont qu'un trouble (*taragmos*) de son esprit. Un épisode analogue se produit au début de l'*Electre* d'Euripide.

JAS.   Infesta memet perime.
MED.   Misereri jubes.
        Bene est ; peractum est. (v. 1016-1019)

Les éditeurs modernes, qui introduisent des didascalies, situent le meurtre avant la formule qui marque son accomplissement : *peractum est*. Mais il serait tout aussi logique que le meurtre prenne pour s'accomplir le temps de cet échange puisque, selon Médée, il doit être « lent ».

Il est difficile d'apprécier exactement quels effets auraient été imaginables sur une scène romaine, au cas où la pièce aurait été représentée[1]. Mais tel qu'il nous a été transmis, le texte permet un effet très fort : une sorte « d'arrêt sur image », avec ce geste ralenti, d'une meurtrière buvant avec délectation la souffrance et l'horreur qui se marquent dans les yeux du témoin. Ce « moment d'intensité » tient à la conjugaison de trois caractéristiques : l'échange des regards, le ralentissement du geste et l'exacerbation des passions.

Le regard en suspens : les conditions de l'intensité spectaculaire

La mise en scène de l'infanticide est le produit d'une triple logique. Tout d'abord la logique de la vengeance, sous la double forme d'une loi du talion (qui demande la vie des deux fils en réparation des crimes commis envers le frère et le père) et d'un châtiment exemplaire (la mort des fils punit le père de sa trahison) : l'infanticide – crime familial entre tous – répare des atteintes portées à l'ordre familial. Ensuite la logique des passions, Médée suivant le trajet habituel au héros sénéquien, passant du *dolor* à l'*ira,* au *furor* pour culminer, comme Hercule, dans le *nefas*[2]. Mais cette logique des passions est compliquée par une logique du

---

1   Sur le statut de la *recitatio*, voir F. Dupont, *les monstres de Sénèque*, P., Belin, 1995, p. 13-14.

2   Voir F. Dupont, *op. cit.,* chap. 4.

spectacle, car la succession des morts, dans la pièce, relève d'une véritable « programmation » qui ménage une progression dans le spectaculaire. En effet, la première mort – celle, double, de Créuse et de Créon – survient en coulisse et elle est simplement annoncée par un messager (v. 879-80). La deuxième mort, celle du premier fils, se produit sur scène, en temps réel et devant les spectateurs[1]. La dernière marque encore une gradation : la mort du second enfant n'est pas seulement scandaleusement visible[2], elle inclut la présence nécessaire et cruciale d'un spectateur impliqué, Jason.

Il y a programmation parce que ces morts font système : elles vont vers toujours plus de spectacle et de violence. La force de transgression du dernier meurtre tient à une logique des passions qui ne relève plus de la progression du *dolor* au *furor* : le meurtre est préparé par un changement de terrain passionnel qui, à deux reprises, confronte le personnage à un plaisir incongru. La *voluptas* apparaît d'abord au moment où, en présence de Jason, Médée est en proie à la honte (*pudet*, v. 989) et au repentir (*poenitet, poeniteat*, v. 989-990), avant d'être emportée malgré elle par une *voluptas magna* irrépressible (v. 991). Le plaisir reparaît, au moment du deuxième meurtre, dans l'injonction qu'elle s'adresse de ralentir son bras : « *Perfruere lento scelere...* » (v. 1016). Il est bien lié à la présence du témoin qui manquait au précédent meurtre[3] car, si Médée doit jouir de la lenteur du crime, c'est pour profiter pleinement du supplice qu'elle inflige à Jason et dont celui-ci demande l'abrègement.

Les deux fils meurent donc dans des conditions très différentes. Le premier meurt sur l'injonction muette du fantôme d'Absyrtos,

---

1 Ce qui correspond à la prescription d'Aristote : les fameuses morts *en tô phanerô* (*Poétique*, 1452b12, éd. J. Lallot et R. Dupont-Roc, P., Seuil, 1980, p. 72).

2 Il est oiseux de spéculer sur le caractère visible ou non du geste : même si l'acteur trouve le moyen de dérober au public la vue du geste, il reste que l'enfant est frappé par Médée *coram populo*, pendant qu'elle parle, sur scène.

3 C'est ce que sous-entendait déjà le premier aveu de *voluptas*, immédiatement suivi par : « *Derat hoc unum mihi / spectator iste* » (v. 992-993).

qui exige d'être vengé. Le second périt devant le témoin qu'il faut punir. Mais la différence entre ces deux mises à mort ne se borne pas là. Dans le premier cas, l'horreur de l'infanticide est estompée par l'état d'une meurtrière qui agit sous l'emprise de visions infernales et qui finit par exprimer des remords. Dans le second cas, en revanche, cette horreur est aggravée par un autre scandale : un plaisir contre nature dépouille Médée de ses scrupules et de cette frénésie qui, seule, pourrait expliquer son geste. Auparavant, le balancement entre la fureur meurtrière et l'horreur de soi tempérait le meurtre en en faisant l'effet d'une lutte intestine[1]. Avec le surgissement du plaisir, c'est la logique même du meurtre qui vacille : l'infanticide bascule dans la catégorie la plus infâme, celle d'un crime qui, loin de répondre à un motif légitime (haine ou vengeance), n'obéit qu'à un plaisir du meurtre. La présence d'un spectateur privilégié parachève cette dangereuse dérive, qui instrumentalise le crime en lui assignant un objectif doublement indirect, puisqu'il sert moins à atteindre la victime qu'à punir un tiers (faire souffrir Jason) et que la souffrance du tiers n'est plus la seule fin : les modalités du meurtre – son ralentissement – sont destinées à assurer la jouissance.

La présence de ce spectateur nécessaire pourrait faire croire à une « mise en abyme ». Mais il n'en est rien, car il ne s'agit pas de mettre Jason en condition de « spectateur interne », de représentant sur scène du public. Il ne s'agit pas de montrer Médée en train de tuer et Jason en train de la regarder faire, il s'agit de dédoubler effectivement l'objet de la représentation et de réfléchir les regards : la scène donne à voir à la fois Jason regardant Médée en train de tuer l'enfant et Médée regardant Jason spectateur du meurtre. Ce qui offre aux dramaturges modernes un cas exemplaire de *catharsis*, puisque chacun des deux protagonistes représente une

---

1 L. Castelvetro souligne que Médée doit ballotter entre frénésie, scrupules et regrets : visiblement pour lui, l'infanticide n'est tolérable que s'il s'accompagne de combats intérieurs (*Poetica d'Aristotile*, éd. W. Romani, Bari, Laterza, 1978, vol. 1, p. 431).

passion majeure : le geste de Médée a tout pour susciter l'horreur et
la terreur, l'attente de Jason tout pour susciter la pitié[1]. Et ils
suscitent ces passions parce qu'eux-mêmes sont la proie de
passions extrêmes et dûment répertoriées par les théoriciens : la
peur et l'horreur chez Jason et, chez Médée, une volupté qui, pour
être totalement contre nature, n'est pas pour autant absolument
étrangère à l'univers du spectacle, car on peut reconnaître en elle la
marque de cette conversion propre à l'imitation qui, pour Aristote,
transmue l'horreur en plaisir.[2]

Cette fin de tragédie est donc d'autant plus efficace qu'elle
repose sur un double scandale. Le premier tient à ce que, non
content de représenter l'épisode qu'Horace avait, entre tous,
proscrit de la scène, Sénèque insiste sur le moment intolérable, en
l'éternisant dans un geste ralenti : l'instant de la mort – ce moment
insaisissable où une vie s'éteint – est prolongé dans un regard
chargé des affects les plus lourds. Le deuxième vient de ce qu'il
porte à son comble le caractère intolérable de l'acte en unissant
l'horreur à la volupté. Et celle-ci est d'autant plus retentissante que
Sénèque ne fait pas de Médée un simple monstre, puisque,
conservant l'ambivalence que lui donnait Euripide, il la fait
balancer entre des accès de fureur vengeresse et des retours
d'affection maternelle. Ces deux scandales se conjuguent pour

---

1   Le crime de Médée est pris par Aristote comme prototype de l'action effrayante
(*Poétique*, 1453b29) et, en confrontant ces affects exacerbés, la version sénéquienne invite
les dramaturges à explorer les possibilités de l'effet pathétique. Mais certains théoriciens
reculent devant des excès qui compromettent la bonne gestion tragique des passions. Dans sa
Poétique (P., Sommaville, 1640), H. de La Mesnardière bannit les spectacles horribles, dont
cet épisode est le prototype, car ils « n'excite[nt] dans les esprits qu'un transissement odieux
et une horreur désagréable, qui surmontent infiniment la Terreur et la Pitié qui doivent régner
l'une ou l'autre, et toutes deux s'il est possible, dans la parfaite Tragédie » (p. 204).

2   Voir Aristote, *Poétique*, 1448b9 sq. Ce plaisir spécifique fera couler beaucoup
d'encre, à propos de la tragédie et de la peinture, du seizième au dix-huitième siècle. Cette
voluptas a en outre, dans un meurtre présenté comme l'annulation de la défloration, une
teinte nettement sexuelle, dont je traite dans « Médée, la volupté d'un geste lent », à paraître
dans *Le fait de l'analyse*, n° 8, « La maladie sexuelle », printemps 2000.

donner à l'épisode une force scénique qui, outre les trois facteurs déjà évoqués (l'échange des regards, la lenteur du geste, l'exacerbation des passions) tient au fait que l'horreur est atteinte sans aucune intervention de signes cosmiques, sans même les manifestations du déchaînement extérieur : la violence peut être complètement intériorisée, elle n'a plus rien de ces prodiges réels ou imaginaires qui accompagnaient les crimes d'Hercule ou d'Atrée. Le texte n'exige pas de gesticulation violente ou de dérèglement de l'ordre naturel, il se contente d'une confrontation relativement statique entre une Médée hors d'atteinte et un Jason impuissant.

Il y avait donc une alternative à ce « forcènement » dont Sénèque a fourni le modèle aux dramaturges des seizième et dix-septième siècles[1] : ce geste suspendu permettait d'innover par une violence d'autant plus frappante qu'elle est retenue et en partie intériorisée. Mais cette violence feutrée était décidément trop hardie puisque, dans l'abondante production théâtrale qui a pris Médée pour sujet, elle n'a eu que de faibles échos.

Désamorcer l'infanticide

Pour désamorcer le scandale que représente l'infanticide, les dramaturges disposaient de trois méthodes. La première consiste à punir cette mère coupable : mettre Médée à mort est le meilleur moyen de réduire l'horreur du crime et de rétablir la finalité morale qu'Horace impose à la tragédie[2]. La seconde consiste à noircir Médée pour en faire un simple monstre. C'est ainsi que La Péruse

---

1 F. Charpentier en a montré l'importance dans « L'illusion de l'illusion : les scènes d'égarement dans la tragédie humaniste », in *Vérité et illusion dans le théâtre au temps de la Renaissance*, P., Touzot, 1983, p. 75-87.

2 Cette solution est adoptée par M. Galladei, chez qui Médée se laisse tomber sur les soldats en armes qui l'assiègent, et par J. -M. Clément, qui finit sa tragédie sur le suicide de Médée (III, 3). Chez F. M. von Klinger et F. B. Hoffman, cette mort prend la forme du merveilleux infernal que la tragédie lyrique affectionne : Médée, harcelée par les Euménides, est engloutie par la terre.

supprime la lutte intestine qu'Euripide et Sénèque exploitaient : les meurtres ne sont plus l'effet d'une dynamique passionnelle, Médée devient une femme entièrement entraînée vers le mal, sans que le pathétique de l'amour maternel intervienne pour rendre le meurtre encore plus scandaleux en le réintégrant dans une humanité possible. La troisième façon de désamorcer l'infanticide est la plus radicale : il suffit de le supprimer, soit qu'on maintienne les enfants en vie,[1] soit qu'on excuse leur mort, comme Richard Glover, chez qui Médée tue dans un état d'égarement qui l'empêche de savoir ce qu'elle fait.[2]

Dans ces trois cas, la mise en scène sénéquienne reste nécessairement lettre morte. Il en va de même pour les dramaturges qui, pour suivre l'injonction horatienne ou se plier aux normes classiques, préfèrent exiler le crime en coulisse et s'efforcent de trouver des effets pathétiques nouveaux[3] afin de compenser la frustration des spectateurs. Corneille invente une formule très

---

1 Le meurtre disparaît de la tragédie de C. Johnson (1731). Il est fréquemment supprimé dans les parodies, comme *La mauvaise femme* (jouée 1728, éd. 1731), de Dominique (A. -F. Riccoboni). Dans *Médée et Jason* (1727), que Dominique, Biancolelli et Romagnesi écrivent à partir de la tragédie lyrique de l'abbé Pellegrin (1713), Médée répond à Jason qui l'interroge sur le sort de ses enfants : « Va, va ne t'embarrasse pas ; ils n'étoient point à toi » (sc. 18, p. 45). L'invention est astucieuse : Médée dépouille Jason de sa descendance, d'une façon qui n'est plus sanglante mais comique. La parodie de Carolet (1737) rétablit cette mort avec la même formule (sc. 24, p. 51), ce qui ajoute le piment de l'absurdité : si les enfants ne sont pas de lui, Médée n'a aucune raison de les tuer, et on a affaire à une mère monstrueuse …et écervelée.

2 Cette *Medea* (1761) très inventive a eu une forte influence en France, où elle a été traduite par Jean de Saint-Amans (1784). Elle est très représentative des efforts faits, au dix-huitième siècle, pour disculper Médée. L'égarement est, du reste, adopté par plusieurs versions ultérieures, notamment celle de l'allemand J. F. W. Gotter (1767), adaptée en français par A. Berquin (1781). La tragédie lyrique anonyme *Jason et Médée* (s. l. s. d., après 1797) recourt aussi à l'égarement, mais elle propose, en plus de la fin tragique habituelle, un *happy end* qui trouve le moyen de « ressusciter » les enfants : par un coup de théâtre final qui fait penser à certaines fins d'*Iphigénie*, il s'avère que, dans son état second, Médée n'avait pas vraiment réussi à les tuer (éd. cit., p. 42-43).

3 Ils en trouvent parfois de saisissants. Ainsi Galladei, qui confie à une nourrice puis à un messager un long récit du meurtre qui abonde en détails pathétiques et rapporte au style direct les paroles de Médée en les « tissant » avec les plaintes des enfants.

elliptique qui n'est pas sans rappeler les préceptes de Quintilien conseillant à l'orateur d'exhiber un glaive ou un linge sanglant pour enflammer les affects des juges (*Inst. Or.* VI, i, 30) : à la fin, Médée apparaît pour brandir un poignard ensanglanté, dans une scène où les souvenirs de Sénèque abondent (V, 5). La brutalité du geste, qui est tout à l'opposé du *lentum scelus* de Sénèque, a l'avantage de frapper le public en ménageant les bienséances, et cette ellipse a plu, puisqu'elle a été largement reprise.[1]

L'influence de la fin sénéquienne est donc très limitée sur les versions modernes puisque, par souci d'euphémisation, celles-ci cantonnent le meurtre dans les coulisses. Si La Péruse fait exception en le maintenant en scène (V, v. 1160 sq.), c'est que sa pièce suit d'assez près celle de Sénèque. Mais il est significatif que, chez lui, la mort du deuxième enfant soit réduite à une formule laconique. Aux supplications de Jason, Médée se contente de rétorquer : « Tiens, voilà l'autre fils. Or l'un et l'autre est mort. » (v. 1197). Oubliés la *voluptas*, le ralentissement du geste et le besoin impérieux que Jason soit témoin du meurtre. Il serait donc faux de croire que c'est la mort *en tô phanerô* qui est indésirable. Ou même que c'est l'infanticide car, quand on ne l'excuse pas par l'égarement, il suffit de l'expédier en une courte phrase.

La répugnance des adaptateurs est facilement explicable : il faut préserver la maternité. C'est très net au dix-huitième siècle, où l'égarement permet de faire de Médée une figure touchante et sensible. Sénèque lui-même ouvrait la voie : il suffit de réécrire l'infanticide sur le modèle de celui, très pathétique, d'Hercule. Ce qui pose problème, ce n'est donc pas l'infanticide, ni la vengeance, si extrême soit-elle. Ce n'est peut-être même pas tant que Médée tienne à la présence de Jason, c'est que la volupté porte, sur cette maternité frénétique, l'ombre d'une contamination perverse. Le

---

1   On la retrouve chez Thomas Corneille (V, 8), Longepierre (V, 4), l'abbé Pellegrin (V, 8), Carlo Gozzi (V, 5) et, dans un contexte différent, J. -M. Clément (III, 1).

débordement de la fureur en volupté et de la vengeance en
jouissance gagne en efficacité spectaculaire, mais ce bénéfice se
paie. La meilleure preuve est que, ne pouvant, en principe, éluder le
crime, les traducteurs mettent beaucoup de persévérance à estomper
le plaisir.

Edulcorer le plaisir

On peut en gros distinguer trois moyens de désamorcer ce
dispositif. Le premier est une parade philologique : les
commentateurs et annotateurs focalisent leur attention sur le v.
1015 « *Moramque saltem suppliciis dona meis* », à propos duquel
Juste Lipse puis Martin Del Rio font assaut d'hypothèses étranges,
avant que Heinsius n'impose, à l'instigation de Grotius,
l'interprétation évidente : Jason ne demande pas à Médée de lui
accorder un délai mais de le lui épargner. Le débat a des
conséquences sur l'interprétation de la réponse de Médée – le
« *perfruere lento scelere* » – et je serais tenté de voir un symptôme
dans cette façon que Juste Lipse et Del Rio ont de réécrire
l'échange, de changer l'attribution des répliques et l'ordre des
vers[1] : le doute grammatical vient à point pour rendre
philologiquement suspect ce qui est idéologiquement douteux.

Une autre façon, plus étonnante encore, d'estomper le scandale
du plaisir est de déplacer les gestes criminels. En l'absence de
didascalie, on peut s'interroger sur les moments exacts où
interviennent les deux crimes, mais il semble logique de placer le
premier au vers 971, entre le moment où Médée fait référence à la

---

1   Tout ce passage suggère une série d'interprétations contradictoires, voire absurdes,
sur lesquelles je ne puis m'attarder ici Voir les commentaires de Josse Bade et Bernardino
Marmita (in *Senecae Tragœdiae*, Paris, J. Bade, 1514, f. 181v-182v), de Juste Lipse
(*Animadversiones in tragœdias* [*Senecae*], Lugd. Batav., off. Plantin., 1588, note au v. 1013),
de M. Del Rio (*Commentarius in Medeam* in *Syntagma Tragœdiae Latinae*, Paris, Billaine,
1619 [1ᵉ ed 1593], p. 79-80), de J. Scaliger (*Notae*, Lugd. Batav., J. Maire, 1611, p. 467), de
D. Heinsius (*Notae*, ibid., p. 561-562) et de T. Farnabe (*Notae*, Amsterdam, J. Bleu, 1656,
p. 34-35).

victime par laquelle elle doit apaiser les manes de son frère
(« *victima manes tuos / Placamus ista* ») et celui où elle entend le
bruit des soldats que Jason lance à sa poursuite (« *Quid repens
affert sonus ?* »)[1] et de situer l'autre mort juste avant le vers 1019
où tout est « accompli » (« *peractum est* »). De fait, certains
traducteurs anciens font ce choix[2], mais cette évidence est loin de
s'imposer, en particulier au dix-huitième siècle où, les didascalies
se généralisant, les traducteurs déplacent les meurtres. Le Père
Brumoy, dans sa paraphrase de la pièce, retarde le premier meurtre.
M. L. Coupé va encore plus loin en avançant le second[3]. Le détail
importe peu, mais la conséquence est évidente : l'économie de
l'épisode est altérée. Le moment d'intensité où Médée boit dans les
yeux de Jason la volupté du crime est totalement détruit, puisque le
meurtre est déjà commis : Médée ne peut plus jouir « en direct » de
l'effet de son crime, elle est simplement comblée par sa vengeance.

La troisième façon d'édulcorer la scène est de censurer ou
d'estomper tout ce qui a trait au sexuel (cette *virginitas* qui est
restituée à Médée après le premier meurtre, v. 984), au plaisir
(*voluptas*, v. 991) et à ce profit que Médée tire du crime et de sa
lenteur (*perfruere lento scelere*, v. 1016), qui ne saurait être que de
plaisir. Dans cet ensemble, la virginité est ce qui résiste le mieux :
édulcoré par Linage (« j'ay recouvré l'honneur et la pudicité qu'un
voleur m'avait ravie »), Marolles (« je regagne la pureté d'une
honnête fille qu'on m'avoit ravie »), ou le Père Brumoy (« mon
honneur trahi »), voire carrément supprimée par Morelly, le mot est

---

1 La preuve est que à l'arrivée de Jason, Médée se targue d'avoir récupéré tout son
bien et jusqu'à sa virginité : c'est que le meurtre est accompli, qui vaut pour une annulation
du mariage et du passé.

2 C'est le cas d'Edward Sherburne, qui ajoute ces précisions dans des *marginalia*. Voir
*Medea, a tragedy written in Latin by Lucius Annaeus Seneca, englished by E. S. Esq with
annotations*, Londres, H. Moseley, 1648, p. 53-54.

3 M. L. Coupé ne place pas le premier meurtre au même endroit que le P. Brumoy
(v. 986) il le retarde encore davantage, à un moment paradoxal où la colère de Médée tombe
(v. 989). La traduction en vers, publiée anonymement en 1778, attribuée à Morelly, retarde
aussi le deuxième meurtre.

conservé par bien des traducteurs, voire des imitateurs qui empruntent le passage de Sénèque[1]. Il faut se garder d'en conclure que la virginité est inoffensive puisque Longepierre, quand il inclut dans sa tragédie une traduction partielle du passage, prend soin d'élaguer ce détail intempestif : « Et je recouvre enfin ma gloire, mon repos, / Mon Sceptre, mes Parents, la Toison et Colchos » (V, 4, 112).

La *voluptas* franchit moins bien l'obstacle. Certes trois traducteurs conservent toute sa force au « *voluptas magna me invitam subit / et ecce crescit* » : Nini (« *un immenso piacer, che dentro al Core/ Penetra e si diffonde, ed ecco cresce* »), Linage (« insensiblement, le plaisir malgré moi se glisse en mon cœur, je le sens croistre insensiblement ») et Coupé, qui redouble la *voluptas* en volupté et plaisir (« Malgré moi une grande volupté entre dans mon ame : je sens cette volupté s'étendre. Il manque cependant une chose à mon plaisir »). On pourrait croire que le premier traducteur français, Bauduyn, est tout aussi respectueux du texte, puisqu'il conserve le « plaisir » (« et si plus je resens le plaisir, / Qui me vient de nouveau, voire et croist davantage »). Mais en réalité, il ajoute un détail incongru (« de nouveau ») qui fait de ce plaisir un phénomène répétitif, ce qui fausse complètement la transformation inouïe du crime affreux en source de jouissance[2]. Pour les autres, ils n'ont pas besoin, comme La Péruse, de gommer la volupté, ils la convertissent en joie ou en *delight*[3], ce qui a pour principal avantage d'élaguer toute connotation sexuelle.

---

1 C'est le cas de Galladei, qui reprend la phrase de Sénèque (« *virginità* »), Studley (« *virgynitie* »), Nini (« *Virginità* »), Sherburne (« *Virginity* »), Coupé (« j'ai repris ma virginité elle-même »). On retrouve la *virginitas* dans la paraphrase de Mathias Rader, *Ad Senecae Medeam commentarii*, Munich, M. Segen, 1631, p. 388.

2 Un autre traducteur, Morelly, trouve aussi le moyen de désamorcer le plaisir en conservant le mot (« Tu doubles mon plaisir, Jason, par ta présence »). Disparaissent la lutte intérieure (*invitam*) et le surgissement d'un affect inconnu : Médée adopte un ton presque mondain.

3 Voir Sherburne (« *an ample joy m' unwilling Heart/ Seizes : it grows upon me* »), Marolles (« malgré que j'en aye, une grande joye se glisse en mon cœur. Ouy, la joye y croist

Le « *perfruere lento scelere* » est de loin la phrase qui passe le moins. L'idée est pourtant simple : jouir d'un crime lent, c'est jouir du crime en le ralentissant pour faire durer plus longtemps le plaisir[1]. Mais les traducteurs s'ingénient à contourner cette évidence par toute une série de brouillages, aidés en cela par le doute semé, sur cet endroit du texte, par les éditeurs et commentateurs. Par exemple, les suggestions de Juste Lipse (« *supplicibus* » pour « *supplicis* » et déplacement du v. 1015, qui passe de Jason à Médée) ont une influence manifeste sur la traduction de Bauduyn :

> Joüis, mais lentement, du forfait que tu vois,
> Fais alte, mon despit, que hastif tu ne sois,
> Et à mes supplians un delay ne refuse.

Dans ce cas précis, l'ajout de « que tu vois » met le comble à l'incertitude, puisqu'il peut faire croire que Médée s'adresse au spectateur Jason plus qu'à son « despit ». Mais il n'est pas besoin de toucher au texte pour aseptiser le *perfruere*, alors même qu'on le traduit correctement par « jouir » : il suffit de voiler le crime (ce que fait Nini : « *godi del lento male* ») ou de déplacer la jouissance sur un objet plus inoffensif. Chez le premier traducteur anglais, Studley, Médée jouit du temps : le *perfruere* n'est pas censuré (« *we enjoye* »), mais l'accent est déplacé : Médée prend son temps, comme une ménagère méthodique[2]. L'essentiel est qu'elle ne jouisse pas du crime : quand elle ne prend pas son temps, elle savoure sa vengeance[3]. La jouissance est admise à condition de se

---

insensiblement »), Brumoy (qui paraphrase ainsi : « elle s'en réjouit et sa joye s'accroît à la vûe de Jason ») et Studley (« *importunate delyght, / Styll egged on my froward mynde / that dyd agaynst it fyght : / And loe the vayne coniecte of thys / delyght increaseth styll* »).

1   Si *perfruor* n'a pas le sens sexuel de *voluptas*, il n'en est pas moins coloré par la *voluptas* : ce dont il faut profiter, dans ce crime, c'est de la volupté qu'il peut procurer.

2   « *Yet lynger eger anguyshe yet / to slea thys childe of thyne, / Ronne not to rash wyth hastye speede / thys dolefull day is myne : / The tyme that we obteyned have / of Creon we enioye.* »

3   P. Brumoy : « Jouis, jouis, Médée, d'une lente vengeance. Ne hâte pas ton forfait ». Il suit ainsi une indication de Thomas Farnabe qui, dès 1631, interprétait la volupté de Médée comme une volupté de la vengeance (*op. cit.*, note 52).

plier aux contraintes rassurantes du stéréotype. C'est justement sous le couvert du stéréotype que Longepierre se risque à introduire la jouissance, en mettant dans la bouche de son héroïne : « Moi-même j'ai voulu joüir de ta douleur, / Un spectacle si doux met le comble à ma gloire » (V, 4, 111). Paradoxalement, il retrouve ainsi quelque chose du dispositif sénéquien (la jouissance a partie liée avec le spectacle), mais avec une différence essentielle : soumise au souci de la « gloire », cette jouissance quitte le terrain des affects troubles pour celui des sentiments héroïques.

Mais la stratégie la plus sûre, pour éviter le scandale d'une infanticide qui ralentit son geste pour faire durer le plaisir, est de dissocier jouissance et durée. C'est pourquoi beaucoup de traducteurs mettent l'accent sur la lenteur, mais en oubliant le plaisir dont elle est la clef : ainsi Sherburne (« *Haste not my Griefe ; but leisurely employ / Thy slow revenge* »), Morelly (« Crois que plus je differe, & plus j'en suis avide. / Ne précipitons rien ») et Marolles (« Fay toutes choses à loisir, ma douleur, et ne te haste pas »). Dans le cas de Marolles, la volonté de censure est évidente : la *voluptas* est ravalée en « joie », le *perfrui scelere* réduit à une activité bizarrement indécise (« faire toutes choses ») et la lenteur détournée en loisir : l'économie de la rétention (ralentir le crime pour en tirer un surcroît de plaisir) se travestit en oisiveté alanguie.

Il y avait donc bien, dans ce crime, quelque chose à conjurer, puisque les trois traducteurs qui n'éludaient pas la *voluptas* (Nini, Linage et Coupé) n'ont pas le même respect pour le *perfruere*. Nini dresse un voile métaphysique (« *godi, godi del male* ») : l'attirance pour le mal met à distance la réalité concrète du geste qui devrait s'amorcer. Linage affadit en mettant l'accent sur une lenteur qui rompt tout lien avec une économie du plaisir (« Ne te haste pas ma douleur, ce jour est à moy, jouïs du temps que Creon accorda à mes larmes »). Coupé, lui, recourt à l'euphémisation : « O mon ressentiment, jouis à longs traits de ton bonheur, et ne précipite pas une volupté si douce. Créon m'a donné ce jour tout entier, et je veux en profiter. » En 1795, l'ombre de Sade se porte sur Médée – mais pour être récusée. La jouissance s'impose, mais au lieu de se dire en termes directs, elle se dit par euphémisme : la volupté est « douce » et le crime prend le chaste nom du bonheur[1].

Cette étrange configuration à trois termes – surgissement irrépressible d'un plaisir inconnu, ralentissement du geste criminel et présence d'un témoin qui soit le garant de la jouissance – a été, en dépit des possibilités spectaculaires qu'elle offrait, aussi malmenée par les traducteurs que par les imitateurs de Sénèque. La censure n'opère sans doute pas, d'un texte à l'autre, pour les mêmes raisons : il y a une différence frappante entre les traducteurs du dix-septième siècle, qui évitent de lier jouissance et crime, et ceux de la fin du dix-huitième siècle, qui édulcorent l'expression, comme si, après Sade, Sénèque était encore trop cru. Mais est-ce à dire que ce dispositif est resté lettre morte ? Ce n'est pas si sûr, surtout si l'on considère la fin d'*Andromaque* et les fureurs d'Oreste. Chez Racine, l'hallucination ne débouche pas, comme chez Sénèque, sur une scène effective de meurtre, mais elle met en place une scène phantasmatique où, dans la sourde volupté du sang qui coule, des regards sont suspendus l'un à l'autre :

> Pour couronner ma joie
> Dans leur sang, dans le mien, il faut que je me noie ;
> L'un et l'autre en mourant je les veux regarder.

L'hallucination se charge de réaliser ce que la scène ne saurait tolérer. Racine est obligé d'utiliser l'hallucination infernale comme paroxysme d'une violence aussi érotique que sanglante, tandis que la tragédie latine réussit ce tour de force de renchérir encore sur l'hallucination. Sénèque n'a pas transgressé pour rien l'interdit d'Horace.

François LECERCLE
Université Denis-Diderot, Paris 7

---

1 Je développe ces questions dans l'article cité plus haut.

ŒUVRES DRAMATIQUES CITÉES

Anonyme : *La vendetta di Medea*, Venise, M. Fenzo, 1791 (drama per musica)

Anonyme : *Médée et Jason*, s. l. s. d. (tragédie lyrique, exemplaire consulté : Arsenal, GD 43070)

BAUDUYN, Benoît : *Les Tragédies de L. A. Seneque*, Troies, Noel Moreau, 1629 (trad. fr. en vers)

BERQUIN, Arnaud : *Medea*, P., Pissot, Barrois & Froullé, 1781 (trad. fr. en vers de Gotter)

BRUMOY, R. P. Pierre : « Médée, tragédie de Sénèque », in *Le théâtre des Grecs*, P. Libraires associés, 1763, vol. 4, p. 355-379 [1ᵉ ed. 1730] (paraphrase avec passages traduits)

CAROLET : *Médée et Jason*, P., Vve d'Hors, 1737 (parodie de Pellegrin)

CLÉMENT, Jean-Marie-Bernard : *Médée*, P., Moutard, 1779

CORNEILLE, Pierre : *Médée*, in *Œuvres complètes*, vol. 1, éd. G. Couton, P., 1980 [1ᵉ éd. 1639]

CORNEILLE, Thomas : *Médée,* P., C. Ballard, 1693 (tragédie lyrique, musique de Charpentier)

COUPÉ, Jean-Marie-Louis : *Théâtre de Sénèque. Traduction nouvelle,* P., Honnert, 1795, vol. 1 (trad. fr. en prose)

GALLADEI, Maffeo : *Medea*, Venise, G. Griffio, 1558

GLOVER, Richard : *Medea*, Londres, J. Morgan, 1761 [fin modifiée dans éd. Londres, J. Bell, 1792]

GOTTER, Johann Friedrich Wilhelm : *Medea. Ein mit Musik vermischtes Drama*, Gotha, 1775 [1ᵉ éd. 1768 ?]

GOZZI, Gasparo : *Medea*, in *Opere*, Venise, B. Occhi, 1758, vol. 1 [1ᵉ éd. 1746]

HOFFMAN, François Benoît : *Médée*, P., Huet, 1797 (tragédie lyrique, musique de Chérubini)

JOHNSON, Charles : *Medea*, Londres, R. Francklin, 1731

KLINGER, Friedrich Maximilian von : *Medea in Korinth*, St Petersburg/Leipzig, J. F. Kriele & F. G. Jacobaeer, 1791 [1e éd. 1786 ?]

LA PERUSE, Jean BASTIER de : *Médée*, éd. M. M. Fragonard, Mugron, J. Feijoo, 1990 [1e éd. 1556]

LINAGE, Pierre : *Le théâtre de Sénèque*, P., J. Paslé, 1651 (trad. fr. en prose)

LONGEPIERRE, Hilaire Bernard de Roqueleine, baron de : *Médée*, éd. T. Tobari, P., Nizet [1e éd. 1694]

MAROLLES, Michel de : *Les tragédies de Sénèque*, P., P. Lamy, 1660, tome 1 [1e ed 1659] (trad. fr. en prose)

MORELLY [attribué à] : *Traduction libre, en vers français, de Médée*, in *L'hymen vengé*, Londres et P., 1778 (trad. fr. en vers)

NINI, Ettore : *Le Tragedie di Seneca*, Venise, M. Ginammi, 1622 (trad. ital. en vers)

PELLEGRIN, abbé Simon-Joseph : *Médée et Jason*, P., C. Ballard, 1713 (tragédie lyrique, musique de Salomon, parue sous le nom de « Laroque »)

RICCOBONI, Antoine-François dit Dominique, BIANCOLELLI et ROMAGNESI : *Médée et Jason*, P., L. D. Delatour, 1727 (parodie de Pellegrin)

RICCOBONI, Antoine-François dit Dominique : *La méchante femme*, in *Parodies du Nouveau Théâtre Italien*, P., Briasson, 1731, vol. 3

SAINT-AMANS, Jean Florimond Bourbon de : *Médée*, P., Vve Ballard & fils, 1784 (trad. fr. en prose de R. Glover)

SHERBURNE, Edward : *Medea*, Londres, H. Moseley, 1648 (trad. angl. en vers)

STUDLEY, John : *Medea*, éd. E. M. Spearing, Louvain, A. Uystpruyst, 1913 [1e éd. 1566] (trad. angl. en vers)

LE TASSE DANS LA PRISON DES FOUS
OU LE SONGE DU MÉLANCOLIQUE

Peu avant le scandale public qui provoquera son internement, le Tasse fuit Ferrare et rejoint Naples, qu'il a dû quitter à l'âge de dix ans pour suivre son père en exil. Il apparaît à sa sœur unique Cornelia, déguisé en berger, dans un état de grande agitation, et lui annonce sa propre mort, mimant ainsi une situation doublement poétique : il prend d'abord l'apparence du personnage de pastorale dans lequel il s'est représenté dans son *Aminte* (le chef-d'œuvre qui lui donne alors son statut de poète, car la *Jérusalem* n'est pas encore publiée) et devient ainsi, allégoriquement, un ambassadeur de la concorde et de la paix civile. Simultanément, il endosse le rôle tragique d'Oreste, revenu d'exil pour venger son père et annonçant à sa sœur Electre, dans le costume du messager venu d'ailleurs, sa propre mort. Par cet acte « frénétique » qui articule et confond les deux fonctions de poète et de lecteur dont il sait qu'elles déterminent la configuration élémentaire de sa pensée, le Tasse rend compte du paradoxe qui définit son être souffrant. Cette mise en scène est bien autre chose qu'une simple extravagance de malade, car elle inscrit dans les affections et les émotions du corps, dans l'ordre de la sensation même, l'expérimentation de ce qui constitue la nature complexe et irréductible de l'acte poétique, lequel est violence sur soi-même et a besoin de masques, de figures, pour agir et s'imposer au monde. Le Tasse utilise devant Cornélia son corps, sa parole et les images de sa mémoire pour imposer dans l'ordre réel le pouvoir métaphorique de l'esprit : ce mouvement déplacé et violent est certes un excès, une « frénésie » de mélancolique, comme il l'a toujours reconnu lui-même, mais la logique profonde d'un tel acte implique que celui qui l'accomplit connaît aussi bien son propre trouble que l'art de la composition capable de changer l'état passif qu'est cet *affetto* en acte poétique.

Durant les années où il fut enfermé parmi les fous à l'hôpital Sainte-Anne de Ferrare, de 1579 à 1586, le Tasse n'a cessé d'écrire, des lettres, des poèmes, des dialogues. Tous ces écrits portent témoignage d'un état de lucidité que la postérité s'est refusée à reconnaître, et qui est pourtant l'exercice même d'une conscience poétique qui regarde en face, sans complaisance, ses propres contradictions. Son premier biographe, Giovan-Battista Manso, soutient qu'il « parlait très sagement de sa folie, ce que jamais un dément (*mentecatto*) n'aurait pu faire en aucune manière »[1]. Cet ami, après avoir été le témoin attentif des angoisses et des visions qui tourmentèrent les dernières années du poète, rend pourtant hommage à sa maîtrise de soi. Il commente en ces termes les causes convergentes qui ont fait « prendre pour folie (*pazzia*) le délire (*delirio*) du Tasse »[2] :

---

1   *Vita di Torquato Tasso*, I, xiv, 49. Manso a été le premier hôte du Tasse dans la période d'errance qui suivit sa sortie de prison. Sa biographie, déterminée par la sympathie et l'admiration, mérite plus d'attention que ne l'ont prétendu les biographes plus « objectifs » du XIXe siècle. Sa définition de l' « hypocondrie » du poète, tout en se réclamant de Galien, présente l'avantage d'être attentive au sujet plus qu'aux normes médicales : « cette infirmité … ne gâte pas la substance du cerveau, ni d'aucun organe instrument de la faculté imaginative, mais ne fait que la troubler par la présence de ces noires fumées ou de ces esprits torves qui y représentent de fausses images. C'est pourquoi, comme ils se dissipent très vite à cause de leur légèreté, le malade alors n'est pas entièrement libéré de la fausse imagination qu'il a subie, mais cependant, conscient de son erreur passée, il s'en souvient et en parle, comme faisait Torquato qui très souvent dissertait de son propre délire et écrivit à son propos sous le nom de *frénésie*. » (I, xiv, 36-38) – Toutes les traductions sont miennes.

2   *Op. cit.* II, iv, 4-13. Le Tasse explique lui-même (*Lettere*, éd. Guasti, Firenze, 1852-55, vol. I, 109, p. 275-85 – lettre citée par Manso, I, xii, 21) comment, étant traité de fou par les courtisans qui cherchent à lui nuire auprès du duc de Ferrare, il voulut endormir leur méfiance en simulant la folie à l'exemple des figures historiques de la prudence politique que sont Brutus et Solon. Plusieurs indices laissent deviner que l'internement du Tasse n'eut pas que des causes médicales, et que sa résistance à la dictature intellectuelle des princes (à laquelle il ne renonça jamais, préférant la pauvreté et l'errance à la dépendance financière et morale) fut déterminante. Ce qui n'implique nullement que le poète prétende nier, en invoquant la simulation, sa tendance à la « folie » : il lui importe seulement, comme Manso l'a bien compris et s'est appliqué à le dire, de bien distinguer les nuances et les applications individuelles de cette affection de l'âme qui admet plusieurs noms et plusieurs degrés (*mentecatto, matto, pazzo, folle, frenetico* ne sont pas tout à fait des synonymes), et dont la volonté n'est pas exclue.

Il y a trois causes à cela : l'ignorance du vulgaire, qui ne sait pas bien faire la différence entre ces infirmités, l'iniquité de ses ennemis, qui méchamment ont fait courir sur lui ce faux bruit, et sa propre volonté qui mit tout son art à nourrir cette opinion, bien que mensongère (...) Cette simulation de la folie (*simulazione di follia*) est bien loin d'être un signe de démence (*di dar indizio d'essere mentecatto*) et doit plutôt être tenue pour une grande prudence, celle-là même qu'on prête à Solon et Brutus (...) De tout cela nous avons encore après sa mort un vivant témoignage dans ses compositions si nombreuses et divines. Lesquelles non seulement n'auraient jamais pu être écrites par aucun fou (*folle*), mais ne sauraient encore aujourd'hui être comprises tout à fait de qui n'est pas doté de grand sens.

Libéré au bout de sept ans d'internement, mais ayant subi dans son corps les effets irrémédiables d'une « terrible mélancolie », le poète explique alors son état à un médecin[1] :

Je ne dis rien du fait que, s'il y a bien deux espèces de mélancolie, l'une par tempérament naturel, l'autre par malnutrition, la seconde m'a rendu malade de telle sorte que non seulement le cerveau est atteint, mais tout le sang contaminé... Et je ne dirai pas non plus que ma terrible mélancolie s'est accrue par magie et envoûtements, pour ne pas paraître semblable aux autres fous. Je ne dirai pas davantage que l'épanchement de la pituite ait pu causer en moi cette infirmité qu'Hippocrate appelle *morbus imaginatus*, et encore moins que l'imagination soit logée dans le poumon, comme Platon en juge dans le *Timée*.

Les nombreuses lettres de prison dans lesquelles le Tasse parle sans détours des « maladies du corps et de l'esprit », des contrariétés qui l'empêchent d'écrire, de ses pertes de mémoire, de sa « frénésie », de ses angoisses et de ses visions, attestent la même clairvoyance sur soi-même, et la même faculté de dérision. Mais le témoignage le plus probant de l'acuité de cette conscience poétique est la vingtaine de dialogues écrits en prison, où le poète se représente, en compagnie de divers amis, sous le masque philosophique et mélancolique du *Forestiero*, l'*Etranger*

---

1   Lettre 1139 à Giovan' Antonio Pisano, dans *Lettere*, éd. Guasti, vol. IV, p. 210

napolitain. La plupart de ces dialogues sont situés dans d'autres temps et d'autres lieux et ne semblent pas faire référence, du moins directement, à la situation d'enfermement vécue par l'auteur, mais *Le Messager*, conçu dès la première année d'incarcération[1], est le récit à la première personne d'une conversation, dans la prison même, entre Torquato Tasso et l'Ange familier venu le consoler de ses tourments, juste avant le lever du soleil, au moment où il se trouve « entre la veille et le sommeil », dans cet état de réceptivité approprié aux apparitions divines[2]. Bien que ce dialogue ne soit pas le seul à faire état d'expériences biographiques ni même à évoquer la mélancolie du poète, son statut est exceptionnel dans la mesure où l'argument même implique une réflexion directe sur la question de la folie, de ses effets et de ses causes, et parce que cette question est exposée par le « patient », du point de vue de sa singularité propre.

Le dialogue avec l'ange est traité, sur le mode de l'ironie et de l'auto-dérision, comme une *disputatio* philosophique. Ce n'est pas la première fois que l'Ange vient visiter le poète dans sa prison, nous dit le prologue narratif, mais il n'a jamais été qu'une voix. Le poète commence par reprocher à son visiteur de ne jamais se montrer à lui, et le contraint ainsi à se rendre visible. Puis il l'interroge sur la nature des anges, la différence entre anges et démons, le problème posé par l'astrologie et la magie, la nécessité d'une médiation entre les hommes et Dieu (question qui touche à la théologie du Christ), la nature de l'âme humaine et la question de

---

1 Voir à ce propos l'édition des *Dialoghi* procurée par E. Raimondi, Firenze, 1958, vol. I, p. 18-29. E. Raimondi date la première version du *Messaggiero* de 1580 et la dernière révision de 1585 environ : ce qui indique que le dialogue a accompagné toute la période de détention. E. Raimondi a choisi d'éditer (vol. II) le dernier état du texte avec les corrections manuscrites de 1585, et fournit en appendice le texte de la première version, publiée en 1582 (vol. III, *Abozzi*, p. 301-468).

2 Lorsque les héros de l'*Iliade* sont visités par les dieux, venus leur rendre courage au moment où ils faiblissent, ils se trouvent dans ce même état de « passage » (voir C. Ramnoux, *Mythologie ou la famille olympienne*, Paris, 1962, p. 104-108).

l'amour de Dieu pour ses créatures, pour en venir à traiter de l'amour des anges pour les hommes (en termes très charnels) et enfin du rapport d'analogie que l'on peut établir entre les messagers célestes et la fonction des ambassadeurs dans la société humaine. Tout cela sans jamais abandonner ses doutes sur la présence réelle de l'ange et sur l'éventualité que cette apparition ne soit qu'un rêve, ou pour le moins un *phantasma*, c'est-à-dire une pure imagination. Au terme du dialogue, quand l'Ange disparaît en laissant derrière lui un halo de lumière, le poète semble avoir renoncé à ses doutes et conclut ainsi sur l'éveil de la conscience[1] :

> Alors, me secouant, je pris conscience que dans ma haute imagination (*alta imaginazione*) je venais de philosopher d'une manière qui n'est pas différente de celle des contemplatifs dans leur habituelle contemplation.

Le Tasse déplace ainsi la question médicale de la folie, posée comme telle au début du dialogue, sur le terrain qui lui est, en l'occurrence, plus adapté, celui de l'imagination poétique. Car la « haute imagination » invoquée par Dante pour décrire ses visions du Purgatoire et du Paradis, le Tasse dans ses discours théoriques la nommera « imagination intellective » pour désigner en propre la faculté poétique, cette nouvelle faculté de l'âme qui n'a pas encore de nom et qu'avec une extrême rigueur il distinguera aussi bien de la raison dialectique des philosophes que de l'imagination insensée des fous et des sophistes[2]. C'est ainsi que l'exploration des illusions

---

1 Je traduis le texte de 1585, d'après l'édition E. Mazzali (*Dialoghi*, Torino, 1976, t. I, p. 73) établie sur la base de l'édition Raimondi. Toutes les références au *Messagiero* qui suivent renvoient à la même édition.

2 « Les images des anges [...] représentent des choses qui ont bien plus d'existence que toutes les choses humaines [...] Elles n'appartiennent donc pas principalement à la fantaisie, ni ne sont son objet propre, car la fantaisie se situe dans la part divisible de l'âme, et non dans l'indivisible qui est le pur intellect : à moins que, outre la fantaisie qui est faculté de l'âme sensitive, il ne s'en trouve une autre qui soit faculté de l'âme intellective. » Telle est la théorie de l'imagination, destinée à garantir la portée philosophique de la pensée poétique, que le Tasse formule en 1587 dans les *Discorsi del poema eroico* (*Discours du poème héroïque*, Livre II, trad. F. Graziani, Paris, Aubier, 1997, p. 176).

de l'âme, après avoir parcouru tout au long du dialogue les champs limitrophes de la vision, de la contemplation spirituelle et des images mentales, se trouve restituée en son lieu propre, celui de la pensée, et détournée de l'apparente réalité biographique à laquelle semblait l'avoir attachée sa coïncidence avec les « accidents » de la vie qui en constituent le théâtre.

Cette conclusion très éclairante ne figure pas dans l'édition imprimée du dialogue : elle a été ajoutée, en même temps que la définition de la folie que nous allons examiner plus loin, au cours de la dernière année d'incarcération[1]. A peu près à la même époque, le Tasse écrivait de prison à l'un de ses plus fidèles amis, Maurizio Cataneo[2] :

> Dans le dialogue du *Messager* je me montrai en train de parler avec un esprit, ce que je n'aurais guère voulu faire même si je l'avais pu. Mais vous savez bien que j'ai fait ce dialogue il y a plusieurs années pour obéir à la suggestion d'un prince, lequel n'avait sans doute pas de mauvaise intention, et moi-même je ne croyais pas que ce fût si grande faute ou si grand péril de traiter de cette matière poétiquement, mais depuis mes ennemis ont voulu se moquer de moi, et ont fait de moi un exemple de malheur, rendant en partie vrai ce qui n'était que fiction.

Cette lettre, qui rétablit l'ordre des choses en séparant, sur le plan de la pensée, réalité et fiction, fait par ailleurs état des hallucinations bien réelles subies par le « frénétique » que la prison a achevé de rendre physiquement malade, et notamment d'apparitions ultérieures d'un esprit ressemblant exactement à celui que le poète avait imaginé en écrivant le *Messager*. Le mode de discours constamment pratiqué par le Tasse, qui accumule les

---

1 La version publiée en 1582 (qui demeura la seule diffusée jusqu'en 1958 et fut traduite en français en 1632 par Jean Baudoin) s'achevait sur la disparition de l'Ange et le halo de lumière qu'il laisse derrière lui. Les corrections témoignent d'un état de conscience beaucoup plus aigu après des années d'incarcération qu'au moment de la première rédaction. Le même phénomène s'observe dans la correspondance : le Tasse se plaint au début d'être empêché d'écrire et d'être exclu du monde des vivants, et se montre par la suite sinon plus détaché, du moins de plus en plus ironique sur soi-même.

2 Lettre 456 du 30 décembre 1585, dans *Lettere,* éd. Guasti, vol. II, p. 478

équivoques au lieu de les lever, est d'une telle complexité que ces lignes peuvent être lues de façon contradictoire : la logique du propos invite à identifier dans les « ennemis » évoqués ici les courtisans jaloux qui calomniaient le poète. Mais on ne peut pas dissocier les connotations attachées à ce mot d'un état de possession démoniaque. Le Tasse a toujours su reconnaître lui-même les implications et les risques de la position qui est la sienne, à partir du moment où il a été assimilé « aux autres fous ». Si « ce qui était fiction » a pu devenir vrai, c'est bien parce que les apparitions rêvées se sont réalisées, mais c'est aussi parce que les calomnies l'ont emporté sur la vérité de l'être. La « faute » et le « péril » qui ont été révélés aux dépens du poète sont-ils d'ordre psychologique, ou politique ? Sont-ce des effets de « l'imagination frénétique », ou de la pression sociale ? Pour être tout à fait en sympathie avec ce qui est pour le Tasse, dont la poésie même est fondée sur les sous-entendus et jeux de signification, un véritable mode de pensée, il faut admettre que tous ces doutes, au lieu de s'exclure mutuellement, se combinent. Ces ambiguïtés, loin d'être le signe d'un quelconque état de confusion ou d'aliénation, impliquent au contraire une acuité d'esprit que les assauts de la « contrariété » ne parviennent pas à émousser, mais aiguisent toujours davantage. Loin de s'abuser sur le rôle qu'on lui fait jouer, le Tasse détourne le théâtre des illusions mondaines pour dénoncer les périls d'une société de cour où toute représentation est menace ou exorcisme. La simulation de folie et le déguisement d'Oreste étaient tout aussi bien des fictions destinées à opérer sur un mode analogue et contrôlées, en dépit de leur tragique inefficacité, par cette « médecine de l'âme » qu'est le rire philosophique.

Après sa libération, le poète sait désormais que le rire philosophique a pour fonction de souligner, et non de corriger, les tensions entre soi et les autres, et à l'intérieur de soi[1] :

---

1 Lettres 760 et 770, de 1587, éd. Guasti, vol. III, p. 154 et 164

> Je vis toujours en pleine mélancolie, mais pas au point cependant que
> je ne me rie de toutes choses.
>
> J'ai bien peu de santé, et je suis si mélancolique que je passe pour fou
> auprès des autres et de moi-même... La médecine de l'âme est la
> philosophie, avec laquelle je me soigne très souvent. C'est pourquoi je
> commence à rire de toutes mes infortunes et de toutes les défaveurs
> que je reçois. Que dire de plus ? Je ris aussi de la mauvaise opinion
> que les hommes ont de moi, et de ma sottise passée, par quoi je l'ai
> confirmée. Mais mon rire est si proche de la fureur, que j'ai besoin
> d'hellébore ou d'un quelconque médicament capable d'assainir un
> corps plein d'humeurs mauvaises.

Mais ce fragile accord entre la maîtrise de la raison et les agitations
de la « fantaisie », qui maintient l'esprit mélancolique dans son état
naturel d'*exception*[1], se manifestait déjà en prison, comme en
témoigne la lettre à Maurizio Cataneo sur le *Messager*, où se trouve
commentée en ces termes la longue liste des hallucinations
auditives, visions et apparitions dont le poète vient de faire le
catalogue pour son ami[2] :

> Bien qu'il puisse facilement s'agir là d'une imagination, puisque je
> suis frénétique et presque toujours perturbé par divers phantasmes, et
> infiniment plein de mélancolie, cependant, par la grâce de Dieu, je
> peux parfois *cohibere assensum*, laquelle opération est du sage,
> comme il plaît à Cicéron.

Cohibere assensum : la formule qui vient naturellement à l'esprit de
celui qui a toujours revendiqué pour lui-même le titre de poète-
philosophe, est celle de la maîtrise de soi par le doute méthodique
qui résume l'idéal de sagesse commun à l'ancien stoïcisme et à la
Nouvelle Académie platonicienne, représentée par Cicéron. Mais
l'ironie et la lucidité très caustique de celui qui se regarde délirer
sont telles, que cette « suspension du jugement », celle-là même
que met en perspective très précisément la controverse du
Messager, implique une prise de position radicalement différente de
celle des autorités ironiquement invoquées. Entendu à la lettre, en

---

1 Selon Aristote, *Problème* XXX, 1 (voir plus loin)
2 Lettre 456, *éd. cit.,* p. 480

tant que refus d'adhérer au témoignage des sens (*ad-sensus*), ce doute n'est pas permanent, comme le voudraient les stoïciens, mais intermittent, il ne saurait ni s'installer jusqu'à devenir un état d'esprit, ni se confondre avec le mépris affiché par les stoïciens et les platoniciens pour les illusions et les phantasmes trompeurs de l'imagination. Pour les stoïciens, la constance du sage exclut radicalement tout état de folie, tandis que le mépris et la répression des passions est la condition même de la sagesse. Un poète, qui sait pourquoi il est poète, ne méprise ni les sensations du corps, ni les passions, ni à plus forte raison l'imagination : il consent à éprouver la contrariété du multiple[1], sans renoncer pour autant à une forme de « sagesse » indissociable du trouble qui lui permet de se maintenir dans cet état limite, excessif et instable, qu'est l'exception. Le Tasse n'adhère pas à la sagesse de Cicéron, qui reconnaît « une très grande vérité dans les sens » à condition qu'ils soient « sains et bien portants », et qui se méfie des songes et des imaginations frénétiques au point de chercher à fixer des frontières bien étanches entre l'état conscient de veille et l'état inconscient de rêverie, si proche de la folie[2] :

> Qui donc, en imaginant une chose et en se la peignant dans la pensée, n'aperçoit pas, dès qu'il revient à lui, quelle différence il y a entre les choses évidentes et les vaines imaginations (*perspicua et inania*) ? ... Au réveil, nous méprisons toutes ces visions... Il en est de même des fous (*insanis*) : au début de leur accès de folie, ils sentent et disent qu'ils croient voir ce qui n'est pas. Mais, dira-t-on, le sage, s'il est pris d'un accès de fureur, s'abstient de donner son assentiment aux fausses illusions... Or, s'il n'y avait pas de différence entre les visions, il s'abstiendrait toujours ou jamais.

Si la situation décrite par Cicéron est exactement celle du *Messager*, le point de vue est tout autre. Le philosophe est du côté

---

1 « Nous avons en l'âme une multitude d'affects, qui est nourrie des vers des poètes » (T. Tasso, *Il Malpiglio secondo, overo del fuggir la moltitudine*, dans *Dialoghi*, éd. Mazzali, t. I, p. 129)
2 Cicéron, *Académiques* II, 16, 51-53

de la raison, censée garantir l'évidence de la réalité. Le poète est du
côté de cette « haute imagination » qui est la sagesse poétique de
Dante, parce qu'il explore au contraire les points de contact et
d'interférence entre les visions du rêve et les illusions construites
par l'intellect, entre écoute des affects et maîtrise de l'art.
L'*évidence* qui est révélée au prisonnier de Sainte-Anne devant le
Messager céleste ne peut s'exprimer que paradoxalement, au
moyen d'images ou d'oxymores : « il me semble raisonner en
rêvant (*sillogizzar sognando*) ». A quoi l'Ange répond[1] :

> Si tu te remets en mémoire quelque autre songe passé, tu t'apercevras
> aisément que tu ne rêves pas (...) Mais c'est plutôt toute la majeure
> partie de ta vie passée qui te semblera mériter le nom de songe.

Chaque fois que le poète s'abîme dans le doute, le Tasse prête à
l'Ange un rire à la fois ironique et subtilement éclairant. Ce poète
plus vrai et plus émotif que nature, qui ne sait pas encore rire de lui-
même, est à la fois (sans schizophrénie) le vrai Torquato Tasso dans
sa prison et sa représentation caricaturale en tant que poète
mélancolique. Il exprime si naïvement ses doutes sur la réalité de
l'apparition qu'il ressort en définitive que la vraie question posée
ici n'est pas celle de la réalité objective des visions, mais celle de la
conscience que l'esprit peut avoir de ce qu'il croit voir et penser. A
aucun moment, le lecteur ne peut se débarrasser du trouble dans
lequel entend l'envelopper le dialogue, et qui coïncide ici, très
précisément, avec l'*inganno* ou illusion poétique : l'Ange est, lui
aussi, à la fois « vrai » et imaginé, c'est un phantasme ou un rêve,
mais il dit des vérités philosophiques sur l'au-delà ainsi que,
fondamentalement, sur la relation qu'il est permis à l'homme
d'entretenir avec l'univers céleste, matériel et immatériel. Sa
complicité avec le poète, auquel il parle son propre langage en lui

---

1 *Messaggiero*, p. 8-9. Il s'agit toujours de la version corrigée de 1585. Première
version : « Tu peux être assuré maintenant que ceci n'est pas un songe, à moins que tu ne
veuilles dire que toute la vie humaine est un songe. » (éd. Raimondi, III, p. 310)

citant les poètes en qui il a foi[1], dont il se moque et dont il entretient le désarroi par son rire et ses réponses équivoques, vient de ce que chacun des deux interlocuteurs sait que l'autre ne croit pas en lui – un peu comme dans les relations diplomatiques entre les hommes, où seule la plus entière lucidité sur l'autre et sur soi-même permet une certaine entente, un certain accord.

L'Ange sourit aussi, au début du dialogue, en écoutant en quels termes, au sein même de la controverse sur la réalité de la vision angélique, le prisonnier en vient à définir sa propre folie relativement à la mélancolie naturelle des poètes. Je traduis intégralement, dans sa seconde version, cet examen de conscience qui prête à la poésie une valeur au moins égale aux lois de la physique et aux raisonnements des philosophes, et qui joue poétiquement sur des séries d'associations en chaîne[2] :

> Voilà comment il parlait, et moi, prenant conscience qu'il voulait se cacher de moi, je retournai à mes premiers soupçons et me remis à douter ainsi : – Tu m'as bien assez démontré que je ne rêve pas, mais parce que tu n'as pas levé tous mes doutes, je me demande s'il est possible que tout ceci soit une imagination non pas d'homme qui dort, mais d'homme qui veille et s'offre en proie à la fantaisie. Le pouvoir de la faculté imaginative est incroyable : et bien qu'il semble être plus fort quand l'âme, non occupée à exercer les sens extérieurs, se replie sur elle-même, il arrive pourtant quelquefois qu'elle force les sens avec une très efficace violence et les trompe de telle sorte qu'ils ne distinguent plus la propriété des objets. Cela, je l'ai appris de ces poètes auxquels il est raisonnable d'accorder la plus grande croyance : en effet Pétrarque a dit :
>
> > *J'ai beau regarder*
> > *mille choses, tout attentif et tendu que je sois,*
> > *je ne vois qu'une seule dame et son seul visage.*
>
> et encore :

---

1 « Je te parle volontiers avec les vers de Virgile, parce que tu l'as en une telle vénération que tu prêtes à son autorité la même foi qu'à celle des plus grands philosophes : et le pouvoir de la foi dans ton esprit n'est pas inférieur par moment à celui de la raison même. » (*Messaggiero*, p. 12)

2 *Messaggiero*, p. 16-19

> *Car bien souvent – qui m'en croirait ?*
> *dans les eaux claires et sur le vert gazon*
> *je l'ai vue, et dans le tronc d'un hêtre,*
> *et dans la blanche nue, et ainsi faite que Léda*
> *en aurait bien avoué sa fille vaincue,*
> *telle une étoile que le soleil couvre de ses rayons.*

Et avant lui le prince des poètes, parlant de Didon amoureuse d'Enée, avait dit aussi :

> *Absente absent elle l'entend, elle le voit.*

et un peu plus loin :

> *Elle est semblable à Penthée lorsqu'il voit apparaître dans sa folie*
> *la troupe des Euménides, et deux Thèbes, et le soleil en double,*
> *ou à Oreste encore s'agitant sur la scène, le fils d'Agamemnon,*
> *lorsqu'il voit les torches brandies par sa mère et les noirs*
> *serpents.*

Horace aussi, saisi de la même imagination, s'écrie :

> *Pourquoi m'emportes-tu, Bacchus,*
> *tout plein de toi ? pour quel bois, pour quel antre*
> *vient me ravir un esprit nouveau ?*

et ensuite :

> *ainsi je m'écarte du chemin*
> *pour admirer les rives et les bois*
> *solitaires, ô maître des Naiades*
> *et des Bacchantes dont les mains*
> *vigoureuses déracinent les grands frênes.*

Dante non plus ne se montre pas moins emporté par la fantaisie quand, après avoir vu les fantômes d'Assuérus et du juste Mardochée, et celui de Lavinie qui pleurait, il s'interrompt avec cette exclamation :

> *O imagination qui nous dérobe à nous,*
> *qui donc te meut, si les sens ne te guident ?*

Et certes on ne peut nier qu'il n'existe quelque aliénation d'esprit capable, que ce soit maladie et folie, comme pour Oreste et Penthée, ou divine fureur, comme pour ceux qui sont emportés par Bacchus ou l'Amour, de faire prendre les choses fausses pour vraies, tout aussi bien que fait le rêve. Il semble même qu'elle puisse faire encore mieux, parce que dans le rêve seuls les sens sont entravés, mais dans la fureur l'esprit est empêché : c'est pourquoi je soupçonnerais fort que, si ce que l'on dit communément de ma folie (*follia*) était vrai, ma vision soit semblable à celle de Penthée et d'Oreste. Mais parce que je ne suis conscient, pour moi, d'avoir rien accompli de semblable aux actes d'Oreste et de Penthée, et quoique je ne nie pas être fou (*folle*), il m'importe de croire que cette nouvelle folie ait une autre cause. Sans doute est-ce un excès de mélancolie, et les mélancoliques, comme l'affirme Aristote, ont toujours eu l'esprit particulièrement éclairé dans l'étude de la philosophie, le gouvernement de la république et la composition des vers : Empédocle, Socrate, Platon, furent mélancoliques ; Maratus, poète sicilien, était meilleur quand il était hors de soi et pour ainsi dire loin de lui-même ; et bien des années plus tard Lucrèce s'est tué par mélancolie ; et Démocrite chasse du Parnasse les poètes qui sont trop sages. Non seulement les philosophes et les poètes, mais les héros aussi, comme le dit encore Aristote, sont infestés du même vice : et parmi eux Hercule, pour qui l'épilepsie reçut le nom de mal herculéen. On peut compter aussi parmi les mélancoliques Ajax et Bellérophon : l'un devint tout à fait fou (*pazzo*), et l'autre avait l'habitude de fréquenter les lieux solitaires, au point qu'il pouvait dire :

> *Seul et pensif je vais d'un pas traînant*
> *arpenter les plaines désertes,*
> *et tout inquiet je porte les yeux alentour*
> *pour fuir la trace des hommes sur le sable.*

Et assurément ce ne fut pas plus rude épreuve de vaincre la chimère que de surmonter la mélancolie, laquelle ressemblerait plutôt à l'hydre qu'à la chimère, car à peine le mélancolique a-t-il coupé le cou à une pensée qu'il en naît deux immédiatement à sa place, qui l'assaillent et le lacèrent de coups de dents mortels. Quoi qu'il en soit, ceux qui sont mélancoliques non par maladie mais par nature sont d'un génie singulier (*d'ingegno singolare*), et moi je suis mélancolique pour l'une et l'autre raison : me voilà donc consolé à moitié. Et bien que je ne sois pas plein d'excessive espérance, comme on peut le lire à propos d'Archelaos roi de Macédoine, je ne suis pourtant pas si froid et glacé que je sois contraint de me tuer, mais à la manière du chasseur qui a lancé son trait il me semble avoir touché la proie avant d'empoigner la bête de mes mains, et il me semble prévoir de loin les similitudes et les conséquences (*e mi par di antiveder da lontano le cose simili e le consequenti*) : et à force de faire des images et des songes infinis comme celui-ci, dont je crois bien que c'en est un, à la manière d'un archer qui tire tout le jour j'atteindrai peut-être une fois la cible de mes pensées.

Il faut admettre que la folie du Tasse est bien « nouvelle », dans la perspective qui est la sienne, alors même qu'il se reconnaît comme faisant partie de la foule multiforme des mélancoliques, dont Aristote énumérait la diversité avec les mêmes exemples pour les définir génériquement comme des êtres « d'exception » (le Tasse dit « d'un génie singulier »), mélancoliques « par nature et non par maladie »[1]. Pour apprécier dans sa singularité cette folie de poète, il est nécessaire de prendre en compte sa nature poétique, d'une part, et d'autre part le caractère pour ainsi dire superlatif de l'être même du Tasse, qui ressent toutes choses avec excès. Pour bien en comprendre la « nouveauté », il faut considérer cet état particulier de mélancolie comme une expérience de la duplicité, non seulement parce qu'en elle se combinent les deux causes opposées identifiées par Aristote, mais surtout parce qu'elle se trouve coïncider exactement avec la définition de ce qu'est proprement la poésie : car ce qui est décrit par l'image finale de l'archer qui tire de loin, c'est l'acte poétique même.

Ce qu'il y a de nouveau ici, c'est encore la distance critique par laquelle le poète saisit à la fois les similitudes et les dissemblances entre les différentes fureurs, ce qui a pour conséquence d'éloigner de son expérience « singulière » de la mélancolie, plutôt que de permettre des identifications, les modèles proposés. Dans la première version du dialogue, le Tasse donnait une interprétation plus conforme à la tradition, et ne dissociait pas encore les trois fureurs néoplatoniciennes : poésie, amour, ivresse[2]. Après des

---

1   Aristote, *Problème XXX*. Voir la traduction de J. Pigeaud, accompagnée d'une analyse très détaillée, sous le titre *L'homme de génie et la mélancolie*, Rivages, 1988.

2   « Bien que je ne nie pas être fou, il m'importe de croire que ma folie doit avoir pour cause ou l'ivresse ou l'amour : car je sais bien, et je suis là-dessus sans illusion, que je bois avec excès et qu'avec excès je désire la présence et la grâce de celle qui pourrait me rendre heureux rien qu'avec une petite partie de ses faveurs... » (éd. Raimondi, III, p. 332-23). Il était courant, depuis l'Antiquité, d'associer la mélancolie à l'usage immodéré du vin. Quand à la légende romantique d'un amour interdit entre Torquato et une princesse d'Este, bien qu'elle soit adoptée par Manso et suggérée par le Tasse lui-même, on ne peut la considérer que comme un écran destiné à masquer les vrais conflits et les vraies questions. Dans la version révisée du dialogue, les vraies questions sont posées, et la réponse choisie est poétique.

années d'enfermement et de dialogue avec soi-même, il en vient à refuser d'identifier la fureur poétique à la mélancolie – ce qu'avaient fait les néoplatoniciens dans le but de concilier leur idéal d'inspiration divine à la nature saturnienne de l'artiste[1] – parce qu'il oppose à cette fureur considérée comme possession la conscience que le poète peut avoir de son art et de lui-même[2] :

> Ceux qui veulent que la poésie soit une fureur poétique inspirée par Phoebus et par les Muses n'acceptent pas qu'elle soit un art, comme vous pourrez le constater dans l'*Ion* de Platon. Quoi qu'il en soit, je peux vous assurer de deux choses : l'une, que je ne suis pas de ces poètes qui n'entendent pas ce qu'ils écrivent. L'autre, que j'écris avec grande fatigue, ce que n'ont pas coutume d'endurer ceux qui composent sous l'effet de la fureur poétique.

Si Saturne gouverne bien pour le Tasse la faculté de contemplation, comme pour Ficin, cette faculté se définit comme *acuité* de l'esprit[3] et non comme possession subie et imposée de l'extérieur, fut-ce par volonté divine. Il n'y a donc pas discordance, mais bien au contraire association étroite et logique (enchaînement par conséquence et contiguïté) entre les concepts d'acuité et de mélancolie, dont le moyen terme n'est autre que le concept d'imagination intellective. D'où la concentration brutale opérée ici entre ce qui est de l'ordre des phénomènes émotifs (les hallucinations, les actes de fureur, la démesure dans l'action ou son contraire, la négation par le suicide) et ce qui est de l'ordre des causes internes (qu'est-ce qu'être poète). Ce que défend le Tasse en revendiquant le statut artistique de la poésie, c'est toujours le droit à la lucidité et à la conscience. Il s'est toujours reconnu lui-même

---

1 Voir à ce propos R. Klibansky – E. Panofsky – F. Saxl, *Saturne et la mélancolie*, trad. F. Durand-Bogaert et L. Evrard, Gallimard, 1989.

2 Lettre 258, éd. Guasti, II, p. 247

3 « Si tu veux parler des dons naturels, tu peux considérer le nombre des intelligences qui gouvernent les planètes : l'acuité de la contemplation (*acuteza del contemplare*) dérive de Saturne, le pouvoir de gouverner et de commander dépend de Jupiter », *etc.* (*Messaggiero*, p. 56)

« frénétique » et « fou » (*folle*) au sens d'une nature
exceptionnellement « fantastique » (emportée par l'imagination) et
agitée de mouvements contradictoires, mais la démence de celui
que l'on dit *pazzo* ou *mentecatto*[1] ne saurait lui correspondre, parce
qu'elle nomme littéralement l'affection majeure qui prive de cette
lucidité sur soi qui est la condition même de la pensée poétique.

En ce sens, Bellérophon, traité comme figure du combat
permanent que le mélancolique livre contre lui-même, est aussi une
figure de la conscience de soi, et s'oppose en tant que tel aux autres
exemples mythiques qui sont autant de figures de possession.
Bellérophon est à la fois une créature poétique et, en tant que
dompteur du cheval Pégase, une figure détournée du poète :
l'évidence majeure révélée par la méditation sur son nom est que, si
la multitude des émotions qui troublent l'âme « se nourrit des vers
des poètes », ce sont eux aussi qui rendent l'esprit clairvoyant.
C'est pourquoi, abruptement et sans prévenir, le Tasse substitue au
récit homérique de l'errance de Bellérophon, que l'on attendrait,
une citation de Pétrarque où le poète se regarde agir lui-même dans
le rôle du héros antique auquel il s'identifie implicitement[2]. Cette
substitution de personne, qui fonctionne comme une double
métonymie, lui permet d'inscrire sa propre expérience dans un
réseau de correspondances dont la parole poétique est à la fois la
révélation et le lieu d'expérimentation. Or c'est exactement là que
se situe la véritable spécificité de la folie du Tasse, dans cette
aptitude « singulière », extrême, périlleuse peut-être, à *anticiper* sur
la réalité pour relier l'avant et l'après, en rapprochant les extrêmes

---

1 Ce mot savant, souvent employé par Manso pour dire précisément ce que n'est pas la
folie du Tasse, désigne étymologiquement un rapt de l'esprit (*mente captus*) qui est de l'ordre
de la possession, et appartient au même registre que *matto*, qui assimile la folie au délire de
l'ivresse. Le Tasse lui-même emploie plutôt le mot *pazzo*, qui appartient au lexique
populaire, pour connoter le contraire même de la singularité du poète.

2 Dans l'*Iliade*, VI, 200-202, Homère raconte comment Bellérophon, ayant vaincu la
chimère, est puni par les dieux parce qu'il fuit les hommes et cherche la solitude – Le Tasse
cite Pétrarque, *Canzoniere*, sonnet XXXV.

dans des réseaux de correspondances qui transforment en images les choses, les êtres et les idées.

La tradition ne connaît pas seulement trois fureurs, mais quatre avec la fureur prophétique, et c'est dans une parfaite cohérence que la pensée qui « raisonne en rêvant », par induction et par images, aboutit, après cette revue des similitudes possibles, à la comparaison finale avec l'archer : car la divination est une des questions cruciales posées par le dialogue avec l'Ange, et doit avoir sa place dans le catalogue des chimères. C'est bien la fureur prophétique qui est représentée, au sens propre, par cette faculté à « prévoir de loin les similitudes et les conséquences » dont le Tasse fait le signe distinctif de sa « nouvelle folie », et qu'Aristote a dit être commune au poète et à l'interprète des songes. L'image de l'archer « qui tire de loin », telle qu'elle apparaît énigmatiquement ici comme emblème de l'acte poétique, a été utilisée en effet par Aristote, dans son petit traité de *La divination dans le sommeil*, pour expliquer par la singulière vivacité d'esprit des mélancoliques et leur goût pour les associations et enchaînements d'idées et de sons la véridicité fréquente de leurs rêves[1] :

> Les mélancoliques, à cause de leur forte tension, comme ceux qui tirent de loin, visent juste (*eustochoi eisin*). Et à cause de leur état changeant (*dia to metablêtikon*) les contiguïtés leur viennent vite à l'esprit (*tachu to echomenon phantazetai autois*). Car comme les poèmes de Philaegide et les fous disent et conçoivent des contiguïtés tirées du semblable (*echomena tou omoiou legousi kai dianoountai*), par exemple Aphrodite-dite, de même les mélancoliques relient les choses entre elles par anticipation (*kai outô syneirousin eis to prosô*).

L'image de la flèche, figure de l'acuité de l'esprit ou *ingenium*, capable dans sa fulgurance de « relier rapidement les choses

---

[1] *De la divination dans le sommeil*, 464 a. L'interprétation de ce texte très elliptique est extrêmement délicate (voir à ce propos le commentaire très détaillé de J. Pigeaud qui accompagne sa traduction publiée sous le titre *La vérité des songes*, Rivages, 1995, p. 65-81 et *passim*). Je traduis ici le plus littéralement possible, tout en m'appuyant sur la paraphrase du Tasse, que je crois très exacte, pour rendre les sous-entendus.

séparées et contraires »[1], se combine à la nature émotive du génie mélancolique pour faire de lui un expert en associations métaphoriques et un rêveur plus réceptif, plus littéralement sensible que les autres. Or la faculté que caractérise l'acuité et la promptitude à fabriquer des métaphores, c'est pour Aristote l'intelligence intuitive des artistes et des contemplatifs, celle qui permet, par opposition à la pensée dialectique, faculté de raisonnement des mathématiciens et des logiciens, de « saisir les extrêmes »[2], c'est-à-dire de comprendre en les reliant les principes et les fins des choses. C'est pourquoi l'esprit sagace, qui dans le vocabulaire aristotélicien est qualifié métaphoriquement d'*eustochos*[3], « celui qui vise juste », est aussi doué pour l'exercice de l'intellect que pour éprouver des émotions, aussi vif à raisonner qu'à deviner les énigmes et à interpréter les songes, sa fonction propre étant d'établir, « de loin », des liens entre les choses qui ne se touchent pas.

Le génie poétique, en ce sens, est multiple, il ne suffit pas de le caractériser par l'acuité, il faut le considérer d'abord comme l'esprit de synthèse qui condense en une même faculté intelligence intuitive

---

1   Telle est la définition de l'*ingenium* qui sera commune à Graciàn, Tesauro et Vico, et que le Tasse expose partout sans la formuler directement. On pourra lire à ce propos l'article fondamental de E. Grassi, « La mania ingegnosa. Il significato filosofico del manierismo » (dans *L'umanesimo e la follia*, a cura di E. Castelli, Roma, 1971, p. 109-126) qui ne parle pas du Tasse mais définit exactement le contexte épistémologique qui soutient sa pensée.

2   Dans le dialogue *Il Malpiglio,* contemporain de la révision du *Messaggiero,* le Tasse cite Aristote (*Ethique à Nic.* VI, 6-12 et *Physique,* VIII, 8, 264 b 27) pour définir l'intellect contemplatif comme la faculté *co'l quale intendiamo i termini* (*Dialoghi,* éd. Mazzali, t. I, p. 164 : voir note 35). La même faculté détermine l'éloge d'Alphonse d'Este dans la *Jérusalem Délivrée* (XVII, 92) : Alphonse est supérieur à tous ceux de sa lignée pour avoir apporté la paix en encourageant les arts, et parce qu'il possède cette faculté de « contempler de loin et prévoir les extrêmes (*mirar da lunge e preveder gli estremi*) ». Il convient d'entendre dans le même sens cet éloge du Tasse par Manso (II, iv, 7) : « Ainsi montra-t-il de la maturité pour juger des choses, du jugement dans la réflexion, de la réflexion dans le doute, et jamais aucun doute dans la prévision des choses futures (*nell'antiveder le future*). »

3   Chez Platon déjà, la *stochastique* définissait en termes savants l'art de la conjecture, et *eustochon* qualifiait la sagacité du jugement.

et imagination intellective. Cette faculté est la seule à pouvoir débrouiller correctement les nœuds de confusions où se débat irréductiblement l'âme humaine, dès lors qu'on admet que « l'âme est multitude »[1] et que nul ne peut prétendre fuir « la multitude des passions que nous portons en nous »[2]. Plutôt que de chercher vainement, comme le font les moralistes, à réprimer ou à fuir ces passions contradictoires en opposant la raison aux émotions, le poète a la faculté d'en maîtriser les mouvements désordonnés en composant son âme comme on compose un poème, par le jeu des symétries et des proportions. Celui qui est capable de dire que « ce n'est pas une mince fatigue de se connaître soi-même »[3] sait bien que, comme l'art poétique, la connaissance de soi n'est pas plus une doctrine qu'un acte de la raison logique : elle est mise à l'épreuve constante des tensions de l'âme et n'est donnée qu'à celui qui, sachant construire des analogies, se perçoit sans leurre comme un composé de corps et d'esprit, de sensation et d'imagination[4].

La fonction propre au poète, celle qui permet d'activer toute la force de l'imagination poétique par la production de métaphores et d'images, le Tasse l'appellera plus tard « étude de la ressemblance »[5]. Elle se trouve coïncider avec l'*eustochia* attribuée par Aristote au rêveur mélancolique, et se distingue donc

---

1 *Messagiero*, p. 71

2 *Malpiglio*, p. 129

3 *Ibid.*

4 Aristote, *De anima*, I, 1, 403 b : « on ne peut penser sans corps », puisque l'imagination relève de la sensation physique dont elle est une sorte de double mimétique, et on ne peut non plus penser sans images (III, 8, 432 a). La fonction de l'imagination, du point de vue des « métabolismes », ou changements de disposition qui affectent l'individu dans son être multiple, est d'introduire une sorte de moyen terme entre la sensation et la pensée : les images sont « comme » des sensations, et les pensées sont nourries d'images (*phantasma*). Le Tasse, qui a bien lu Aristote, explique ailleurs que celui qui lit Pétrarque « doit nécessairement l'avoir [en personne] dans la pensée et dans l'imagination, et c'est comme s'il en avait la sensation : car l'imagination est un sens intérieur. » (*Malpiglio*, p. 127)

5 *Giudizio sopra la Gerusalemme*, II, dans *Opere*, Pisa, 1823, t. XII, p. 302 (*studio del rassomigliare*).

essentiellement de tout état de possession en cela qu'elle est un acte de volonté. Et pourtant ce n'en est pas moins un acte violent : elle agit comme le geste du chasseur, avec la même décision brusque et la même fulgurance irratrapable, même si sa proie n'est que mentale. L'espèce de mélancolie que le Tasse s'attribue ne saurait donc être mieux définie que par cette faculté d'anticipation qui lui donne l'illusion d'avoir fait mouche avant de toucher la proie, et le fait paraître parfois insensé parce que les associations qu'il établit « de loin » peuvent ressembler à ces jeux de mots et *concetti* d'aspect futile parce qu'ils ne sont que sous-entendus, rencontres d'images et reflets changeants de significations. Mais c'est précisément à cause de cette faculté que le mélancolique est, selon Aristote, le meilleur interprète des rêves : la promptitude à « observer les ressemblances » s'exerce même (et surtout) lorsque les images sont en désordre et déformées comme les reflets dans l'eau, qui ressemblent aux phantasmes des rêves[1].

Du fait même de sa nature proprement émotive, une telle « tension » de l'esprit et des sens comporte un risque. C'est pourquoi l'image de la flèche, qui mime à la fois la fulgurance et l'audace du « toucher intellectuel »[2] qu'est l'imagination, en produit par contiguïté une seconde – surprenante figure de modestie

---

1   *De la divination dans le sommeil*, 464 b : « Le plus habile interprète des songes est celui qui sait observer les ressemblances. Je dis les ressemblances car les images des rêves correspondent aux reflets des images dans l'eau. Et si le mouvement du liquide est violent, le reflet (*emphasis*) n'est pas ressemblant à l'image (*eidôla*) du vrai. L'homme habile à apprécier les illusions (*emphaseis*) est donc celui qui peut distinguer et reconnaître rapidement les images en désordre et fragmentées, et dire que ce sont celles d'un homme ou d'un cheval ou de tout autre chose. Et le songe a bien la même propriété, puisque le mouvement efface le songe véridique. »

2   « Elevons-nous maintenant à la contemplation et à la connaissance, et pour ainsi dire à la simple vision du vrai : car la science n'est pas le sommet ultime de la connaissance, mais au-dessus d'elle est l'intellect – non pas seulement celui qui est séparé de l'âme, mais celui par quoi Aristote dit que nous comprenons les extrêmes (...) Heureux, plus qu'heureux est celui à qui il est concédé d'atteindre à ce point : car c'est une béatitude que l'exercice de l'intelligence là où l'intellect est toucher. Là haut donc, de notre intellect nous toucherons l'intellect divin. » (*Malpiglio*, p. 164-5)

dont l'effet apparent est de corriger l'exaltation des pouvoirs prophétiques de l'esprit contenue dans la première image : « à la manière d'un archer qui tire tout le jour, j'atteindrai peut-être une fois la cible de mes pensées ». Cette mélancolique pointe finale figure la cohérence même de la pensée, qui se concentre « de loin » sur un objet inaccessible et qui sait évaluer instantanément, avec précision, ses chances et ses espoirs. Le Tasse reprend encore à son compte, mais pour le détourner, un proverbe cité par Aristote à propos de la vérité des rêves : « à force de décocher des flèches, on finit par faire mouche »[1]. Si la première image servait à définir la spécificité de l'acte poétique, la seconde expose l'aporie même de la clairvoyance. Cette *eustochia* du poète, le Tasse l'entend moins, du point de vue de l'effet, comme réussite dans le tir, que, du point de vue de l'expérience, comme *intention*. Tout est dans la visée, et dans la connaissance claire des fins de l'acte poétique. Le degré de réussite du tir importe moins, dans cette « folle » perspective, que le mouvement qui tend vers les « extrêmes », mais se tient plutôt dans l'ordre du possible que dans celui de l'achèvement. La méditation du rêveur, stimulée par l'apparition de l'Ange, opère la synthèse de ces deux extrêmes que sont l'état de trouble de la mélancolie et la clairvoyance de l'acte poétique. Elle implique que la réussite de la visée poétique ne relève pas plus du hasard que de l'inspiration, puisqu'il importe que la poésie soit reconnue comme art, mais doit pourtant rester une indétermination absolue. Quoiqu'elle lui

---

1 *De la divination dans le sommeil*, 463 b : « Ceux dont la nature est comme bavarde (*lalos*) et mélancolique ont des visions de toutes sortes. Car, du fait qu'ils sont agités de mouvements multiples et divers, il leur vient des visions qui se ressemblent, et dans cette situation ils ont la même chance que ceux qui jouent aux dés. Et comme dit le proverbe, *etc.* » De même chez Cicéron : « Peut-on lancer des traits toute la journée sans toucher quelquefois au but ? Nous rêvons des nuits entières ... et l'on s'étonne que nos rêves se réalisent quelquefois ! Qu'y a-t-il de plus incertain que le jeu de dés ? Il n'est cependant personne qui, en jetant souvent les dés, n'amène le coup de Vénus, une fois, voire même deux ou trois » (*De div.* II, LIX, 121, trad. J. Pigeaud, *La vérité des songes*, p. 47 et 136). Mais chez Cicéron, ce calcul de probabilité est statistique et ne démontre que la méfiance qu'il faut avoir envers le pouvoir de divination des rêves.

ressemble, elle ne se confond pas davantage avec la fureur prophétique qu'avec les trois autres fureurs, et n'accepte de se soumettre à aucune autre exigence que celle de la nécessité qui impose à l'être pensant et sentant, c'est-à-dire vivant, qu'est le poète, de maintenir en lui, sans occulter la « fatigue » que suppose cet effort, une constante disposition à la « voyance ».

Françoise GRAZIANI
Université de Paris VIII

L'INGÉNIOSITÉ MÉLANCOLIQUE DU *QUICHOTTE* :
UNE FÉCONDITÉ SANS EMPLOI

Lecteur désœuvré, sans serment tu pourras me croire : j'aurais voulu que ce livre, en fils de l'entendement, fût le plus beau, le plus gaillard et le plus sage qui se puisse imaginer. Mais je n'ai pu contrevenir à l'ordre de nature qui veut que chaque chose engendre son semblable. Et ainsi, que pourrait engendrer mon stérile génie mal cultivé, sinon l'histoire d'un enfant sec, dur comme bois de noisetier, bizarre et plein de fantaisies diverses jamais imaginées de quiconque, comme un qui s'engendra dans une prison, où toute incommodité a son siège, tout triste bruit son séjour ? Le repos, un lieu paisible, l'aménité des champs, la sérénité des cieux, le murmure des sources, la quiétude de l'esprit font beaucoup pour que les muses les plus stériles se montrent fécondes et offrent au monde des naissances qui le comblent d'étonnement et de plaisir. Il arrive qu'un père ait un enfant laid et dénué de toute grâce : l'amour qu'il lui porte lui met un bandeau sur les yeux pour qu'il ne voie ses défauts – il les tient plutôt pour des sagacités et des agréments, et à ses amis, il les conte comme des finesses et des perles. Mais moi, si je parais en père, je suis parâtre de don Quichotte : je ne veux pas suivre le courant de l'habitude... [1]

Il est beaucoup question de paternité au début du Quichotte. Cervantès y reprend les images qui exaltent la fécondité masculine dans la reproduction à l'identique des pères dans leurs fils et des

---

1   « Desocupado lector : sin juramento me podrás creer que quisiera que este libro, como hijo del entendimiento, fuera el más hermoso, el más gallardo y más discreto que pudiera imaginarse. Pero no he podido yo contravenir al orden de naturaleza ; que en ella cada cosa engendra su semejante. Y así, ¿que podrá engendrar el estéril y mal cultivado ingenio mío sino la historia de un hijo seco, avellanado, antojadizo y lleno de pensamientos varios y nunca imaginados de otro alguno, bien como quien se engendró en una cárcel, donde toda incomodidad tiene su asiento y donde todo triste ruido hace su habitación ? El sosiego, el lugar apacible, la amenidad de los campos, la serenidad de los cielos, el murmurar de las fuentes, la quietud del espíritu son grande parte para que las musas más estériles se muestren fecundas y ofrezcan partos al mundo que le colmen de maravilla y de contento. Acontece tener un padre un hijo feo y sin gracia alguna, y el amor que le tiene le ponde una venda en los ojos para que no vea sus faltas, antes las juzga por discreciones y lindezas y las cuenta a sus amigos por agudezas y donaires. Pero yo, que, aunque parezco padre, soy padrastro de don Quijote, no quiero irme con la corriente del uso [...] » (*El ingenioso hidalgo Don Quijote de la Mancha*, éd. V. Gaos, Madrid, Gredos, 1987, I, p. 13-6). Sauf indication expresse, nous proposons nos propres traductions.

auteurs dans leurs œuvres. Ici, pourtant, ces images sont compromises : il est aussi question de stérilité, d'enfantement raté, et au lieu de se poser en père qui légitime son fils, « l'avoue » pour le produire en société, l'auteur se dit père d'emprunt, et le condamne.

Le topos traité d'une manière aussi complexe établit un lien nécessaire autant qu'énigmatique entre l'auteur, son livre et le personnage de Don Quichotte. C'est aux trois que s'appliquent des formules comme « bizarre » ou « plein de fantaisies diverses jamais imaginées de quiconque ». Le livre et le personnage sont fils. Pourtant toute forme d'accréditation est remise en cause. Ici, aucun auteur (*auctor*) ne répond de son œuvre, et nous verrons qu'aucune loi naturelle d'engendrement ne cautionne la vérité de l'invention.

C'est à partir du discours médical sur la mélancolie ingénieuse que Cervantès a pu défaire la continuité paternelle entre le texte, l'auteur et la vérité, et découvrir ou redécouvrir le paradoxe de l'écriture représentée et comme fécondité et comme passivité stérile.

En situant la naissance de son livre dans une prison, l'auteur pense sans doute à son propre séjour à la prison de Séville. Mais il situe aussi la conception de son œuvre en un lieu sombre caractérisque de la mélancolie. Inquiet, excessivement imaginatif, affabulateur et visionnaire, Don Quichotte porte la marque de ce tempérament. Non pas à cause d'un excès de bile noire, comme dans la mélancolie naturelle : si le déréglement de l'imagination, la capacité à concevoir monstres et chimères sont des symptômes clairs, en revanche le goût du vieil hidalgo pour la compagnie, sa curiosité, ses colères si promptes à s'enflammer et encore telles appétences fort problématiques au regard de la chasteté chevaleresque et de la fidélité à Dulcinée[1], n'appartiennent pas au

---

1   Voir les chapitres 16 et 17 de la première partie, qui mettent joliment en parallèle les rêveries amoureuses et même érotiques de Don Quichotte avec le rut tapageur du vieux

portrait du mélancolique naturel, de même que certains traits physiques comme la vigueur de la constitution[1] ou le teint sec, pâle et jaune[2], plutôt caractéristiques du tempérament colérique : comme l'avait déjà vu M. de Iriarte[3], la mélancolie de don Quichotte est une mélancolie *aduste*, un dérèglement humoral provoqué par la combustion de la bile jaune, ou colère, en raison d'une excessive chaleur. Les descriptions que donne Huarte de San Juan dans son *Examen de ingenios* correspondent assez bien à la personnalité de l'hidalgo : pour le médecin, tous les tempéraments très chauds ont une forte imagination. Mais ceux qui relèvent de la mélancolie aduste sont doubles : ils combinent une partie froide et sèche et une autre ardente. De là une certaine inconstance dans le comportement, l'association de vices et de vertus opposés, des qualités (l'inventivité) qui, malgré des carences comme celle de la mémoire, prédisposent par exemple à la prédication[4]. Dons et contrastes caractéristiques de don Quichotte.

Rossinante. Pour Huarte de San Juan, « à cause de la puissance générative, le colérique se perd pour les femmes » – « El colérico, segun la potencia generativa, se pierde por mujeres » (*Examen de ingenios*, Biblioteca de autores españoles, tome 65, Madrid, Rivadeneyra, 1873, p. 406).

1   « Complexión recia » (I, p. 53).

2   « Seco y amarillo » (I, p. 740).

3   *El doctor Huarte de San Juan y su examen de ingenios*, Madrid, Consejo superior de investigaciones científicas, 1948, p. 321. C'est M. de Iriarte qui a fait valoir l'influence de Huarte sur Cervantès.

4   « Nous avons déjà dit que ceux qui ont une forte imagination sont d'un tempérament très chaud » – « Los que tienen fuerte imaginativa, ya hemos dicho atrás que son de temperamento muy caliente » (*Examen de ingenios*, p. 458). « Toutes les choses qui subissent la combustion et que le feu a brûlées et consumées, sont d'un tempérament divers. La plus grande partie du sujet est froide et sèche, mais il y a d'autres parties mêlées, si subtiles et délicates et d'une telle ardeur et chaleur, que quoique en petite quantité, elles sont plus efficaces dans leur action que tout le reste du sujet. [...] De là on infère que les mélancoliques adustes joignent un grand entendement à beaucoup d'imagination, mais tous manquent de mémoire, à cause de la forte dessication et dureté que provoqua la combustion dans le cerveau. Ceux-là sont bons pour être prédicateurs [...] » – « Todas estas cosas que padecen adustión y el fuego las ha consumido y gastado, son de vário temperamento. La mayor parte del sujeto es frío y seco, pero hay otras partes entremetidas, tan sutiles y delicadas y de tanto hervor y calor, que puesto caso que son en pequeña cantidad, son más

Cependant, celui-ci a par exemple une excellente mémoire, tandis que le mélancolique aduste est imaginatif mais amnésique pour Huarte, qui, en outre, ne conçoit pas cette capacité inventive comme nécessairement opposée à l'entendement. Selon lui, la clarté lumineuse de l'humeur aduste aide l'entendement à bien distinguer les figures[1]. Car depuis Albert le Grand, cette humeur passe pour exciter les images mentales[2], et c'est à cause de cette propriété qu'elle a pu récupérer, chez Ficin notamment, l'héritage du *Problème XXX* d'Aristote pour devenir la particularité de l'homme de génie. Au contraire Cervantès oppose le don Quichotte imaginatif au don Quichotte sage, sage dès lors qu'il n'est plus question de ses chimères. Ici le tempérament aduste ne peut pas se rassembler dans une formule uniformément positive. Il a été prêté au vieil hidalgo pour exploiter la possibilité qu'offrait Huarte en affirmant que la partie imaginative qu'excite la bile aduste peut parfois s'opposer à l'entendement ; ainsi tels jeunes gens trop imaginatifs sont inaptes à « savoir de manière éminente la langue latine, la dialectique, la philosophie, médecine et théologie scolastique et les autres arts et sciences qui appartiennent à l'entendement et à la mémoire » ; en revanche « ils se perdent dans la lecture des livres de chevalerie, dans l'*Orlando*, Boscan, la *Diane*

---

eficaces en obrar que todo lo restante del sujeto. [...] De aquí se infiere que los melancólicos por adustión juntan grande entendimiento con mucha imaginativa, pero todos son faltos de memoria, por la mucha sequedad y dureza que hizo en el cerebro la adustión. Estos son buenos para predicadores [...] » (p. 459).

1   « Elle a une autre qualité qui aide beaucoup l'entendement, c'est d'être luisante comme le jais, et avec cette splendeur elle éclaire l'intérieur du cerveau de telle sorte que les figures se voient bien – « Tiene otra calidad, que ayuda mucho al entendimiento, que es ser respléndida como azabache, con el cual resplandor da luz allá dentro en el cerebro para que se vean bien las figuras » (p. 442).

2   Albert le Grand identifie les mélancoliques géniaux du *Problème XXX* d'Aristote avec les mélancoliques adustes. « C'est ceux (*sic*) qui ont une mélancolie accidentelle, causée par une brûlure due aux (tempéraments) sanguins et colériques. Les *phantasmata* frappent ces hommes plus que les autres, parce qu'ils s'impriment plus fortement dans le sec de la partie postérieure du cerveau » (*De memoria et reminiscentia*, cité par F.-A. Yates, *L'art de la mémoire*, Paris, Gallimard, 1975, p. 81).

de Montemayor, et d'autres semblables, car tous sont œuvres d'imagination »[1]. La mélancolie aduste laissait une place à la folle du logis. Elle seule permettait d'échapper à une évaluation univoque, car la tradition médicale et philosophique l'avait située dans un tissu de contradictions, entre pathologie et génialité, déraison et inspiration, toutes associations paradoxales (sage et fou, *cuerdo y loco*) qui structurent, ou distendent, le personnage de don Quichotte[2], et dans cette tension elle posait l'énigme d'une imagination déliée de l'entendement. Non que l'une se substitue à l'autre, et l'abolisse : il est là, réel, don Quichotte est homme de haut entendement, de grand savoir et de sages paroles ; mais elle a acquis son autonomie.

Tous les arts poétiques prétendent réconcilier imagination et entendement. Cervantès les associe et les confronte dans une articulation énigmatique, et, comme on le verra, il le fait en liaison avec le brouillage de l'instance auctoriale et avec le refus des formes d'accréditation du texte. Mais auparavant une autre raison du choix de l'humeur aduste doit également être envisagée. Son origine colérique. Cervantès semble avoir retenu l'humeur colérique en raison de son inadéquation même à la situation de don Quichotte. Comment se mettre en colère dans une vie inactive et solitaire ? L'humeur colérique excite, elle fait sortir de soi. Mais comment sortir de soi dans un village de la Manche où il n'y a rien à faire ? Sinon en *sortant*, en s'arrachant au lieu et à soi-même, prenant un nom d'emprunt, renommant son cheval pour faire la

---

1 « [Les jeunes gens doués pour la poésie auront du mal à] saber con eminencia la lengua latina, la dialéctica, la filosofia, medicina y teología escolástica, y las demás artes y ciencias que pertenecen al entendimiento y memoria. [Ces jeunes gens] se pierden por leer en libros de caballerías, en *Orlando*, Boscan, en *Diana* de Montemayor, y otros así ; porque todas éstas son obras de imaginativa » (p. 449).

2 Et la poétique du *Quichotte*. Dans la Préface, deux arguments autorisent l'auteur à se passer des citations d'autorité : d'une part celles-ci ne sont pas de mise dans les billevesées des romans de chevalerie, d'autre part l'auteur n'a à se réclamer que de l'imitation. C'est se prévaloir et du mensonge et de la vérité.

sortie, et interpeller chaque rencontre au nom des livres. L'humeur colérique est impatiente et inquiète. L'inventivité, l'ingéniosité mélancolique, ce sera d'abord cela : l'inquiétude, une incapacité à s'accommoder, qui feront, en l'absence de toute possibilité d'action, choisir l'imaginaire au défaut de la vie. Consumée faute de pouvoir s'extérioriser, l'humeur colérique devient mélancolie aduste, puissance d'affabulation, pouvoir ingénieux.

Un tempérament inadéquat, une imagination affranchie : telles sont les caractéristiques du tempérament aduste que Cervantès a choisi d'exploiter. Elles intéressent directement le problème de l'invention, celui de la fécondité littéraire.

On l'a depuis longtemps remarqué : *ingenioso* (« ingénieux ») s'applique et au livre *Don Quichotte de la Manche* et au personnage éponyme, ce qui ne surprend guère puisque celui-ci est l'homme des livres et se voudrait les livres faits homme. L'ingéniosité est la capacité innée de l'invention[1]. Huarte, qui fait sienne la thèse aristotélicienne d'un langage arbitraire mais néanmoins approprié à ce qu'il nomme, rapproche *ingenio* d'*ingenero*[2] : l'esprit ingénieux est à la fois inné et fécond, il est fils et père, il hérite et il engendre. Dynamique vivante, fécondité que rappellent au début de la Préface les images de paternité, et que Cervantès compromet, en la transposant dans le non-être des livres. Car c'est d'eux que don Quichotte tire sa capacité d'affabulation[3]. Ils peuvent eux aussi proliférer et se reproduire. Après avoir sentencié sur les livres de chevalerie, le curé et le barbier en viennent aux livres de poésie. Ils finissent par *Les larmes d'Angélique*, continuation de l'*Orlando*,

---

1   L'expression *ingeniosa invención* est attestée par le *Quichotte* comme dans la plupart des textes de la Renaissance sur l'invention : Saturne est « inventeur ingénieux » pour Léon Hébreu (trad. Tyard. Cité par Klibansky, Panofsky, Saxl, *Saturne et la mélancolie*, Paris, Gallimard, 1989, p. 680).

2   *Examen*, p. 410.

3   « Sa fantaisie s'emplit de tout ce qu'il lisait dans les livres » – « Llenósele la fantasía de todo aquello que leía en los libros » (p. 57). Le lien entre la capacité imaginative, pouvoir de quasi-hallucination, et l'*ingenium* est classique. Voir Quintilien, *Institution*, 6, 2, 36.

continuation de Boiardo, continuation de l'*Espejo de caballerías*. Et
la nièce de redouter que Don Quichotte se fasse berger ! D'un genre
à l'autre, les fictions reçoivent et transmettent une force autonome
d'engendrement, capable de brouiller les distinctions génériques et
même la distinction entre la fiction et la vie. Un même *ingenio* agit
en elles et par elles. Une même puissance féconde et dangereuse.
Elle peut émuler le vivant dans le non-être des fictions. Elle peut
feinter la vie : si l'*ingenio* est l'inventivité sous toutes ses formes,
comme l'a rappelé Mercedes Blanco[1], et s'il est par là la faculté
poétique (du *poieîn*), il requiert cependant le crible de
l'entendement, instance d'évaluation. Il risque d'ignorer la vérité.
Ingenioso n'est pas *discreto*, ou *juicioso* : les hérétiques peuvent
être *ingeniosos*[2], et Cervantès critique le « decoro tan ingenioso »
que respectent des auteurs un peu trop habiles (p. 20), le roman de
chevalerie est pour lui « ficción de ingenios ociosos » (p. 649).
L'*ingenio* est une capacité qu'il faut soumettre à l'entendement.
C'est bien sur ce clivage que la Préface commence par insister :
« j'aurais voulu que ce livre, en fils de l'entendement [*como hijo
del entendimiento*], fût le plus beau, le plus gaillard et le plus sage
qui se puisse imaginer. Mais je n'ai pu contrevenir à l'ordre de
nature qui veut que chaque chose engendre son semblable. Et ainsi,
que pourrait engendrer mon stérile génie [*ingenio*] mal cultivé… ».
Contrairement à ce qu'affirme Vicente Gaos, qui en citant ce
passage omet significativement la préposition (« este libro, hijo del
entendimiento » – le « como » a disparu[3]), le livre de Cervantès
n'est pas présenté ici comme « fils de l'entendement ». Le contexte
oppositif des premières propositions dit clairement que dans ce cas,
ce livre eût été le plus beau qu'on puisse imaginer. Mais il est né
d'un *ingenio* stérile… Le défaut d'une instance formatrice explique

---

1 *Les rhétoriques de la pointe, Baltasar Gracián et le conceptisme en Europe*, Paris,
Champion, 1992, p. 33.

2 Voir l'appendice de Gaos, p. 6-7.

3 p. 143, note.

le paradoxe d'une fécondité « mal cultivé[e] » et de ce fait suspecte et stérile.

Puissance, impuissance féminines. Selon les conceptions médicales de l'époque, la femme peut engendrer seule, mais elle ne conçoit alors qu'une matière informe. La forme est privilège masculin. C'est dans les termes de l'inachèvement d'une fécondité féminine que *Don Quichotte* force à penser l'inspiration. Dans les derniers chapitres de la première partie, on ramène le chevalier chez lui dans une cage, et le curé et un chanoine discutent de romans de chevalerie et de comédies, en évaluant les unes et les autres à l'aune de la vraisemblance et de la vérité. Pause théorique : une fois l'imagination enfermée dans une cage que tirent des bœufs, les théories raisonnables se remettent en route, au pas compassé desdits bœufs. Or cet épilogue en plein texte se place entre deux repères spatiaux : la première vallée où le bouvier a d'abord proposé de s'arrêter (p. 901), et l'autre vallée jusqu'où les voyageurs prolongent leur route sur proposition du barbier. Une séquence est ainsi créée, et la rencontre qu'on fera dans cette dernière vallée intéressera donc nécessairement la discussion. C'est celle d'un chevrier qui poursuit sa chèvre et l'apostrophe avec véhémence : elle est du sexe féminin, elle ne peut être en repos, et elle va sans guide, loin de tout chemin[1]. Le jeune homme pense bien sûr à sa bien-aimée, qui eut naguère le mauvais goût de s'enfuir avec un soldat séducteur. La jeune fille était pourtant avisée et avait de l'entendement (« entendimiento »). Mais « l'inclination naturelle des femmes [...] est d'ordinaire folle et sans mesure »[2]. Les mots que le chevrier emploie, et surtout les derniers (« desatinada y mal compuesta »), pourraient s'appliquer aux romans de chevalerie,

---

1 « Mas ¿qué puede ser sino que sois hembra, y no podéis estar sosegada [...] ? » (p. 939) – « Mais, qu'est-ce d'autre, sinon que vous êtes femelle, et que vous ne pouvez être en repos ? »

2 « La natural inclinación de las mujeres [...] suele ser desatinada y mal compuesta » (p. 948).

dont le chanoine vient par exemple de dénoncer la
« descompostura » – l'irrégularité de composition (p. 906). La
Descompostura des livres est l'inclination « mal compuesta » de la
femme. Pauvre berger, qui a perdu sa belle. Pauvres poéticiens, qui
ne sauraient mettre en cage l'imagination. Et ce soldat séducteur,
qui trousse le poème, qui sait vingt façons de varier sa tenue avec
quelques hardes, « ce bravache, ce galant, ce musicien, ce poète »[1]
– ce poète incarne la poésie, la séduction fallacieuse à quoi
succombe un *ingenio* sans *entendimiento*. Telle est la fécondité
impuissante et anarchique de la femme, capable de produire
seulement des *caprices*. Huarte avait rappelé que les « génies
[ingenios] inventifs sont appelés capricieux en langue toscane, à
cause de leur similitude avec la façon dont la chèvre se déplace et
cherche sa nourriture »[2]. Car « les chèvres n'aiment pas les terrains
plats, mais les hauteurs ou les grandes profondeurs, et aller seules
où ne se trouve aucun chemin »[3]. Cependant il envisage de manière
très positive cette hardiesse inquiète de l'esprit inventif, tandis que
le *Quichotte* la féminise pour marquer la singularité absolue, le
danger même, d'une imagination rétive à toute norme, qui fuit « à
sauts et à gambades » les sages arts poétiques des hommes
d'entendement, des chanoines et des curés, jusqu'à s'affranchir des
notions de vraisemblable et de vrai.

Montaigne distingue pareillement ses « crotesques et corps
monstrueux, rappiecez de divers membres, sans certaine figure » du
« tableau riche, poly et formé selon l'art »[4]. Les premiers relèvent
d'un naturel *inculte*, comme ces « terres oysives » dont parle *De*

---

1   « Este bravo, este galán, este músico, este poeta » (p. 946).

2   « A los ingenios inventivos llaman en langua toscana caprichosos, por la semejanza
que tienen con la cabra en el andar y pascer. » Cité par M. de Iriarte, *El doctor Huarte de San
Juan...*, p. 235.

3   « Esta jamás huelga por lo llano : siempre es amiga de andar a sus solas por los
riscos y alturas, y asomarse a grandes profundidades » (ibid.).

4   « De l'amitié », *Essais* p. 183.

l'oisiveté, le second d'une culture maîtrisée ; *ingenio* dans le premier cas, entendement dans le second. Féminité d'une matière laissée à elle-même dans le premier, et qui donne des fruits semblables à ces « amas et pieces de chair informes » que « produisent bien toutes seules » les femmes non fécondées ; régie masculine et imposition de la forme dans le second. En déliant entendement et fécondité, et en associant celle-ci à l'instabilité et à l'impuissance prêtée aux femmes, Cervantès et Montaigne inventaient parallèlement, l'un dans le cadre de la fiction, l'autre dans celui de la réflexion, un espace « libre et vague »[1] que les anciens repères ne structurent plus. Qu'une finalité dogmatique ou morale n'ordonne plus. Une oisiveté anarchique et inquiète.

C'est la vraisemblance qui est la grande règle pour le chanoine et le curé :

> Le plaisir qui se conçoit dans l'âme doit provenir de la beauté et
> concordance qu'elle voit ou contemple dans les choses que la vue ou
> l'imagination lui présente ; et toute chose qui contient laideur et
> absence de composition ne nous peut causer aucun plaisir. [...] Les
> fables mensongères doivent épouser l'entendement de leurs lecteurs, et
> s'écrire de telle sorte que, persuadant des impossibilités, aplanissant
> les énormités, émerveillant les esprits, elles étonnent, émeuvent,
> divertissent, pour que l'étonnement et le plaisir aillent d'un même pas ;
> et tout cela ne pourra être réalisé par celui qui fuira la vraisemblance et
> l'imitation, en quoi consiste la perfection de ce qu'on écrit. Je n'ai vu
> aucun livre de chevalerie formant un corps de fable complet, avec tous
> ses membres, de manière à ce que le milieu corresponde au début, et la
> fin au début et au milieu. Au contraire, on les compose de tant de
> membres, qu'il semble qu'on ait voulu former une chimère ou un
> monstre plutôt qu'une figure proportionnée.[2]

---

1   « Je ravassois presentement, comme je faicts souvant, sur ce, combien l'humaine raison est un instrument libre et vague » (« Des boyteux », p. 1026).

2   « [...] el deleite que en el alma se concibe ha de ser de la hermosura y concordancia que vee o contempla en las cosas que la vista o imaginación le ponen delante ; y toda cosa que tiene en sí fealdad y descompostura no nos puede causar contento alguno. [...] Hanse de casar las fábulas mentirosas con el entendimiento de los que las leyeren, escribiéndose de suerte, que facilitando los imposibles, allanando las grandezas, suspendiendo los ánimos, admiren, suspendan, alborocen y entretengan, de modo que anden a un mismo paso la

On aura reconnu les « chimeres et monstres fantasques » d'Horace sur quoi s'ouvre pour finir l'essai *De l'oisiveté*. La vraisemblance est forme poétique structurante et forme mentale. Elle garantit les *noces* fécondes (« épouser » – *casar*) de la fiction et de l'entendement et les réfère tous deux à une réalité biologique. Ordre du monde, ordre de l'esprit et ordre de la fable doivent s'unir dans une relation sexuée, naturelle et féconde, l'esprit ayant par sa forme même à connaître de la nature intime du réel. C'est de cette métaphysique que l'invention divorce, et c'est de ce divorce que serait né cet enfant abortif, nécessairement imparfait, le *Quichotte*.

Le dédoublement du personnage de l'auteur est significatif : stérile dans sa paternité littéraire, Cervantès se présente ailleurs comme « avisé et prudent » (« discreto y prudente ») et doué d'un « génie [...] accompli » (« ingenio [...] maduro »)[1]. Mais dans la vie seulement : les éloges que lui adresse son ami concernent les expériences qu'il eut à affronter et sa capacité à les dominer. A l'image de la bien-aimée du chevrier, qui est par ailleurs douée d'entendement mais qui est aussi affligée d'un défaut dans son inclination, l'auteur est accompli dans la vie mais imparfait dans sa paternité littéraire. Symétriquement, il refuse l'autorité des citations, et ce faisant, il fait plus que critiquer une convention pédante, ou qu'affirmer, comme le fait Montaigne, la différence nécessaire entre l'auteur et le compilateur, comme entre la spécificité d'une œuvre et ces « subjects communs » auxquels ramènent forcément les « pastissages de lieux communs »[2]. Les citations donnaient au texte de la Renaissance son arbre

---

admiración y la alegría juntas ; y todas estas cosas no podrá hacer el que huyere de la verisimilitud y de la imitación, en quien consiste la perfeción de lo que se escribe. No he visto ningún libro de caballerías que haga un cuerpo de fábula entero con todos sus miembros, de manera que el medio corresponda al principio, y el fin al principio y al medio, sino que los componen con tantos miembros, que más parece que llevan intención a formar une quimera o un monstruo que a hacer una figura proporcionada » (p. 906-7).

1   p. 22.

2   « De la phisionomie », *Essais*, p. 1056.

généalogique, elles l'enracinaient dans une tradition. Les écarter, ou encore subvertir le paratexte encomiastique comme le fait Cervantès lorsqu'il substitue des auteurs de fiction au cercle des lettrés et des relations prestigieuses qui par leurs poèmes d'éloges accueillent et socialisent le livre nouveau, revient à retirer au livre ses cautions, à ne pas le socialiser, à ne pas le promettre à une institution, à ne pas lui donner de baptême. Fruit abortif d'un auteur sans autorité et sans autorités, produit sans garants ni aveu, le livre, désormais, n'est plus enté sur le réel ni sur la pensée, ni sur un corps d'écrits antérieurs où se légitimer, ni sur une société ou une république des lettres où trouver son lieu. Il est seul et spécifique. L'invention y est à elle-même sa matière. Don Quichotte n'a pas d'épouse et pas d'enfant, il n'a pas d'avenir en ce monde[1]. Il n'a pas, dans son village de la Manche ignoré par l'histoire, de quoi exciter un noble courroux. Il se réenfante lui-même, il invente des géants arrogants. Il commence son aventure en se rebaptisant, illégitimement[2]. Il s'invente.

C'est la plus vertigineuse invention de *l'ingenio* mélancolique que cette fécondité qui s'auto-féconde dans la vacance de l'esprit et du monde, dans l'*otium* sans ami où la pensée se retourne sur elle-même au lieu de s'instrumentaliser dans les tâches publiques ou de s'engager dans la dynamique vivante de la conversation ou de la correspondance ; dans l'inactivité d'un hidalgo incapable de se mettre hors de lui dans la colère de la vie. Les sorties (*salidas*) de don Quichotte seraient donc une autre forme de la retraite, les fantaisies de Montaigne une autre forme du silence. Les œuvres du désœuvrement.

---

1   Tous les peu sympathiques moralistes qui apostrophent le chevalier fou et le pressent de renoncer à ses chimères l'engagent à rentrer chez lui pour élever ses enfants (II, p. 458 et 876). Or il n'en a pas…

2   L'illégitimité de ce *don* nobiliaire qu'il s'arroge indûment fera l'objet de critiques dans le roman.

Désœuvrement est un mot blanchotien. De la mallarméenne « absente de tout bouquet » à Blanchot, un courant essentiel de la réflexion moderne sur la littérature a en effet défini l'écriture, forme extrême du langage et de la pensée, comme travail de négativité. « Négativité sans emploi », dit Georges Bataille[1] dans une formule que Blanchot commente longuement[2]. La négativité à l'œuvre d'un côté dans le langage comme arrachement de l'objet à son absolue singularité empirique, de l'autre dans l'action comme dialectique[3], ne s'épuise pas dans le pouvoir de nommer ou de transformer :

> L'homme est cet être qui n'épuise pas sa négativité dans l'action, de sorte que, lorsque tout est achevé, lorsque le « faire » (par lequel l'homme aussi se fait) s'est accompli, lorsque donc l'homme n'a plus rien à faire, il lui faut exister, ainsi que Georges Bataille l'exprime avec la plus simple profondeur, à l'état de « négativité sans emploi », et l'expérience intérieure est la manière dont *s'affirme* cette radicale négation qui n'a plus rien à nier.[4]

C'est cette négativité en reste qui pour Blanchot *s'affirme* dans l'écriture.

Négativité toute proche de la fécondité anarchique dont parlent Cervantès et Montaigne. On pourrait certes se croire à l'opposite : négativité ici, créativité là ; ici, abstraction neutre qu'à tort peut-être, mais Blanchot y invite parfois[5], le lecteur colorera de pessimisme et de mélancolie ; là, fantaisies, caprices et « exercitation ». Mais deux points communs essentiels forcent non

---

1   *Œuvres complètes*, V, Paris, Gallimard, 1973, p. 69.

2   Notamment dans « L'expérience limite », in *L'Entretien infini*, Paris, 1969, p. 300 sq. L'expression est citée p. 305. Sur ce point, voir A.-L. Schulte Nordholt, *Maurice Blanchot, l'écriture comme expérience du dehors*, Genève, Droz, 1995, p. 45 sq.

3   « L'action [...] n'est rien d'autre que la « négativité » par laquelle, niant la nature et se niant comme être naturel, l'homme en nous se rend libre en s'asservissant au travail et se produit en produisant le monde » (*L'entretien infini*, p. 304).

4   Id. p. 305.

5   Lorsque par exemple cette négativité sans emploi devient « un manque essentiel » (*ibid.*). La formule est presque romantique.

à identifier, mais à analyser une frappante symétrie : d'une part la vacance, le désœuvrement, et par corollaire l'absence de finalité doctrinale ou édifiante du texte, d'autre part l'inachèvement. Ce second point, partout développé par Blanchot, est au centre du mouvement libre des *Essais*, enquête permanente dégagée de la conclusion mais en revanche astreinte à cet réexamen perpétuel qu'inscrivent dans le corps du texte les additions et commentaires des versions ultérieures, et sollicitant de nouvelles expansions[1]. On le retrouve, déplacé, dans *Don Quichotte*. Cette histoire ne doit pas finir. On a beaucoup discuté sur le fait de savoir si Cervantès a conçu son œuvre d'une manière synthétique, ou l'a écrite comme une rhapsodie. Primat de la cohérence oblige, on encensait ou critiquait, ce faisant. Un fait de structure est pourtant clair, dans la première partie comme dans la continuation. Les aventures de don Quichotte s'opposent à celles des couples d'amoureux (histoires de Cardenio, de Dorothée, de Zoraida, nouvelle du *Curieux impertinent*). Comme les épisodes d'une série télévisée, les aventures de don Quichotte sont vouées à la répétition, tandis que ces histoires sentimentales ou tragique sont uniques et ont une structure close, avec intrigue et dénouement. La confrontation est fortement marquée à la fin de la première partie, lorsque, dans cette auberge devenue véritable scène, devant les providentiels dénouements des différentes histoires toutes rassemblées comme en un cinquième acte de comédie, don Quichotte reste « attentif, sans dire mot, considérant ces événements si extraordinaires, et les attribuant tous aux chimères de la chevalerie errante »[2] : des fictions, données comme telles par leur invraisemblance comme par les indices de théâtralité, sous le regard du fou. Des fictions sous le

---

1   Voir les remarques de I, 40 sur l'accumulation dans les *Essais* « d'histoires qui ne disent mot, lesquelles qui voudra esplucher un peu ingenieusement, en produira infinis Essais » (p. 251).

2   « sin hablar palabra, considerando estos tan estraños sucesos, atribuyéndolos todos a quimeras de la andante caballería » (p. 836).

regard de *la* fiction. Les fictions finissent, et leur fin porte sens : les invraisemblables circonstances qui permettent la réunion des couples démontrent le rôle bienveillant de la Providence, le dénouement tragique du *Curieux impertinent* a valeur d'avertissement moral. Nouvelles *exemplaires* dans tous les cas. *La* fiction ne finit pas, elle fait rire et n'attendrit pas, sa finalité morale est dérobée[1]. Les fictions sont fécondes : à la fin, des leçons se dégagent, des couples s'unissent et peuvent s'aimer ; après les péripéties de l'histoire des individus, il y aura le couple, l'institution : un état dans le monde, des enfants. *La* fiction est stérile : perpétuellement inachevée, elle repart. Les fictions aspirent au *conjungo* ; *la* fiction est célibataire. Tout est donc lié : le défaut de forme qui caractérise l'histoire de don Quichotte vient de l'absence de la structure formée par une crise et par son dénouement, et cette absence est absence de finalité. La fiction célibataire ne s'engendre ni n'engendre selon les lois naturelles. C'est pourquoi elle ne signifie pas au-delà d'elle-même, ni ne produit de valeurs. Elle ne finit pas. Elle continue, elle se continue : don Quichotte finit certes par mourir, et finissant le récit de cette mort, Cervantès accuse de la manière la plus sèche l'écart entre les topiques bavardes autant qu'édifiantes et le mutisme d'un événement – « il rendit l'esprit, je veux dire qu'il mourut »[2] –, mais aussitôt se relance le bavardage de la fiction, la plume est une autre épée de chevalier, la revendication de la propriété littéraire est une aventure de chevalerie à son premier auteur réservée, et Alonso Quijano el bueno a repris le nom de sa fiction : don Quichotte. *La* fiction ne finit pas. Feignant la vie, elle *feinte* sa mort. Tout autant passive qu'active, la fécondité sans emploi n'inaugure rien que sa propre incapacité à se former pour finir, ou que sa propre capacité à excéder les formes pour ne jamais finir – le XXe siècle retiendrait la

---

1 Sauf à se satisfaire des déclarations de la Préface sur la volonté de critiquer les romans de chevalerie, ce qui est mince.

2 « Dio su espíritu, quiero decir que se murió » (II, p. 1040).

tournure négative, Montaigne et Cervantès retiendraient tout aussi bien la tournure positive : les « terres oysives » de l'essai *De l'oisiveté*, qui « foisonn[ent] en cent mille sortes d'herbes sauvages et inutiles » deviennent dans *De la vanité des paroles* « un champ libre et indompté [qui] porte les herbes plus gaillardes »[1]. La fécondité s'affirme comme expérience indépendamment des fruits où elle pourrait se réaliser : la réflexion (Montaigne) ou l'imagination (Cervantès) ne se confondent plus avec les valeurs de l'*otium* philosophique ou celles de l'*eutrapelia* et du divertissement honnête[2]. Elles les débordent dans une perpétuelle inadéquation à la personne de l'écrivain, celui-ci se caractérisant non par son statut social, son savoir ni même la spécificité de ce qu'il veut transmettre, mais par cette inadéquation à lui-même qui fait qu'il écrit sans projet, excité et divisé par une fécondité sans maîtrise. Ce qui n'exclut pas un effort pour atteindre à une véracité : l'essai montaignien réfléchit sur lui-même, et il est bien clair que Cervantès n'a jamais renoncé à la catégorie du vraisemblable. Mais c'est dans cette inadéquation et cette absence de maîtrise que cet effort a lieu.

La négativité sans emploi commence dans le langage comme négation de l'immédiateté sensible. L'écriture procède d'une sémiologie. La fécondité sans emploi commence dans l'auteur, biologiquement impliqué et dépassé par une expérience positive d'invention qui tout à la fois convoque et compromet le processus naturel de la création et de la reproduction. Ce que le XXe siècle a pu théoriser dans le cadre d'une philosophie du langage se serait ainsi inventé – ou réinventé – avec inquiétude mais aussi avec

---

1 *Essais*, I, p. 32 et 306.
2 Voir J.-R. Jones, « Cervantès y la virtud de la *eutrapelia* : la moralidad de la literatura de esparcimiento », *Anales Cervantinos*, XXIII, 1985, p. 19-21, A. Close « Fiestas palaciegas en la segunda parte del *Quijote* », et M. Joly, « las burlas de don Antonio. En torno a la estancia de Don Quijote en Barcelona », *Actas del secundo coloquio de la asociación de Cervantistas*, Barcelona, Anthropos, 1991.

plaisir à la fin de la Renaissance dans le cadre d'une biologie de l'*ingeniositas*. Ce sont des expériences et jeux d'écriture qui ont suspendu la volonté de signifier, privilégié l'enquête (et non la doctrine ou le savoir), la fiction (et non l'intrigue en vue du dénouement raisonnable), et qui ont ainsi révélé dans la personne de l'auteur l'écriture, une expérience interminable[1] unissant déception et jouissance, pouvoir et passivité, détachant le livre des horizons de vie où le langage, sous diverses formes – discours argumenté, exemple raconté... – normalement revient, détachant ce livre du garant biologique et social qu'est la personne de l'auteur, et dans ce détachement se trouvant elle-même comme un double hybride du langage et de l'écrivain, interrogeant cette énigmatique articulation, et jouant sur les deux.

Jean-Raymond FANLO
Université de Provence

---

1   Voir Blanchot, *L'espace littéraire*, Paris, Gallimard, « Folio » 1988, p. 20 sq.

CINQUIÈME PARTIE

PASSION ET ÉCRITURE

LA REPRÉSENTATION DE LA PASSION ENTRE PROSE ET VERS CHEZ LES DERNIERS RHÉTORIQUEURS (OCTAVIEN DE SAINT-GELAIS, JEAN LEMAIRE DE BELGES)

Le prosimètre est un des lieux privilégiés de représentation de la passion, ou plus exactement peut-être de représentation de l'opposition de la passion à la raison, et ce depuis le modèle boécien de la *Consolation de la Philosophie*. Le premier poème semble en effet y consacrer la poésie à l'expression de la passion d'un sujet accablé de douleur, quand la prose apparaît vouée au dialogue où Philosophie apprend peu à peu à son interlocuteur le mépris de fortune et la maîtrise des passions[1]. C'est ce modèle que nous retrouvons transformé[2] jusque dans le prosimètre pastoral de la *Diana* de Montemayor : les bergers expriment en vers leurs passions amoureuses, quand le cadre prosaïque sert non seulement aux commentaires des poèmes mais à la mise en place d'une fiction narrative qui vise à libérer les personnages de leurs passions. Tel est du moins le cas de Sirene, le héros du premier chant, délivré par la sage Felicia de son amour désespéré pour Diane, et qui devra désormais avoir recours au souvenir du temps où il était sous l'empire de sa passion pour pouvoir encore chanter. Ce modèle est aussi celui, mâtiné de ficinisme, qui préside à l'écriture des *Asolani*

---

1 Cette relation de la prose aux vers est dans la *Consolation* beaucoup plus complexe et suppose en particulier une évolution de la conception de la poésie. Cela n'enlève rien au demeurant aux relations modélisatrices dessinées à l'ouverture du texte de la passion à la raison et de la prose aux vers. Voir en particulier à ce sujet le jugement porté sur les Muses par Philosophie dans la première prose : « Qui donc a permis à ces filles de théâtre d'approcher ce malade ? elles qui non seulement ne disposent d'aucun remède pour apaiser ses souffrances, mais encore les prolongeraient, avec leurs poisons doucereux. Car ce sont elles qui étouffent sous les stériles épines des passions les abondantes moissons de la raison » (*Philosophiae Consolatio*, I, 8-9). Sur l'ensemble de cette question, voir notre ouvrage, *De la Satura à la Bergerie, le prosimètre pastoral en France à la Renaissance et ses modèles*, Paris, Champion, 1998.

2 Transposé de la diction à la fiction, d'un discours à la première personne à un récit qui met en scène des personnages.

de Bembo où la prose triomphe peu à peu des vers, comme l'amour pur de la passion sensuelle.

Mais les textes les plus manifestement redevables d'un tel modèle semblent être les prosimètres des Grands Rhétoriqueurs qui, héritant de la tradition du songe allégorique, mettent en scène comme la *Consolation* un sujet à la première personne, qu'il s'agisse de la *Concorde des deux langages* de Jean Lemaire de Belges, qui ramène le héros de l'empire des passions à celui de la raison, du palais de Venus à celui de Minerve, ou du *Sejour d'Honneur* d'Octovien de Saint-Gelais, qui raconte le cheminement du héros-narrateur de l'empire de Sensualité au logis d'Entendement où le guide Raison. Ces textes nous semblent même constituer une étape essentielle de cette tradition du prosimètre dans la mesure où l'usage particulier qui y est fait de l'allégorie autorise la mise en scène d'une subjectivité[1], et par là-même la représentation de la passion sous une forme dramatisée que met bien en lumière la conjugaison de la prose et des vers[2]. Le héros du *Sejour d'Honneur* tombe sous l'empire de Sensualité, se laisse mener et dominer par cette passion qui est sienne mais que le texte représente comme un personnage à part entière, pour mettre en scène la façon dont le héros perd la maîtrise et le contrôle de ses actions. Il se définit comme « assubgetti » (v. 826), « serf » (v. 891), « sous sensuelle cure » (v. 881) après sa première entrevue avec Sensualité :

> Brief, j'aplicquay alors tous mes esperitz
> A la suyvre comme homme qui est pris
> Et invité estre de sa sequelle,

---

1 Voir M. Zink, *La subjectivité littéraire*, Paris, P. U. F., 1985, sur cette relation entre allégorie et subjectivité, en particulier p. 161 et s.

2 Résolvant ainsi la question de la représentation des passions telle que les arts poétiques italiens la poseront dans la lignée aristotélicienne et dans des textes en général postérieurs à nos œuvres. Voir les *Trattati di Poetica e di Retorica del Cinquecento*, éd. B. Weinberg ; Roma-Bari, 1970-1974 et par exemple la façon dont cette question de la représentation de la passion est posée et traitée en termes aristotéliciens dans le traité consacré à la poésie lyrique par Torelli en 1594, *Trattato della poesia lirica*, in *Trattati...*, vol. IV.

> Deliberant de faire tout ce qu'elle
> M'ordonnera quoy qu'en doye advenir (...)
> Je desormais ay mis mon sens sur elle,
> D'autre ne vueil, seulle la serviray,
> Et en tous lieux tousjours son serf yray[1].

Le système de représentation allégorique et le jeu de la prose et des vers[2] permettent d'illustrer cette objectivation du sujet, cette conversion du sujet en objet pathétique. Le « je » qui s'exprime au début du texte est en effet comme celui du début de la *Consolation*, un « je » qui exhale en vers sa mélancolie et son désespoir[3] :

> Au plus parfont de ma melencolie
> Où desconfort m'avoit precipité... (v. 73-4)

Or cet état mélancolique qui le prédispose à la passion, à « souffrir peine »[4], en fait la proie de Sensualité, qui lui apparaît alors et le séduit aussitôt par la douceur de son discours poétique. Le héros est ainsi représenté par le récit en prose non seulement comme objet d'un autre personnage ou sujet de verbes passifs mais aussi, à l'issue du poème de Sensualité, comme objet pathétique au sens précis du *pathos* aristotélicien, comme auditeur éprouvant les passions que veut lui faire ressentir l'orateur[5], en l'occurrence Sensualité, dont le poème est commenté par le narrateur en prose dans ces termes :

---

1 Octavien de Saint-Gelais, *Le Sejour d'Honneur*, éd. par Joseph Alston James, Chapell Hill, 1977, p. 61-62, v. 818-22, 842-45. Nous nous permettrons de temps à autre de corriger cette édition d'après l'édition d'Antoine Vérard, Paris, 1519.

2 Mais aussi des différents types de vers, car il faudrait faire ici la part de la tradition du dit qu'a éclairée J. Cerquiglini dans son étude du *Voir Dit* : « *Un Engin si soutil* », *Guillaume de Machaut et l'écriture au XIVe siècle*, Paris, Champion, 1985, p. 32 et s.

3 Sur le lien entre tristesse et poésie, voir le commentaire en prose du poème d'ouverture, *op. cit*, p. 45 : « En tant doncques, que pour celle heure ainsy que oysif, exagitant la variation des cordes à la conformité de mon pleur, je nourrissoye en plaisant son ma grant tristesse. »

4 « Predestiné par planette odieuse/ Souffrir peine... », v. 84-85.

5 Aristote, *Rhétorique*, 1356a : « La persuasion est produite par la disposition des auditeurs quand le discours les amène à éprouver une passion (*pathos*) ; car l'on ne rend pas les jugements de la même façon selon que l'on éprouve peine ou plaisir, amitié ou haine. »

> Quand j'euz ouy les enhortemens et doulces persuasions de Sensualité
> qui si longuement harpoit pres mon oreille, je forment à la croire
> enclin, à son dire fleschissant et à son opinion donnant foy par ung
> taciturne consentement de soubdaine volonté pour responce premiere[1].

Le texte s'appuie à la fois sur les différentes formes poétiques et sur
le contraste de la prose et des vers. *Le Séjour d'Honneur* s'ouvre
sur une série de neuvains de décasyllabes sur quatre rimes[2] où le
poète chante son « desconfort » comme il l'explique ensuite en
prose (« Ainsy que j'estoye tout seul gisant sur ma couche, le corps
au sejour, l'esperit travaillant tout à part moy, conduisant le chariot
de ma souvenance (...). M'emeut alors comme resvant chanter tels
vers...[3] »). Ce récit en prose introduit le chant de séduction de
Sensualité qui se développe d'abord en six douzains
hétérométriques où elle déploie tous les accents de la séduction
pour passer ensuite au huitain sur trois rimes (abaabbcc). Après une
transition narrative en prose le poète lui répond par un lai
hétérométrique lui aussi[4], où il s'efforce d'échapper à son charme,
et dont Sensualité reprendra le schéma pour emporter sa conviction
en une nouvelle invitation au plaisir :

> Ne voys-tu pas le printemps umbroyer...[5]

Le commentaire en prose en dira le triomphe : « Madame, si long
avés mon vueil mené... ». Les poèmes des suppôts de Sensualité,
qui visent également à la persuasion du narrateur par le charme de
leurs vers, seront de même systématiquement commentés dans des
termes voisins, pour l'effet qu'ils produisent sur leur auditeur,
véritable objet pathétique, peu avisé, abusé et voué par Sensualité
aux vains espoirs dans une aliénation à la passion d'autant plus

---

1   *Op. cit.* p. 52.

2   ababbccdd.

3   *Ibid.*, p. 45.

4   Où alternent trois décasyllabes et un vers de quatre syllabes sur le schéma aaab/
bbbc/ cccd ...

5   *Ibid.*, p. 56.

parfaite qu'elle est heureuse. Le pouvoir conjoint de la poésie et de la musique est défini en ces termes, à la fin du « lay d'Abus », poème en douzains décasyllabiques sur trois rimes, disposées symétriquement (aabaab bbcbbc). Ici le commentaire n'est plus en prose mais en vers, mais dans les décasyllabes à rimes plates qui sont la marque du récit et qui s'opposent aux formes lyriques strophiques :

> Ainsy fina son lay fatal atant,
> Et pour du tout me faire aise et contant,
> Fist lors sonner ses clairons et bucines,
> Ses trompettes, et fleustes argentines (...)
> Puis Fol Delict, Espoir, et Doulx Attrait,
> Ceulx-ci chantoient certes si à souhait,
> Que bien pensay en Paradis lors estre
> Et onc n'ouy de chanter si bon maistre,
> Qui decoupast virelais ne chansons
> Si doulcement ne en si plaisans sons...[1]

Si le texte fait une si large place au discours, dans une assimilation très claire de la seconde rhétorique à la première, c'est donc paradoxalement à l'avantage de la seconde, privilégiée pour son pouvoir de persuasion, pour son pouvoir sur les passions de l'auditeur. On serait presque tenté d'émettre l'hypothèse que ce texte d'Octavien de Saint-Gelais, préfigure l'annexion à laquelle procèdera Du Bellay dans la *Deffence* des pouvoirs propres de la rhétorique à la poésie, dans la célèbre formule : « celuy sera veritablement le poëte que je cherche en nostre Langue, qui me fera indigner, apayser, ejouyr, douloir, aymer, hayr, admirer, etonner, bref, qui tiendra la bride de mes affections, me tournant ça & la à son plaisir[2]. » La séduction musicale et poétique est en effet mise

---

1 *Ibid.*, p. 88, Le lai d'Abus s'est développé sous une forme qui lui est propre dans le recueil en cinq douzains de décasyllabes sur trois rimes (aabaabbbcbbc), variante redoublée du huitain sur trois rimes. Cf. p. 79, p. 120, le commentaire des poèmes de Peu d'Avis et de Vaine Espérance.

2 *La Deffence et Illustration de la Langue Françoyse*, II, 11, éd. H. Chamard, Paris, Didier, 1970, p. 179. Cf. Cicéron, *De Oratore*, I, VIII, 30, *Brutus*, L, 188 et *Orator*,

ici au service du processus de persuasion, qui, pour être assimilé à un processus d'aliénation condamnable du point de vue éthique, n'en est pas moins parfaitement efficace :

> En telles plaintes, parolles et doulx attraitz fut tellement ma congnoissance aveuglée, mon entendement forvoyé, mon vouloir converty au gré de luy et d'elle que tout peril me fut soulas, tout dangier asseurance, toute peine plaisir, tout travail resconfort...[1]

De la même manière Vaine Esperance commencera par adresser au héros un discours pour lui expliquer qui elle est, c'est-à-dire comment elle réduit les sujets à l'état d'objet, l'action à la passion :

> Je suis celle qui mes vassaulx conduys (...)
> Je pousse l'ung tout à coup en avant (...)
> Je fois courir, je foys sauter et brayre (...)
> Je fois trotter maint roy, maint cardinal (...)
> Bref mon pouvoir est tout inextimable...[2]

Mais le couronnement de son discours sera le poème-litanie consacré à l'éloge de l'arbre du fruit de la tentation :

> Arbre portant fruictz odorans,
> Arbre de vertu souveraine,
> Arbre pour tous mes adherans.
> Arbre pour loyaulx esperans.

poème qui invite le héros à « prendre des fruicts de Joyeuse attente » et à se consacrer entièrement à sa passion sensuelle, qui engendre elle-même chants et poésie dans une sorte de cercle, d'échange pathétique sans fin qui rappelle l'orchestration initiale :

XXXVIII, 131. Cf. le précédent horatien pour cette appropriation à la poésie d'un précepte rhétorique : « *Non satis est pulchra esse poemata ; dulcia sunto/ et, quocumque volent, animum auditoris agunto.* » (Horace, *Art Poétique*, v. 99-100). La différence majeure entre Octavien de Saint-Gelais et Du Bellay est que ce qui demeure un moyen chez le premier, en bonne orthodoxie rhétorique, mis au service de la persuasion, devient une fin chez Du Bellay.

1   *Ibid.*, p. 106. Cf. p. 105, v. 2395-6 : « Or y allons, Abus, quant vous plaira, / Jamais mon cœur ne vous contredira. », ou p. 108 : « Puys, aussi, Sensualité, ma bonne guyde, assés sçavoit allumer ung ardent feu de prompt desir pour m'avancer à tyrer oultre... »

2   *Ibid.*, p. 111 et s.

Plus ne pensay doresnavant qu'aller ès lieux où puisse veoir
dames à gré et damoiselles, pour avec elles me desduyre et faire le
transy d'amour, se vous voulez, suyvant leur queue. Plus ne quiers que
faire rondeaux et ballades *attractives* [...]. Plus ne veux que chantres
avoir, lucz, tabourins, fleutes, rebecz pour *esmouvoir* le cueur à
joye...[1]

Musique et danse sont ainsi placés au cœur du texte du côté de
l'aliénation des passions. Le narrateur se laisse en effet « mayner »
par Vaine Esperance et entre dans la danse des « gens mondains »
(p. 122 et s.) où défilent sous ses yeux avant qu'il ne se joigne à
eux, les héros du mythe et de l'histoire, tous menés par l'espoir
fallacieux, au rythme de diverses passions :

Ainsy branlay en la danse amoureuse,
Et autres maintz comme moy esperans...
Quand la dame me vit si bien apris (...)
Fist lors sonner note de si hault pris (...)
Dances d'orgueil de dissolution (...)
De vanité, et de folle plaisance (, ...)
De gourmandise et d'excessifs mangiers
De ris, de pleur, de mille passions...[2]

Le plus remarquable est que le discours même de l'acteur est
presque systématiquement dans cette première partie de l'ouvrage
placé dans la continuité des discours des puissances séductrices. Le
discours de l'acteur, comme celui de Vaine Espérance, comme son
poème-litanie se déroule sur le même modèle strophique du huitain
sur trois rimes (abaabbcc) sans aucune rupture de l'un à l'autre[3],
sinon celle qu'introduit le commentaire en prose pour préciser le
statut d'objet pathétique du héros[4]. Or ce modèle strophique est

---

1 *Ibid.,* p. 118. C'est nous qui soulignons.

2 *Ibid.,* p. 135-6.

3 Cf. p. 108, le discours du héros, p. 110, v. 2561, le discours de Vaine Esperance, et
p. 119, v. 2861 son poème-litanie.

4 « Vaine Esperance, elle voulant guaingne en toute manière le consentement de mon
cueur pour en user à son vouloir, desirant aussy par diverse monstre de nouvelle mercerye à
tyrer mon entendement hors d'avoir la jouissance du surplus, qui en moy est.... ». *Ibid.,*
p. 116.

celui même qu'avait introduit et inauguré le discours de Sensualité
(v. 431 et s.) et c'est celui qui présidera à toute la section consacrée
à la description de la danse dans laquelle le héros se représente
entraîné. Les vers de l'acteur sont de cette manière
systématiquement situés dans la continuité des poèmes des
puissances qui l'ont à leur merci pour bien mettre en œuvre et leur
pouvoir et ses moyens propres.

L'acteur « en celle isle » demeure donc, « enfant perdu suyvant
la vie oblique » (v. 1345), jusqu'à ce qu'un songe providentiel
modifie au cœur du texte la distribution des rôles allégoriques
autant que la position du sujet. Le héros n'est plus en effet
dorénavant aussi pleinement objet de sa propre passion, Sensualité,
même si la libération est lente, forte la soumission : le débat, le
dialogue philosophique, sur le modèle de la *Consolation*, jouent à
partir de là un rôle de plus en plus important[1]. Dès lors, le sujet
n'est plus seulement objet d'un discours mais sujet d'une vision,
dans une anaphore du verbe « je vy » déjà présente dans la grande
fresque de la danse et qui devient le véritable fil conducteur du
voyage du héros à partir de ce moment[2]. Ce voyage-descente aux
Enfers est découverte des vicissitudes de l'histoire et du temps, et
permet, comme dans la *Consolation,* de passer du stade d'une
sujétion individuelle aux passions à celui d'une intellection des
données générales de la condition humaine, *via* l'histoire, qui joue
ici un rôle aussi éminent que dans la *Concorde des deux langages.*

---

1   Voir la référence significative à Boèce au cœur du discours de Cas Fatal, *op. cit.,*
p. 179 et le dialogue suivant entre l'Acteur et Cas fatal (p. 182-5), et cf. le dialogue avec
Raison, p. 270 et s., puis avec Entendement pour finir, qui sont exactement antinomiques des
entrevues du héros avec Sensualité et Abus et Vaine Espérance, placés sous le signe du seul
discours de la séduction dont l'acteur n'était qu'objet à vaincre et à réduire.

2   Voir p. 164 et s., puis p. 206 et s, p. 215 et s. la galerie des philosophes, orateurs et
poètes, et p. 222 le retour à la fresque historique qui clôt la traversée de la « Forest des
Adventures ». Ceci serait dans la meilleure tradition du songe-vision – celle du *Songe de
Scipion* et non plus du songe-récit allégorique dans la tradition du *Roman de la Rose* – s'il
s'agissait encore de songe. Voir à ce propos les analyses de François Cornilliat dans
« Aspects du songe chez les derniers Rhétoriqueurs », *RHR* n° 25, déc. 1987, p. 17-37.

Même le dialogue final de Raison et de l'acteur aboutit à une description des vertus de Foy et Esperance, vues en tableau avant d'être entendues[1]. La séduction des chants n'opère plus dès lors aussi parfaitement, quelque long que soit encore le chemin jusqu'au logis d'Entendement, et quoique les « troys mondains entrepreneurs » recourent aux charmes de la poésie hétérométrique, ici d'un triple rondeau (p. 153-5) pour reconquérir le héros, ce non sans succès d'abord malgré les dénégations de l'intéressé :

> De telles oyseuses armonies et aux sons plaisans de leurs instrumens de vaine musicque me donnerent à ce matin l'aubade ces troys mondains entrepreneurs, sçavoir est Sensualité, Vaine Esperance et Fol Abus, et bien pensoient par tel moyen incité ma fragilité à l'exercice acoustumé, mais je (...) tournay alors la cheville de l'instrument organique de mon sens tellement que la repplicque de ma corde fut dissonante aux orbes de leurs simphonies...[2]

Si Grâce Divine, comme Cas Fatal, préfère la sobriété des rimes suivies[3], avant d'en venir, du moins pour Cas Fatal, au dialogue philosophique en prose, les puissances séductrices choisissent en effet de préférence les strophes hétérométriques et les formes fixes. C'est aussi en rimes suivies que se développera toute la fin, une fois défaite l'influence des passions sur la poésie même de l'acteur. La transformation au demeurant est lente, comme le montre la prégnance de certains modèles poétiques. Si le troisième livre

---

1 *Ibid.*, p. 278, cf. déjà la « vraye image et portraiture de Justice » p. 238 dont Sensualité cherche à détourner le héros. Cf. enfin la description des trois pierres précieuses de Grâce Divine, p. 143-4. On peut rapprocher ce passage d'une illustration des *Remèdes* de Pétrarque pour Louis XII, où l'on voit Raison sermonner un roi qui a les traits de Louis XII. À ses pieds un tableau représente Foi et Espérance (traduction de 1503 du texte de Pétrarque, BN, ms. fr. 225, f°165). Je remercie Pascale Chiron qui m'a signalé ce rapprochement.

2 *Ibid.*, p. 155-6.

3 Voir p. 140 et s., et p. 177 et s. Seules les trois Parques s'expriment en huitains de décasyllabes sur trois rimes (ababbcbc) selon le schéma métrique qui est celui du *Testament* de Villon. Leurs accents rappellent d'ailleurs fortement ici ceux de la « Ballade des Dames du temps jadis » : « Où est ja Herce ou Pandrasos, / Dioppé, Biblis et Phillomène, / Où est Echo qui n'eust paix ne repos/...., mais où est Polixenne/, Où Briseis, où Dyanira... » (p. 188).

reprend le rythme initial du neuvain décasyllabique sur quatre rimes, c'est aussi la forme que choisit Sensualité (p. 193) sans aucune rupture d'un discours à l'autre. De même Sensualité reprendra en écho la strophe hétérométrique dans laquelle s'exprime le « je » au dernier livre[1].

La deuxième caractéristique de cette représentation allégorique des passions est qu'elle adopte la forme d'un récit rétrospectif, met en scène un sujet qui se dédouble entre présent et passé, *ethos* et *pathos*, qui ne se représente pas seulement comme objet de ses propres passions, objet pathétique de leurs discours, mais aussi comme sujet-narrateur, revenu de ses erreurs et jugeant le « moi » objet passé. Toutes les étapes de l'aliénation du héros sont ainsi systématiquement commentées, dans une démarche qui prend souvent à témoin le lecteur, l'invite à juger à son tour :

> Bref j'aplicquay alors tous mes esperitz
> A la suyvre...
> Car je congnois que ce n'est pas science
> D'assubjectir en soy telle morsure... (v. 817-826)

> ... certainement à ceste foys fut renforcé mon fol vouloir, voyre, et chargé mon appetit de tel rengrege que moult depuis ma cher cousté le goust du fruict tant perilleux si comme orrés (p. 117)[2]

La prose sert le plus souvent à commenter le vers, à mettre en valeur ce dédoublement rétrospectif[3] qui ne prend vraiment fin

---

1 *Ibid.*, p. 233-7.

2 Cf. aussi par exemple les v. 3341-3344. On retrouve ce dédoublement dans le dernier épisode du texte quand, au palais d'Honneur, le héros tombe sous l'empire d'une autre passion, l'Ambition :

> Quand je me vis pourveu de quelque bien,
> Je commençay alors prendre mon aise,
> Du temps passé ne me souvenoit rien,
> Cuydant jamais ne rechoir en mesaise
> Mais la personne est bien folle et bien nyaise
> Qui se confie au plaisir nullement (...)
> Or suis aveugle ayant les yeulz ouvers...

3 Voir p. 106, 116, 150-3, 155, 176, etc., même si ce jeu de dédoublement intervient aussi dans les parties narratives en rimes suivies ou en strophes.

qu'avec le triomphe final de l'*ethos* sur le *pathos,* une fois résorbée la distance du passé au présent. Le texte ne se lasse pas en effet de la développer[1]. C'est elle que mesure une dernière fois le « linomple » que Sensualité déploie sous les yeux du héros avant de disparaître vaincue par Raison (p. 281), avant que Raison ne convertisse définitivement le regret en remords, la remémoration en confession, en un ultime acte de retour sur le passé où le sujet abjure en quelque sorte le moi-objet des passions[2] :

> A vous, sire, je m'en confesse
> De cueur et de bouche sans cesse
> Trop ay ma plaisance suyvy
> J'en dy ma coulpe peccavi... (v. 8638-8642)

Pourtant si ce cadre allégorique peut sembler résoudre ainsi les problèmes éthiques et poétiques de la représentation des passions, il ne va pas tout à fait sans contradiction. Les vertus intellectuelles et morales qui ne sont pas de l'ordre de la passion, et permettent au contraire de les dominer, de Raison à Entendement, recourent à des moyens qui ne sont pas complètement différents, quelque importante que devienne dans la deuxième partie la part des dialogues et des descriptions dans la conversion du héros[3]. C'est du moins ce que tend à suggérer le rapport de la prose aux vers autant que le rôle essentiel que continue à jouer le discours des instances allégoriques et la place accordée aux effets qu'il suscite sur le héros. Certes la musique et la poésie, surtout sous ses formes les

---

1 Cf. déjà le mouvement de retour sur soi et de rétrospection du sujet p. 264 et s. qui reprend celui qui ouvre le livre (p. 45 : « Ainsy que j'estoye tout seul (...) conduisant le chariot de ma souvenance au pays de diverses pensées et speculations, là où je vy en fourme de remembrance toutes les preterites occupations de mon jouvant... ») et qui ne trouve que dans la confession finale son terme et sa conversion. Sur le rapport entre allégorie, mémoire et subjectivité, voir les remarques de M. Zink, *op. cit.,* p. 168-170.

2 Alors que le texte balançait jusque là sans cesse vers le premier, vers la nostalgie du plaisir et du passé.

3 La description, en particulier du personnage de Sensualité à l'ouverture du texte, et la mise en scène d'une « vision » du personnage principal, avec la distance intellectuelle qu'elle suppose, occupent déjà une part non négligeable de la première partie, sont impliquées d'emblée par le cadre allégorique.

plus raffinées, telles les strophes hétérométriques, sont du côté de la séduction des passions tandis que les décasyllabes en rimes suivies autant que la prose tendent à apparaître comme le langage de la raison et de l'entendement[1]. Certes Grâce Divine s'exprime en décasyllabes à rimes plates, comme Entendement pour finir mais Raison choisit d'abord le même neuvain décasyllabique sur quatre rimes que l'acteur et que Sensualité elle-même pour séduire et convertir le héros[2], qui le souligne d'ailleurs, avant d'en venir au dialogue en prose :

> Ha, dame tant doulce et begnigne, vostre faconde sur ma foy rend vos motz, qui trop sont cuysans, si tresamiables et bons dedans mon cueur, qu'il m'est advis [...] que c'est un colire souef ou restaurant...[3]

De même que l'acteur s'était déclaré serf de Sensualité, il se laisse conduire pour finir par Raison et Entendement et de même que Peu d'Avis l'avait revêtu d'une écharpe de Folle Accoustumance, Entendement le revêt d'une robe d'Innocence. Ainsi le sujet tendrait-il à demeurer l'objet de ces instances allégoriques[4], à demeurer en quelque sorte prisonnier d'un cadre de représentation qui le maintiendrait dans son statut d' « objet » pathétique, comme si l'intervention finale de Raison constituait une sorte de renversement de situation artificiel et non structurel, telle celle d'un *deux ex machina*, comme si cette fin même illustrait en dernière instance avant tout l'indéfectible pouvoir des passions, autant peut-être que de la poésie...[5]

---

1   Nous nous rallions en ce sens aux analyses de Daniel Ménager dans « Vers et Prose dans *Le Séjour d'Honneur* d'Octavien de Saint-Gelais », *Grands Rhétoriqueurs, Cahiers V. -L. Saulnier* 14, p. 133-144, mais souscrivons aussi pleinement aux nuances qu'il apporte en la matière.

2   *Le Sejour d'Honneur, op. cit.*

3   *Ibid.*, p. 270, cf. aussi p. 279.

4   Quelque prudence qu'il faille observer en la matière, étant donné le contexte chrétien de l'ensemble, comme le signale bien l'intervention de Grâce Divine.

5   L'essentiel ici demeurant peut-être la représentation du rapport du sujet au temps, ou plus exactement de la seule leçon des « passions », selon le sens même que revêt à deux

La Concorde des deux langages de Jean Lemaire de Belges reprend ce même cadre. La première partie de la *Concorde* fait une large place au discours de Genius, qui affirme l'empire de Venus sur toute chose et sur tous les hommes :

> Par ainsi doncq, debvez vous adorer
> Dame Venus et Cupido son filz,
> Et à leur vueil du tout obtemperer[1].

autant que son propre pouvoir :

> Vostre penser, vostre ymaginative
> Sont soubz ma loy : car j'en sçay les secretz...[2]

Les effets de ce discours sur les auditeurs, vrais objets pathétiques comme le héros du *Sejour d'Honneur*, sont eux-mêmes commentés en prose :

> Aux parolles de l'archiprebstre Genius, plusieurs personnaiges de jeunesse gallicane et françoise, esmeuz et entalentéz d'aller à l'offrande, sans attendre la fin du sermon, comme plains de fureur amoureuse...[3]

Mais ici le sujet ne se confond pas tout à fait avec cette troisième personne du pluriel, même s'il tente un instant de suivre leur exemple :

> Je doncques, tout deliberé d'acomplir mon veu ia pieça promis, à l'exemple des aultres, ausquelz j'avoie veu faire le semblable...[4]

---

reprises le terme dans le texte, tribulations tout autant que souffrances que subit l'homme au long de son existence :

> ... et ia soit or que jeune estoye et mal encores ayant experimenté toutes les calamitez et passions humaines... (p. 152)
> ... Et si la vie temporelle a moins de seureté que fils d'araignes, et que le corps d'homme mortel soit receptable de plus de mille passions sans mettre au compte les fortuiz accidens tant perilleux où il, chetif, est destiné par adventure... (p. 160)

1 *La Concorde des deux langages*, éd. J. Frappier, Paris, Droz, 1947, p. 29, v. 517-9.

2 *Ibid.*, p. 30, v. 556-7.

3 *Ibid.*, p. 34, l. 110-3.

4 *Ibid.*, p. 35, l. 142-3.

Et vite « rebouté » il se trouve confronté à l'univers opposé et symétrique de celui du temple de Venus, celui du temple de Minerve. Mais la mise en scène est toute différente. Le sujet n'entend plus mais lit la « description du rocher sur lequel est assis le Palais d'honneur et le Temple de Minerve », description qui sera attribuée à Jean de Meun. De même il rapportera pour l'essentiel au discours indirect les propos de Labeur Historien, demeurant maître d'un récit qu'il laisse délibérément inachevé au contraire du récit du *Sejour d'Honneur*. Labeur Historien lui donne seulement l'espoir de parvenir au temple de Minerve, lui laissant par là-même en quelque sorte l'initiative de ce destin, qui reste d'autant plus ouvert que le texte dit la symétrie, le parallélisme, et peut-être la concorde des deux voies de la passion et de la raison, de Vénus et de Minerve beaucoup plus qu'il ne dit vraiment le triomphe de l'une sur l'autre[1]. Certes, l'ensemble est en prose et vers, et les vers sont voués à Vénus, comme la prose semble l'être à Minerve, bien que ce soient des vers qui l'expriment. On s'achemine du temple de l'une au temple de l'autre comme des vers à la prose. Le sujet de la première partie enfin, dont le récit se déroule entièrement en vers, est un sujet dédoublé, le « je » éthique redoublant le sujet pathétique :

> En la verdeur du mien florissant aaige
> D'Amours servir me voluz entremettre,
> Mais je n'y euz ne prouffit n'avantaige...[2]

et ce non sans ironie, mais cette ironie s'exerce à l'égard du poète autant sinon plus qu'à l'égard de l'amant dans un dédoublement qui explique et fonde la composition d'ensemble :

---

1 Voir sur ce point les analyses de Daniel Ménager, « *La Concorde des deux langages*, Vers et Prose chez Jean Lemaire de Belges », *Prose et prosateurs de la Renaissance, Mélanges offerts à R. Aulotte*, Paris, Sedes, 1988 et celles de R. Griffin, « La Concorde des deux langages, *discordia concors* », *Literature and the Arts in the Reign of Francis I*, essays presented to C. A. Mayer, Lexington, French Forum, 1985, p. 54-81.
2 *Ibid.*, p. 7, v. 1-3.

> Je fiz maint vers, maint couplet et maint metre,
> Cuydant suyvir par noble poësie,
> Le bon Petrarcque, en amours le vray maistre.
>
> Tant me fourray dedans tel fantasie,
> Que bien pensoye en avoir apparence,
> Comme celuy qui à gré l'euz choisie [...]
>
> Bien me sembloit que plus loing que à Nemours
> On m'eust ouÿ plourer, gemir et plaindre...[1]

A cette ironie le discours de Genius et le récit en prose qui le suit font largement écho dans une sorte de reprise et de variation de la reprise et variation ironique du texte de Jean de Meun sur celui de Guillaume de Lorris. Le plus frappant dans la *Concorde* apparaît en effet la distance adoptée par rapport au modèle du songe allégorique sous la forme qu'il a pu prendre chez les Grands Rhétoriqueurs[2]. Le texte ne joue pas seulement sur la forme-cadre du songe comme *Le Sejour d'Honneur*[3], il se donne comme fait à plaisir. Le prologue dit le caractère fictif de l'ensemble :

> Or commenceray je ce labeur, comme si autresfois j'eusse esté curieux de frequenter le temple de Venus, et que maintenant je cerche le chemin de celuy de Mynerve[4].

C'est la subjectivité qui est ici une fiction au service de la mise en scène allégorique, d'une allégorie à la fois éthique et poétique. Le choix est entre deux types d'écriture, la poésie lyrique et amoureuse d'un côté, dans la lignée pétrarquienne, poésie des passions, les « cronique et histoire », « science morale » et « art oratoire » de l'autre, situés du côté de Minerve, de la raison. Or le texte lui-même est du côté de la fiction et non de la chronique et de l'histoire, comme le seront sinon les *Illustrations de Gaule* du

---

1 *Ibid.*, p. 7-8, v. 4-9, 19-20.

2 Voir en particulier G. Angeli, « Le type-cadre du songe dans la production des Grands Rhétoriqueurs », dans *Les Grands Rhétoriqueurs*, Milan, 1985, p. 7-20.

3 Voir pour l'analyse des transformations que lui fait subir *Le Séjour d'Honneur*, François Cornilliat dans « Aspects du songe chez les derniers Rhétoriqueurs », *loc. cit.*

4 *La Concorde des deux langages*, *op. cit.*, p. 6.

moins les *Singularitez de Troye*[1], dans une prose qui se réclamera de la poésie dans sa mise en scène de passions qui ne seront plus celles du sujet mais de personnages mythiques[2]. Jean Lemaire choisit en effet la fiction en prose dans les *Singularitez* en dissociant représentation des passions et subjectivité, pour mieux associer représentation des passions et de l'action et ce dans la meilleure orthodoxie poétique. L'*Arcadia* de Sannazar lui montrait pourtant encore une autre voie, celle d'une dissociation de l'allégorie et de la subjectivité au profit d'une mise en fiction des passions d'un sujet à la première personne. Mais l'ossature de l'œuvre de Sannazar est pétrarquienne[3], dans une greffe de la prose fictionnelle sur la poésie lyrique[4], quand la référence majeure de *La Concorde* est le *Roman de la Rose*, lieu essentiel de mutation du statut de l'allégorie[5]. A la différence d'Octavien de Saint-Gelais, Jean Lemaire ne met pas en scène exclusivement des allégories des

---

1   Sur cette distinction et la bi-partition de l'œuvre de Jean Lemaire entre la chronique, la « genealogie historialle » des *Illustrations de Gaule* et la fiction des *Singularitez de Troye*, voir en particulier J. Abelard, *Les Illustrations de Gaule de Jean Lemaire de Belges. Etude des éditions. Genèse de l'œuvre*, Droz, 1976, dernier chapitre. Voir aussi « *Les Illustrations de Gaule* de Jean Lemaire de Belges. Quelle Gaule ? Quelle France ? Quelle nation ? », *Nouvelle Revue du XVIᵉ siècle*, 1995, n° 13/ 1, en particulier p. 10-1.

2   Voir le dernier chapitre de la thèse de François Cornilliat, *Or ne mens, Couleurs de l'éloge et du blâme chez les Grands Rhétoriqueurs* (Champion, 1994, en particulier p. 761 et s.), pour une analyse de la façon dont *Les Illustrations* reprennent et dépassent la problématique de la *Concorde*.

3   De même que l'œuvre de Guillaume de Lorris est fondée sur la lyrique courtoise... On pourrait en ce sens dire, en toute concorde des langages, que l'œuvre de Sannazar présente autant d'affinités avec celle de Guillaume de Lorris (du point de vue de sa conception, non en termes de sources) que celle de Lemaire avec celle de Jean de Meun.

4   Voir sur ce point Maria Corti, « Rivoluzione e reazione stilistica nel Sannazaro », in *Metodi e Fantasma*, Milan, Feltrinelli, 1969, p. 307-323 et pour une étude de la mise en scène d'un héros pathétique dans l'*Arcadia*, voir notre communication, « Le sujet entre prose et vers dans la littérature pastorale. Ethique et pathétique du discours lyrique », à paraître dans les Actes du Colloque international *Ethos et Pathos, Le sujet à la Renaissance* (Paris VIII-Saint Denis, 19-20 juin 1997).

5   Voir en particulier à ce sujet A. Strubel, dans *La Rose, Renart et le Graal, la littérature allégorique en France au XIIIᵉ siècle*, Paris, Champion, 1989 et dans son étude, *Le Roman de la Rose*, Paris, PUF, 1984.

passions, des sentiments ou des pensées de l'homme mais bien les personnages issus du *Roman de la Rose*, Vénus, Genius, Dangier, Belacueil. Quant à Minerve elle n'apparaît pas en tant que personnage mais se confond avec son temple, n'est que le lieu où « maint noble esprit en haut savoir contemple les beaux faits vertueux... ». Honneur au contraire est ici incarné au même titre que Labeur Historien dans un rapport très nettement dessiné de l'écriture au pouvoir. L'enjeu n'est donc plus seulement celui du duel de la raison et de la passion, malgré la symétrie des temples et des parties du texte. En cela, dans cette recherche d'une représentation de la subjectivité dans son rapport aux passions, l'œuvre de Jean Lemaire serait aussi en retrait de celle d'Octavien de Saint-Gelais que celle de Jean de Meun de celle de Guillaume de Lorris[1] même si par ailleurs, par la façon dont elle annonce *Les Illustrations*, par la voie qu'elle ouvre en ce sens à la prose d'une représentation fictionnelle des passions, elle apparaît bien plus que celle de Saint-Gelais, comme un texte précurseur.

Nathalie DAUVOIS
Université de Toulouse-Le Mirail.

---

1 Pour un tel point de vue voir par exemple H. R. Jauss, « La transformation de la forme allégorique entre 1180 et 1240 : d'Alain de Lille à Guillaume de Lorris », *L'humanisme médiéval dans les littératures romanes du XIIe au XIVe siècle*, Paris, Klincksieck, 1964, p. 107-146.

PASSION ET FUREUR POÉTIQUE DANS
LES *ODES* DE RONSARD.

S'il est une idée bien admise, c'est celle de l'importance de l'inspiration chez Ronsard, que l'on attribue à l'influence du néoplatonisme. Elle a été si bien démontrée qu'il semble impossible de revenir sur la question. Ceux-là même qui ne se rallient pas tout à fait à cette thèse se contentent le plus souvent de noter les infléchissements apportés par le poète à la vulgate ficinienne[1]. Ce qui intéresse Ronsard dans cette philosophie, ce ne sont sans doute pas ses aspects métaphysiques : il n'a jamais été un fervent des révélations divines. Mais il n'imagine pas qu'une grande poésie puisse s'écrire sans l'intervention de ce phénomène étrange, appelé inspiration, qui emporte le poète et son langage et donne à ce qu'il écrit une vibration que ne peut inventer le travail de l'art. Notons d'ailleurs que l'idée d'inspiration ne fut pas, chez le Vendômois, un engouement de jeunesse : le « Panégyrique de la Renommée »[2], pièce tardive, donne de la « fureur » poétique une représentation aussi violente et exaltée que certaines pièces beaucoup plus anciennes.

Il faut pourtant reprendre la question, et revenir à ce qu'oublie beaucoup trop une critique idéologique : la description de la fureur et les effets de son passage. Et le meilleur moyen de le faire est de s'intéresser aux *Odes* dans leur ensemble. Car on a un peu triché à leur sujet : celle qui fut écrite pour Michel de l'Hospital[3], complétée par d'autres pièces où l'on retrouvait cette fameuse

---

1 Voir par exemple G. Castor, *Pleiade Poetics : a study in sixteenth century thought and terminology*, Cambridge, 1964 et H. Weber, *La Création poétique au XVI*e *siècle en France*, Paris, Nizet, 1956. Dans une perspective différente, voir les analyses essentielles de T. Cave, *Cornucopia*, tr. fr., Paris, Macula, 1997, p. 169 et suiv.

2 Il paraît en 1579. Nous le citons ainsi que les autres pièces de Ronsard dans l'édition des *Œuvres complètes*, par J. Céard, D. Ménager et M. Simonin, Paris, Gallimard, collection « La Pléiade », t. II, p. 7.

3 Edition citée, t. I, p. 626-650.

doctrine platonicienne, a éclipsé les autres. Or, bien des pièces inspirées par la province natale ou consacrées à des thèmes épicuriens, font entendre des accents assez différents. Non seulement elles sont éloignées des transports de l'inspiration, mais elles suggèrent que la véritable voie du lyrisme n'est pas à chercher de ce côté-là. Mieux même : elles critiquent l'inspiration dont la compagne obligée est la passion. H. Weber avait bien vu, dans un article déjà ancien[1], qu'il y avait deux tons dans les *Odes*. Les lignes qui suivent reprennent et développent cette intuition. Elles voudraient montrer que Ronsard, pour des raisons philosophiques mais aussi poétiques, prend parfois ses distances vis-à-vis de l'inspiration, de ses transes et de ses épreuves.

Le mot « fureur » est bien présent dans les Odes de 1550 et dans celles qui les suivent : qui pourrait en douter ?[2] Toute une série de synonymes renvoie à la thèse platonicienne et néo-platonicienne, qui veut que l'inspiration soit une *mania*, incomprise du vulgaire, qui est esclave des apparences, et qui assimile cette noble folie à celle des simples aliénés. Les poètes entrent ainsi dans le cercle fermé des grands enthousiastes, aux côtés des amoureux, des prophètes et des mystiques. Tout cela est trop connu pour qu'il soit nécessaire d'insister. Ce qu'on ne dit pas assez en revanche c'est que la venue du dieu est très cher payée. Frayeur, agitation, perte de contrôle de soi, souffrance physique : tel est le prix de ces beaux transports. Ils ne seront une chance que si le poète n'a pas mieux à proposer. La première ode du recueil nous offre donc le portrait de Cassandre en pleine transe prophétique :

> Une aspre fureur d'esprit
> Le cœur de Cassandre eprit :
> Et comme Phoebus l'affole,

1   « Structure des *Odes* de Ronsard », *CAIEF*, mai 1970, p. 99-118.
2   « A la Royne », v. 1, t. I, p. 606 ; « A Madame Marguerite », v. 27, t. I, p. 610 ; « A Joachim Du Bellay », v. 162, t. I, p. 655 ; [A Jan de la Hurteloire], v. 20, texte de 1550, Lm, I, p. 215 etc.

Son corps tremblant çà et là,
A Francus elle parla,
Effroyé de sa parole[1].

Tous les traits de l'inspiration poétique se trouvent déjà dans le transport de la prophétesse. La peur et même l'horreur ? On les retrouve au début de l'ode I, 3, qui ne met pas en scène un personnage de la légende mais le poète lui-même, « troublé de fureur » et frémissant d' « horreur »[2]. Le forcènement est d'ailleurs tel dans le début de cette ode qu'on peut se demander s'il n'est pas légèrement parodique. Le trouble du corps ? Il est présent dans bien d'autres descriptions qui nous le montrent « tremblant », « pantois »[3]. Bien entendu, le poète ainsi visité est positivement « hors de lui » : l'expression revient plusieurs fois[4]. Il est enfin totalement dépendant : on ne commande pas au dieu. Il vient quand il veut, et parfois quand moins on l'attend. La vie des poètes devient ainsi une succession de temps forts et de temps morts. Elle est placée sous le signe de l'intermittence. Beaucoup en prennent leur parti. Il n'en va pas de même pour Ronsard, du moins dans certaines *Odes*.

Remarquons d'abord que les textes les plus proches du néoplatonisme font entendre de singulières différences, en particulier l' « Ode à Michel de l'Hospital », dans le passage bien connu sur les poètes divins, hôtes de la « Fureur » et de la « rage ». Ce mot est précisé par l'adjectif « douce »[5]. Ici, ailleurs peut-être, Ronsard a voulu suggérer un état poétique qui défie les concepts, et qui est plus complexe que ce que dit la philosophie tirée de Platon ; d'où cette sorte d'oxymore. Ces poètes divins, en communion avec les « démons » et les Muses, ignorent la violence qui marque au

---

1 Vers 95-100, t. I, p. 195.
2 Vers 1-2, t. I, p. 1606.
3 Voir par exemple l'ode I, 3, v. 4, t. I, p. 606.
4 Voir, notamment, l'ode III, 12, v. 6, t. I, p. 761.
5 V. 557, t. I, p. 643. Les deux mots traduisent l'expression horacienne « *amabilis insania* » (*Carmina*, III, 4, 5).

contraire tant de descriptions de l'état poétique ou prophétique. Ils sont aux antipodes de cette Cassandre tragique qui parle au milieu des armes, et qui prophétise un destin violent aux survivants de Troie. Ronsard suggère en même temps l'*ethos* des différents genres poétiques : passions et violences pour l'épopée et la tragédie, cultivées plutôt par les poètes humains[1] ; recherche d'une certaine quiétude et d'une harmonie avec le monde pour les poètes divins, figures du véritable lyrisme.

Celui des *Odes* est en fait de deux types. A trop valoriser l'inspiration héroïque et les passions qui l'accompagnent, on néglige une autre veine, peut-être plus originale. On ne veut pas voir aussi les façons ironiques et distantes dont Ronsard met en scène l'inspiration héroïque. Il lui arrive plus d'une fois de déléguer ses devoirs et de placer l'éloge dans une bouche étrangère. L'avenir héroïque de Francus, c'était Cassandre qui le chantait. Même stratagème dans l'ode III, 5, adressée à « Monseigneur d'Alençon », où c'est l'Afrique qui prophétise sa merveilleuse destinée[2]. Quand on sait ce que les contemporains de Ronsard pensent de l'Afrique, terre de monstres et de barbarie, il y a de quoi s'inquiéter de cette délégation. Est-on encore dans le lyrisme ? Rien n'est moins sûr, puisque le poète explique dans l'une des premières strophes que cette ode est un chant d'adieu à la lyre car il veut obéir à son roi et composer la *Franciade*. Lyrisme encore, mais déjà contaminé par les accents de la trompette guerrière.

De l'idée d'une distance par rapport à la vulgate de la « fureur », on passe facilement à celle d'une critique des passions qui l'accompagnent. On a trop édulcoré la notion d'inspiration. On n'a pas voulu voir que, dans sa manifestation, elle était une passion.

---

1   L'interprétation doit être prudente car la liste est composite. A côté de celui qui sonne l' « horreur de la guerre » (v. 579), et qui n'a pas été identifié, et de Lycophron qui, dans son *Alexandra*, met en scène une « Cassandre furieuse » (v. 667), figurent des poètes qui cultivent une inspiration cosmologique ou bucolique, à l'écart de toute violence.

2   T. I, p. 747-750.

Celui qui la reçoit est totalement passif, il perd le contrôle de lui-même, il est positivement aliéné. Bien entendu, on ne peut critiquer ce discours, que si l'on possède une philosophie qui permette de prendre ses distances. Cette philosophie existe : c'est l'épicurisme, auquel se réfèrent tant de pièces du premier recueil. Elle aussi a été négligée parce que ses ambitions paraissaient moins élevées que celles du néo-platonisme. Elle n'entrait pas en ligne de compte puisque, si noble fût-elle, elle ne proposait aucune théorie de la poésie. Du même coup, les souvenirs d'Horace, nombreux dans le recueil, étaient expliqués par de ferventes lectures remontant à une époque où le poète n'avait pas encore aperçu les sommets du néoplatonisme. La philosophie d'Horace, toujours qualifiée de « souriante », ne pouvait rivaliser avec l'air des sommets. On n'accordait pas tellement d'importance aux odes qui s'y réfèrent.

Il faut relire ces odes épicuriennes, dont beaucoup ont été inspirées par le Vendômois, car on peut y trouver un véritable discours sur les passions dans leur relation à la poésie. Il faut relire, par exemple, l'ode IV, 25, adressée à Mellin de Saint-Gelais[1] et ses considérations sur la colère qui annoncent, de très loin, les réflexions de l'Académie du Palais[2]. La colère, explique Ronsard, est la passion dominante de l'épopée et de la tragédie : voilà peut-être qui n'est pas très nouveau. Ce qui l'est beaucoup plus, c'est cette strophe :

> L'ire qui trouble le courage
> Ne differe point de la rage
> Des vieux Curetes forcenez,
> Ny des Chastrez de Dindymene,
> Quand en hurlant elle les meine
> Au son du buis espoinçonnez[3].

---

1 T. I, p. 826-831.
2 Ronsard n'a pas, que l'on sache, prononcé un discours sur la colère. Ed. Frémy en a retrouvé quatre sur ce thème. Deux d'entre eux sont attribués à Pibrac et à Jamyn ; les deux autres sont anonymes (*Les Origines de l'Académie française. L'Académie des derniers Valois*, Paris, Leroux, 1887, p. 274-305).
3 V. 103-108, t. I, p. 829.

Les « vieux Curetes » comme les disciples de « Dindymene », *alias* Cybèle, nous les connaissons : ce sont des figures de la fureur mystique. La critique qui les touche n'épargne certainement pas les poètes dans leurs transes. Les effets des différentes fureurs se ressemblent beaucoup. Cette ode, et d'autres encore, condamnent toutes les formes de violence, toutes les formes d'*hybris*. Une autre pièce de tonalité elle aussi épicurienne (IV, 5), rappelle l'exemple de Bellérophon, que Pégase fit culbuter à terre. Il est bien clair que les transports de l'inspiration n'ont pas leur place dans le règlement de vie épicurien. Voilà, pourrait-on objecter, une impasse : ou bien Ronsard accepte l'inspiration avec toutes ses conséquences, et dans ce cas sa vie n'est pas réglée comme le souhaite l'antique sagesse. Ou bien, il considère comme le plus grand bien la maîtrise parfaite de lui-même, et du même coup, il doit dire adieu à la poésie. Il nous semble que Ronsard a échappé à ce dilemme.

Certains modèles mythiques lui offrent une solution. L'un de ceux-ci se trouve dans l'ode « A Madame Marguerite » (V, 3) et les vers qu'elle consacre au « mestier des premiers harpeurs » (v. 204). On n'a guère observé jusqu'ici que ce passage complète l'histoire mythique de la poésie que propose de son côté l'ode « A Michel de l'Hospital ». Cette fois-ci, on ne trouve pas à l'origine un temps divin, mais un temps déjà humain, celui de la lutte pour la victoire olympique. Cependant, le chant qui célèbre les vainqueurs ne fait aucune place à la passion, ni celle des héros, ni celle des poètes. Le très beau sizain consacré à la célébration nocturne des vainqueurs respire la douceur et la transparence. Le chant pindarique n'est mentionné qu'ensuite, et avec lui la violence de ses torrents strophiques. On pourrait donc atteindre une certaine sérénité alors même qu'on chante les héros. Véritable défi que Ronsard lui-même, souvent « furieux », n'a pas su relever.

Le second modèle de Ronsard se trouve dans le chant pastoral. Avec les pasteurs, point besoin de Muses, ni d'inspiration : ils chantent comme ils respirent. Or, ce modèle pastoral est bien antérieur chez Ronsard à la composition d'églogues proprement dites[1]. On le trouve dès 1550 dans l'ode « De l'election de son sepulcre » (IV, 4) qui met en scène l'hommage des bergers au poète inhumé dans son pays natal. Hommage rituel, puisqu'il a lieu chaque année, sans doute le jour anniversaire de la mort de l'illustre Vendômois. Avant de chanter, les bergers n'invoquent aucun dieu de l'inspiration, aucune Muse. Ils chantent parce que c'est leur devoir, et sans aucune crainte que cette inspiration vienne à manquer : elle est toujours en eux. Ils vivent, chantent et respirent sous le signe de la permanence qui est aussi l'un des thèmes de leur chant : que l'herbe verdoie toujours, que l'eau ne s'arrête pas de couler ! Les bergers sont de retour à l'occasion de l'hommage rendu à Marguerite de Navarre[2]. A l'invitation du poète, ils font entendre de nouveau le chant de paix et de consolation qui est leur apanage et qui exclut les grandes incartades lyriques. De même que le Vendômois, ils sont « Musagètes »[3] : ce n'est pas la Muse qui les conduit au gré de ses caprices, ce sont eux qui la mènent et qui la font danser. Pas plus que leurs frères Vendômois, les bergers de la Garonne (v. 37) ne craignent les intermittences de l'inspiration, persuadés qu'ils sont qu'elle est la fille des lieux et de la mémoire. Ronsard leur dicte une strophe qui donne au reste une vision toute nouvelle de la fureur poétique :

> Pasteurs, si quelqu'un souhete
> D'estre fait nouveau Poëte
> Dorme au frais de ces rameaux :
> Il le sera sans qu'il ronge
> Le Laurier ou qu'il se plonge
> Sous l'eau des tertres jumeaux[4].

---

1   Rappelons quand même que l'ode pastorale « Aux cendres de Marguerite de Valois » date de 1551 (t. I, p. 875-878). Elle forme un heureux contraste avec le fracas mystico-guerrier de l' « Hymne triomphal » qui la précède (t. I, p. 862-874).
2   Voir la note précédente.
3   « Puis sonnez vos cornemuses, / Et menez au bal les Muses » (v. 49-50). Sur Ronsard « musagète », voir F. Joukovsky, *Poésie et mythologie au XVIe siècle*, Paris, Nizet, 1969.
4   Vers 97-102, t. I, p. 877.

Voici congédiés deux prestigieux modèles : celui de Cassandre
« machelaurier »[1], celui d'Hésiode et de ses ablutions[2].
L'inspiration vient en dormant, c'est à dire dans les moments où
l'être sans passion se réconcilie avec ce qui l'entoure.

Elle vient aussi en lisant, ce qui renforce l'idée d'une maîtrise de
l'événement. Le dormeur ne contrôle pas ses songes. Le veilleur,
quand il lit, domestique plus ou moins ses émotions de lecteur.
L'ode « A la forest de Gastine » (II, 15), l'une des plus célèbres du
recueil, met en scène le poète « couché sous (ses) ombrages vers »[3].
La sainte forêt est la demeure des Muses qui ne se dérobent jamais
aux appels du poète. Mais la quatrième strophe modifie un peu son
image : il n'est plus couché à l'ombre des arbres, mais se promène
sous leur feuillage « parlant avec un livre ». La présence du livre
n'est pas étrangère à la venue de l'inspiration, mais elle la
médiatise. On sait bien, d'ailleurs, que selon Platon mais aussi
Longin[4], la lecture transmet d'une manière plus ou moins forte les
émotions de l'auteur. Mais du même coup, le poète-lecteur contrôle
un peu mieux les intermittences de la fureur, il décide de rester sur
un passage ou d'y revenir. La passion sera moins forte. Quittons la
forêt de Gâtine pour la chambre du poète bien close à cause du
mauvais temps : c'est le décor de l'ode II, 11[5]. Empêché de se
promener, il ne sombrera pas dans la mélancolie : Tibulle, Ovide,
bien d'autres poètes sont ouverts sur sa table. On a relevé les
réminiscences horaciennes de cette pièce[6]. Mais le poète latin ne
mentionnait pas la poésie parmi les plaisirs des jours de pluie. La
première strophe, en outre, fait intervenir d'une manière

---

1   Voir la célèbre chanson du livre I des *Amours*, t. I, p. 603.
2   Il s'agit de la fontaine Castalie, qui baigne le mont Parnasse : voir Properce, III, 3, fin.
3   V. 1, t. I, p. 703.
4   C'est bien ce qui se passe, par exemple, pour la lecture de la célèbre ode de Sappho :
voir le traité *Du sublime*, éd. J. Pigeaud, Paris, Rivages/poche, p. 70-71.
5   T. I, p. 696-697.
6   Ronsard s'inspire notamment de l'ode I, 9 d'Horace.

intéressante l'image du troyen Ganymède, l'échanson divin. Il n'est plus la figure mystique d'une ascension vers les dieux[1], mais seulement le verseur d'eau de son signe zodiacal, le Verseau ! Ce qui signifie, semble-t-il, que le poète n'attend plus rien du ciel. Reclus dans sa chambre, il attend encore beaucoup des livres, compagnons silencieux d'une recherche épicurienne qui interdit les grands éclats de voix et le désordre des passions.

Il ne faut pas sous-estimer l'influence épicurienne dans les Odes de 1550 et même après. On lui doit souvent des accents très originaux. L'idéal d'une maîtrise de soi explique pourquoi Ronsard prend parfois ses distances avec une poétique de la transcendance qui oblige le poète à dépendre d'Autrui ; pourquoi il peut juger néfaste la présence des passions. Or, le phénomène de l'inspiration semble les déchaîner. Dans l'ode « A la forest de Gastine », Ronsard écrivait :

> Tout franc je me delivre[2].

Voilà qui ne plaide pas beaucoup en faveur d'une libération métaphysique. En fait, Ronsard invente un nouveau lyrisme.

L'ode « A Calliope » (II, 2) illustre souvent chez les critiques l'idée d'inspiration. On attend le mot « fureur » : il s'y trouve, avec quelques synonymes[3]. Mais on chercherait en vain l'image des transports qui souvent l'accompagnent. Si « Dieu est en nous »[4] et opère des miracles, c'est d'une manière qui s'écarte beaucoup de la vulgate néoplatonicienne. Le poète de cette ode a trouvé l'apaisement. Quand il s'adresse à sa Muse, il ne semble plus craindre le jeu angoissant de ses intermittences :

---

1   Sur ce mythe, voir A. Chastel, *Marsile Ficin et l'art*, Genève, Droz, 1979, p. 131.

2   *Odes*, II, 15, v. 14, t. I, p. 704.

3   « Fureur », v. 42 ; « folie », v. 21 ; « fol », v. 10 (t. I, p. 682-684).

4   Ces mots viennent d'Ovide, *Fastes*, VI, v. 5-6. Remarquons le « présent d'habitude ». Ronsard n'a pas écrit : *Dieu vient en nous.

Tu es ma liesse,
Tu es ma deesse,
Tu es mes souhais[1].

La Muse est là : elle ne partira pas. Voilà ce que nous disent ces présents furtifs. Cette ode « A Calliope » adopte pour les strophes une forme hétérométrique, qui instaure un partage des tâches fort habile. Les décasyllabes diront la dignité du poète, clameront même son bonheur. Les petits vers de cinq syllabes chuchoteront l'intimité du poète et de sa Muse sous une forme presque litanique qui exorcise les caprices du temps :

Par toy je respire
Par toy je desire
... ...
Si rien je compose,
Si rien je dispose
En moy tu le fais[2].

Le bercement du vers ressemble au bercement de l'eau qu'on entend si souvent dans les odes vendômoises. Il préside à une rêverie calme qu'on pourrait rapprocher de quelques rêveries célèbres : celle de Rousseau, par exemple, à l'île Saint-Pierre. Il ne s'agit plus, sans doute, de maîtriser l'inspiration : la Muse accomplit ce qu'écrit le poète. Mais il s'agit encore et toujours de trouver un régime de vie éloigné des passions. Ce n'est pas un hasard si Horace est nommé au v. 69. C'est bien pourquoi l'intention proclamée dans les derniers vers de changer de style pour sonner le « sang Hectorean » ressemble à une rupture de ton, à une faute de goût. Ronsard dissipe lui-même le mirage de ce nouveau lyrisme au profit d'une épopée qu'il n'achèvera pas.

L'ennemie, c'est bien cette passion qui agite les prophétesses aussi bien que les dieux. La poésie est donc invitée à adoucir les mœurs, y compris celles de Jupiter. La dernière ode du livre I[3],

---

1   V. 55-57, t. I, 683.
2   V. 5-6 et 58-60, t. I, p. 683-684.
3   « A sa lyre », t. I, 676-678.

antérieure à celle qui fut écrite pour Michel de l'Hospital, formule ce souhait : charmé par le son de la lyre, l'aigle divin s'endort sur la « foudre à trois pointes » (v. 12). Ce pouvoir pacifiant du lyrisme constitue une sorte de paradoxe s'il émane d'un poète en transes. Par quelle magie ne resterait-il rien des transports de l'énonciation ? En fait, le poète a déjà trouvé le calme au moment où il écrit. C'est ce que veut suggérer l'admirable début de l'ode « A Michel de l'Hospital », qui n'est pas seulement un manifeste en faveur de la nonchalance stylistique. « Errant par les champs de la Grace »[1], le poète dispose pleinement de lui-même, comme dans cet autre manifeste poétique injustement négligé : le grand passage de la « Response aux injures » où il décrit sa journée pour l'édification des ministres[2]. Il a trouvé ou retrouvé le calme : sa promenade campagnarde est bien différente de l'errance forcenée de ceux que fouaille l'inspiration. Si l'ode est génératrice de calme, c'est peut-être moins en fonction de ses modulations savantes qu'en raison de cette maîtrise de soi. Promenade campagnarde ? Il pourrait bien s'agir, comme le suggère le mot « fleurs », venu de la rhétorique, d'une promenade dans les livres. Ce que le poète a cueilli pour nous, dans le champ de la littérature, ce sont les plus belles fleurs des textes[3].

Il existe sans doute une « morale vendômoise » et une « poétique vendômoise » qui n'ont pas grand chose à voir avec les ambitions du néoplatonisme. Celui-ci croit possible d'harmoniser les passions, comme on harmonise les différentes notes de la gamme. Le Vendômois, lieu réel, mais surtout secret d'une autre existence, ignore les passions violentes et les sautes de tension de l'âme. Si cette province bénie a gardé certains traits de l'âge d'or,

---

1 V. 1, t. I, p. 626.

2 V. 477-552, t. II, p. 1055-1057.

3 « Sur les bords Dirceans j'amasse/ L'eslite des plus belles fleurs » (v. 3-4, t. I, p. 626-627).

c'est parce que la modération des sentiments y règne[1]. Ronsard
tente de le suggérer dans les vers rapides et glissants que lui inspire
cette existence rêvée. Les petites litanies de l'ode « A Calliope »
définissent un art poétique qui n'a plus rien à voir avec les
brusqueries de Pindare : on passe d'un vers à l'autre, d'une image à
l'autre avec une facilité qui est tout un programme[2]. On ne dira
jamais assez l'originalité de cette écriture, plus ou moins méconnue
par Ronsard lui-même. Pour une part, elle transpose en français la
« naive douceur » d'Horace[3]. Le « stile à part »[4] dont Ronsard est si
fier se trouve de ce côté-là aussi bien que du côté de Pindare.

Cette douceur exclut l'extase. Les néoplatoniciens seront peut-
être moins désolés de ce constat si nous pouvons leur montrer les
bénéfices de ce nouveau lyrisme. La philosophie de l'inspiration
fait du poète un lieu de passage, elle le déloge de son intériorité et
le prive de toute autonomie. Au profit de qui et de quoi ?
Certainement pas du monde sensible, qui n'est, dans la meilleure
hypothèse, qu'un reflet imparfait de l'idée. L'ascension
néoplatonicienne est toujours une démarche qui éloigne du sensible.
Quand l'écriture inspirée ne le quitte pas, elle est soumise aux
ruptures, aux brusqueries, aux volte-face imposées par la Muse et
qui ont été très bien étudiées[5]. Il n'en va pas de même dans les odes
vendômoises et épicuriennes. Le sensible, ici, a pleinement droit de
cité : couleurs du ciel, feuillages qui bougent, bruits de la forêt. Le
lyrisme de ces odes réside dans l'union intime d'un sujet et de ce
qui l'entoure. On pourrait lui appliquer les termes même de
Baudelaire pour qui l' « art philosophique » créait « une magie

---

1   Voir par exemple l'ode II, 13, qui avait pour titre en 1550 : « Les Louanges de
Vandomois », t. I, p. 694-701.
2   Ces aspects stylistiques des *Odes* ont été étudiés par F. Rouget, *L'Apothéose
d'Orphée*, Genève, Droz, 1994.
3   « Au lecteur », t. I, p. 995
4   *Ibid.*
5   Voir en particulier A. Tournon, « De la sagesse des autres à la folie de l'Autre »,
Littérature, n° 55, oct. 1984, p. 10-23.

suggestive contenant à la fois l'objet et le sujet, le monde extérieur à l'artiste et l'artiste lui-même »[1]. Michel Collot cite dans un livre récent ces lignes d'Hofmannsthal qui conviennent à merveille au lyrisme vendômois : « Les sentiments, les demi-sentiments, tous les états les plus secrets et profonds de notre intériorité ne sont-ils pas entrelacés de la plus étrange façon à un paysage, une saison, une condition de l'atmosphère, un souffle ? [...]. Si nous voulons nous trouver, nous ne pouvons descendre en nous-mêmes. C'est au-dehors que nous nous trouvons, au-dehors »[2]. Ces mots si justes nous obligent à préciser notre propos précédent. L'idéal philosophique épicurien, qui comporte une bonne part de maîtrise de soi, ne doit pas empêcher le poète de vivre au rythme des saisons et des jours, et de s'ouvrir au monde. Mais il ne le fera pas sur le mode de la passion. Car le tort de celle-ci est de le rendre esclave de ses sentiments. Il ne connaît que ceux-ci, au lieu de nommer la Gâtine, le Loir, la Braye et tous les lieux réels dont s'enrichit l'existence vendômoise.

Le chant vendômois ne se fait plus guère entendre après les *Odes* de 1550. Ronsard semble avoir définitivement opté pour une écriture inspirée, repérable, comme l'a très bien dit Terence Cave[3], à la richesse de son *elocutio*. Le « Corebe insensé » des *Amours* de 1552[4] a renié l'expérience vendômoise, et ses petites liturgies de la présence divine. Que dire aussi des *Dithyrambes* de 1553 et de leur exaspération lyrique ?[5] Ici vraiment, le poète est « hors de lui », mais à un point tel que l'on soupçonne la parodie. Ne nous laissons pas prendre aux apparences, comme ce fut le cas des protestants au début des guerres civiles. Ils sont allés proclamant que la fureur

---

1 *Curiosités esthétiques, Œuvres complètes*, « La Pléiade », Paris, Gallimard, 1951, p. 918.
2 *La matière-émotion*, Paris, PUF, 1997, p. 34.
3 *Cornucopia*, tr. fr., Paris, Macula, 1979, p. 243 et suiv.
4 *Le Premier livre des Amours*, s. IV, v. 9, t. I, p. 27.
5 T. I, p. 560-569.

divine avait délaissé Ronsard, ce qui était bien dommage pour la poésie française[1]. Un prêtre catholique avait remplacé le poète furieux. On connaît la réplique de Ronsard : ce fut l'admirable « Response aux injures », le plus brillant de tous ses poèmes. Rassurez-vous, semble-t-il dire aux bons apôtres : la fureur ne m'a pas délaissé. Sans elle, je ne peux rien. Mais en le disant, Ronsard est beaucoup plus près de la belle nonchalance des premiers vers écrits pour l'Hospital que de l'agitation de Cassandre. Le voici de nouveau « errant de tous costez »[2], dans les livres autant que dans la nature, glanant ce qui fera un nouveau poème. Le Vendômois mythique n'est peut-être pas très loin, et avec lui la promenade et la sieste. Aux prédicants qui soupçonnent une vie dissolue, Ronsard répond qu'il a organisé sa vie pour ne pas être l'esclave des passions. La « Responce aux injures » réconcilie l'écriture poétique, et le calme de l'âme. Elle approfondit en fin de compte ce que Ronsard avait pressenti dans son premier recueil poétique.

Daniel MENAGER
Paris X-Nanterre

---

1   Voir J. Pineaux, *La Polémique protestante contre Ronsard*, 2 vol., Paris, Didier, 1973.

2   V. 821, t. II, p. 1063.

SIXIÈME PARTIE

THÉORIES DES PASSIONS

LE MÉCANICIEN, L'ACTEUR ET LE CHARMEUR DE SERPENTS : LA RHÉTORIQUE ET LES PASSIONS.

Pour Françoise Charpentier, en souvenir
de notre séminaire (passionné, sinon
passionnant !) sur les passions (1995-96).

Reconnu sans doute, mais encore sous-estimé et presque toujours déprécié, le modèle rhétorique qui s'impose à la Renaissance méritait bien une réévaluation[1]. On pourrait croire, il est vrai, que la rhétorique est alors déjà démantelée[2], et de surcroît sévèrement jugée par les écrivains ; car si elle continue à régir l'ensemble du champ littéraire critique et la réflexion sur les arts verbaux et non verbaux, la poésie comme la peinture, l'oraison comme l'emblème, les déclarations de méfiance à l'égard de ses « artifices » se multiplient, de *L'Heptaméron* aux *Essais*[3], dans le discours que le texte littéraire tient sur lui-même. Le topos présentant la rhétorique comme l'ennemie de la vérité et du naturel remonte d'ailleurs aux origines mêmes de l'art oratoire : Platon, déniant dans le *Gorgias* le statut d'une science et même d'une technè à ce qu'il nomme un simple empirisme, assimile le rhéteur à l'habile cuisinier qui sait d'expérience assaisonner des mets naturellement fades, en déguisant leur goût[4]. Le topos anti-

---

1 Le monumental ouvrage de Marc Fumaroli, *L'Âge de l'éloquence. Rhétorique et « res literaria » de la Renaissance au seuil de l'époque classique*, Droz, 1980, si précieux dans l'importante contribution qu'il apporte à l'histoire de la rhétorique, s'ouvre sur cette constatation : « L'histoire de la rhétorique a été le plus souvent en France, jusqu'ici, le point aveugle de l'histoire littéraire » (p. 17). Voir notamment Graham Castor, *Pléiade's Poetics*, Cambridge University Press, 1964, Alex L. Gordon, *Ronsard et la Rhétorique*, Droz, 1970, et K. Meerhof, *Rhétorique et Poétique en France*, Leyde, Brill, 1986.

2 En particulier chez La Ramée et dans l'ouvrage « ramiste » de Fouquelin, *La Rhétorique françoyse* (1555), qui n'envisage que l'*elocutio* et la *pronuntiatio*.

3 Dans le prologue de l'*Heptaméron*, comme dans l'avis *Au lecteur* des *Essais*, l'exigence rhétorique de *captatio benevolentiae* conduit à (feindre de) mettre à l'écart la rhétorique.

4 D'où cet autre *topos* de l'art culinaire : pour La Reynière, le bon cuisinier est celui pour lequel les choses ont le goût de ce qu'elles sont...

rhétorique s'inscrit dans des textes qui ressortissent eux-mêmes aux structures et aux schèmes rhétoriques : cet argument rhétorique déclare de biais l'emprise du modèle... et son efficace.

Si l'on a à peu près mesuré l'importance des emprunts que la théorie littéraire de la Renaissance fait à l'art oratoire[1], il reste pourtant à mieux apprécier les incidences de l'analyse rhétorique des passions sur la poétique de la poésie. Il convient pour cela de restituer à la rhétorique ancienne sa véritable dimension, celle d'une science de la communication qui explore tout le champ problématique du langage ; loin de se réduire à des classifications, à des taxinomies, à des nomenclatures, la rhétorique antique est cette discipline qui s'intéresse à l'exercice de parole : ancrée dans ses lieux institutionnels, le forum, le tribunal, elle s'attache à une parole *efficace* visant à influencer de quelque manière un auditeur dont l'orateur attend une action *décisive* ; chez les Latins, elle s'attache à exploiter l'affectivité, âme, cœur, esprit, sens, à « émouvoir les affections » pour assurer à l'orateur la parfaite maîtrise sur son auditoire : cette grande leçon n'est pas oubliée à la Renaissance qui calque sur ce modèle sa définition de l'excellente poésie et de la bonne écriture.

La rhétorique informe la définition des genres et des petits genres, comme celle du Blason, « perpétuelle louange ou continu vitupère » où sont utilisés « tous les lieux de démonstration » selon Sébillet ; leurs structures : superstructures comme celles du sonnet, ou du long poème comme *Les Tragiques*, où alternent le démonstratif, le délibératif, le judiciaire ; ou micro-structures comme les stances délibératives dans une tragédie, ou les discours argumentés dans le récit ou les devis ; et leurs schèmes discursifs : la délibération, le dialogisme, la communication. Elle s'impose également à la théorie littéraire – y compris dans certaines de ses

---

1 Voir Alex L. Gordon, *op. cit.*, 1e Partie, chapitre III, « L'alliance de la poésie et de la rhétorique », p. 28-45 ; pour les leçons de la rhétorique sur la manière d'émouvoir le cœur, voir en part. p. 36-37.

formes, par exemple le manifeste de la jeune Pléiade, cet ardent plaidoyer dont le titre *Deffence et Illustration de la Langue françoyse* marque l'inscription dans le judiciaire et l'épidictique ; au commentaire de la poésie, dont les modalités descriptives restent d'ordre rhétorique, au motif que « la Rhétorique est aussi bien épandue par tout le poëme (...) comme par toute l'oraison » (Sébillet), ou au commentaire de l'image, lisible comme un discours dans l'hiéroglyphe ou l'emblème.

Modèle d'écriture, la rhétorique ne se borne pas à examiner l'expressivité des figures tropes et non-tropes, ni à fixer des normes stylistiques : elle a pour ambition de traiter des techniques propres à obtenir cette *delectatio* sans laquelle seraient vains les deux autres offices de l'orateur, *docere, movere*. Et elle rappelle à l'écrivain que, comme l'orateur, il a pour visée de « fléchir en bien disant les courages des écoutants » comme dit Pontus de Tyard.

Modèle de description du discours et de ses « parties », la rhétorique s'impose aux arts poétiques qui de Peletier du Mans à Ronsard, de Du Bellay à Vauquelin de la Fresnaye, s'attachent aux éléments constitutifs du texte littéraire, *inventio, dispositio, elocutio* et *pronuntiatio*[1]. Les grands débats qui animent la théorie de la Renaissance, sur l'importance relative de l'acquis et de l'inné, de la culture (ou du travail) et de la nature (ou des dons), où s'opposent Sébillet et Du Bellay, sur la hiérarchie entre les « parties » du discours (primauté est accordée à l'*inventio)*, ou sur la différenciation du vrai et du vraisemblable, sont d'origine rhétorique.

Modèle de critique, enfin, la rhétorique offre à la poétique son protocole de lecture, ses instruments de mesure, ses critères d'appréciation. Tandis que le parallèle topique de l'orateur et du poète, les deux piliers du bien dire, devient une constante des arts

---

1 La *memoria* (mémorisation du discours) n'est pas ignorée, mais elle trouvera ailleurs ses applications, en particulier dans les arts de mémoire.

poétiques, la différence s'arrachant sur un fond de ressemblances, l'analyse rhétorique des passions et de leur rôle dans l'écriture, dans la déclamation, dans la réception du discours, a des incidences remarquables sur la théorie littéraire.

La rhétorique des passions.

La rhétorique latine, à la différence de sa sœur aînée, oriente toutes ses analyses dans une perspective résolument pragmatique, en s'interrogeant sur les moyens propres à obtenir cette *actio* décisive que visent le judiciaire et le délibératif ; et elle ne manque pas de souligner que le souci d'efficacité – obtenir une décision au forum, un jugement au tribunal – exige que l'orateur, pour se rendre maître de son auditoire, sache l'émouvoir ; tandis que la rhétorique grecque *explore* la logique des passions, et est partagée, chez Aristote, entre le souci d'efficacité et les scrupules d'ordre moral[1], la rhétorique latine cherche à *exploiter* les passions, sachant bien que l'homme obéit plus aux impulsions de son affectivité qu'aux appels de sa raison. L'*Orator* de Cicéron distingue la *locutio* des philosophes, docte exposé composé à l'intention des doctes, dans une intention didactique (*docere*), qui doit s'appeler *sermo*, et la *locutio* des orateurs, visant à fléchir (*flectere*) les esprits, la seule qui mérite le nom d'*oratio*. Les philosophes parlent pour instruire *(docendi causa)*, non pour séduire *(capiendi causa)*, et leur langage est une vierge chaste et pure qui vit à l'ombre, redoutant l'éclat du soleil, et ne connaît ni les passions ni les troubles des sens :

> Nihil iratum habet, nihil invidum, nihil atrox, nihil miserabile, nihil astutum, casta, verecunda, virgo incorrupta quodam modo. (XIX, 64)
> [Le discours des philosophes n'a rien de colérique, rien de haineux, rien de violent, rien de pathétique, rien de rusé, c'est une espèce de vierge chaste, pudique, sans souillure.]

---

1 Aristote sait bien qu'on ne rend pas un jugement de la même manière selon qu'on est plein de pitié ou plein de colère, plein de haine ou plein d'amour, mais il assure en même temps qu'il ne faut pas corrompre le juge en émouvant ses passions. Cicéron n'aura pas ces scrupules...

Tout ce que le discours hautain de la philosophie (morale) ignore et veut ignorer, les émotions violentes comme la colère ou l'envie, la pitié ou l'horreur, et les stratagèmes de la ruse, les discours du forum (*orationes forenses*) le connaissent et l'exploitent, parlant pour séduire, non pour instruire. L'orateur cherchera dans les figures du discours non un supplément ornemental, ni une simple prime de plaisir, un honorarium, mais la réponse à l'exigence première de son office, *movere, permovere* : les figures sont comme les gestes ou la physionomie du discours (Quintilien, *Inst. Or.*, IX, i, 13), et rien ne gouverne mieux les passions (IX, i, 21).

Soucieuse d'efficacité, et mettant en lumière le rôle des affects dans la réception du discours et la formation du jugement, la rhétorique latine s'intéresse aux moyens de faire naître, disparaître et renaître les émotions de l'auditeur, selon l'état souhaité à tel moment du discours. Cicéron met l'accent sur le pouvoir de pénétration de la parole, rêvant de « tenere dicendo coetus hominum », de tenir en main les hommes assemblés par la seule force du verbe, au forum comme au tribunal, et il s'enthousiasme à la seule évocation du pouvoir de la parole :

> Nihil est enim in dicendo (...) majus quam ut faveat oratori is qui audiet, utique ipse sic moveatur, ut impetu quodam animi et perturbatione magis quam judicio aut consilio regatur. (*De Oratore* II, xlii, 178)
> [Rien n'est en effet plus prestigieux lorsqu'on parle que de voir l'auditeur accorder ses faveurs à l'orateur, et surtout s'émouvoir si fortement qu'il se laisse gouverner par quelque impulsion de son âme et par la passion plus que par son jugement ou sa raison...]

En cette brillante analyse au réalisme cynique, il met à nu non seulement l'importance d'une parole qui vise « le cœur » pour le soumettre à la volonté de l'orateur-séducteur, mais aussi le rôle primordial des impulsions et des « perturbations de l'âme » (l'équivalent latin des *pathè*) dans la formation d'une opinion que seul le naïf croira soumise au judicium-jugement (au discernement, à la réflexion) et au consilium-raison (à la sagesse, à la prudence).

La psychologie et la psycho-pathologie sont ces disciplines entre toutes indispensables à l'art oratoire, dont les principes reposent sur un postulat sceptique clairement énoncé par le *De Oratore*, qui dénonce la faiblesse du jugement humain et la malheureuse emprise des forces irrationnelles :

> Plura enim multo homines judicant odio aut amore aut cupiditate aut iracundia aut dolore aut laetitia aut spe aut timore aut errore aut aliqua permotione mentis quam veritate aut praescripto aut juris norma aliqua aut judici formula aut legibus. (*ibid.*)
> [Les hommes forment leurs jugements beaucoup plus sous l'emprise de la haine ou de l'amour, de l'envie ou de la colère, de la douleur ou de la joie, de l'espoir ou de la crainte, de l'erreur ou de quelque émotion de leur âme, que par respect de la vérité, de la jurisprudence, des règles juridiques, du droit ou des lois.]

Métaphores

Une série de métaphores éclaire avec précision la maîtrise de l'orateur, gouvernant son auditoire en suscitant en lui cette *permotio mentis* qui le rend à sa merci. Le modèle descriptif qui s'impose est mécanique, et il suscite l'image d'une machine fonctionnant sur le principe de l'action et de la réaction, capable de provoquer un mouvement (*ducere*) puis de faire revenir à l'état antérieur (*deducere*). Voici donc d'abord le portrait de l'orateur en mécanicien :

> Quom aut docendus is est aut dedocendus aut reprimendus aut incitandus (....) ; quom *tamquam machinatione aliqua* tum ad severitatem tum ad remissionem animi, tum ad tristitiam tum ad laetitiam est contorquendus. (*De Oratore*, II, xlvii, 72)
> [Il vous faut l'instruire ou le détromper ou le retenir ou l'exciter (...) ; il faut, comme avec l'aide d'un ressort, le pousser en tous sens, à la sévérité, à la clémence, à la tristesse, à la joie. (trad. E. Courbaud)]

La métaphore de la machine/machination – le mot *machinatio* désigne à la fois une machine, un engin de guerre, et un mécanisme de théâtre utilisé pour changer les décors de la scène – dit aussi le caractère doublement artificiel de l'action oratoire, à la fois non naturelle, ressortissant à l'artificiel, et technique, relevant de l'art. C'est du reste ce double caractère d'*art* et d'*artifice* qui fonde le topos (lui-même rhétorique) de la méfiance à l'égard de la rhétorique, par exemple dans le prologue de l'*Heptaméron*, où la rhétorique est mise à l'écart au nom de la *vérité* et du *naturel*.

L'action oratoire, mimant la nature par effet d'art, est en effet comparable au jeu théâtral, et voici alors le portrait de l'orateur en comédien ; lorsqu'il s'enflamme pour la cause d'autrui, il imite, dit Antoine, l'excellent acteur qui sait à merveille « jouer la vérité ». Dans la mesure où l'orateur *représente* les passions, les donne à voir et à percevoir dans son propre discours, la référence au jeu dramatique s'impose en effet dans la rhétorique latine : *agere* désigne aussi bien l'activité de l'acteur que celle de l'orateur au moment de l'*actio*.

L'orateur et l'acteur exercent un même art, un art d'imitation (des passions), bien qu'apparemment le premier « joue la vérité », le second la feinte *(De Or.*, III, lvi, 214), et Cicéron distingue alors entre les « veritatis ipsius actores » et les « histriones, imitatores autem veritatis », les orateurs qui expriment la vérité d'un sentiment et les comédiens qui jouent la vérité par imitation.

Ne soyons pas étonnés, dit Antoine, que l'orateur s'enflamme pour la cause d'autrui *(De Or.*, II, xlvi, 192) : n'en va-t-il pas de même au théâtre ?

> Tamen in hoc genere saepe ipse vidi, ut ex persona mihi ardere oculi hominis histrionis viderentur spondaulia illa dicentis :
> > segregare abs te ausus aut sine illo Salamina ingredi ?
> > neque paternum aspectum es veritus ?
> Numquam illum « aspectum » dicebat, quin mihi Telamo iratus furere luctu fili videretur... (ibid., 193)
> [Et cependant sur la scène, j'ai souvent moi-même été témoin de la façon dont, à travers le masque, les yeux de l'acteur étincelaient dans ce récitatif :
> > As-tu bien osé le laisser loin de toi et sans lui rentrer à Salamine ? Quoi ! tu n'as pas redouté les regards d'un père ?

Il ne prononçait jamais ce mot de « regards », que je n'eusse l'impression d'être en face du vrai Télamon, irrité, rendu fou de douleur par la mort de son fils. (trad. E. Courbaud).]

Si l'acteur émeut, dit Antoine, c'est qu'il est ému, et s'il est ému, c'est que le poète composant cette tragédie était lui-même ému, en proie à l'enthousiasme et au délire qui accompagnent l'inspiration selon Platon. Mais l'orateur, à la différence du poète inspiré, a d'autant moins de mal à représenter les vives passions que sa cause porte sur des *realia*, et des problèmes contemporains, et non sur les fabuleuses histoires des héros antiques :

> Neque actor sum alienae personae, sed auctor meae (xlvii. 194)

Je ne suis pas un acteur jouant un personnage qui lui serait étranger, je suis l'auteur de mon propre rôle ; je ne joue pas un rôle de composition, je joue mon propre rôle, personne et personnage se confondent en moi. Au tribunal, *actor* et *auctor* ne font qu'un. Le masque (*persona*) est un vrai visage, ou un visage semblable au vrai.

Quintilien à son tour, insistant dans le livre VI sur la nécessité de l'auto-persuasion :

> Quand nous aurons besoin d'éveiller la pitié, croyons que les malheurs que nous déplorons sont tombés sur nous-mêmes, et persuadons-nous qu'il en est ainsi (*id animo nostro persuadeamus*). (VI, ii, 34)

prend l'exemple de l'acteur tragique, enflammé par la fiction qu'il représente, et il applique à l'apprenti-orateur la leçon du jeu théâtral, puisque le plaideur, dit-il, joue aussi un rôle. Soulignant la parenté entre le jeu de l'acteur et le jeu du plaideur :

> Orbum agimus et naufragum et periclitantem. (VI, ii, 36)
> [Nous jouons le rôle de l'orphelin, et du naufragé, et de l'homme en danger],

il s'appuie sur son propre exemple, attribuant à sa capacité à assumer les sentiments et les émotions qu'il souhaite susciter sa réputation et son renom :

> Frequenter motus sum, ut me non lacrimae solum deprenderent, sed pallor et veri similis dolor.
>
> [J'ai été bien souvent ému, au point que non seulement les larmes me venaient aux yeux, mais que j'avais une pâleur et une douleur pareille à la vraie[1].]

La scène rhétorique est une scène théâtrale, et la confusion du tribunal et du théâtre a une longue histoire.

Mais l'orateur, qu'on l'en loue ou qu'on l'en blâme, est surtout un séducteur ; ici encore, la réflexion du *De Oratore* a l'avantage de mettre à nu la relation de désir qui s'institue par la parole (*dicendo*) entre locuteur et allocutaire, et sur les effets d'un telle relation, où le cœur joue un plus grand rôle que l'amour de la vérité, où l'affectif prend le pas sur le rationnel :

> Necque vero mihi quicquam praestabilius videtur quam posse dicendo tenere hominum coetus, mentis adlicere, voluntates impellere quo velit, unde autem velit deducere. (I, viii, 30)
> [A la vérité rien ne me paraît plus gratifiant que de pouvoir par la parole (par le dire) tenir des assemblées humaines, séduire les esprits, entraîner les volontés où on veut, et de là les ramener où on veut.]

Chaque mot pèse ici son plein poids. *Praestabilius* : (plus) avantageux, efficace, gratifiant, le mot impliquant une question de prestige, et de maîtrise (*praesto, are* : l'emporter sur). Il s'agit bien pour Crassus de vaincre, de dominer un auditoire. *Dicendo* : non le contenu de la parole, le discours en ses arguments, mais le fait de dire, de parler ; le gérondif, un nom-verbe, énonce l'action pure, débarrassée des circonstances ; c'est le pouvoir de la parole qui est ici l'objet de l'enthousiasme, sa capacité à agir (comme un charme, selon Platon). *Tenere* : tenir, posséder, avoir à sa discrétion, disposer de. Tenir les hommes par le dire, c'est les captiver, les rendre prisonniers d'un charme (la *kèlèsis* platonicienne).

---

1 Montaigne rappelle ce passage : « Quintilian dict avoir veu des comediens si fort engagez en un rolle de deuil qu'ils pleuroient encores au logis ; et de soy mesme qu'ayant prins à esmouvoir quelque passion en autruy, il l'avoit espousée jusques à se trouver surprins non seulement de larmes, mais d'une palleur de visage et port d'homme vrayement accablé de douleur. » (*Les Essais*, III, iv, éd. Villey-Saulnier, PUF, 1965, p. 838)

L'*Orator* du reste reprend le même verbe (*teneo*) en l'accompagnant du verbe *obsidior*, emprunté au lexique de la guerre (de siège) :

> ... cum is qui audit ab oratore jam *obsessus est* ac *tenetur* (*Or.*, 210) [... quand celui qui écoute est investi (assiégé) et possédé par l'orateur.]

Voici le portrait de l'orateur en militaire, mieux, en stratège : l'image du siège militaire convient bien en effet à cette opération d'encerclement, et elle met en évidence la relation particulière de dépendance et de sujétion qui, le temps d'un discours, attache l'auditeur à l'orateur. Ailleurs encore l'image de la tactique militaire sert de modèle pour la description de la tactique oratoire, et voici le portrait de l'orateur en *imperator* sachant disposer ses troupes-arguments :

> Eaque [=les arguments] suo quaeque loco, ubi plurimum proficere et valere possent, ut ab imperatore equites, pedites, levis armatura, sic ab illo in maxime opportunis orationibus partibus collocabantur. (*Brutus*, 37, 139).

De l'enthousiasme devant le pouvoir du verbe à la crainte, le pas est vite franchi ; lorsque la parole agit comme par enchantement, séduisant pour égarer, l'orateur, disent les adversaires de la rhétorique, est aussi ce charmeur de serpents que dénonce Platon :

> L'art des faiseurs de discours est une partie de l'art des incantations. Celui de l'incantation consiste à charmer serpents, tarentules, scorpions (...), l'autre s'adresse aux juges, aux membres de l'assemblée pour les charmer ou les apaiser. (*Euthydème*, 290 a),

ou encore ce nécromant pratiquant la psychagogie (*Phèdre*, 271 c).

L'orateur prend ainsi divers visages selon le système de représentation choisi. Le poète inspiré et l'acteur tragique sont les modèles de l'orateur lorsqu'il s'agit d'évoquer cette petite étincelle que la parole enflammée par l'enthousiasme transformera en brasier – et voici de surcroît le portrait de l'orateur en incendiaire ; la stratégie du militaire se rendant maître d'une place-forte qu'il assiège, l'art du mécanicien habile à faire jouer les ressorts d'une machine, mettent en images (techniques) l'opération d'encerclement et de maîtrise. Mais le nécromant et le charmeur de serpents représentent de façon plus suggestive encore tout le pouvoir d'une parole qui agit comme un enchantement, comme un charme (magique), séduisant pour égarer.

Par ces métaphores, la représentation de la parole efficace, pénétrant « le cœur » de l'auditeur, s'arrache au système descriptif conventionnel, pour déclarer le rapport de l'oratio à l'art de séduire, et celui de l'orateur à la jouissance. La *libido dominandi*, peut-être plus puissante sur l'homme que les *libidines sentienti et sciendi*, est l'aiguillon secret des activités et des engagements. Le meilleur commentaire des analyses d'un Cicéron ou d'un Quintilien est la nouvelle de Thomas Mann, *Mario et le Magicien*[1], où un hypnotiseur exerce le charme de sa parole sur des auditeurs qui veulent et ne peuvent échapper à son emprise, sachant bien pourtant qu'ils savourent un poison.

La rhétorique apporte alors à la poétique le rêve d'un discours séducteur, d'une parole qui agirait comme un charme[2], et c'est la grande leçon que retiennent les poéticiens de la Renaissance, sensibles à cette *voluptas* que leur promet l'art oratoire.

---

1 Th. Mann, *Mario et le magicien, suivi de Expériences occultes et autres récits*, Les Cahiers rouges, Grasset, 1994 ; le récit de cette nouvelle est – mais n'est pas seulement – une métaphore de la montée du fascisme : le dangereux magicien Cippola (*cipolla* : oignon en italien) charme ses auditeurs, et parmi eux le narrateur et son épouse, accompagnés de leurs jeunes enfants, incapables de résister à son influence perverse, et il leur ôte toute volonté : « Immanquablement, vous allez me demander pourquoi nous ne sommes pas partis enfin (…) Je ne comprends pas moi-même (…) Les enfants dormaient (…) D'une part, cela pouvait nous rassurer, mais cela aurait dû aussi nous faire pitié et nous rappeler que nous avions à les mettre au lit. Je vous assure que nous voulions lui obéir, à cet avertissement touchant… » (trad. A. Gaillard, p. 66).

2 « Ah ! mais qu'était-il advenu de notre Mario, pendant qu'il l'éblouissait de ses paroles ? J'ai de la peine à le dire (…), car ce fut la prostitution de l'âme la plus intime, l'exposition publique d'une passion qu'enivrait un bonheur illusoire. Il tenait les mains jointes devant sa bouche, ses épaules se soulevaient et s'abaissaient en une respiration violente. Assurément, dans sa joie, il ne pouvait en croire ses yeux et ses oreilles (…) Subjugué… » (*ibid.* p. 86).

La poétique de la poésie et les passions.

Le poète comme l'orateur... Le parallèle qui parcourt les arts poétiques et autres manifestes (préfaces, avis au lecteur, dédicaces) de Sébillet à Du Bellay, de Ronsard à Peletier du Mans[1], soulignant que « les vertus de l'un sont pour la grand'part communes à l'autre »[2], assure que « ces deux piliers qui soutiennent l'édifice de chacune langue » n'élaborent pas seulement l'art de bien dire, mais aussi l'art d'émouvoir les affections. Et comme on sait, Du Bellay calque très exactement la définition cicéronienne de l'excellent orateur lorsqu'il veut définir l'excellent poète :

> ... celuy sera véritablement le poëte que je cherche en nostre Langue, qui me fera indigner, apayser, ejouyr, douloir, aymer, hayr, admirer, etonner, bref, qui tiendra la bride de mes affections, me tournant çà & là à son plaisir. Voyla la vraye pierre de touche, ou il fault que tu epreuves tous poëmes, & en toutes Langues. (*La Défense,* II, xi, éd. cit., p. 179-180)

L'énumération des passions dont le bon poète saura faire parcourir la gamme à son lecteur reprend fort précisément celle dont le bon orateur saura faire parcourir la gamme à son auditeur, le menant à son plaisir (*quo velit*) ; possédé par la parole habile de l'avocat, l'auditoire est transporté d'une passion à l'autre, et d'une émotion à l'émotion contraire, ce qui constitue en somme le critère décisif, la pierre de touche (en code minéral) d'une parfaite maîtrise :

> ... gaudet, dolet, ridet, plorat, favet, odit, contemnit, invidet, ad misericordiam inducitur, ad pudendum, ad pigendum, irascitur, miratur, sperat, timet. (*Brutus,* L, 188)
> [... il se réjouit, se désole, rit, pleure, accorde sa faveur, méprise, envie, est poussé à la miséricorde, à la honte, au chagrin, se met en colère, s'étonne, espère, craint.]

---

1   Peletier est du reste celui qui met le mieux en lumière la différence dans un chapitre de son *Art Poétique* intitulé précisément *De la différence du poète et de l'orateur.*

2   J. Du Bellay, *La Deffence et Illustration de la langue françoyse,* I, xii, éd. H. Chamard, Didier, 1936, p. 85 et p. 87.

Si le philosophe, le moraliste, le politologue, le citoyen ont d'excellentes raisons de se défier du « beau discours », et plus encore du discours pathétique, faisant naître et disparaître les passions au gré de l'intérêt de l'orateur, l'écrivain, le poète, le théoricien de la littérature trouvent dans la rhétorique l'analyse la plus fine et la plus commodément utilisable, la plus aisément « convertible », de l'art de séduire en flattant les émotions. La tradition rhétorique arrive parfois déjà filtrée par la poétique, comme le montre l'*Epître aux Pisons* ou *Art Poétique* d'Horace, insistant après Cicéron sur la nécessité de composer des *poemata dulcia*, qui émeuvent les passions, « et quocumque volent, animum auditoris agunto ».

Ronsard se souvient de la subtile description cicéronienne du trajet de l'émotion : pour émouvoir, l'orateur doit être ému ; mais il le sera sans peine, car la beauté de son discours l'émouvra le premier... Et il transpose cette analyse en l'appliquant au trajet de la « chaîne aimantée » de la poésie, transmise par l'*Ion* de Platon :

> Tu seras industrieux à esmouvoir les passions et affections de l'ame, car c'est la meilleure partie de ton mestier, par des carmes qui t'esmouveront le premier, soit à rire ou à pleurer, afin que les lecteurs en facent autant apres toy. (Ronsard, *Au lecteur apprentif,* in *Œuvres complètes*, éd. Cohen, Gallimard, 1950, tome II, p. 1024)

La meilleure partie du métier de poète ne se distingue guère, en effet, de la meilleure partie du métier d'orateur, tel que le conçoivent Cicéron et Quintilien. Comme l'orateur, le poète excellent, aussi différent selon Ronsard du versificateur que le généreux coursier de Naples l'est du bidet, se reconnaît d'abord à sa capacité à « posséder » ses lecteurs, et d'abord ses auditeurs, car la poésie est souvent lue à voix haute. P. de Tyard reconnaît ainsi aux vers un pouvoir analogue à celui de l'*oratio* :

> Bien est-il vray, que s'il [*Ion*] entreprenoit de reciter quelques traits d'Homere, toutes Homeriques affections luy estoient tant familières, qu'il flechissoit les escoutans là par, où tendoient les vers recitez d'esmouvoir passion. (*Solitaire Premier*)

Le modèle oratoire apporte à la poétique une réflexion sur le rôle de la diction dans la compréhension et l'appréciation du poème. La prononciation, ce chapitre de la rhétorique réputé technique, met en évidence aussi la relation du discours aux passions[1], et le rôle de la voix dans la stratégie séductrice : les poéticiens de la Renaissance ne l'oublient pas. Du Bellay achève le chapitre IX du livre II de *La Deffence* par cette leçon où s'affirme le souci du plaisir de l'oreille :

> Regarde principalement qu'en ton vers n'y ait rien dur, hyulque ou redundant. Que les periodes soint bien joinctz, numereux, *bien remplissans l'oreille*, & telz qu'ilz n'excedent point ce terme & but, que naturellement nous sentons, soit en lisant ou ecoutant. (éd. cit., p. 165-166 ; je souligne)

Et il se réfère explicitement à Cicéron[2] dans le chapitre X du même livre consacré à la prononciation, où il montre que celle-ci est auxiliaire de persuasion, qu'elle transmet quelque chose de l'émotion du poète à l'auditeur pour l'émouvoir à son tour.

Alléguant Démosthène et Cicéron, il recommande au poète lisant son texte cette « grâce de prononcer » sans laquelle les vers risquent d'être « flaques et efféminés », « avecques une voix accommodée à toutes les affections [qu'il voudra] exprimer en [ses] vers ». Ronsard reprend la même formule, conseillant au lecteur d' « accommoder [sa] voix à leur passion [des vers] » :

> Je te supliray seulement d'une chose, Lecteur : de vouloir bien prononcer mes vers et accommoder ta voix à leur passion, et non comme quelques uns les lisent, plustost à la façon d'une missive, ou de quelques lettres Royaux, que d'un Poëme bien prononcé ; et te suplie encore derechef, où tu verras cette merque ! vouloir un peu eslever ta voix pour donner grace à ce que tu liras… (Préf. de *La Franciade*, éd. cit., p. 1016)

La rhétorique enseigne en outre aux poéticiens et aux poètes que le procès de compréhension n'est pas indifférent à la façon de dire (de

---

1   J'ai insisté plus particulièrement sur ce point dans « De bien prononcer les vers », in *A haute voix*, *Actes du Colloque de Rennes* (1996), Klincksieck, 1998 (p. 19-34).

2   « Ut cumque se affectum videri et animum audientis moveri volet, ita certum vocis admovebit sonum ». (*Orator*, XVII, 55).

déclamer, de réciter) ; la « mise en voix » importe à la signifiance du texte, et la relation de la voix à l'émotion produite est mise en lumière :

> Les vers Sapphiques ne sont, ny ne furent, ny ne seront jamais agreables, s'ils ne sont chantez de voix vive, ou pour le moins accordez aux instruments, qui sont la vie et l'ame de la Poësie. Car Sapphon chantant ses vers, ou accompagnez à son cystre, ou à quelque rebec, estant toute rabussée, à cheveux mal-agencez et negligez, avec un contour d'yeux languissants et putaciers, leur donnoit plus de grace que toutes les trompettes, fifres et tambourins, en donnoient aux vers masles et hardis d'Alcée, son citoyen, et contemporain, faisant la guerre aux Tyrans. (éd. cit., p. 1018)

La poésie accompagnée de la modulation de la voix et de la musique éveille les passions. Et l'on se rappelle sans doute ce malicieux exemple du rôle bienfaisant de la poésie lyrique :

> Agamemnon, allant à Troye, laissa en sa maison tout expres je ne scay quel musicien Dorien, lequel, par la vertu du pied anapeste, moderoit les efrenées passions amoureuses de sa femme Clytemnestre, de l'amour de laquelle Aegiste enflammé ne peut jamais avoir joyssance, que premièrement il n'eut fait meschamment mourir le musicien. (Préface au *Livre des Meslanges*, éd. cit., p. 980)

L'avantage de la *vive voix* est plus particulièrement mis en évidence dans la poésie amoureuse :

> Quant à moy, je ne m'estime point assez fort pour ouyr en sens rassis des vers d'Horace et de Catulle, chantez d'une voix suffisante par une jeune et belle bouche. (Montaigne, *Les Essais*, II, xii, p. 593)

Ainsi orientant ses réflexions sur la prononciation vers la maîtrise des émotions, la rhétorique latine apporte à la poétique une leçon à la fois pratique et théorique ; elle conserve la même perspective lorsqu'elle examine le statut des figures de l'*elocutio*, dont elle montre qu'elles n'ont pas seulement une fonction esthétique, mais qu'elles participent au procès de signification ; auxiliaires de séduction, les figures sont à la fois l'âme du discours et leur corps, leur chair et leurs os : comme le rappelle Quintilien, rien ne gouverne mieux les passions…

Les figures de la sentence (figures de pensée) ont, dit Fouquelin lecteur de Cicéron, « plus de nerfs et de force : plus de sang et de couleur » (*Rh. Fr.,* p. 432), comme les paroles des poètes latins, Virgile et Lucrèce, sont, dit Montaigne, « paroles, non de vent, ains de chair et d'os. » (III, v, 873). Les commentaires de la poésie latine soulignent à l'envi le pouvoir qu'ont les figures de provoquer dans le cœur de l'auditeur cette vive émotion qui transporte. Ainsi Montaigne, faisant lutter ensemble les traits de cinq poètes latins, s'émerveille devant l'*Enéide* (VIII, 670) :

> Au dernier [*trait*], il [*le lecteur*] s'estonnera, il se transira (…) Mais la bonne, l'excessive, la divine [*poésie*] est au-dessus des règles et de la raison. Quiconque en discerne la beauté d'une veue ferme et rassise, il ne la void non plus que la splendeur d'un esclair. Elle ne pratique point nostre jugement : elle le ravit et ravage. (*Du jeune Caton*, II, xxxvii, 231-232)

Ou Ronsard devant la même *Enéide* :

> Relisant telles belles conceptions, tu n'auras cheveu en teste qui ne se dresse d'admiration. (*Au lecteur apprentif*, p. 1019)

L'un et l'autre, lorsqu'ils commentent la même séquence du livre VIII de l'*Enéide* décrivant le commerce amoureux de Vénus et de Vulcain (v. 387 et suiv.), déclarent la vive émotion que suscite en eux « une éloquence nerveuse et solide » qui « ravit le plus les plus forts esprits ». Le contraire du transport, c'est *le sens rassis*, ou la vue rassise ; à l'écoute du beau poème, la vive réaction émotive est le critère d'une bonne lecture, d'une bonne écriture :

> Et davantage si tu lis cette oraison indignée et farouche de Jarbas à Jupiter son père (…) et cette lamentation misérable de la pauvre vieille mère d'Euryale, voyant la teste de son fils fichée sur le haut d'une lance, il n'y a cœur si dur qui se peut contenir de pleurer (…) et ceste lamentable plainte de Mezence sur le corps mort de son fils Lauzus, et mille autres telles ecstatiques descriptions, que tu liras en un si divin autheur, lesquelles te feront Poëte, encore que tu fusses un rocher, t'imprimeront des verves, et t'irriteront les naïfves et naturelles scintilles de l'ame… (Ronsard, *ibid.,* p. 1019)

Les analyses des traités latins de rhétorique concernant les parties du discours, l'*inventio* et l'*actio* autant que l'*elocutio*, nourrissent ainsi la poétique de la poésie, lui rappelant opportunément que la parole, orale ou oralisée, est quelque chose du corps du sujet, du sujet qui s'exprime, du sujet qui l'écoute. Tous les termes que choisit Montaigne pour évoquer l'émotion que provoque « la bonne, l'excessive, la divine » poésie : *transir, avoir les cheveux qui se dressent d'admiration, joindre ses mains par admiration, être transpercé* (II, xxxvii, 231) désignent cette action décisive du sublime sur l'auditeur-lecteur ; la poésie touche le corps et le cœur, émeut le corps et le cœur, comme l'oraison lorsqu'elle arrive toute brûlante à l'auditoire :

> Nec umquam is qui audiret incenderetur, nisi ardens ad eum perveniret oratio. (*Orator*, XXXVIII, 132),
> [Et l'auditeur ne serait jamais enflammé, si le discours ne lui parvenait tout brûlant,]

lorsque l'orateur lui-même est tout en feu :

> Tantum est flumen gravissimorum optimorumque verborum (…), ut mihi non solum incendere judicem, sed ipse ardere videaris. (*De Oratore* II, xlv, 188)
> [Si puissant est le fleuve des paroles si graves et si excellentes (…), que tu me sembles non seulement enflammer le juge, mais être toi-même tout en feu.]

Le portrait de l'orateur en incendiaire devient alors celui du poète qui, « d'une petite scintille » fait « naître un grand brasier » (Ronsard, éd. cit., p. 1024).

Ainsi la relation privilégiée que la rhétorique entretient avec les passions a des incidences (inattendues) dans la poétique de la poésie, où l'émotion des affections, des vives affections qui « transportent » hors de soi-même, devient le critère, la pierre de touche de l'excellente poésie.

E la nave va...

A la différence de la rhétorique grecque dont les liens avec la logique, et à travers elle, avec la philosophie dans son ensemble, restent solidement noués, la rhétorique latine « démarre » de son ancrage épistémologique le vaisseau oratoire, voguant désormais sur les eaux du pragmatisme ; même si elle assure d'entrée de jeu, et comme par précaution, que l'excellent orateur *dicendi peritus* est nécessairement *vir bonus*, comme voulait le croire Caton l'ancien, la rhétorique n'hésite plus à dégager l'art de ses rapports tortueux avec l'éthique et de ses embarrassants scrupules moraux, pour l'orienter vers la seule *actio*. Un rationaliste comme Cicéron doit bien convenir que l'orateur, pour être efficace, ne doit point s'adresser à l'intelligence et à la raison de l'auditeur, mais à ses passions et à ses émotions : le maître de l'éloquence politique et judiciaire qui s'exprime en expert dans le *De Oratore*, l'*Orator*, ou le *Brutus*, *n'est pas* le philosophe moral qui écrit les *Tusculanes*. Si celui-ci se méfie des perturbations de l'âme, celui-là sait bien par expérience que l'homme auquel il s'adresse pour obtenir de lui un « jugement » ou une décision obéit aux impulsions de son instinct, à la force de ses désirs, à l'emportement de ses passions, plus qu'à l'appel de la raison, aux exigences de la vérité ou à l'amour de la justice. La réflexion « réaliste » a l'avantage de mettre à nu la relation de désir qui s'institue par la seule parole (*dicendo*) entre allocuteur et allocutaire, entre une bouche et une oreille dont le « très superbe jugement », comme dit Du Bellay, est guidé par le plaisir ; et d'éclairer le prestige dont jouit une parole qui assiège les écoutants, ainsi que la qualité particulière de la jouissance qui enivre alors l'orateur, cette *libido dominandi* qui embrase l'éloquent... et qui est si dangereuse pour les républiques. A ceux qui soutiennent comme Cicéron que la rhétorique est le plus beau fleuron de la démocratie, ne s'épanouissant que dans les cités où la parole est libre, les philosophes de la Renaissance et Montaigne n'ont pas tort d'objecter, après Tacite[1], que la rhétorique en est aussi la ruine :

> Les républiques qui se sont maintenuës en un estat réglé et bien policé, comme la Crétense ou Lacedemonienne, elles n'ont pas faict grand compte d'orateurs (…) C'est un util inventé pour manier et agiter une tourbe et une commune desreiglée, et est util qui ne s'employe qu'aux estats malades, comme la medecine… (I, li, p. 305)

Rien n'est plus séduisant, rien n'est plus flatteur, rien n'est plus efficace que de savoir émouvoir les affections d'un auditeur, d'un lecteur : sachons gré aux poéticiens et poètes de la Renaissance d'avoir su exploiter cette théorie des passions pour dire le charme d'une poésie qui irrite les vives scintilles de l'âme. Rien n'est plus dangereux pourtant : n'oublions pas Cippola le magicien !

Gisèle MATHIEU-CASTELLANI
Université Paris – 7 Denis Diderot

---

1   « Non, cette grande et glorieuse éloquence d'autrefois est la fille de la licence, que des sots vont appelant liberté, la compagne des séditions, l'aiguillon d'un peuple sans frein… » (*Dialogue des Orateurs*, XL, trad. Bornecque)

L'ÉLOQUENCE : UNE MALADIE DE L'ÂME[1] ?

1. La rhétorique à l'école du silence

Ces quelques réflexions visent à considérer l'arrière-plan « spirituel », « moral », des conceptions rhétoriques de Philippe Melanchthon. Melanchthon, on le sait, fut l'allié humaniste de Martin Luther dans une lutte commune pour la réforme de l'Église. Cette réforme remit en question non seulement la théologie scolastique traditionnelle, mais le savoir, et la transmission du savoir dans son ensemble.

Melanchthon, le « Précepteur de l'Allemagne », a été l'architecte de ce nouvel édifice. Il a construit – le mot est à sa place ici – une théologie qui rendait compte des intuitions radicales de Luther. Il a proposé par ailleurs une réforme de l'enseignement, dans laquelle la rhétorique, solidement arrimée à la logique, constituait la clé de voûte.

On a procuré récemment la réédition critique de la première dogmatique, et de la dernière rhétorique de Melanchthon[2]. Dans les deux cas, il en existe plusieurs versions. L'édition de la *Rhétorique*, pour utile qu'elle soit, laisse beaucoup à désirer. Celle des *Lieux Communs théologiques* est bien plus solide, mais a été préparée par un théologien, compétent certes, mais de formation classique, c'est-à-dire mono-disciplinaire. Pas un mot sur la méthode d'élaboration de cette théologie anti-scolastique, où de toute évidence, la rhétorique a joué un rôle décisif.

---

1 Texte remanié d'une communication présentée au Xᵉ Congrès Biennal de la Société Internationale d'Histoire de la Rhétorique tenu à Édimbourg.

2 Philipp Melanchthon, *Loci Communes 1521. Lateinisch-Deutsch.* Éd. et trad. H. G. Pühlmann. [Herausgegeben vom Lutherischen Kirchenamt der Vereinigten Evangelisch-Lutherischen Kirche Deutschlands]. Gütersloh, Gütersloher Verlagshaus Gerd Mohn, 1993. J. Knape, *Philipp Melanchthons « Rhetorik »*. Tübingen, Max Niemeyer, 1993 (Rhetorik-Forschungen, 6). Voir la synthèse de K. Meerhoff, « Philippe Melanchthon (1497-1560) », dans *Centuriae Latinae... offertes à Jacques Chomarat*, éd. C. Nativel, Genève, Droz, p. 537-549, pour les sigles courants (CR, MBW, MSA) utilisés ci-après.

Cependant, je ne voudrais pas m'aventurer dans des considérations hâtives sur les liens entre ces deux disciplines-clés. J'ai plutôt l'intention d'évoquer le climat spirituel dans lequel la rhétorique mélanchthonienne a pu se développer. Cette recherche nous mènera tout naturellement à Plutarque, qui avait déjà posé dans toute son acuité le problème des rapports entre le domaine oratoire et celui du spirituel.

Melanchthon lui-même nous invite à ce retour aux origines. En effet, en annexe à la dernière version de sa *Rhétorique* il a publié un certain nombre de textes, dont la lettre « en défense des philosophes scolastiques » écrite par Pic de la Mirandole, enfant prodige aux tendances ésotériques. En republiant ce texte célèbre, Melanchthon dresse en quelque sorte son propre arbre généalogique. Car Pic de la Mirandole, qui a introduit dans le milieu florentin la mystique juive et la Cabale, fut le maître spirituel du maître de Melanchthon, Johann Reuchlin, auteur d'un *De arte cabalistica* contemporain des premières publications du dernier. Comme Pic, Reuchlin a tenté de concilier la spiritualité hébraïque avec la philosophie grecque, et notamment avec l'école ascétique de Pythagore. On entrevoit déjà la silhouette de Plutarque, prêtre d'Apollon à Delphes, philosophe platonicien aux tendances nettement pythagoriques. Et voilà donc données les étapes de mon itinéraire, qui mènera des sources humanistes – Pic, Reuchlin – à la source antique, Plutarque. Nous verrons que pendant tout ce vaste parcours, la rhétorique s'était mise à l'école du silence.

Dans son discours *De la dignité de l'homme*, Pic de la Mirandole, traitant des « antiques mystères des Hébreux », affirme que Moïse, sur la montagne, a reçu de Dieu non seulement la Loi,

> mais aussi un commentaire plus secret et la vraie explication de la Loi : or Dieu lui enjoignit, certes, de promulguer la Loi, à l'intention du peuple, mais de n'en pas confier l'interprétation à l'écriture et de ne pas la divulguer ; s'imposant la grave obligation du silence...

Pic étaie ses convictions d'un certain nombre de références bibliques. Ce vœu d'exclusion et d'exclusivité exprimé par Dieu même sur le mont Sinaï (*Ex.* 19 : 20-25), il le met en rapport avec le mot de Jésus prêchant sur la montagne : « Ne jetez pas vos perles devant les pourceaux », et avec la « sagesse cachée » dont parle l'apôtre au début de sa première lettre aux Corinthiens (*Mat.* 7 : 6 ; 1 *Cor.* 2 : 6-7). Ensuite il relève quelques exemples païens. Il cite l'enseignement strictement oral de Pythagore, renvoie aux sphynx qui ornent les temples des Égyptiens, mentionne Platon et Aristote (la *Métaphysique*) pour retourner enfin, à travers Origène et Denys l'Aréopagite, à la Cabale :

> C'est tout à fait de la même façon que l'enseignement oral définit la Cabale – synonyme de « réception » –, quand, sur l'ordre de Dieu, fut révélée cette vraie interprétation de la Loi, divinement transmise à Moïse...[1]

Les thèmes conjugués de la transmission orale et du message réservé aux êtres d'élite se retrouvent également, on le sait, chez Jean Reuchlin. Au terme du *De verbo mirifico* (1494), il fait allusion aux mêmes passages de l'*Exode* et de la première lettre aux Corinthiens, et cite à son tour le mot de Denys au sujet des *arcana velamenta* et des *secretissima symbola* qu'il faut éviter à tout prix de divulguer, qu'il faut tout au plus « chuchoter dans l'oreille ». Le mot de la fin est accordé à son porte-parole Capnion qui dit :

> Garde le silence, tiens secret, dissimule, voile, tais-toi, murmure : *sile, cela, occulta, tege, tace, mussa*[2].

Il serait facile de multiplier les passages où le silence est exalté, et joué contre une parole indiscrète, et où par ailleurs la révélation du

---

1 Pic de la Mirandole, « De la dignité de l'homme », traduction dans L. Valcke et R. Galibois, *Le périple intellectuel de Jean Pic de la Mirandole, suivi du Discours de la dignité de l'homme et du traité L'être et l'un*, Sainte-Foy, P. U. de Laval et Sherbrooke, Centre d'Études de la Renaissance, 1994, p. 220-222.

2 J. Reuchlin, *De verbo mirifico. 1494, De arte cabalistica. 1517 Faksimile-Neudruck in einem Band*, Stuttgart-Bad Cannstatt, Friedrich Frommann Verlag (Günther Holzboog), 1964, p. [103].

sacré s'accompagne de strictes mesures de sécurité. Pour s'en tenir à un rapide examen des références bibliques qui servent de caution aux dires de Pic et de Reuchlin : dans le passage de l'*Exode*, il y a interdiction au peuple et même aux prêtres de monter avec Moïse sur le Sinaï, sous peine de déchaînement divin : « Fixe une limite à la montagne et rends-la sacrée » (*Ex.* 19 : 12, 23). Dans le sermon sur la montagne, Jésus met son auditoire en garde contre les démonstrations bruyantes de piété, prêchant la discrétion dans la bienfaisance, le jeûne et la prière : que tous ces actes apparaissent « non pas aux hommes, mais à ton Père, qui est dans le secret » (*Mat.* 6 : 4, 7, 18). Dans son épître, Saint Paul exprime une extrême méfiance à l'égard de la sagesse de ce monde, et en particulier à l'égard d'une parole surabondante : « Je ne suis pas venu annoncer le saint secret de Dieu avec des outrances de langage et de sagesse ». Avec véhémence, il oppose la folie de la Croix à la « sagesse du langage » (1 *Cor.* 2 : 1 ; 1 : 17).

En somme, la valorisation du silence jette le discrédit sur la communication ouverte, et la délimitation rigoureuse de l'espace sacré semble couper court à toute velléité d'éloquence, intempestive presque par définition : confronté au mystère, on n'a qu'à se taire ; au cercle des rares initiés, on se parle à l'oreille ; à l'heure de la prière, seul face au divin, on évite tout apprêt verbal.

Ceci étant posé – il y aurait d'ailleurs beaucoup à ajouter[1] et à nuancer dans cette esquisse plutôt grossière – quelle fut au juste, de l'avis de ces ténors de l'humanisme « ésotérique », la nature de cet art de la parole, de cette rhétorique qu'on considère, et à juste titre semble-t-il, comme une discipline fondamentale à l'époque de la Renaissance ? Question d'autant plus pressante qu'une opinion encore courante, confirmée en plus par des ouvrages récents, veut que Pic de la Mirandole se soit carrément tourné contre la

---

1 On n'a qu'à penser à toute la réflexion patristique et médiévale, d'inspiration néo-platonicienne, sur la contemplation silencieuse, largement intégrée dans la pensée renaissante (Pétrarque, Érasme éditeur des Pères...).

rhétorique pour défendre la contemplation silencieuse, la pure recherche de la Vérité. Il se serait exprimé sans ambiguïté à ce propos dans sa célèbre lettre « contre » Ermolao Barbaro (1485), champion, lui, d'une éloquence raffinée. Reuchlin, de son côté, prenant parti en faveur de Pic et s'inspirant comme ce dernier de la sagesse cachée de la *prisca theologia*, aurait plusieurs fois attaqué la « rhétorique décadente des païens et de leurs imitateurs humanistes ». Enfin, Philippe Melanchthon, parent et disciple de Reuchlin, aurait rédigé à son tour « un traité contre Pic, contre l'exemple admiré de Reuchlin, s'exprimant en faveur de l'éloquence cicéronienne ». Dans tout ce débat, Reuchlin et Melanchthon se seraient par conséquent trouvés « dans des camps opposés ». En bref, nous constatons ici une confirmation éclatante de la position de Quirinus Breen, selon laquelle les humanistes du type de Melanchthon proclameraient sans hésitation « la supériorité de la rhétorique sur la philosophie ».

Dans mon innocence, j'avais cru que cette position avait été abandonnée de longue date. Or, celle-ci est entièrement acceptée dans l'une des dernières monographies consacrées à Pic, comme dans une importante publication allemande[1] au sujet de *Reuchlin et*

---

1 Voir Q. Breen, « Giovanni Pico della Mirandola on the Conflict of Philosophy and Rhetoric », « Melanchthon's Reply to G. Pico della Mirandola », in *Journal of the History of Ideas* 13 (1952*a*), p. 384-426 ; « The Subordination of Philosophy to Rhetoric in Melanchthon. A Study of his Reply to G. Pico della Mirandola », in *Archiv für Reformationsgeschichte* 43 (1952*b*), p. 13-28, articles recueillis dans l'ouvrage du même auteur, *Christianity and Humanism*, éd. N. P. Ross, Grand Rapids (Mich.), 1968, chap. 1. Valcke et Galibois, ouvrage cité, 1994, p. 46-49, 84-86, cf. p. 76, p. 169-173. J. Knape, ouvrage cité, 1993, p. 13svv. S. Rhein, « Der jüdische Anfang. Zu Reuchlins Archäologie der Wissenschaften », in A. Herzog et J. H. Schoeps, éds., *Reuchlin und die Juden*, Sigmaringen, Jan Thorbecke Verlag, 1993 (Pforzheimer Reuchlinschriften, 3), p. 163-174. *Ibid*, p. 170, les passages que j'ai cités, bien entendu sans vouloir critiquer dans sa totalité l'excellente contribution du conservateur du *Melanchthonhaus* à Bretten, qui s'est fondé sur les affirmations d'historiens réputés de la rhétorique. Voir dans le même volume la mise au point de H. Scheible, « Reuchlins Einfluss auf Melanchthon », *ibid.*, 1993, p. 123-149. Saluons également la réédition augmentée de *Johannes Reuchlin (1455-1522)*, éds. H. Kling et S. Rhein, Sigmaringen, Jan Thorbecke Verlag, 1994 [1955] (Pforzheimer Reuchlinschriften, 4), avec la contribution de W. Maurer (« Reuchlin und das Judentum ») et surtout les trois

les Juifs. Force nous est, par conséquent, de reprendre toute la question concernant le statut de la rhétorique dans ce débat prolongé sur trois quarts de siècle.

En effet – pour anticiper sur ma conclusion – j'estime qu'il n'y a aucun véritable antagonisme dans les positions prises par les divers protagonistes du débat. Tout au plus pourrait-on parler de « postures » adoptées, pour le besoin de la cause, dans une joute oratoire où l'éloquence est célébrée presque *ipso facto*. A la limite, nous touchons ici au paradoxe agité contre tous les pourfendeurs de la rhétorique depuis Platon : il faut bien se servir de l'éloquence pour la combattre avec quelque efficacité.

2. *Reuchlin et l'Italie*

Examinons rapidement le cas de Reuchlin qui, dans son épître dédicatoire en tête du *De arte cabalistica* adressée au pape Léon X, fils de Laurent de Médicis, célèbre Florence et l'*italica philosophia* inaugurée par Pythagore. Or Reuchlin, bien loin d'exprimer quelque mépris que ce soit à l'égard de la rhétorique, revient au contraire à plusieurs reprises sur le rôle décisif de cette discipline dans la renaissance de l'antique sagesse. Il établit un contraste violent entre l'obscurité causée par les « sophistes », c'est-à-dire les scolastiques avec leurs « terribles abois » (*ingens latratus*), et la lumière rapportée par les premiers humanistes, guidés précisément en cela par leurs compétences linguistiques et surtout rhétoriques. Le renouveau a commencé avec Pétrarque, Philelphe, Léonard Bruni, que Reuchlin appelle des *rhetores*, et qui ont enseigné à la jeunesse florentine les *eloquentiae disciplinae* et *bene dicendi artes*. Ceux-ci furent bientôt suivis d'une foule d'excellents esprits qui avaient marié le savoir à l'éloquence, ainsi Marsile Ficin, Christophe Landin, Ange Politien et le comte Pic de la Mirandole.

mises à jour substantielles de Stefan Rhein, « Reuchliniana » I-III, *ibid.*, 1994, p. 267-276, 277-325.

En bref, dès cette époque, nulle ville n'était plus florissante que Florence, *Florentia illo aevo nihil erat floridius*[1].

Dans la perspective qui est la nôtre, il est assez remarquable que Reuchlin ait omis le nom d'Ermolao Barbaro parmi tous ceux dont il fait mention. Érasme réparera cet oubli dans le catalogue d'Italiens célèbres qu'on trouve dans le *Ciceronianus* (1528).

Ce rapide coup d'œil nous permettra d'offrir une interprétation plus juste de ce prétendu combat entre soi-disant adversaires, et du coup de mieux comprendre les idées de Reuchlin au sujet de l'éloquence. Pas question, on en conviendra, de voir en ce dernier un ennemi acharné de la rhétorique. Cependant, comme tout rhéteur qualifié, il déteste une éloquence mal venue, une parole qui n'a rien à dire. C'est tout. Ses prétendues attaques contre « la » rhétorique sont en vérité dirigées contre ceux qui ne respectent pas les règles – éminemment rhétoriques – de l'*aptum* et du *decorum*. C'est contre une certaine légèreté qui se serait insinuée dans la culture grecque qu'il s'insurge dans le *De verbo mirifico* ; et dans *De arte cabalistica* c'est pareil : c'est l'abondance inutile, l'éloquence apprêtée des Grecs qui est repoussée par le Juif Simon, champion d'une langue simple et châtiée, véhiculant encore une prégnance « originaire »[2]. Si donc méfiance il y a, elle est dirigée contre la parole intempestive, et en particulier contre les folles prétentions et le bavardage impie de la théologie scolastique, classant le divin à coups de syllogisme. C'est alors qu'à l'instar de Pic, il défend les droits de la contemplation, de la recherche silencieuse de la vérité.

---

1 J. Reuchlin, éd. cit., 1964, p. [111] ; trad. française par F. Secret, éd., Johann Reuchlin, *La Kabbale (de arte cabalistica)*, Paris, Aubier-Montaigne, 1973 (collection Pardès), p. 19-20. Cf. aussi la lettre de Reuchlin à Lefèvre d'Étaples où il rappelle la formation rhétorique qu'il a reçue en 1473 à Paris, en suivant les cours de Guillaume Tardif et de Robert Gaguin : reproduite dans L. Geiger, éd., *Johann Reuchlins Briefwechsel*, Stuttgart, 1875, reprint Hildesheim, Olms, 1962, p. 199, no. 171.

2 J. Reuchlin, éd. citée, 1964, p. [43] et [124] ; trad. F. Secret, éd. 1973, p. 46-47. Passages cités par S. Rhein, *l. c.*, 1993. Voir M. -L. Demonet, *Les Voix du signe. Nature et origine du langage à la Renaissance (1480-1580)*, Paris, H. Champion, 1992.

Il y a en effet, pour Reuchlin comme pour Pic, un important
domaine réservé, royaume de l'ineffable. Il faut s'en approcher
avec la plus grande retenue, écouter plutôt que parler. Or connaître
les règles de l'éloquence, c'est aussi savoir se taire[1].

3. *Joute italienne : un jeu sérieux sur les mots*

C'est ce même devoir de vénération silencieuse, ce droit à la
recherche contemplative qui est défendu avec éloquence dans la
lettre de Pic écrite en réponse à Barbaro. S'il lui arrive d'attaquer
l'éloquence, c'est qu'il en reconnaît à la fois le prix et les limites.
S'il pousse un peu cette attaque, c'est qu'il tient à cerner, dans un
dialogue ludique avec son savant confrère, et dans le respect de
l'authentique recherche philosophique, la légitimité de la parole
oratoire. Je renvoie à ce propos à la pertinente analyse de Brian
Vickers, qui a montré que loin d'être son adversaire, Ermolao est le
complice de Pic, son allié dans une joute élégante qui n'exclut point
le sérieux[2].

Ermolao lui répondra dans la même veine. Il appelle l'épître un
opus elegans, eruditum, elaboratum, et son auteur *homo
lepidissimus, humanissimus, latinissimus.* Il admire la façon

---

1   J. Reuchlin, *De arte cabalistica,* éd. 1964, p. [124]-[125], p. [160]-[164] ; trad.
F. Secret, éd. 1973, p. 39-40, p. 110-114. *Ibid.,* p. 110 : « Par ces syllogistes, qui bavardent
des réalités divines [*Per hos garrulos syllogistas*], toute piété se perd envers l'ensemble des
réalités divines. Leur désir de vaincre excite la haine de leurs frères, chiens de chasse tout
prêts à la discorde, pour chasser de l'univers tout entier le philtre de la plus haute
contemplation. »
2   Texte latin de la lettre reproduit (avec une traduction italienne en regard) par
E. Garin, éd., *Prosatori latini del Quattrocento,* Milan et Naples, Ricciardi, [1952] (La
letteratura italiana – Storia e testi, 13), p. 805-822. Trad. française dans C. Mouchel, *Cicéron
et Sénèque dans la rhétorique de la Renaissance,* Marburg, Hitzeroth, 1990 (Ars rhetorica,
3), p. 509-515. Voir B. Vickers, *In Defence of Rhetoric,* Oxford, Clarendon Press, 1988,
p. 184-196 ; *ibid.,* p. 186 : « What begins as an ostensible defence of scholasticism ends as an
apologia for humanism and the study of eloquence and Greek. » Cf. déjà l'excellente analyse
de E. Garin, *L'umanesimo italiano,* Rome et Bari, Laterza, 1984, p. 119-123 qui se termine :
« richiama alla serietà e sincerità della filosofia, condanna del letterato e del grammatico
puro, della parola "separata". »

brillante et paradoxale dont Pic a « défendu les barbares contre Barbaro », et ajoute qu'évidemment, la dispute fut toute verbale, qu'en réalité ils partagent les mêmes convictions (*nobis, quibuscum verbo litigas, corde sentis*).[1] Et de proposer une autre dispute fictive, avec un parti qui affirme que la philosophie, science des « choses » pures, peut très bien se passer de l'ornementation verbale, et un parti adverse qui soutient qu'au contraire, la philosophie est une chose sacrée, un don divin qu'il faut approcher « non sans s'être lavé les mains », *manibus non illotis*. Une fois de plus, Érasme n'est pas loin ![2]

A Lucques est conservé un manuscrit de cette réponse, avec en marge la représentation graphique des formes d'argumentation utilisées par les « orateurs ». Ainsi, celle en défense de l'éloquence est pourvue d'un double croissant, qui figure l'épichérème auquel peut se réduire cette partie du discours.[3]

Il apparaît clairement, ici comme ailleurs, que les maîtres humanistes n'ont rien contre la logique en soi ; ils la considèrent au contraire comme un instrument indispensable à la construction d'un

---

1 Texte de la réponse de Barbaro (avec trad. italienne) dans E. Garin, éd. citée, [1952], p. 844-863. *Ibid.*, p. 844 : « barbaros contra Barbarum defendis (écho de Pic, *ibid.*, p. 806), ut hostis pro hoste, socius contra socium, ipse contra te ipsum stare patrocinarique simulares. Illud sane plurimum me delectat, quod sub specie defensionis exitaliter iugulas quos defendis » : sous couleur de les défendre, tu massacres ceux dont tu prends la défense ! On ne saurait être plus explicite.

2 H. Barbaro, *l. c.*, p. 848 : « Quis arbitratur ? Finge dictum esse ab isto, philosophiam rebus constare, verborum pompa nihil indigere : credo enim hanc esse summam omnium quae pro nobis dicantur. Contra illi : philosophiam, quae sit munus divinum, sanctum, religiosum, religiose adiri oportere, manibus non illotis, sed puris, sed nitidis, sermone casto, non spurco, non lutulento contrectari [...] ; quemadmodum numina, quamquam nihil indigent, humanis opibus tamen et donari et coli volunt, ita philosophia ornari se non modo patitur, sed amat, inquiunt [*scil.*, le second parti], et laborat. » – Érasme, *Adage* no. 855, *Illotis manibus*, trad. française par J. Chomarat, éd, Érasme, *Œuvres choisies*, Paris, Librairie Générale française, 1991 (Livre de poche classique, 6927), p. 379-380. Érasme attaque à son tour les scolastiques, insuffisamment armés de leurs pauvres syllogismes.

3 « Primum epicherema pro philosophis eloquentibus contra barbaros ». Notes marginales relevées par Q. Breen, article cité, 1952a, p. 404 sq., d'après V. Branca, éd., *Ermolao Barbaro : Epistolae, orationes et carmina*, Florence, 1943, tome I, p. 110-116.

discours solide. S'ils s'insurgent, c'est contre ceux qui prennent les moyens pour des fins, bloquant le passage à l'essentiel par un échafaudage téméraire, et puéril, de syllogismes.

4. *Une déclamation « érasmienne » en réponse à Pic : du bon usage de la parole*

On se rappellera que Pic, dans son discours *De la dignité de l'homme*, insiste longuement sur l'importance accordée à la logique dans les symboles de Pythagore, dans les « écrits des Chaldéens », chez Zoroastre enfin : avec la philosophie morale, elle constitue la discipline fondamentale qui prépare la voie à la contemplation pieuse.[1]

Cet éloge réitéré des *liberales artes* sera repris et infléchi ultérieurement par Philippe Melanchthon, le disciple de Reuchlin. On l'aura compris : Pic ni Barbaro, Reuchlin ni Melanchthon ne se trouvent dans des « camps opposés » ; tous défendent le même idéal d'une éloquence nourrie d'érudition, guidée – mais non pas écrasée – par cette science auxiliaire qu'est la logique aristotélicienne.

Contrairement à ce qu'on a pu prétendre, Melanchthon a fort bien compris le jeu sérieux de Pic. Longtemps avant de patronner une deuxième réponse – fictive – à ce dernier, il avait appelé la lettre de l'Italien un « éloge paradoxal » de la scolastique dégénérée. Cependant, avec l'auteur de cette seconde lettre, il estime que le propos de Pic était trop spirituel, trop subtil pour être compris par des rustres. « Tu aurais mieux fait de te servir autrement de tes dons d'éloquence », y lit-on, « car comme tu sais, je suis engagé par ailleurs dans une guerre implacable avec les ennemis des bonnes études (*recta studia*) ».[2]

---

1 Pic, *l. c.*, trad. in Valcke et Galibois, ouvrage cité, 1994, p. 198-203.

2 CR IX, 688 : « Quare optarim te hanc tuam vim atque ubertatem in altera parte experiri maluisse. Nam mihi (ut scis) bellum est alioqui *aspondon* cum hostibus rectorum studiorum, qui etsi hoc armorum genere quo tu uteris, non sunt instructi, tamen acerrime pugnant odio, pertinacia, et malis artibus omnis generis. »

L'auteur de cette nouvelle réponse présente son texte comme une déclamation en miniature (*hanc meam declamatiunculam*), exactement comme l'avait fait Érasme dans l'épître dédicatoire à Thomas More en tête de l'*Éloge de la Folie*.[1]

Or la lettre de Pic, et la réponse « nouvelle et fictive », écrite par un élève de Melanchthon « au nom de Barbaro », a été publiée par ce dernier en annexe à son dernier manuel de rhétorique, intitulé *Elementa rhetorices*. Un réseau de lettres d'appel s'étend sur les deux « épîtres contraires », à la suite desquelles on trouve des *scholia* correspondants qui constituent en fait une analyse rhétorico-logique fouillée de la structure des lettres, présentées comme des modèles du genre.[2] Le commentateur montre comment les

---

1   Ce terme de « déclamation » n'exclut pas le sérieux du propos, comme le souligne également Érasme dans la même épître : Allen, *Ep.* no. 222, trad. J. Chomarat, éd. citée, 1991, p. 107-111. Voir Marc van der Poel, « *Paradoxon* et *adoxon* chez Ménandre le Rhéteur et chez les humanistes du début du XVIe siècle », dans R. Landheer et P. J. Smith, éds., *Le paradoxe en linguistique et en littérature*, Genève, Droz, 1996, p. 199-220, en particulier p. 213-217 et *Cornelius Agrippa. The Humanist Theologian and his Declamations*, Leiden, E. J. Brill, 1997 (Brill's Studies in Intellectual History, vol. 77).

J'ai réfuté ailleurs l'opinion de ceux qui estiment que Melanchthon n'a pas saisi l'ironie de Pic : voir K. Meerhoff, « The Significance of Philip Melanchthon's Rhetoric in the Renaissance », in P. Mack, éd, *Renaissance Rhetoric*, Londres, Macmillan et New York, St. Martin's Press, 1994, p. 46-62, *ibid.*, p.60, note 22. Dans une notice récente, Erika Rummel a d'ailleurs établi que cette deuxième réponse à Pic n'a pas été rédigée par Melanchthon lui-même, mais par l'ancien élève qui signe la dédicace, Franz Burchard. Ce dernier a publié sa déclamation dès 1534 à Haguenau, chez P. Braubach [J. Benzing, *Bibliographie Haguenovienne*, Baden-Baden, 1973 (Bibliotheca Bibliographica Aureliana, 50), p. 104 (no. 6) ; Panzer, VII, p. 113 (no. 370). Exemplaire à Vienne, Ö. N. B.]. Dans une lettre au dédicataire J. Gobler, Melanchthon la mentionne : MBW II, no. 1506 [2], CR II, 803-804. Voir E. Rummel, « *Epistola Hermolai nova ac subdicitia* : A Declamation falsely ascribed to Philip Melanchthon », in *Archiv für Reformationsgeschichte* 83 (1992), p. 302-305, notice à laquelle j'apporte un complément d'information.

2   Selon Rummel, notice citée (note précédente), p. 304 note 13, Melanchthon a ajouté des annotations aux lettres dès l'édition 1539 des *Elementa rhetorices* (Crato, Strasbourg). Dans celle relevée dans CR XIII, 413-416 (Rhau, Wittenberg, 1542), elles se réduisent encore à huit notes au bas des pages. Melanchthon a considérablement augmenté leur nombre par la suite, transformant les notes en un véritable commentaire suivi. Il en est ainsi de l'impression que j'ai utilisée : en plus des manchettes, 55 annotations avec tout un système de renvois internes (voir note suivante).

arguments de Pic en faveur des « philosophes barbares » sont réfutés un à un dans l'autre lettre à partir d'une définition de l'éloquence et de ses fins. Sa méthode d'analyse lui permet d'isoler les propositions centrales et de repérer les arguments destinés à étayer celles-ci, établissant une véritable hiérarchie argumentative.

5. *Le montage d'une rhétorique : Melanchthon lecteur de Plutarque*

Les deux lettres « contraires » et leur commentaire méthodique sont très consciemment placés par Melanchthon à la suite de son manuel d'éloquence.[1] Au moment même où l'éloquence entre définitivement dans l'école, devient objet didactique et pédagogique, Melanchthon estima indispensable de poser quelques garde-fous, exhibant de la sorte son appartenance à la grande tradition illustrée par Pic et par son grand-oncle Reuchlin. Appartenance inconditionnelle, encore soulignée par d'autres lettres

---

Signalons par ailleurs la présence des deux « lettres contraires », déjà accompagnées de l'analyse *complète* sous forme de manchettes, dans la belle collection des discours et préfaces publiée par Nicolas Gerbel chez Kraft Müller à Strasbourg en mars 1541. Voir H. Koehn, « Philipp Melanchthons Reden. Verzeichnis der im 16. Jahrhundert erschienenen Drucke », in *Archiv für Geschichte des Buchwesens*, 25 (1984), cols. 1277-1486 ; *ibid.*, col. 1302, no. 1.

Si c'est là qu'il faut chercher l'origine du commentaire dans son état définitif, il est loin d'être sûr que Melanchthon en soit réellement l'auteur. En étudiant ces collections, continuées après sa mort, on se rend compte de l'énorme impact de Melanchthon chez de nombreux disciples et collègues qui poursuivent sans relâche l'œuvre du Précepteur vénéré.

1   J'ai consulté l'édition publiée en 1559 à Wittenberg chez J. Crato, conservée à la BM de Troyes sous la cote Q. 17. 1190 : *Elementorum rhetorices libri duo. Recens recogniti ab autore Philippo Melanchtone. His adiectae sunt Epistolae contrariae Pici et Hermolai Barbari, una cum dispositione Phil. Mel.* Les lettres ont droit à une page de titre spéciale à l'intérieur du volume : *ibid.*, 1559, p. [168] = f°L5ᵛ°, *Epistolae contrariae : Pici pro barabaris philosophis et Hermolai nova ac subditicia, quae respondet Pico. Editae cum dispositione Philippi Melanthonis, quia continent illustria exempla Dialectices, quae adolescentibus ad intelligenda praecepta plurimum conductura videntur.*

Nous avons bien affaire ici à une construction éditoriale fort consciente. Un index copieux se rapporte au volume dans son ensemble, renforçant encore l'unité de l'ouvrage avec ses annexes. A titre d'exemple, voir f°P5, *s. v. Eloquentia.* De façon caractéristique, l'index commence avec un *Abraham fide iustificatus* : alliance de la rhétorique et de la théologie luthérienne.

également insérées en annexe, ainsi deux lettres célèbres à Lucilius où Sénèque plaide en faveur de la lecture méditative.[1] Appartenance de toute une vie, enfin : même avant la parution de la première version, révolutionnaire, de sa *Rhétorique* en 1519, Melanchthon avait prononcé un discours aux accents quasiment « orphiques », *De artibus liberalibus*, et publié la traduction latine d'un *Propos de table* (VIII, 7) où Plutarque traite de certains « symboles pythagoriques ». Sa correspondance atteste qu'il avait l'intention de publier d'autres traités des *Œuvres Morales* du même auteur, consacrés à l'écoute, au silence, et dirigés contre le bavardage : *De audiendo, De garrulitate*.[2] Ces projets, même non réalisés, attestent un souci constant de la légitimité et de la rectitude du discours. *De audiendo*, « Savoir écouter », plaide pour une attitude simple et modeste dans les études philosophiques. On y trouve de violentes sorties contre le style asianique, contre le discours fardé (41C-F). Plutarque réclame des étudiants qui soient à la fois cultivés et sociables, adeptes d'une *philologia* toute spirituelle.[3] Il présente l'apprentissage philosophique comme une véritable initiation, qui demande une réceptivité et une disponibilité totales (47A-F).

---

1 Sénèque, *Ep. ad Luc.* 2 (I, 2) et 84 (XI, 1) ; Pline, *Ep.* VII, 9.

2 Dans *De artibus liberalibus oratio habita Tubingae* (1517), CR XI, 4-15 et MSA III, p. 17-28, Melanchthon traite de la *translatio studii* dans un esprit très proche de celui de Reuchlin. Pour Melanchthon lecteur assidu de Plutarque, voir la correspondance éditée par H. Scheible, MBW TI, index, *s. v. Plutarchus*. Sur la lecture méditative à la Renaissance et à l'époque moderne, voir K. Meerhoff, « Méditation/Modification », in C. Stevens et S. van Dijk, éds., *[En]jeux de la communication romanesque*, Amsterdam et Atlanta, Rodopi, 1994, p. 3-19. Sur Melanchthon lecteur et traducteur de Plutarque voir M. Spies et K. Meerhoff, *Rhetorica : strategie en creativiteit*, Amsterdam, Amsterdam University Press, 1993, p. 25-28 avec les notes (en néerlandais), et bien sûr l'étude de R. Aulotte, *Amyot et Plutarque. La tradition des Moralia au XVIe siècle*, Genève, Droz, 1965 (Travaux d'Humanisme et Renaissance, 69).

3 Voir *De aud.* 43D *philologon kaï koïnônikon*, 45A *philèkoos* (« qui aime écouter ») *kaï philologos*. Cette « philologie » fait partie de la *philanthrôpia* chère à Plutarque. Voir H. G. Ingenkamp, *Plutarchs Schriften über die Heilung der Seele*, Göttingen, Vandenhoeck & Ruprecht, 1971 (Hypomnemata, 34), p. 131.

De garrulitate, « Du bavardage », est un traité thérapeutique qui expose la « maladie de l'âme » (*nosèma tès psukhès*) qu'est le parler compulsif. Maladie d'autant plus nocive qu'empêchant l'adhésion, *pistis*, de se produire, elle jette le discrédit sur la communication et la persuasion, essentielles à la vie en société (503D).

Plutarque propose un travail de prise de conscience méditative, *krisis*, suivi d'un traitement au moyen d'exercices thérapeutiques. Le texte explore de la sorte les zones d'ombre et de lumière de l'éloquence, et insiste à plusieurs reprises sur les vertus de la concision, ainsi que sur « la dignité, la sainteté, le caractère religieux du silence » (510E). La fin du traité exalte le silence comme cure ascétique suprême. « La futilité et la vanité n'existent pas moins dans les discours que dans les œuvres » (514F), et doivent être combattues par tous les moyens.

Bien évidemment, l'école du silence fondée par Pythagore est omniprésente dans les deux traités.[1] « Si nous avons les hommes pour maîtres de parole, nous avons les dieux pour maîtres de silence, et nous en recevons la consigne dans les cérémonies d'initiation aux mystères », affirme Plutarque dans *De garrulitate* (505F). Revenant sans cesse au texte grec de ce dernier, relisant par ailleurs, après Pic et Reuchlin, les passages bibliques où le silence accompagne l'apparition du sacré[2], Melanchthon a développé ses traités rhétoriques et dialectiques, arts du *logos* divinement octroyé,

---

1   Sur les rapports étroits entre l'école pythagoricienne et les traités thérapeutiques de Plutarque, voir Ingenkamp, ouvrage cité, 1971, p. 136 sq. A plusieurs reprises, Plutarque relève ainsi l'*ékhémuthia*, l'obligation d'un silence de cinq ans imposée par Pythagore à ses disciples : *De curiositate*, 519C ; *Numa*, VIII, 6. Sur ce fameux « silence pythagoricien », voir la contribution d'Alain Petit dans *Dire l'évidence (philosophie et rhétorique antiques)*, textes réunis par C. Lévy et L. Pernot, Paris/Montréal, L'Harmattan, 1997 (Cahiers de philosophie de l'université de Paris XII-Val de Marne, no. 2), p. 287-296.

2   Voir, outre les passages cités *supra*, la contribution de W. A. Beardslee sur *De garrulitate* dans H. D. Betz, éd., *Plutarch's Ethical Writings and Early Christian Literature*, Leiden, E. J. Brill, 1978 (Studia ad corpus hellenisticum Novi Testamenti, 4), chap. 10.

avec une conscience très aiguë de tout ce qui les menace, et risque de les transformer en foyers d'infection morale[1].

Kees MEERHOFF
Université d'Amsterdam (Huizinga Instituut)

---

1   Lors de la présentation orale de cet article à Édimbourg, Terence Cave a très opportunément rappelé la publication, en 1525, de la *Lingua* d'Érasme, où le *De garrulitate* de Plutarque est une source majeure. Voir en effet l'éd. J. H. Waszink, ASD IV-1A, 1989, introd., p. 13 et surtout CWE, vol. 29, 1989, éds. E. Fantham et E. Rummel ; E. Rummel, « Erasmus and the Greek Classics », *ibid.*, p. xxi-xxxiii, en part. p. xxxi-xxxii ; E Fantham, « Introductory Note », *ibid.*, p. 250-256, et les notes, *ibid.*, p. 481.

    Cependant, il ne semble pas que ce texte ait eu un impact déterminant sur Mélanchthon, trop préoccupé des rapports tendus entre Luther et Érasme après la publication du *De servo arbitrio* et de l'*Hyperaspistes* (1526) : voir sa correspondance de cette époque, actuellement rééditée sous la direction de H. Scheible chez Frommann-Holzboog, Stuttgart-Bad Cannstatt, 1977 ss, et déjà citée comme MBW (=Melanchthon, Briefwechsel).

AMOUR ET PASSION AMOUREUSE DANS *L'HEPTAMERON* : PERSPECTIVE ETHIQUE ET PERSPECTIVE PATHOLOGIQUE.

Thème central des discussions et débats des devisants de l'*Heptaméron*, la question de l'amour se trouve être très logiquement, dans cette œuvre, un lieu de rencontre et d'affrontement entre opinions, idéaux, conceptions et doctrines différents et fréquemment opposés. Dans leur très grande majorité – que l'on pense par exemple aux incessants débats entre devisants féminins et devisants masculins auxquels cette question donne lieu – ces oppositions ressortissent à l'ordre de ce que désigne très exactement (dans une acception il est vrai quelque peu délaissée aujourd'hui) le terme d'idéologie, pour autant qu'elles ont leur origine dans certaines représentations étroitement liées aux positions particulières occupées par certains sujets au sein de l'espace social et aux intérêts tout aussi particuliers (tant « intellectuels » que « matériels ») qui se rattachent à ces positions. Est-ce à dire que ressortissent à l'ordre idéologique tel que je viens de le définir toutes les oppositions d'idées auxquelles la question de l'amour donne lieu dans l'*Heptaméron* ? Je pense que non, et qu'il est dans cette œuvre, sur cette question, des oppositions d'idées qui trouvent leur origine, non dans les positions particulières occupées par les devisants en tant que *sujets*, mais dans *l'objet* de leur discours et/ou dans des systèmes conceptuels et doctrinaux *transsubjectifs*.

Tel est, me semble-t-il, le cas d'une opposition, plus exactement d'une contradiction de prime abord déconcertante que j'ai relevée, dans les dialogues de l'*Heptaméron*, entre deux propos relatifs à la nature de l'amour ; c'est de la perplexité dans laquelle cette contradiction m'a plongé tout d'abord, puis de la réflexion que mon désir de lui trouver une explication plausible m'a conduit à mener, que procèdent les observations et les analyses qui suivent.

Narrateur de la nouvelle 26, Saffredent l'introduit par ce jugement qui énonce par anticipation la leçon que ses auditeurs seront invités à tirer de l'histoire qu'il se prépare à conter :

> [...] Tout ainsy que amour faict faire aux meschans des meschancetez, en ung cueur honneste faict faire choses dignes de louange ; car *amour, de soy, est bon*, mais la malice du subgectz luy faict souvent prendre ung nouveau surnom de fol, legier, cruel, ou villain. Mais à l'histoire que à present je vous racompteray, pourrez veoir qu'*amour ne change poinct le cueur, mais le montre tel qu'il est, fol aux folles, et saige aux saiges*[1].

Si l'on en croit ce propos, les différences et les contrastes que l'on observe, du point de vue moral, dans la conduite amoureuse des hommes et des femmes n'auraient pas leur origine dans la nature particulière et variable de leur amour – bon par essence, l'amour serait identique chez tous les êtres – mais dans la diversité des caractères et des tempéraments individuels. L'amour n'aurait par lui-même aucune influence sur le comportement moral des individus ; il ne ferait, d'un point de vue moral, que révéler le fonds de bonté ou de méchanceté propre à chacun d'entre eux. Loin de modifier le caractère de l'individu, il en serait l'exact reflet.

Transportons-nous maintenant dans le dialogue qui fait suite à la nouvelle 36. On y trouve, toujours à propos de l'amour, cette autre observation :

> Un homme bien fort amoureux, quoy qu'il fasse, ne peult pecher, sinon de peché veniel ; car je suis seur que, *si l'amour le tient parfaictement lyé, jamais la raison ne sera escoutée ny en son cueur ny en son entendement*. Et si nous voulons dire verité, il n'y a nul de nous qui n'ait experimenté *ceste furieuse follye*[2].

On ne saurait affirmer plus clairement ni plus catégoriquement que, loin de laisser intacte l'identité de l'être qui s'en trouve affecté, la « furieuse folie » qu'est l'amour l'altère radicalement.

---

1 N. 26, p. 207-208 (c'est nous qui soulignons). Mes citations renvoient à l'édition M. François, Paris, Garnier, 1967.

2 N. 36, p. 264-65. C'est nous qui soulignons.

Ce jugement porté sur l'amour contredit rigoureusement le précédent. Or il se trouve que c'est le même Saffredent qui l'énonce. Leur opposition ne saurait donc être imputée, à l'instar de celle de la plupart des propos tenus par les devisants sur la question de l'amour, à une divergence d'ordre idéologique. L'on se doit par ailleurs de créditer Saffredent, comme chacun des devisants et devisantes de l'*Heptaméron* – la part faite, et sans doute doit-elle être grande, à la duplicité manœuvrière : mais, justement, il ne semble pas que cette dernière puisse être incriminée ici – d'un minimum de cohérence dans l'ordre intellectuel et conceptuel. Comment, dans ces conditions, expliquer le fait que ce devisant puisse tenir sur une question proprement essentielle – la nature de l'amour et les effets de cette affection sur les êtres qui l'éprouvent – deux propos rigoureusement contradictoires ?

C'est à tenter de répondre à cette question que je m'attacherai dans les pages qui suivent.

S'il s'inscrit dans une stratégie argumentative dont la reprise du dialogue après la fin de l'histoire révélera la profonde duplicité, le jugement que Saffredent porte sur la nature de l'amour dans le propos précité par lequel il introduit la nouvelle 26 ne fait, si on le considère en lui-même, qu'énoncer la *doxa* qui, au sein de l'*Heptaméron*, prévaut sur cet important sujet. Au vrai, ce n'est pas une, mais bien deux conceptions différentes de l'amour et de son statut éthique qui apparaissent dans ce propos. La première postule que l'amour est fondamentalement bon dans son essence et que sa possible perversion doit être imputée à la nature vicieuse de l'homme (*amour, de soy, est bon, mais la malice du subgectz luy faict souvent prendre ung nouveau surnom de fol, legier, cruel, ou villain*) ; la seconde semble signifier que, neutre en lui-même sur le plan éthique, l'amour devient bon ou mauvais selon la nature bonne ou mauvaise des êtres qui sont sujets à cette affection (*amour ne change poinct le cueur, mais le monstre tel qu'il est, fol aux folles, et saige aux saiges*)[1]. C'est cette seconde conception que l'on retrouve dans le jugement, en tous points identique à celui de Saffredent, que Geburon, à la fin de la 31ᵉ nouvelle, porte sur l'amour lorsqu'il tire la leçon morale du récit qu'il vient de narrer :

> [...] Il n'y a rien plus dangereux qu'amour quant il est fondé sur vice, comme il n'est rien plus humain ne louable, que quant il habite en ung cueur vertueulx[2].

Que l'amour y soit conçu comme essentiellement bon ou qu'il le soit comme neutre sur le plan éthique, ces deux propos de Saffredent et de Géburon se font l'un et l'autre – c'est là l'essentiel – l'écho de la même *doxa* prévalente parmi les devisants du recueil : les effets bénéfiques ou néfastes de l'amour sur le comportement des hommes ne sont pas imputables à la nature intrinsèque de cet affect (que cette dernière soit conçue comme bonne ou neutre sur le plan éthique), mais à la nature, vertueuse ou vicieuse, des êtres aimants. *Doxa* en vertu de laquelle l'amour se trouve très logiquement relever des critères généraux de jugement que l'éthique chrétienne, et singulièrement l'éthique évangélique à laquelle adhèrent l'ensemble des devisants, applique à la totalité des conduites humaines.

Or cette éthique est fondée sur un principe de discrimination majeur : celui qui oppose les êtres assujettis à l'emprise de la Chair et du péché aux êtres ouverts à l'influence de la Grâce et de l'Esprit divins, les « charnels » aux « spirituels ». Si elle revêt dans l'*Heptaméron* un caractère d'absolue généralité, c'est néanmoins dans le domaine de l'amour que cette opposition trouve son terrain d'application privilégié. Dans les dialogues comme dans les nouvelles, une opposition quasi constante se trouve en effet établie entre deux catégories d'êtres aimants : ceux qui aiment d'un amour charnel et ceux qui aiment d'un amour « spirituel » (amour qualifié

---

1 C'est cette seconde conception de l'amour qui réapparaît dans la conclusion morale que Saffredent, son récit achevé, tire de ce dernier.
2 N. 31, p. 240.

de manière générale par les devisants de *vertueux* ou d'*honneste*,
ou, de manière particulière, de *saige* et de *chaste* lorsqu'il s'agit de
femmes[1]). L'opposition chrétienne de la Chair et de l'Esprit est, on
le sait, fondamentalement différente de celle que la plupart des
philosophies et des sagesses anciennes – la philosophie
platonicienne en particulier – établissent entre la notion de corps (et
les sens qui en dépendent) et celle d'âme ou d'esprit. C'est un fait,
cependant – il n'est au demeurant pas propre à l'œuvre qui nous
intéresse ici – que la conception de l'amour qui prévaut dans les
dialogues de l'*Heptaméron* et la représentation que, dans leur
ensemble, les nouvelles du recueil donnent de cette affection,
tendent à rapprocher l'une de l'autre, voire, à la limite, à identifier
ces deux oppositions. Les amoureux « charnels » sont en effet
définis dans les dialogues et décrits dans les nouvelles de
Marguerite comme des êtres mus par une impulsion de nature
sensuelle, au rebours des amoureux *vertueux, honnestes, saiges* ou
chastes dont l'amour, fondé sur le respect des lois de la morale
chrétienne et sur un idéal plus ou moins élaboré mais toujours
présent de perfection, n'exclut pas le désir sensuel mais relègue ce
dernier – comme le faisait Platon dans *Le Banquet*[2] et à sa suite

---

1 Si l'adjectif *spirituel* est très rarement employé dans l'*Heptaméron* pour qualifier le
type d'amour qui s'oppose à celui que l'adjectif *charnel* (d'emploi courant dans cette œuvre,
lui) sert à spécifier, un lien fort et toujours présent, même lorsqu'il demeure implicite,
rattache l'amour qualifié d'*honneste*, de *vertueux*, de *saige* ou de *chaste* au domaine de
l'Esprit. A preuve – exemple parmi d'autres – cet échange de répliques dans le dialogue qui
suit la N. 19 : « Le cueur de l'homme, qui n'a nul sentiment d'amour aux choses visibles, ne
viendra jamais à l'amour de Dieu par la semence de sa parolle, car la terre de son cueur est
sterile, froide et damnée. – Voylà pourquoy, dist Saffredent, la plus part des docteurs ne sont
spirituelz ; car ilz n'aymeront jamais que le bon vin et chamberieres laydes et ordes, sans
experimenter que c'est *d'aymer dame honneste.* » (N. 19, p. 152 ; les mots soulignés le sont
par moi).

2 « L'Eros de l'Aphrodite populaire est véritablement populaire et ne connaît pas de
règles ; c'est l'amour dont aiment les hommes vulgaires. L'amour de ces gens-là s'adresse
[...] au corps de ceux qu'ils aiment plutôt qu'à l'âme. [...] J'appelle mauvais l'amant
populaire qui aime le corps plus que l'âme. » (*Le Banquet*, 181a et 183d, traduction
E. Chambry, G. F – Flammarion, p. 44 et 47).

Ficin dans le *De amore*[1] – coïncidence qui, je pense, n'est pas
fortuite – à une place très inférieure (quand cette pulsion qui a pour
seul objet le corps n'est pas tenue, comme elle l'est parfois chez
Platon[2] et plus encore chez Ficin[3], pour foncièrement maléfique[4]).

Nombreux sont, dans les dialogues de l'*Heptaméron*, les propos
dans lesquels cette opposition christiano-platonicienne d'un amour
charnel ayant pour objet le corps et d'un amour « spirituel » ayant
pour objet le cœur ou l'âme de l'être aimé trouve une formulation
explicite. Telle cette réplique de Parlamente qui, dans le dialogue
qui suit la 21ᵉ nouvelle, oppose la nature de l'amour des femmes à
celle de l'amour des hommes :

> [...] L'amour de la femme, *bien fondée sur Dieu et sur l'honneur, est
> si juste et raisonnable*, que celuy qui se depart de telle amityé doibt
> estre estimé lasche et meschant envers Dieu et les hommes. Mais
> l'amour de la plupart des hommes de bien est tant *fondée sur le plaisir*,
> que les femmes, ignorant leurs mauvaises voluntez, se y mectent
> aucunes fois bien avant ; et quant Dieu leur faict congnoistre la malice
> du cueur de celluy qu'elles estimoient bon, s'en peuvent departir avecq
> leur honneur et bonne reputation, car les plus courtes follies sont
> tousjours les meilleures[5].

La *doxa* christiano-platonicienne qui, dans l'*Heptaméron*, distingue
et oppose un amour de type charnel et un amour de type
« spirituel » et affirme la supériorité morale du premier sur le
second, trouve une expression plus précise encore dans ce fragment

---

1   « Si quis [...] formam corporis pulchritudini animi preferat, is utique dignitate
amoris abutitur. » (M. Ficin, *Commentarium in Convivium platonis*, deuxième Discours,
Chapitre VI, édition R. Marcel, p. 155).

2   La beauté seule [parmi les essences] jouit du privilège d'être la plus visible et la plus
charmante. Mais l'homme dont l'initiation est ancienne ou qui s'est laissé corrompre a peine
à remonter d'ici-bas, dans l'autre monde, vers la beauté absolue, quand il contemple sur terre
une image qui en porte le nom. Aussi, loin de sentir du respect à sa vue, il cherche à la saillir
et à lui jeter sa semence. » (*Phèdre*, 250e, traduction E. Chambry, GF-Flammarion, p. 147).

3   Voir notamment, dans le *Commentaire*, le chapitre XII du septième Discours
intitulé : *Quam noxius vulgaris amor*.

4   Cf. les deux citations qui suivent dans la suite du texte.

5   N. 21, p. 174-175 (les phrases soulignées le sont par moi).

de dialogue qui suit la N. 69, où il n'est question que du seul amour
féminin :

> Les femmes de bien, dist Longarine, n'ont besoin d'autre chose que de
> l'amour de leurs mariz, qui seullement les peuvent contenter; mais
> celles qui cherchent *ung contentement bestial* ne le trouveront jamais
> où honnesteté le commande. – Appelez-vous contentement bestial, dist
> Geburon, si la femme veult avoir de son mary ce qui luy appartient ? –
> Longarine lui respondit : Je dis que *la femme chaste, qui a le cueur*
> *remply de vray amour, est plus satisfaite d'estre aymée parfaictement,*
> *que de tous les plaisirs que le corps peult desirer.* – Je suis de votre
> opinion, dist Dagoucin [...] Je pense que, si l'amour reciproque ne
> contente pas une femme, le mary seul ne la contentera pas ; car, en
> vivant de *l'honneste amour* des femmes, fault qu'elle soit tentée de
> *l'infernale cupidité des bestes*[1].

Dans l'*Heptaméron*, cependant, l'opposition entre l'amour charnel
et l'amour « spirituel » ne demeure pas purement théorique ; elle
prend corps au sein des nouvelles en donnant naissance à deux
types antithétiques d'êtres aimants – les amoureux charnels et les
amoureux « spirituels » – qu'opposent leurs *caractères*, c'est-à-
dire, selon le sens que *La Poétique* d'Aristote confère à cette
notion[2], certains attributs moraux permanents. Il s'agit là d'une
réalité à ce point familière à tout lecteur de l'*Heptaméron* qu'il
pourrait sembler superflu de l'illustrer par des exemples si, comme
on le verra tout à l'heure, cette réalité, quand on l'examine de près,
ne se révélait beaucoup plus complexe qu'il ne paraît au premier
abord.

Partons cependant des réalités claires – car il en est – dont
l'interprétation ne fait guère difficulté. Les nouvelles de Marguerite

---

1   N. 69, p. 399. On notera que la même assimilation de l'amour charnel à l'amour
bestial se retrouve chez Ficin : « Insaniae species quaedam est anxia illa sollicitudo qua
vulgares amantes diu noctuque vexantur. Qui amore durante bilis incendio primum, deinde
atrae bilis adustione afflicti, in furias ignemque ruunt, et quasi caeci quo praecipentur. [...]
Hoc itaque furore homo *in bestiae naturam* devolvitur. » (*op. cit.*, septième Discours,
chapitre XII, *op. cit.*, p. 256 ; les mots soulignés le sont par moi).

2   Voir Aristote, *La Poétique*, éd. R. Dupont et J. Lallot, Paris, Editions du Seuil, 1980,
chapitres 2, 6 et 15.

mettent en scène une série de personnages masculins et féminins qui incarnent l'amour que leurs narrateurs qualifient de « charnel » – nous dirions, dans le langage d'aujourd'hui, le désir sensuel – sous sa forme la plus spécifique qui se trouve être souvent, lorsqu'il s'agit de personnages masculins, une forme extrêmement grossière ou violente. Du côté masculin : en sus de la totalité, ou presque, de tous les personnages de Cordeliers que leur l'insatiable appétit sexuel entraîne au viol ou à la tentative de viol, voire au meurtre (tels les cordeliers des 5ᵉ, 23ᵉ, 31ᵉ, 46ᵉ et 48ᵉ nouvelles), des personnages comme le valet meurtrier de la N. 2, le secrétaire de la N. 27, et, dans un registre moins violent mais beaucoup plus répandu, la traditionnelle cohorte des hommes mariés de toutes conditions qui tentent, avec ou sans succès, d'obtenir les faveurs de leurs chambrières (N. 8, 37, 45, 54, 59, 69, 71), et celle, non moins traditionnelle, des Dom Juan au grand ou au petit pied dont l'amiral de Bonnivet, héros des 14ᵉ et 16ᵉ nouvelles, est sans doute, dans le recueil de Marguerite, le plus remarquable représentant. Du côté de l'amour charnel, les femmes ne manquent pas non plus à l'appel. Si l'on ne rencontre jamais chez elles, au regard des procédés auxquels elles recourent pour assouvir leur ardeur sexuelle, la même violence – tout au moins la même violence directe[1] – que chez les hommes, l'on retrouve parmi celles qui incarnent le pur désir sensuel un échantillonnage de types dont le plus largement représenté est le double exact de celui qui lui correspond au sein du groupe de leurs congénères masculins. A la cohorte des maris infidèles correspond, comme par un effet de miroir, celle des épouses adultères (N. 1, 6, 26, 29, 36, 49, 60, 61) ; constituée de figures aussi triviales parfois que le sont celles de la plupart des représentants du groupe masculin correspondant (N. 6, 26, 29, 31), elle s'en distingue néanmoins par la présence en son sein de

---

1 La violence indirectement exercée est également rare chez les femmes, mais elle existe : dans la première nouvelle, la femme du procureur Saint-Aignan fait assassiner son jeune amant avec la complicité de son mari.

quelques personnalités exceptionnelles tant au regard de leur fort
« tempérament » que de l'originalité de leur comportement
dramatique (les « héroïnes » des N. 43, 49, 60, 61).

Au groupe des amoureux « charnels » s'oppose, dans les
nouvelles de l'*Heptaméron*, en un contraste d'autant plus patent
qu'il est fréquemment explicité par les narrateurs des récits eux-
mêmes[1], le groupe des amoureux que ces derniers qualifient,
comme on l'a dit, d'*honnestes* ou de *vertueux*, ou (lorsqu'il s'agit
de femmes) de *saiges* ou de *chastes*. Constitué comme le précédent
de personnages des deux sexes, ce groupe s'en différencie
néanmoins par trois de ses caractéristiques : les hommes y sont plus
nombreux que les femmes (pour une raison simple : dans ses
manifestations les plus exemplaires, la chasteté féminine est le plus
souvent, dans l'*Heptaméron*, dissociée de l'amour[2]) ; le
parallélisme qu'on observait au sein du groupe précédent entre
certains types masculins et certains types féminins gémello-
symétriques ne se rencontre pas, sauf exception[3], dans celui-ci ;
enfin et surtout, l'amour *vertueux*, *honneste* ou *saige* se trouve le
plus souvent incarné, au sein des nouvelles de l'*Heptaméron*, dans
des formes proprement passionnelles de l'amour : or la passion
amoureuse, on le verra bientôt, comporte dans ces nouvelles
certains caractères spécifiques qui la différencient nettement des
formes « ordinaires » de l'amour.

Côté féminin : si l'on met à part les femmes ou les jeunes filles
qui illustrent la vertu de chasteté indépendamment de l'amour
(telles les héroïnes des N. 2, 4, 5, 22, 27, 41, 46) – elles sont, au
sein du groupe des femmes « vertueuses », les plus nombreuses –

---

1 Exemple parmi beaucoup d'autres, ce passage de la N. 4 : « [...] Le seigneur menoit
tousjours, avecq sa femme, sa seur, qui estoit la plus joyeuse et meilleure compaigne qu'il
estoit possible, toutesfois *saige et femme de bien.* » (N. 4, p. 28 ; les mots soulignés le sont
par moi).

2 Voir par exemple les nouvelles 2, 4, 5, 22, 27 et 46.

3 Je n'en vois qu'une : Poline et son amoureux, qui, dans la N. 19, suivent deux
itinéraires sentimentaux et spirituels identiques.

les représentantes de l'amour « spirituel » se répartissent en deux catégories nettement distinctes. D'un côté, les épouses modèles : celles qui s'efforcent avec plus ou moins de patience de ramener leurs conjoints volages dans le droit chemin (les héroïnes des N. 37 et 38, et, dans autre registre, l'épouse de Bornet dans la N. 8), ou celles qui vont jusqu'à risquer de sacrifier leur vie pour sauver celle de leur époux (l'héroïne de la N. 67). D'un autre côté, les femmes qui aiment à la fois passionnément et « chastement » (c'est-à-dire sans leur donner leur corps) des hommes qui leur vouent une passion identique (et parfois « honnête »), mais dont le statut ou la situation sociale opposent à cet amour réciproque un obstacle irréductible (les héroïnes des N. 19 et 21) ou lui imposent d'infranchissables limites (Floride dans la N. 10).

Côté masculin : à l'exception du gentilhomme de la N. 63 qui « refuse une belle fille » par amour pour sa femme (mais aussi et plus encore peut-être par amour pour la dame dont il est le serviteur), les représentants de l'amour vertueux ne comptent pas d'hommes mariés (fait significatif au regard de la psychologie conjugale et plus généralement sociale de l'époque, du moins de la représentation que nous en donne l'*Heptaméron*) : tous sont des célibataires qui entretiennent avec la femme qu'ils aiment des relations sentimentales de types divers qui comportent néanmoins un caractère commun : un obstacle, temporaire ou définitif, accepté ou refusé, s'oppose à la réciprocité de ces relations et contraint l'amoureux, soit à vivre son amour dans une solitude silencieuse ou dans une lutte éprouvante pour triompher de cet obstacle, soit à renoncer à son amour en le sublimant en amour divin. Solitude silencieuse pour ceux qui, conscients qu'un obstacle rédhibitoire – de nature généralement sociale – s'oppose à ce que leur amour soit jamais partagé par la femme qui en est l'objet, s'en consolent ou tentent de s'en consoler en cultivant l'idéal du « parfait amour » tel que le conçoit Dagoucin (un amour gardé secret et vécu solitairement qui puise dans son solipsisme absolu la jouissance tout aussi solitaire de ce qu'il estime être sa propre perfection). Tel est le choix que font l'infortuné gentilhomme de la N. 9, le Capitaine de la N. 13 dans la première partie du récit, Elisor au début de la N. 24, et le milord anglais de la N. 57 (type de l' « amoureux transi » dont la conduite ne manque pas d'être tournée en dérision au sein même de l'histoire dont il est le « héros »). Lutte éprouvante pour l'amoureux de Poline dans la N. 19 et pour le gentilhomme de la N. 64 qui, avant de prendre la décision de se retirer au couvent, tentent vainement de forcer l'obstacle que leur entourage oppose à leur amour. Renoncement, enfin, pour l'amoureux de Poline, pour Elisor et pour le gentilhomme de la N. 64, qui, pour des raisons différentes et de manière également différente, finissent tous les trois par reporter sur Dieu leur impossible amour terrestre.

Legs, nous l'avons dit, d'une ancienne et durable tradition christiano-platonicienne, l'opposition que les dialogues et les nouvelles de l'*Heptaméron* établissent entre deux types d'amour – un amour charnel ayant pour objet le corps et un amour « spirituel » ayant pour objet le cœur ou l'âme de l'être aimé – n'a d'original que l'importance singulière que lui confèrent au sein de ce recueil les préoccupations morales de son auteur. Ce qui est plus singulier – mais qui constitue peut-être une clé ouvrant sur l'explication de la paradoxale contradiction dont, on s'en souvient, est issu le présent propos – c'est que cette conception christiano-platonicienne de l'amour dont le trait caractéristique est l'identification qu'elle tend à établir entre l'opposition chrétienne de la Chair et de l'Esprit et l'opposition platonicienne du corps et de l'âme, coexiste et interfère, dans l'*Heptaméron*, avec une conception psychopathologique de la passion amoureuse assujettie elle aussi – comme l'est, dans cette œuvre d'esprit profondément paulinien, toute réalité humaine – à l'opposition entre un ordre du Charnel et un ordre du Spirituel, mais où les notions de Chair et d'Esprit recouvrent des réalités profondément différentes dans les faits de celles qui leur correspondent dans le domaine de l'amour et du désir non passionnels.

Les nouvelles de l'*Heptaméron* offrent de nombreux exemples de passion amoureuse dont chacun pourrait me fournir de quoi justifier l'affirmation que je viens d'avancer. Il en est toutefois de plus significatifs et de plus probants que d'autres. Tel le drame passionnel que met en scène la nouvelle 26. Celle que le narrateur de cette nouvelle désigne de bout en bout par le syntagme nominal *la saige dame* – pour l'opposer à son double antithétique, la *folle dame* dont le seigneur d'Avannes a d'abord été l'amant – est en effet l'une des figures féminines les plus représentatives de l'amour « spirituel » mises en scène dans les nouvelles de Marguerite, son refus de se donner à l'homme qu'elle aime et de lui avouer même son amour (elle ne le lui déclarera qu'à l'ultime instant) entraînant sa mort et faisant d'elle une véritable martyre de l'amour « chaste ». Ce caractère exemplaire du personnage est au demeurant si fortement mis en relief par le récit qu'il pourrait presque occulter le fait que la vertu et la chasteté de son héroïne, si l'on veut bien examiner ces dernières avec attention, diffèrent profondément, par la nature qui est la leur, de celles, par exemple, d'une Floride ou d'une Rolandine.

L'amour de Floride pour Amadour – comme, à ce qu'il semble, celui de Poline pour le gentilhomme qu'elle aime et dont elle est aimée – est un sentiment extrêmement fort et profond mais qui n'est pas, dans l'acception stricte du terme, de l'ordre de la *passion* amoureuse ; c'est, me semble-t-il, ce qui explique *à la fois* que, s'il n'exclut vraisemblablement pas l'attirance sensuelle (quel amour, au vrai, pourrait l'exclure ?), cet amour ne lui accorde qu'une place secondaire, et que, contrairement à Amadour à qui sa passion finit par faire littéralement perdre la raison, Floride conserve jusqu'au bout la maîtrise et le contrôle de ses sentiments[1]. Au rebours, la

---

1   Comme en témoigne cette phrase significative où l'on voit que, si le pouvoir de la raison n'est pas tel, chez Floride, qu'il puisse réduire à néant l'amour que la jeune femme

passion que la « saige dame » de la N. 26 éprouve pour le seigneur d'Avannes apparaît comme une irrésistible attraction de tout l'être dans laquelle l'impulsion du cœur (l'amour « spirituel ») et celle des sens (l'amour charnel) se trouvent indissociablement mêlées. Il n'est pour s'en convaincre que d'écouter ses propres paroles. Ce qu'elle fait expressément savoir au jeune seigneur d'Avannes, en effet, lorsque l'imminence de la mort rend non seulement licite mais nécessaire l'aveu qui jusque là demeurait interdit, ce n'est pas seulement – même si c'est là l'essentiel – qu'elle l'aimait passionnément, mais aussi qu'elle le désirait autant – et ce n'est pas peu dire – que le jeune homme, de son côté, la désirait. C'est en termes dépourvus de toute ambiguïté qu'elle lui en fait l'aveu : « Sçachez que le *non* que si souvent je vous ay dict », lui déclare-t-elle, « m'a faict tant de mal au prononcer, qu'il est cause de ma mort ». Or le récit de la nouvelle 26 qui, par un souci d'économie narrative bien compréhensible, ne mentionne pas toutes les circonstances dans lesquelles la « sage dame » s'est vraisemblablement vue contrainte, comme elle le rappelle au jeune seigneur, d'opposer un « non » à ses avances, en retient cependant deux auxquelles il accorde un important développement narratif. La première est l'extraordinaire déclaration d'amour que le jeune homme adresse à la dame : celle-ci n'est pas dupe de son discours pseudo-mystique et comprend bien que la ferveur religieuse dont il feint d'être habité, ou dont, sincèrement peut-être, il s'imagine l'être, est au pis un leurre, et au mieux une illusion sous le voile de laquelle un amour de nature toute humaine et un désir de nature toute sensuelle cherchent à faire entendre leur voix. En répondant au discours du jeune homme par une fin, nuancée mais ferme, de

---

éprouve pour Amadour, il la rend cependant capable de conserver une relative maîtrise de ce dernier : « Combien que, selon la raison, elle estoit deliberée de jamays plus l'aimer, si est-ce que le cueur, qui n'est poinct subject à nous, ne s'y voulut oncques accorder : parquoy, ne le pouvant moins aymer qu'elle n'avoit accoustumé, *se delibera*, satisfaisant à l'amour, de l'aymer de tout son cueur, et, obeissant à l'honneur, n'en faire jamais à luy ne à autre semblant. » (N. 10, p. 75 ; les mots soulignés le sont par moi).

non-recevoir, c'est à un amour total, à la fois et indissociablement
« spirituel » et charnel, que la « sage dame » oppose un refus. Et
c'est plus spécifiquement encore aux exigences sensuelles du
seigneur d'Avannes qu'elle oppose un nouveau refus lorsque, au
cours de l'autre principal épisode auquel son ultime aveu fait
implicitement allusion, le jeune homme, ayant feint une chute de
cheval devant la maison de la dame, tente d'obtenir ses faveurs en
s'introduisant dans son lit.

Quand, donc, la « sage dame » avoue au seigneur d'Avannes,
peu avant de mourir, que les refus qu'elle a cru devoir opposer à ses
avances lui ont été aussi douloureux qu'ils ont pu l'être pour le
jeune homme, il est clair qu'elle lui avoue tout à la fois qu'elle l'a
passionnément aimé et passionnément désiré. Au regard de la
morale chrétienne et singulièrement de la morale évangélique, la
« sage dame » de la N. 26 n'en appartient pas moins, sans
contestation possible, à la catégorie des amoureuses
« spirituelles » : la victoire qu'elle a, avec l'aide de la Grâce divine[1]
mais en la payant de sa vie, remportée sur son amour et sur son
désir, est une éclatante victoire de l'Esprit sur la Chair. Exemplaire
incarnation de l'amour « saige », l'héroïne de la N. 26 ne l'est
cependant pas au même titre que le sont par exemple une Floride ou
une Rolandine, deux amoureuses qui vivent un drame qui n'est
pourtant pas sans analogie avec le sien. Vertueuse et chaste, elle ne
l'est pas en effet, comme le sont ces dernières, pour autant que son
amour accorderait plus de place aux sentiments du cœur qu'au désir
des sens – il est, on l'a vu, à la fois et indissociablement affectif et
sensuel : elle l'est pour autant qu'elle est parvenue, avec l'aide de la
Grâce divine, à faire prévaloir sur les droits d'une passion
pleinement humaine – une passion qu'elle assume, au moment de
mourir, sans le moindre sentiment de honte – un Devoir supérieur

---

1   « [...] Dieu m'a faict la grace de morir premier que la viollance de mon amour ayt
mis tache à ma conscience et renommée... » (N. 26, p. 218).

fondé sur l'amour qu'elle doit à Dieu et à son époux. L'amour qu'elle incarne n'est pas un amour qui aurait pour propriété intrinsèque d'être chaste comme d'autres amours – celui, par exemple, de la « folle dame » de la même nouvelle 26 – ont la propriété opposée d'être charnels (nous dirions, aujourd'hui, sensuels) : c'est un amour total, sentimental et charnel tout à la fois, que l'on est fondé à qualifier de *spirituel* non parce qu'il exclurait tout désir sensuel ou n'accorderait aux sens qu'une place réduite, mais parce qu'il se soumet volontairement à la loi supérieure d'un Esprit qui le persuade de renoncer à lui-même. La ligne de partage qui, dans le domaine de l'amour, sépare et oppose ce qu'il était convenu d'appeler le « charnel » et le « spirituel », se déplace ici, modifiant par là-même les réalités que recouvrait chacune de ces deux notions. Et cela parce que nous avons affaire ici à un type d'amour – l'amour passionnel – auquel il n'est plus possible d'appliquer le clivage éthique et ontologique d'origine christiano-platonicienne qui tendait à identifier l'opposition de la Chair et de l'Esprit avec celle du corps et de l'âme.

Ce n'est pas seulement ce trait, cependant – si important qu'il soit – qui permet d'affirmer que l'on se trouve, avec la « sage dame » de la N. 26, devant un cas de passion amoureuse. C'est aussi et surtout le fait que le développement de l'amour s'accompagne, chez ce personnage, d'un ensemble de troubles psychophysiologiques universellement considérés, au XVIe siècle, comme les symptômes de la « maladie d'amour »[1] : des symptômes que, dans les nouvelles de l'*Heptaméron*, l'on observe chez la

---

1 Sur le concept de « maladie d'amour » et la tradition médico-philosophique à laquelle il appartient, l'on pourra consulter, en première approche : les études de M. Simonin, M. P. Duminil, D. Jacquart et C. Thomasset parues dans le volume *La folie et le corps*, *Etudes réunies par Jean Céard*, Presses de l'Ecole Normale Supérieure, Paris, 1985 ; Donald Beecher, « L'amour et le corps: homme, femme, enfant dans la médecine de la Renaissance », in *Le corps à la Renaissance, Actes du XXXe Colloque de Tours*, Paris, Aux Amateurs de Livres, 1990, p. 423-435 ; Jackie Pigeaud, *La maladie de l'âme*, Paris, Les Belles Lettres, 1989.

plupart des amoureux passionnés mais que l'on n'observe que chez eux. Il est remarquable que cette symptomatologie soit totalement indépendante de tout critère de discrimination d'ordre moral (c'est en cela que la passion amoureuse diffère radicalement de l'amour non passionnel) : les troubles psychophysiologiques qui affectent la « sage dame » de la N. 26 et le « parfait amant » qu'est le gentilhomme de la N. 9 sont – il est déconcertant mais significatif de l'observer – les mêmes que ceux dont souffrent des êtres situés sur le plan moral aux antipodes de ces vertueux amants, telle la duchesse de Bourgogne dans la N. 70 ou le prieur de Saint-Martin-des-Champs dans la N. 22[1]. Floride et Rolandine, en revanche, que leur caractère moral rapproche de l'héroïne de la N. 26, ne présentent, à la différence de cette dernière, aucun des symptômes de la « maladie d'amour ».

C'est sur ce trait caractéristique de la passion amoureuse que je voudrais conclure, en me bornant à quelques observations succinctes. Qu'elle soit « honneste » ou moralement répréhensible (voire à la limite criminelle), la passion amoureuse se caractérise, dans l'*Heptaméron*, par un ensemble de traits relativement constants qui sont ceux-là mêmes que la vulgate médico-philosophique de l'époque tient pour les symptômes de la « maladie d'amour » :

– elle est un *feu* dont brûlent dans leur cœur et dans leur corps ceux qui en sont atteints : la « sage dame » de la N. 26[2] et le « transi d'amour » qu'est le capitaine de la N. 13[3] comme le prieur de Saint-Martin-des-Champs dans la N. 22[4] ;

---

1 Cf. ci-dessous notes 2 et 4, et p. 385 notes 2 et 5.

2 « [Elle] tumba en une fievre continue, causée d'une humeur melancolicque, tellement que les extremitez du corps lui vindrent toutes froides, et au dedans brusloit incessamment. » (N. 26, p. 217).

3 « Sa dissimullation luy engendra ung tel feu dans le cueur, que souvent il tomboit malade. » (N. 13, p. 98).

4 « Ainsy s'en alla cest ypocrite à Sainct-Martin ; auquel lieu ce meschant feu qu'il avoit en son cueur ne cessa de brusler jour et nuict. » (N. 22, p. 180).

– elle est une *fureur* qui *aveugle* et fait *perdre la raison* : Amadour perd totalement la sienne lorsque, par la mort d'Avanturade, il se voit à jamais éloigné de Floride[1] ; le capitaine de la N. 13 est « hors de son sens » lorsqu'il se trouve en présence de la dame dont il est tombé amoureux ; le cordelier dont la N. 31 narre « l'exécrable cruauté » est si fortement épris de l'épouse du gentilhomme dont il a capté la confiance qu'il en a « [perdu] toute raison naturelle » ;

– elle conduit au *désespoir* ceux et celles chez qui elle est contrariée par un obstacle : les « parfaits amants » que sont les gentilhommes des N. 9[2] et 64[3] ; Amadour après la mort d'Avanturade[4] ; mais aussi la duchesse de Bourgogne dans la N. 70[5].

– Premier effet de la passion contrariée, le désespoir est un symptôme psychopathologique fréquemment suivi de graves troubles somatiques dans lesquels se reconnaissent les signes les plus patents de la maladie d'amour : affaiblissement (Amadour après la mort d'Avanturade), amaigrissement (le gentilhomme de la N. 9), altération des traits du visage (les gentilhommes des N. 9 et 50), jaunissement du teint (le gentilhomme de la N. 50), perte de l'appétit (le même « parfait amant » de la N. 9, mais également… le prieur de Saint-Martin-des-Champs de la N. 22 et le cordelier de la N. 31), « opilation » du foie (le gentilhomme de la N. 50, la « sage dame » de la N. 26), symptômes fébriles (la « sage dame » de la N. 26).

---

1 « Voyant Amadour que sa femme estoit enterrée, et que son maistre le mandoit, parquoy il n'avoit plus occasion de demorer, eut tel desespoir en son cueur, qu'il cuyda perdre l'entendement. » (N. 10, p. 71).

2 « Se laissant ainsy aller au desespoir et à la tristesse, perdit le boire et le manger, le dormir et le repos. » (N. 9, p. 50).

3 « Avecq ceste triste pensée qui se povoit nommer desespoir, s'en alla rendre religieux en ung monastere de Sainct Françoys. » (N. 64, p. 384).

4 Cf. la note 1.

5« […] Oeillades et mynes de ceste pauvre folle n'apportaient aultre fruict que ung furieux desespoir. » (N. 70, p. 401).

– Dans plusieurs cas, ces troubles somatiques préludent à une issue fatale (quasi suicide d'Amadour, mort des gentilshommes des N. 9 et 50 et de la « sage dame » de la N. 26).

Il n'y a certes pas lieu de s'étonner que, mettant en scène la passion amoureuse, l'auteur de l'*Heptaméron* en donne une représentation qui coïncide assez exactement avec la symptomatologie de ce que la science médico-philosophique de son temps s'efforce de conceptualiser sous la dénomination de « maladie d'amour ». Il est en revanche une question que l'on ne peut éluder : comment et sous quelles conditions une affection proprement pathologique étrangère en elle-même à l'ordre de la morale et de la religion peut-elle se trouver intégrée dans l'univers d'une œuvre qui conçoit toute réalité humaine, en particulier l'amour humain, dans une perspective et selon des critères d'ordre essentiellement moral et religieux ?

Contrairement à Ficin[1], Marguerite n'assimile pas la passion amoureuse et la « maladie d'amour » qui en procède à l'amour bestial, elle ne les voit pas comme viciées dans leur essence par une affinité particulière et spécifique avec la Chair. Les amoureux passionnés que mettent en scène ses nouvelles peuvent être des « charnels » comme la duchesse de Bourgogne ou des « spirituels » comme le parfait amant de la N. 9 ou la « sage dame » de la N. 26. Rigoureusement antinomiques sur le plan éthico-religieux, les premiers et les seconds n'ont qu'un point commun, mais il est essentiel : tous sont des êtres que la passion a dépossédés d'eux-mêmes. Cette dépossession ne les assujettit pas automatiquement ni nécessairement à l'emprise de la Chair et du péché. En les rendant particulièrement vulnérables, elle accroît toutefois sensiblement ce risque, comme en témoigne le tragique et à maints égards emblématique destin d'Amadour. La « sage dame » de la 26ᵉ nouvelle ne parvient à sauver son honneur qu'au prix de sa vie,

---

1   Cf. p. 375, note 1.

comme si, dans la situation qui est la sienne – et qui est, dans une
certaine mesure, celle de tous les passionnés – la mort était l'unique
voie d'accès par où pût lui parvenir encore le secours de la Grâce.
Si elle ne conduit pas toujours à la perdition morale, la passion,
dans l'*Heptaméron*, est une affection à hauts risques qui conduit
souvent à la mort et comporte presque toujours une issue tragique.
Mais il se pourrait aussi qu'elle y représente, pour cette raison
même et malgré les risques de perversion auxquels elle est
particulièrement exposée, la forme la plus profonde et la plus
authentique de l'amour. C'est en tout cas ce que suggère – et même,
sans doute, fait un peu plus que suggérer – la parole que prononce
avant de mourir – sans rien regretter, semble-t-il, de sa tragique
aventure – la « sage dame » de la nouvelle 26 : *Je sçay que la porte
de paradis n'est poinct refusée aux vraiz amans.*

Philippe de LAJARTE
Université de Caen

« OUTRE L'ERREUR DE NOSTRE DISCOURS »
L'ANALYSE DES PASSIONS CHEZ MONTAIGNE

Le fait que Descartes écrivit son traité *Des passions de l'âme* tardivement, après ses réflexions méthodologiques et métaphysiques, indique, comme on le sait, l'importance et la difficulté pour lui de cet exercice : rien ne pouvait être plus essentiel à la connaissance de l'homme ni à sa vie pratique que cette compréhension des ressorts psychologiques qui le font agir et qui lui permettent éventuellement de contrôler ses actions.

La table rase est donc dans ce cas d'autant plus obligatoire :

> Il n'y a rien en quoy paroisse mieux combien les sciences que nous avons des Anciens sont defectueuses, qu'en ce qu'ils ont escrit des Passions. Car bien que ce soit une matiere dont la connoissance a tousjours esté fort recherchée ; & qu'elle ne semble pas estre des plus difficiles, à cause que chacun les sentant en soy mesme, on n'a point besoin d'emprunter d'ailleurs aucune observation pour en decouvrir la nature : toutesfois ce que les Anciens en ont enseigné est si peu de chose, & pour la plus part si peu croyable, que je ne puis avoir aucune esperance d'approcher de la verité, qu'en m'éloignant des chemins qu'ils ont suivis[1].

Il n'est pas difficile de démontrer, ici comme ailleurs, que l'analyse à laquelle Descartes procède ne laisse pas de charrier des présuppositions antérieures : à tout prendre, sa taxinomie et même sa description des passions n'auraient pas beaucoup étonné Aristote, ni Sénèque, encore moins un théoricien du seizième siècle.[2]

Je propose en premier lieu de rappeler un aspect de cette analyse cartésienne, puis d'évoquer rapidement la tradition de réflexion sur

---

1   R. Descartes, *Les Passions de l'âme*, éd. Geneviève Rodis-Lewis, Paris, Vrin, 1966, p. 65.

2   Sur la théorie des passions chez Descartes et ses précurseurs, scolastiques et autres, voir Anthony Levi, *French Moralists : The Theory of the Passions 1585 to 1649*, Oxford, Clarendon Press, 1964.

les passions à laquelle il se rapporte. Mon intention n'est pourtant pas d'écrire un supplément à l'histoire des idées. Je poserai plutôt une question d'ordre méthodologique : quelle est la puissance d'explication d'une telle démarche ? Dans la perspective d'une histoire des idées, la connaissance des théories en cours à telle ou telle époque a une valeur certaine, puisqu'elles constituent un élément fondamental dans les conceptions non seulement éthiques et psychologiques mais encore juridiques, médicales et théologiques de l'époque en question. Il est évident toutefois que cet ordre de connaissances est limité, dans la mesure où il n'aborde que ce qui se conforme aux exigences d'un système supposé être logique. Un tel système exclut par définition tout ce qui peut le contester, l'expulse même avec une force égale à la puissance de déviation de cet élément étranger. Le problème est d'autant plus délicat, dans le cas des passions, que le passionnel est par sa nature ce qui conteste, ce qui excède, ce qui dévie. Comment donc aborder, à partir d'une théorie, ce qui se situe en dehors de la théorie ?[1]

Commençons par Descartes, puisque la démarche cartésienne passe communément pour un *seuil*, un moment fondateur, dans l'histoire des idées ; mais aussi parce que chez lui la volonté de contraindre et de dompter – la volonté impérialiste d'une philosophie qui se veut totale – est au maximum. On remarquera d'abord que Descartes classe les passions selon un principe antithétique (estime et mépris, amour et haine, joie et tristesse, gloire et honte, etc.), mais que ces antithèses sont souvent modifiées par une extension sémantique qui crée des groupes de

---

1 On n'est pas obligé d'emprunter une approche psychanalytique moderne pour poser en principe qu'il y avait toujours *quelque chose* que les théories des passions n'expliquaient pas, ou qu'elles expliquaient mal. Parmi les sondages les plus sensibles qui aient été faits dans ce domaine difficile, on citera en premier rang ceux de Françoise Charpentier ; voir par exemple son article exemplaire « Lire Montaigne dans le soupçon », in *Le Lecteur, l'auteur et l'écrivain : Montaigne 1492-1592-1992*, éd. Ilana Zinguer, Paris, Champion, 1993, p. 17-27.

termes voisins traversés par une antithèse, comme dans l'Article LVIII (espérance, crainte, jalousie, sécurité, désespoir) et l'Article LIX (irrésolution, courage, hardiesse, émulation, lâcheté, épouvante). Le classement antithétique est d'ailleurs complexe, dans la mesure où un axe psychologique (le courage et la hardiesse s'opposent à l'irrésolution et à la lâcheté) peut recouper un axe moral (le courage s'oppose à la lâcheté). Certaines passions-clés s'en trouvent rapprochées au point qu'elles risquent de sombrer dans l'ambivalence. Cette possibilité troublante atteint par exemple la paire de termes générosité / orgueil, qui sont antithétiques au niveau éthique, mais homologues au niveau psychologique. Selon Descartes, « la vraye Generosité... fait qu'un homme s'estime au plus haut point qu'il se peut legitimement estimer »[1], là où « Tous ceux qui conçoivent bonne opinion d'eux mesmes pour quelque autre cause, telle qu'elle puisse estre, n'ont pas une vraye Generosité, mais seulement un Orgueil, qui est tousjours fort vitieux »[2]. La différence dépend de la valeur morale objective de la personne, et doit être appuyée, dans le système cartésien, par un recours à la réflexion rationnelle, critère définitif sans lequel l'incertitude et le trouble se répandraient sans entraves[3].

Malgré la boutade de Descartes contre les commentaires des anciens sur les passions, sa propre analyse reprend certains aspects fondamentaux d'une tradition qui remonte à Aristote. En particulier, elle tourne autour d'un problème qui est déjà présent dans le fameux « juste milieu » aristotélicien. Cette traduction du terme *metron* (ou *meson*) est en fait un leurre. Le système

---

1 Article CLIII (éd. cit., p. 177).

2 Article CLVII (éd. cit., p. 180).

3 Voir l'Article CCXI (éd. cit, p. 215-18). Dans cet article, Descartes explique en outre que toutes les passions sont en fait « bonnes de leur nature », et que « nous n'avions rien à éviter que leurs mauvais usages, ou leurs exces ». En limitant la distinction morale au seul domaine des actions qui en découlent, Descartes abolit d'un seul coup tout classement antithétique *a priori* des passions, les livrant à une promiscuité psychologique plutôt déconcertante.

d'oppositions qui fonde l'éthique d'Aristote n'offre pas de moyen terme sur lequel on puisse compter. Il est vrai que le tableau des *èthè* ou *pathè*[1] qui est proposé dans L'*Éthique à Eudème* (II. iii. 4) produit dans la plupart des cas une vertu qui se situe « au milieu » entre deux vices. Mais dès qu'on regarde de plus près la position du moyen terme à l'égard des extrêmes vicieux, on trouve que le « milieu » est dans la plupart des cas plus proche d'une de ces extrémités : le courage est plus proche de la témérité qu'il ne l'est de la lâcheté, la libéralité plus proche de la prodigalité que de l'avarice, et ainsi de suite.

L'*Éthique à Nicomaque* analyse avec plus de détails ce caractère asymétrique des états d'âme. Les valeurs en question sont relatives (II, viii) ; elles ne sont repérables qu'à travers des cas particuliers (II, ix, 7-8). L'accent est mis sur l'angle de vision qui détermine l'interprétation d'une action : un homme courageux *paraît* (*phainetai*) téméraire quand il est comparé à un lâche, et lâche quand il est comparé à un téméraire ; un lâche *appelle* (*kalousi*) téméraire un homme courageux, et ainsi de suite (II, viii, 2-3). Quand on vise le *meson*, il est difficile de faire mouche, surtout dans les cas particuliers :

> [trouver le juste milieu] est chose ardue, sans doute, et surtout dans les cas particuliers. Il n'est pas facile, en effet, de déterminer comment, contre qui, pour quels objets et combien de temps il faut se mettre en colère. A nous-mêmes il arrive, à l'occasion, aussi bien de *louer* ceux qui restent en dessous de la juste mesure et de les appeler placides, que de louer les mauvais caractères et de les appeler virils... Maintenant, jusqu'à quel point et en quelle quantité il faut s'écarter du milieu pour être blâmable, il n'est pas facile de donner une règle qui le détermine, pas plus qu'on ne pourrait pour aucun des objets qui relèvent du sens ;

---

1   A proprement parler, l'*èthos* est le trait de caractère moral permanent, le *pathos* la réaction – qui peut être passagère – à une circonstance particulière (voir la distinction proposée par Descartes, éd. cit., p. 191, avec la note 1). Les deux catégories sont pourtant très proches chez Aristote, au point très souvent d'être impossibles à distinguer ; l'analyse des passions est de toute façon toujours orientée vers une éthique.

ce sont là des choses qui rentrent dans le domaine des circonstances
singulières et c'est au sens d'en juger[1].

Si l'on en vient à louer ou à blâmer un homme, le jugement de son
action dépend donc du « sens » ou de la perception (*aisthèsè*).
Cette problématique traverse l'antiquité tout entière. Retenons-
en un seul cas, celui de Sénèque, qui, en tant que stoïcien, rejette le
relativisme aristotélicien. Dans le *De ira*, en effet, Sénèque imagine
d'abord un argument contre ceux qui croient que la colère a une
certaine valeur et utilité (I, vii, 1) ; ensuite, il s'attaque à l'argument
qui favorise la notion d'une « bonne colère » (I, vii, 2-4). La voix
de « l'autre » dans ce dialogue implicite est celle d'Aristote, que
Sénèque cite à plusieurs reprises et qu'il finit par nommer (I, ix, 2).
Pour Sénèque, il est essentiel de bien séparer les passions de la
raison, pour que celle-ci ne soit pas contaminée par ces
perturbations venant de l'extérieur (I, viii, 1-2) : il s'agit ici, bien
entendu, d'un aspect déterminant de la morale stoïcienne.
L'argument de Sénèque s'appuie – et c'est l'essentiel – sur une
nomination des passions à laquelle on puisse se fier :

> Si la colère se soumet à des contraintes, elle doit être appelée d'un
> autre nom ; elle cesse d'être la colère, car ce que j'entends par colère
> est quelque chose d'effréné et d'indompté. (I, ix, 3)

Le principe d'une séparation rigoureuse est donc soutenu : « N'est-
il pas une honte de dégrader les vertus en les faisant dépendre des
vices ? » (I, x, 2) ; et la notion même d'un moyen terme dans les
affectus est écartée : « une passion moyenne n'est rien d'autre
qu'un mauvais moyen terme » (I, x, 4 ; voir aussi I, xx).

Ce nœud de problèmes connaît une fortune remarquable à la
Renaissance, assurée d'une part par le travail humaniste, qui intègre

---

1 Aristote, *L'Éthique à Nicomaque*, introduction, traduction et commentaire par René
Antoine Gauthier et Jean-Yves Jolif, Louvain, Publications Universitaires ; Paris, Béatrice-
Nauwelaerts, 1970, tome I, deuxième partie : *Traduction*, p. 54 (II, ix, 7-8).

l'analyse aristotélicienne des catégories éthiques[1], et d'autre part par la réflexion approfondie sur la rhétorique qui caractérise toute cette époque[2]. L'esquisse que nous venons d'offrir peut donc servir de cadre intertextuel pour l'analyse de Montaigne à laquelle nous allons bientôt passer, sans toutefois avoir la prétention de désigner des sources précises de l'écriture montaignienne sur les passions. Cette esquisse montre également la manière dont un trouble épistémologique peut transparaître à *l'intérieur* d'un système de pensée formel, qui en trace les contours et cherche à en contrôler les conséquences, mais qui ne l'évacue pas et en quelque sorte doit son caractère à sa présence inquiétante. On remarquera enfin que, comme Descartes le fera à sa manière, Aristote classe l'étude des passions comme un savoir empirique plutôt que comme une *technè*[3]. La philosophie est donc proche ici de la médecine, et se montre prête à céder au moins certains de ses pouvoirs en faveur de l'expérience pratique.

Cette démarche para-philosophique caractérise au plus haut point, comme on le sait, le discours montaignien. Tout traversé qu'il est à chaque moment par la trace des systèmes de pensée en cours à cette époque, il se prévaut en même temps de suppositions plus quotidiennes, plus pratiques, et ne cherche pas rigoureusement à expulser ce qui est susceptible de le troubler. Il se prête donc merveilleusement bien à une étude des « marges de la philosophie » au seizième siècle dans le domaine des passions.

---

1   Pour ce qui concerne la France, il est à remarquer que la cote des *Éthiques* d'Aristote est en hausse à partir de 1550 : le catalogue de la Bibliothèque Nationale mentionne des éditions en grec en 1554, 1555 et 1560 ; des éditions latines en 1548, 1555, 1565, 1566, 1574, 1587 ; et une nouvelle traduction française en 1553.

2   Sur l'évolution de ces préoccupations au sein de la rhétorique, voir Quentin Skinner, *Reason and Rhetoric in the Philosophy of Hobbes*, Cambridge, England, Cambridge University Press, 1996, ch. 4. Voir aussi mon livre *Pré-histoires : textes troublés au seuil de la modernité*, Genève, Droz, 1999, p. 99-106 (section à laquelle j'ai repris ici les paragraphes sur Aristote et Sénèque).

3   Voir *Éthique à Nicomaque* II, ii, 3-5 : l'éthique est une casuistique (voir aussi II, ix, 7-8).

L'intertexte classique des chapitres sur les passions – « De la peur », « De la moderation », « De la colere » – est sans doute constitué surtout par les écrits moraux de Plutarque et de Sénèque, ainsi que par les poètes. La présence des questions posées par Aristote se fait pourtant sentir à plusieurs reprises, que ce soit à travers ces intertextes ou plus directement, dans ces chapitres et ailleurs dans les *Essais*. Ainsi, par exemple, le chapitre II, 1 (« De l'inconstance de nos actions »), en constatant la discontinuité des comportements humains, évoque le voisinage des passions contraires :

> [A] Celuy que vous vistes hier si avantureuz, ne trouvez pas estrange de le voir aussi poltron le lendemain : ou la cholere, ou la necessité, ou la compagnie, ou le vin, ou le son d'une trompette luy avait mis le cœur au ventre ; ce n'est un cœur ainsi formé par discours ; ces circonstances le luy ont fermy ; ce n'est pas merveille si le voylà devenu autre par autres circonstances contraires[1].

Comme le montre la dernière partie de la phrase, cette analyse est construite sur une interrogation de l'intentionnalité des actions[2]. Les catégories morales sont vidées de sens dans de tels cas parce qu'elles ne sont pas fondées dans un « discours » cohérent et soutenu. Cet argument quasi pyrrhonien est élaboré dans le texte de 1588 sur le mode de la première personne au réfléchi :

> [B] Non seulement le vent des accidens me remue selon son inclination, mais en outre je me remue et trouble moy mesme par l'instabilité de ma posture... Si je parle diversement de moy, c'est que je me regarde diversement. Toutes les contrarietez s'y trouvent selon quelque tour et en quelque façon. Honteux, insolent ; [C]... [B] bavard, taciturne ; laborieux, delicat ; ingenieux, hebeté ; chagrin, debonaire ; menteur, veritable ; [C]... (*ibid.*)

Le caractère antithétique des comportements que le sujet observe en lui-même est présenté ici sans moyen terme ; le flottement des

---

1   Montaigne, *Les Essais*, éd. Villey-Saulnier, Paris, Quadrige / PUF, 1988, p. 335.

2   Voir aussi le passage antérieur (p. 332, « En toute l'ancienneté... »), où Montaigne cite textuellement une observation de Sénèque sur la relation entre la volonté et les actions.

catégories tient à la discontinuité psychologique du sujet plutôt qu'à l'intervention d'un *metron* aristotélicien.[1]

La version de 1595 ajoute pourtant, après « Honteux, insolent », une antithèse supplémentaire (« chaste, luxurieux »), puis un groupe d'oppositions plus ambivalentes qui semble justifier rétrospectivement le développement considérable qui suit dans le texte [B] :

> [C] sçavant, ignorant, et liberal, et avare, et prodigue, [B] tout cela, je le vois en moy aucunement, selon que je me vire ; et quiconque s'estudie bien attentifvement trouve en soy, voire et en son jugement mesme, cette volubilité et discordance. Je n'ay rien à dire de moy, entierement, simplement, et solidement, sans confusion et sans meslange, ny en un mot. DISTINGO est le plus universel membre de ma Logique[2].

Dans cette rallonge, les antithèses s'estompent, en premier lieu parce que, dans l'écriture montaignienne, les catégories « sçavant » et « ignorant » sont parfaitement compatibles selon la logique de la *gradatio*[3]. Ce qui est plus pertinent pour notre propos, pourtant, est l'introduction d'un groupe de trois termes – « et liberal, et avare, et prodigue » – en fin de série. On reconnaît ici un des exemples classiques des « termes voisins » aristotéliciens : aux côtés de la polarité négative « avare » se rangent une polarité positive (« libéral ») et une polarité négative (« prodigue »), ce qui fait de « liberal » et « prodigue » une paire synonymique au niveau du

---

1 Il sera évident que l'analyse montaignienne évacue la notion d'un « caractère » (*èthos*) stable sans toutefois assigner les comportements qu'elle énumère au statut de *pathè* momentanés.

2 *Ibid.* Sur ce passage et la problématique de la *distinctio*, voir Ian Maclean, « "Le païs au delà" : Montaigne and philosophical speculation », in *Montaigne : Essays in Memory of Richard Sayce*, éd. I. D. McFarlane et Ian Maclean, Oxford, Clarendon Press, 1982, p. 105-06, 120-21, et *Montaigne philosophe*, Paris, PUF, 1996, p. 33-38 ; Steven Rendall, *Distinguo : Reading Montaigne Differently*, Oxford, Clarendon Press, 1992, p. 21-29 ; Daniel Ménager, « Montaigne et l'art du "Distingo" », in *Montaigne et la rhétorique*, éd. John O'Brien, Malcolm Quainton et James J. Supple, Paris, Champion, 1995, p. 149-59.

3 Voir Antoine Compagnon, *Chat en poche : Montaigne et l'allégorie*, Paris, Seuil, 1993, p. 90 sq.

comportement, antithétique au niveau de la perception morale. Le passage d'une sorte de classement à l'autre est explicité ensuite par la notion de « mélange », terme qui est très souvent utilisé à la fin du seizième siècle pour caractériser une zone d'incertitude épistémologique ainsi que l'écriture qui cherche à en rendre compte[1] : il est en effet bien question ici de « mots » qui n'ont pas de relation stable et unitaire aux choses qu'ils sont censés représenter.

Ce passage transforme donc une problématique d'origine aristotélicienne (celle du *metron* et de l'*aisthèsè*) selon un discours typiquement montaignien : on en trouvera d'ailleurs un exemple supplémentaire dans le chapitre II, 20 (« Nous ne goustons rien de pur »). A d'autres moments, pourtant, le flottement du point de vue ramène ce discours vers une affirmation de l'étanchéité des catégories morales, au delà de toute ambiguïté verbale : c'est le cas de II, 2 (« De l'yvrongnerie »), où la condamnation sans équivoque de l'ivrognerie s'insère dans un argument contre la confusion et le mélange :

> [A]... que celuy qui a franchi de cent pas les limites,
> *Quos ultra citraque nequit consistere rectum,*
> ne soit de pire condition que celuy qui n'en est qu'à dix pas, il n'est pas croyable... [B] La confusion de l'ordre et mesure des pechez est dangereuse... [C] Comme Socrates disoit que le principal office de la sagesse estoit distinguer les biens et les maux : nous autres, à qui le meilleur est toujours en vice, devons dire de mesme de la science de distinguer les vices : sans laquelle bien exacte le vertueux et le meschant demeurent meslez et incognus. (p. 339-40)

D'une strate chronologique à l'autre, Montaigne passe de la notion d'une visée exacte, appuyée par une citation d'Horace qui elle-même rappelle la métaphore aristotélicienne, à travers une

---

1   Voir Neil Kenny, *The Palace of Secrets : Béroalde de Verville and Renaissance Conceptions of Knowledge*, Oxford, Clarendon Press, 1991, surtout ch. 4 ; Michel Jeanneret, *Perpetuum mobile : Métamorphoses des corps et des œuvres de Vinci à Montaigne*, Paris, Macula, 1997, *passim.*

injonction en faveur de la « mesure », à l'exemple socratique d'une connaissance éthique sans ombre ni flottement. Pareillement, une rallonge tardive du chapitre I, 30 (« De la moderation ») se prononce en faveur d'une modération dont le site est aussi précis que la cible visée par un archer : « [C] J'aime des natures temperées et moyennes. L'immodération vers le bien mesme, si elle ne m'offense, elle m'estonne et me met en peine de la baptiser... L'archer qui outrepasse le blanc, faut comme celuy qui n'y arrive pas » (p. 197-98).

Ces variations sur la problématique aristotélicienne suivent un parcours qui est facilement repérable ailleurs dans les *Essais*[1]. Chez Montaigne, le trouble éthique n'est pas cantonné dans une seule aire conceptuelle ou linguistique, mais se manifeste à travers un mouvement instable que le texte lui-même décrit avec une clarté incomparable (« Je donne à mon ame tantost un visage, tantost un autre, selon le costé où je la couche. Si je parle diversement de moy, c'est que je me regarde diversement »). Chez lui aussi, le problème classique de la nomination des *èthè* et des *pathè* affleure sous une autre forme : la nervosité qui transparaît lorsqu'il constate l'inadéquation des *verba* aux *res*[2] l'amène à chercher une sécurité provisoire dans ce qu'il appelle le « langage commun » :

> Je suy le langage commun, qui faict difference entre les choses utiles et les honnestes ; si que d'aucunes actions naturelles, non seulement utiles, mais necessaires, il les nomme deshonnestes et sales. (III, 1, p. 796)

L'exemple est extrêmement pertinent pour notre propos, puisque ce chapitre (« De l'utile et de l'honneste ») est essentiellement une

---

1   Voir par exemple III, 2 (« Du repentir »), p. 806-07, où Montaigne admet l'évidence d'une antithèse entre le bien et le mal, quitte à l'interroger par la suite (p. 808 sq.), ainsi que le va-et-vient entre arguments pyrrhoniens et l'affirmation d'une modération foncière dans II, 12 (« Apologie de Raimond Sebond » ; sur ces « antipéristases » montaigniennes, voir aussi mon étude *Pré-histoires*, surtout ch. I).

2   Dans les passages cités plus haut, voir les expressions « ny en un mot », « me met en peine de la baptiser ».

critique de la réduction qu'avait opérée Machiavel en effaçant la distinction entre les catégories « utile » et « honneste ». En effet, Machiavel s'était prévalu de l'ambivalence des « termes voisins » aristotéliciens pour construire une rhétorique de la justification politique[1]. Contre cette évidence d'un argument apparemment spécieux mais difficile à réfuter, qui s'installe dans le monde réel de l'action politique et sociale, Montaigne a recours à un autre domaine de la pratique, celui de la nomination quotidienne. L'exemple qu'il choisit – la manière dont on parle ordinairement des fonctions corporelles – est partiellement ironique, mais démontre *a fortiori* la prise que le quotidien peut avoir sur le champ des valeurs[2].

Ayant montré comment les *Essais* intègrent l'incertitude aristotélicienne, la traduisent dans leur propre langage qui est aussi celui de leur époque, nous arrivons ainsi à la question principale que nous cherchons à poser : comment ce langage déjoue-t-il les schémas philosophiques, et comment le trouble montaignien marque-t-il sa provenance extra-textuelle ?

A la fin du chapitre « De la colere » (II. 31), Montaigne invoque Aristote pour lui opposer tout de suite un contre-argument anonyme :

> Aristote dit que la colere sert par fois d'arme à la vertu et à la vaillance. Cela est vray-semblable ; toutesfois ceux qui y contredisent respondent plaisamment que c'est un' arme de nouvel usage : car nous remuons les autres armes, cette cy nous remue ; nostre main ne la guide pas, c'est elle qui guide nostre main ; elle nous tient, nous ne la tenons pas. (p. 720)

Ce passage est introduit explicitement comme une arrière-pensée : « Encore un mot pour clorre ce pas », et à première vue, il ne semble pas avoir beaucoup de rapport avec ce qui précède dans

---

1 Voir Skinner, *Reason and Rhetoric*, p. 170-72.
2 Voir aussi I, 51 (« De la vanité des paroles »), p. 305-06.

l'édition de 1580 (exemple du jugement de Pison), encore moins
dans celle de 1588 (colères de Montaigne lui-même, en famille). Le
topos antique selon lequel on discute de la colère dans le contexte
du comportement militaire (courage, témérité) avait cédé le pas,
depuis le début du chapitre, à des exemples surtout domestiques :
colère des parents envers leurs enfants, colère des maîtres envers
leurs serviteurs, même si Montaigne y joint des exemples publics
(dont celui de Pison). En fait, pourtant, le renversement de
l'argument aristotélicien fournit l'occasion d'une dernière reprise
de la distinction proposée vers le début du chapitre entre la passion
et l'agent humain :

> Pendant que le pouls nous bat et que nous sentons de l'émotion,
> remettons la partie ; les choses nous sembleront à la verité autres,
> quand nous serons r'acoisez et refroidis : c'est la passion qui
> commande lors, c'est la passion qui parle, ce n'est pas nous. (p. 715)

Il est vrai que cette distinction repose sur une conception séculaire
des passions comme un phénomène venant de l'extérieur, puisque
c'est le sens même du mot « passion »[1]. Mais le tour de main que
lui donne Montaigne en fin de chapitre, avec ses trois variantes dont
la dernière en chiasme (« nous remuons... » ; « nostre main » ;
« elle nous tient »), tire une force particulière de l'argument qui part
de la version antérieure (« c'est la passion qui parle, ce n'est pas
nous »).

Cet argument intermédiaire commence, un peu plus loin, avec la
proposition, « Le dire est autre chose que le faire » (p. 715), qui
transpose l'opposition extérieur / intérieur (passion / agent) au
niveau d'une relation entre langage et disposition éthique. Les
exemples qui amènent cette transposition indiquent que la relation
est infléchie par le thème des passions dans un sens particulier :

---

1 Voir aussi le célèbre passage du chapitre II. 2 sur la « forme maîtresse » : « il n'est
personne, s'il s'escoute, qui ne descouvre en soy une forme sienne, une forme maistresse, qui
luicte contre l'institution, *et contre la tempeste des passions qui luy sont contraires* »
(p. 811).

les chastiemens qui se font avec poix et discretion, se reçoivent
bien mieux et avec plus de fruit de celuy qui les souffre. Autrement, il
ne pense pas avoir esté justement condamné par un homme agité d'ire
et de furie ; et allegue pour sa justification les mouvements
extraordinaires de son maistre, l'inflammation de son visage, les
sermens inusitez, et cette sienne inquietude et precipitation temeraire.
(*ibid.*)

Il s'agit dans ce cas (et dans l'anecdote qui suit, tirée de Suétone)
de trois choses : le jugement porté par le maître, les signes
expressifs qui accompagnent ce jugement, et la perception de
l'autre. Les signes expressifs – distorsion des traits, jurons, manque
de contrôle – trahissent une disposition éthique lacunaire, invalident
le jugement ainsi que la punition qui en découle.

Il s'ensuit que, dans l'affirmation « Le dire est autre chose que
le faire », « le dire » se réfère à un langage moral authentique, « le
faire » à un comportement inauthentique, en partie caché, mais
susceptible d'être dévoilé par les signes involontaires de la passion.
Cette opposition est en effet celle qui régit le passage suivant, sur
les atteintes portées par les Huguenots contre la corruption de
l'Eglise : « Un homme de bonnes meurs peut avoir des opinions
fauces, et un meschant peut prescher verité, voire celuy qui ne le
croit pas » (p. 716) ; elle débouche sur des exemples d'une punition
soigneusement séparée du soupçon passionnel. Le premier de ces
exemples, qui inversent symétriquement celui du maître défiguré
par la colère, met en scène Plutarque lui-même, dont le langage
affirme sa propre authenticité en insistant sur l'absence, chez le
maître philosophe, de tout signe passionnel :

Rougis-je ? escume-je ? m'eschappe-il de dire chose dequoy j'aye
à me repentir ? tressaux-je ? fremis-je de courroux ? car, pour te dire,
ce sont là les vrais signes de la colere. (p. 717)

Ces exemples en antithèse entraînent, finalement, une analyse plus
approfondie de la mécanique, chez le maître en colère, de l'auto-
justification :

> C'est une passion qui se plaist en soy et qui se flatte. Combien de
> fois, nous estans esbranlez soubs une fauce cause, si on vient à nous
> presenter quelque bonne defence ou excuse, nous despitons nous
> contre la verité mesme et l'innocence ? (*ibid.*)

L'aliénation du sujet en colère est désormais complète : le
détournement sinistre du jugement de Pison – ce « merveilleux
exemple de l'antiquité » – prend sa place ici, montrant que le
« dire » dans un tel cas est motivé par l'intérêt mal déguisé dont
même un « personnage par ailleurs de notable vertu » peut être
atteint. L'argument et l'exemple suffisent à invalider non seulement
l'opinion d'Aristote sur la colère, mais encore toute cette
casuistique des « bonnes passions » qui va d'Aristote à Descartes
en passant par la rhétorique humaniste[1].

Argument stoïcien, conforté par la thématique augustinienne de
l'*amor sui* ? Sans doute, mais la trajectoire en ricochets suivie par
ces thèmes n'est pas réductible à un sens univoque repérable par
l'histoire des idées. La colère paraît ici comme un trouble qui se
décale à chaque étape de l'argument sans perdre de sa force. La
certitude qui permet – même au vulgaire – de lire les signes
physionomiques de la colère et de dévoiler l'intérêt sous
l'apparence de la sévérité morale est précisément ce qui défend
d'évacuer la perturbation passionnelle.

Les ajouts de l'édition de 1588 rendent ce parcours encore plus
sensible. Partant de l'idée que celui qui masque sa colère risque de
se laisser « ronger interieurement » (p. 718), Montaigne passe à son
propre *habitus* :

> Je conseille qu'on donne plustost une buffe à la joue de son valet,
> un peu hors de saison, que de geiner sa fantasie pour representer cette
> sage contenance ; et aymeroys mieux produire mes passions que de les
> couver à mes despens : elles s'alanguissent en s'esvantant et en
> s'exprimant ; il vaut mieux que leur poincte agisse au dehors que de la
> plier contre nous. (p. 719)

---

1 Je pense à nouveau ici à la gamme de phénomènes analysés par Quentin Skinner
sous la rubrique de la paradiastole.

S'ensuivent une description de l'économie passionnelle qu'il impose à sa propre famille, et des remarques supplémentaires sur ses efforts pour contrôler ses propres accès de colère. Ce qui transparaît surtout, ici encore, est une certaine licence accordée à la colère :

> Je marchande ainsin avec ceux qui peuvent contester avec moy : Quand vous me sentirez esmeu le premier, laissez moy aller à tort ou à droict ; j'en feray de mesme à mon tour. La tempeste ne s'engendre que de la concurrence des choleres qui se produisent volontiers l'une de l'autre, et ne naissent en un point. Donnons à chacune sa course, nous voylà tousjours en paix. (p. 720)

Confrontée à une telle analyse, et malgré la fluctuation de points de vue dans ce même ajout, l'ambivalence du *metron* aristotélicien semble une invention de philosophe, ayant peu de portée dans la pratique quotidienne.

A l'exemple complexe qu'offre le chapitre « De la colere » d'une ambiguïté passionnelle décalée, on peut ajouter celui, de beaucoup plus simple et transparent, de I, 18 (« De la peur »). Toute la partie centrale de ce chapitre est consacrée à une topique militaire : le champ de bataille a sa psychologie propre, et Montaigne s'en occupe, ainsi qu'on pouvait le prévoir. En effet, c'est dans la guerre surtout que la peur, se situant dangereusement entre le courage et la couardise, a le plus de chances de devenir une passion exemplaire ; elle peut créer des héros aussi bien que des lâches, entraîner une mort soudaine ou des évasions miraculeuses. Il est sans doute plus intéressant, pourtant, de considérer ce qui entoure et encadre ces exemples résolument masculins – ce qui, enfin, n'est pas *compris* dans le champ militaire.

Le chapitre commence par une citation virgilienne, où il est question des symptômes de la peur : « *Obstupui, steteruntque comæ, et vox faucibus hæsit* ». Comme le couplet ovidien de II, 31 (p. 715 : « *Ora tument ira, nigrescunt sanguine venæ...* »), ou encore la fameuse ode saphique qui esquisse la pathologie du désir[1], cette citation peut être considérée comme un *topos* préservant sous une forme particulièrement saisissante une connaissance empirique des passions. Dans I, 18, Montaigne enchaîne sur ce thème sur le mode pré-sceptique[2] :

> Je ne suis pas bon naturaliste (qu'ils disent) et ne sçay guiere par quels ressors la peur agit en nous ; mais tant y a que c'est une estrange passion : et disent les medecins qu'il n'en est aucune qui emporte plustost nostre jugement hors de sa deuë assiette. (p. 75)

Cette entrée en matière, tout en se prévalant de la topique humaniste, fait dévier celle-ci d'emblée hors des limites de la pensée systématique. Elle accuse l'*étrangeté* de la peur, son caractère insondable et – précisément – déviant ; ensuite, par une sorte de *præteritio*, elle évoque les manifestations surnaturelles attribuables à la peur : « Je laisse à part le vulgaire, à qui elle represente tantost les bisayeulx sortis du tombeau, enveloppez en leur suaire, tantost des Loups-garous, des Lutins et des chimeres » (*ibid.*). Ce geste dédaigneux ne laisse pas d'assigner une place, dans la topologie de la peur, à l'inquiétante étrangeté : le « vulgaire » est ici le site d'une expérience difficilement assimilable aux classements philosophiques. C'est là également le sens de l'épilogue du chapitre :

> Les Grecs en recognoissent une autre espece qui est outre l'erreur de nostre discours, venant, disent-ils, sans cause apparente et d'une impulsion celeste. Des peuples entiers s'en voyent souvent saisis, et des armées entieres. Telle fut celle qui apporta à Carthage une merveilleuse desolation. On n'y oyoit que cris et voix effrayées. On voyoit les habitans sortir de leurs maisons, comme à l'alarme, et se charger, blesser et entretuer les uns les autres, comme si ce fussent ennemis qui vinssent à occuper leur ville. Tout y estoit en desordre et en tumulte ; jusques à ce que, par oraisons et sacrifices, ils eussent appaisé l'ire des dieux. Ils nomment cela terreurs Paniques. (p. 77)

---

1 Imitée par Catulle, *Carmina* LI, et par Ronsard dans une chanson de 1556 (« Je suis un demidieu »).

2 J'utilise ce terme pour indiquer qu'il ne s'agit pas ici d'un scepticisme formel, provenant d'une lecture des *Hypotyposes* ou même des dialogues philosophiques de Cicéron, mais d'une tendance à l'incertitude repérable dès les premiers « essais » de Montaigne.

Ce déchaînement de la peur parmi « des peuples entiers » est à nouveau inclassable : il s'agit d' « une autre espèce [de peur] qui est outre l'erreur de nostre discours » (en dehors des cas où la raison se trompe). L'inclassable est aussi l'inexplicable, et l'aporie étiologique laisse toute la place à une cause surnaturelle (« une impulsion celeste ») que l'auteur des *Essais* ne prend toujours pas à son compte, utilisant cette fois le discours rapporté (« disent-ils » ; « ils nomment cela terreurs Paniques »). L'origine érudite de cet exemple final (tiré de Diodore de Sicile) est compensée par le caractère « populaire » du phénomène en question. Cette fois, pourtant, le ton dédaigneux est absent : la terreur dionysiaque qui se répand parmi « des peuples entiers » s'installe dans le texte montaignien comme un vent venant on ne sait d'où. L'irrationnel y réclame ses droits, provisoirement du moins, la culture érudite se fait accompagner par son autre, et un reste de trouble que les commentaires de Montaigne ne cherchent pas à exorciser fraye son chemin jusqu'à la dernière phrase du chapitre.

Ces chapitres sur les passions permettent d'affirmer, d'abord, que Montaigne connaissait la problématique d'origine aristotélicienne des « passions voisines » ; ensuite, que tout en admettant le caractère mélangé des expériences humaines, il écartait par un réflexe habituel les équivoques d'ordre linguistique et rhétorique pour insister sur une distinction morale quant aux *res* ; mais, enfin, que le « trouble » passionnel ne s'en trouve que déplacé dans son discours, reporté dans un autre domaine. Ce domaine est extérieur au champ philosophique à proprement parler : il comprend la lecture empirique de symptômes encodés souvent dans des *topoi* littéraires, ainsi que les dossiers quasi juridiques où les exemples textuels se confrontent aux exemples ressortissant à l' « expérience ». Pour rendre compte de ce qui se passe dans ces textes, et pour en tirer toute leur valeur historique, il faut donc chercher le point précis où une histoire des idées ou de la philosophie s'avère inadéquate, celui où le texte passe outre

(« outre l'erreur de nostre discours ») pour désigner un lieu en dehors de lui-même.

Terence CAVE
Université d'Oxford

INDEX DES NOMS PROPRES

(Nous incluons les noms mythologiques, mais non pas ceux des personnages de fiction)

Abélard, J. : 314

Abraham : 364

Absyrtos : 240, 242

Acheloys : 60

Adam : 97, 105

Aetius : 192

Agamemnon : 268, 347

Agrippa de Nettesheim, H. C. : 363

Ajax : 269

Albérola, J.-M. : 219

Albert le Grand : 282

Alcée : 347

Alcibiade : 100

Alençon, Mgr d' : 320

Alexandre le Grand : 115

Alphonse le Sage : 192, 198

Ambroise de Milan : 199

Amy, P. : voir Lamy

Amyot, J. : 101

Anaxarète : 60

Andromaque : 253

Andromède : 66

Angeli, G. : 313

Anjou, C. d' : 196

Antéchrist : 212

Antoine : 339, 340

Aphrodite : 273, 373

Apollon : 175, 354

Apulée : 149

Arcellaschi, A. : 239

Archélaos : 269

Aristote : 115, 171, 172, 174, 177, 244, 264, 269, 270, 273-277, 282, 301, 336, 355, 375, 389, 391-395, 399, 402

Armingaud, A. : 161

Assuérus : 268

Até : 231

Aubigné A. d' : 19, 102, 181, 203-224.

Augustin, s. : 78, 79, 96, 97, 105-108, 149

Aulotte, R. : 365

Austrie, H. duc d' : 196

Bacchantes : 268

Bacchus : 30, 31, 232, 268

Bade, J. : 248

Ballet, J. : 159

Balsamo, J. : 164

Baluze, E. : 159

Banier, abbé : 239

Barbaro, H. : 357, 359-363

Barbey, L. : 20

Bari, R. da : 120

Bataille, G. : 291
Baudelaire, C. : 328
Baudoin, J. : 262
Bauduyn, B. : 250, 251, 254
Bavalan : 199
Beardsley, W.A. : 366
Beçalel : 205
Beckett, S. : 180
Beecher, D. : 383
Bélisaire : 192
Belleau, R. : 84
Bellérophon : 269, 272, 322
Bembo, P. : 112, 122, 299
Benoist, R. : 106
Bernard, C. : 59
Bernhard, T. : 220
Berquin, A. : 246, 254
Bèze, T. de : 65
Biancolelli : 246, 255
Blanchot, M. : 290-292, 295
Blanco, M. : 285
Boccace : 25
Boèce : 192, 299, 306
Boiardo, M. : 285
Bonnefond, P. : 155, 156, 162, 164
Bourbon, C. de : 187, 193, 196
Bourgogne, P. de : 194, 195, 197, 201
Bourgogne, duchesse de : 383
Brach, P. de : 157

Breen, Q. : 357, 361
Bretagne, duc de : 199
Bruès, G. de : 171-173
Brumoy, P. : 249, 251, 254
Brunehaut : 187, 191, 200
Bruni, L. : 358
Brutus : 258, 350
Bugnyon, P. : 65, 72
Burchard, F. : 363
Busson, H. : 151
Butor, M. : 204

Caligula : 102
Calliope : 76, 325, 328
Calvin, J. : 216, 218
Campenhausen, H. von : 21
Caraccioli : 192
Carolet : 246, 254
Caron, J.C. : 42, 44
Carteron, H. : 172
Castelvetro, L. : 243
Castiglione, B. : 111-123
Castor, G. : 317, 333
Cataneo, M. : 262, 264
Caton : 203, 211, 348, 350
Catulle : 347, 402
Caulier, A. : 29, 30, 35
Cave, T. : 174, 317, 329, 367
Céphée : 66
Cerquiglini, J. : 19, 301
Cervantès, M. de : 279-295

Chabot : 197

Champier, S. : 239

Chappuys, G. : 111

Charlemagne : 190

Charles Quint : 196

Charles V : 198, 199

Charles VI : 195, 201

Charles VII : 190, 198

Charpentier, F. : 38, 49, 53, 140-142, 148, 151, 156, 171, 173, 181-183, 226, 240, 245, 390

Charon, P. : 230

Chartier, A. : 20, 29

Chartier, R. : 114

Chastel, A. : 325

Chatillon : 194

Chaucer, G. : 21

Chauveton, U. : 92

Chilpéric : 191, 200

Chiron, P. : 132, 307

Chomarat, J. : 92, 100, 353, 361, 363

Cicéron : 264, 265, 277, 303, 336, 337, 343-346, 348-350, 360, 404

Clavier, E. : 126, 129

Clément VII : 144

Clément, J.M. : 245, 247, 254

Clément, M. : 84

Clisson : 199

Close, A. : 294

Clotaire : 191

Clovis : 191

Clytemnestre : 347

Colard, J.-M. : 132

Colonna, F. : 58

Coligny, G. de : 203-224

Collot, M. : 329

Compagnon, A. : 92, 396

Conradin : 196

Contini, G. : 25

Coriolan : 101

Corneille, P. : 226, 246, 254

Corneille, T. : 247, 254

Cornilliat, F. : 19, 306, 313, 314

Corti, M. : 314

Coupé, J.M.L. : 249, 250, 252, 254

Courbaud, E. : 338

Courbet, E. : 158

Courtault, P. : 159, 163

Crassus : 341

Créon : 240, 242, 252, 253

Créuse : 240, 242

Cupidon : 22, 30, 32, 34, 44, 63, 140, 311

Cybèle : 322

Dalla Torre, M.A. : 117

Danaé : 60

Dandrey, P. : 91, 99

Dante : 22, 25, 214, 261, 266

Dauvois, N. : 85
David : 233
Defaux, G. : 19, 28, 30, 31, 125, 128, 136
Déjanire : 60
Della Casa, G. : 113, 114
Del Rio, M. : 248
De Lurbe : 157
Démocrite : 269
Demonet, M.-L. : 359
Démosthène : 346
Denys l'Aréopagite : 355
Descartes, R. : 389-392, 394, 402
Des Essarts, P. : 197
Desgraves, L. : 160, 162
Desportes, P. : 19
Devienne, Dom : 158
Dézeimeris, R. : 161
Diane : 60, 63
Didon : 130, 268
Dindymène : voir Cybèle
Diodore de Sicile : 405
Dionysos : voir Bacchus
Dolce, L. : 122
Dolet, E. : 128
Dominique : voir Riccoboni, A.F.
Du Bartas, G. : 102, 205
Du Bellay, J. : 42, 44, 54, 59, 140, 206, 303, 304, 318, 334, 344-346, 350

Dubois, C.G. : 87
Duminil, M.P. : 383
Dunois : 198
Dupont, F. : 241, 375
Dupont-Roc, R. : 242, 375
Durand-Bogaert, F. : 271
Durazzo, C. de : 188, 198
Durazzo, J. de : 191, 200
Duval, E. : 33, 34, 141
Duviard, F. : 156

Egisthe : 347
Electre : 240, 257
Elias, N. : 114
Empédocle : 269
Enée : 268
Ennius : 239
Erasme, D. : 91, 92, 100, 149, 150, 359, 361, 363, 367
Erinyes : 240
Eros : 177, 269
Eschyle : 240
Esope : 101, 104
Este, A. d' : 274
Estienne, C. : 143
Estissac, G. de : 144
Etoré, J. : 114
Euménides : 245, 268
Euripide : 239, 240, 244, 246
Euryale : 348
Euterpe : 76

Eve : 35, 97, 152
Evrard, L. : 271
Eyquem, famille : 155-170

Fantham, E. : 367
Farinelli, A. : 25, 27
Farnabe, T. : 248, 251
Felix V. : 20
Ficin, M. : 24, 42, 282, 325, 358, 374
Filelfo : voir Philelphe
Fiorato, A. : 113, 114
Flore, J. : 64
Florus : 101
Fontaine, M.-M. : 37, 53
Forsyth, E. : 214-216, 226
Fouquelin, A. : 333, 348
Fragonard, M.-M. : 187, 188, 216
Frame, D. : 156
Franchetti, A.L. : 225
François II : 74
François, C. : 219
Francus : 320
Frappier, J. : 30
Frédégonde : 187, 196, 200
Fregoso, famille : 111-121
Frémy, E. : 321
Fumaroli, M. : 333
Furies : 240

Gaguin, R. : 359
Gaillard, A. : 343
Galibois, R. : 355, 358
Galien : 102, 258
Galladei, M. : 245, 246, 250, 254
Gamaches, C. de : 155
Ganymède : 325
Gaos, V. : 285
Garavini, F. : 177
Garin, E. : 368
Gauthier, R.A. : 399
Gendre, A. : 67, 73, 86
Genette, G. : 125
Gerbel, N. : 364
Geremek, B. : 21
Giacone, F. : 57, 59, 64
Gilles, N. : 161
Gilson, E. : 78
Glover, R. : 246, 254
Gombricht, E. : 222
Gonzaga, C. : 111, 117, 122
Gordon, A. : 333, 334
Gorgias : 91, 93, 99, 333
Gorgone : 61
Gosse, P. : 125
Gotter, F.W. : 246, 254
Gould, G. : 220
Gournay, M. de : 170, 225-236
Goyet, F. : 139
Gozzi, C. : 247, 254

Gracian, B. : 274, 285
Gramont, comte de : 164
Granson, O. de : 21
Grassi, E. : 274
Graziani, F. : 261
Grégoire XIII : 209
Griffin, R. : 312
Grotius, H. : 248
Grouchy : 173
Guidubaldo : voir Montefeltro
Guise, duc de : 191

Hallyn, F. : 41
Harf-Lancner, L. : 147
Hébreu, Léon L' : 39, 42, 44, 46, 284
Heinsius, D. : 248
Henri IV, Henri de Navarre : 212, 215, 218
Hercule : 241, 245, 269
Hersant, I. : 127
Hésiode : 84, 324
Hillaret, J. : 170
Hippocrate : 259
Hobbes, T. : 394
Hoffman, F.B. : 245, 254
Hoffmann, G. : 172, 173
Hofmannsthal, H. von : 329
Homère : 231, 272, 345
Hongrie, L. de : 198

Horace : 145, 146, 148, 149, 239, 244, 245, 253, 268, 289, 304, 319, 321, 324, 326, 328, 345, 347, 397
Huarte de San Juan, J. : 281, 284, 287
Huchon, M. : 125, 126, 129, 144
Hult, D. : 19

Ingenkamp, H.G. : 365
Iphigénie : 246
Iriarte, M. de : 281, 287
Isabeau de Bavière : 191
Isabelle de France : 200
Isidore de Séville : 239

Jacquart, D. : 383
Jacques de Voragine : 21, 22
Jamyn, A. : 321
Jason : 239-253
Jauss, H.R. : 315
Javitch, D. : 115
Jean Chrysostome : 21
Jean d'Arras : 144, 147
Jeanne d'Arc : 201
Jeanne de Sicile : 191, 192
Jeanneret, M. : 216, 222, 397
Jésus Christ : 21, 216, 260, 355
Job : 209, 221
Jodelle, E. : 40, 41, 55, 226

Johnson, C. : 246, 254
Jolif, J.Y. : 393
Joly, M. : 294
Jonas : 213
Jones, J.R. : 294
Jouanna, A. : 103
Joukovsky, F. : 136, 323
Jullian, C. : 157
Julien le Magnifique : voir Médicis
Junon : 137
Jupiter : 67, 326, 348

Kammitzer, P. : 114
Kenney, N. : 397
Klibansky, R. : 271, 284
Klinger, F.M. von : 245, 255
Knape, J. : 353, 357
Koehn, H. : 364
Kushner, E. : 45, 54

La Boétie, E. de : 92, 155, 157, 160, 179, 181, 183, 184
La Chassaigne, famille : 155-170
Lafond, J. : 92
La Fontaine, J. de : 101, 125, 180
La Hurteloire, J. de : 318
Lallot, J. : 242, 375
Lamy, P. : 142, 143, 150-153
Landino, C. : 358

Langer, U. : 139
La Péruse, J. Bastier de : 245, 247, 250, 255
Lapp, J. : 37, 42
La Ramée, P. : voir Ramus.
La Reynière : 333
Laumonier, P. : 156
Lausus : 348
La Vigne, A. de : 130
Lavinie : 268
Le Caron, L. : 39
Leda : 268
Lefèvre d'Etaples, J. : 359
Le Franc, M. : 19-36
Lemaire de Belges, J. : 19, 30-33, 126, 299-315
Lenglet-Dufresnoy, abbé : 125
Léon X : 358
Léry, J. de : 219
L'Estoile, P. de : 232
Lestringant, F. : 130, 216
Levi, A. : 389
Levi, P. : 222
L'Hospital, M. de : 77, 158, 211, 317, 319, 322, 327, 330
Lille, A. de : 315
Linage, P. : 249, 250, 252, 255
Lipse, J. : 231, 248, 251
Longepierre, H.B. de R. baron de : 240, 247, 250, 252, 255
Longin, 324 :

Lorris, G. de : 30, 313-315
Louis IX (saint Louis) : 199
Louis XI : 200
Louis XII : 135, 307
Lucilius : 365
Lucrèce : 161, 177, 269, 348
Luisino, F. : 239
Lusignan, G. de : 145, 146
Luther, M. : 218, 353, 367
Lycophron : 320

Machaut, G. de : 301
Machiavel, N. : 399
Maclean, I. : 396
Mallarmé, S. : 53, 55, 290
Malvezin, T. : 159-160
Mann, T. : 343
Manso, G.-B. : 258, 270, 274
Mantovani, T. : 136
Maratus : 269
Marcel, R. : 374
Marcis, M. de : 157
Mardochée : 268
Marguerite d'Autriche : 137
Marguerite de France : 318, 322
Marguerite de Navarre : 33, 67, 118-120, 137, 218, 323, 369-387
Marguerite de Valois : 323
Marillac : 188
Marmita, B. : 248

Marolles, M. de : 249, 250, 252, 255
Marot, C. : 19-36, 59, 125-140
Marot, J. : 19-36, 125-140
Mars : 138
Martin de Larchant, s. : 21
Martin de Tours, s. : 21
Matheolus : 20
Mathieu-Castellani, G. : 37, 53, 118
Matignon, Maréchal de : 169
Maurer, W. : 357
Mazzeo, J. : 115
Mc Kinley, M. : 19
Médée : 239-255
Médicis, C. de : 158
Médicis, J. de (Julien le Magnifique) : 121
Médicis, L. de : 358
Meerhoff, K. : 333, 353, 363, 365
Melanchthon, P. : 353-367
Mélançon, R. : 73
Mélusine : 144, 147, 149, 150
Ménager, D. : 218, 310, 312, 396
Ménandre le rhéteur : 363
Menenius Agrippa : 101, 103
Merrill, R.V. : 32
Meun, J. de : 20, 28, 30, 312, 314, 315
Mézence : 348

Minerve : 24, 63, 300, 312-314
Moïse : 354, 356
Molière : 91
Molinet, J. : 30
Mombello, G. : 25
Monluc, B. de : 163
Monneins : 158
Montalcino : 216
Montaiglon, A. de : 20
Montaigne, M. de : 91-107, 155-184, 187, 189, 204, 225, 236, 288-294, 341, 347, 348, 389-406
Montchrestien, A. de : 226
Montefeltro, Guidubaldo di, duc d'Urbino : 123
Montemayor, J. de : 283, 299
Montfort, comtesse de : 200
More, T. : 363
Moreau, A. : 239
Morelly : 249, 250, 252, 255
Mouchel, C. : 360
Muchembled, R. : 113
Muses : 67, 83, 133, 135, 299, 319, 324-328

Naïades : 268
Nakam, G. : 204, 205, 211, 219
Narcisse : 60, 86
Nativel, C. : 353
Neaulme, J. : 125

Némésis : 60
Neptune : 138
Nichols, S. : 149
Nicolaï, A. : 156
Nicolas V : 20
Nini, E. : 250-252, 255
Nymphes : 84

O'Brien, J. : 164
Odoacre : 192
Oreste : 240, 253, 257, 263, 268
Origène : 355
Orléans, L. d' : 194, 195, 198
Ossola, C. : 122
Ovide : 130, 324, 325

Pallas : 33
Pan : 133
Pandore, 80, 88
Panofsky, E. : 271, 284
Pâris : 60, 134
Parques : 307
Pascal, B. : 221
Paschal, P. de : 66
Pasquier, E. : 170, 187-202
Paul, s. : 21, 31, 227, 355, 356
Pégase : 145, 272, 322
Pellegrin, S.J. : 246, 247, 255
Peletier du Mans, J. : 83, 335, 344
Penthée : 268

Pépin, J. : 190, 268
Perrissin, J. : 210
Petit, A. : 366
Petit, J. : 194
Pétrarque : 25, 58, 267, 272, 275, 307, 313, 358
Phébus : 46
Philaegide : 273
Philelphe : 358
Piaget, A. : 20, 29
Pibrac, G. du Faure de : 321
Pico della Mirandola, G. : 24, 353-367
Pigeaud, J. : 270, 273, 383
Pindare : 60, 328
Pinaux, J. : 330
Pisano, G.A. : 259
Pison : 400, 402
Plattard, J. : 143, 144, 151, 152,156
Platon : 82, 87, 91, 93, 100, 151, 259, 269, 274, 319, 324, 333, 340-342, 345, 355, 358, 364-367, 373, 374, 395, 401
Pline le Jeune : 365
Plutarque : 91, 101, 231, 354
Pöhlmann, H.G. : 353
Poliziano, A. : 358
Ponge, F. : 39
Pons, A. : 111
Priape : 99, 61
Prométhée : 50, 88

Properce : 324
Proust, M. : 179
Pythagore : 354, 355, 358, 362, 366

Quignard, P. : 91
Quintilien : 61, 70, 101, 247, 284, 337, 340, 341, 343, 345, 347

Rabelais, F. : 100, 103, 104, 126, 141-153, 204
Racine, J. : 253
Rader, M. : 250
Raimondi, E. : 260
Ramnoux, C. : 260
Ramus, P. : 171, 173, 333
Rasias : 230
Rat, M. : 156
Rebhorn, W.A. : 114
Rendall, S. : 396
Reuchlin, J. : 353-367
Rhein, S. : 357-359
Riccoboni, A.F. : 246, 255
Rigolot, F. : 19, 129, 131, 140, 141
Risset, J. : 214
Robin, L. : 100
Romagnesi : 246, 255
Ronsard, P. de : 42, 46, 48, 55, 57, 58, 66, 68, 69, 73-89, 159, 317-330, 334, 344-346, 348, 349, 402

Rosenthal, O. : 138
Rouget, F. : 328
Rousseau, J.-J. : 326
Rummel, E. : 363, 367

Sade, D.A.F. de : 253
Saint-Amans, M. de : 246, 255
Saint-Gelais, M. de : 321
Saint-Gelais, O. de : 299-315
Saint-Pol, connétable de : 196
Saint-Saud, comte de : 161
Sales, F. de : 231
Sannazar, J. : 314
Sapho : 324
Satan : 209, 218, 220
Saturne : 48, 271, 284
Satyres : 61
Saulnier, V.-L. : 92, 141
Savoie, L. de : 136, 193
Saxl, F. : 271, 284
Sayce, R. : 396
Scaliger, J.J. : 248
Scève, M. : 38, 52, 55, 58, 59,
72, 140, 216
Scheible, H. : 357, 365
Schmidt, A.-M. : 54
Schrenck, G. : 210
Schulte-Nordholt, A.-L. : 291
Scipion : 306
Screech, M. : 152, 161

Sebillet, T. : 74, 131, 139, 334,
335, 344
Secret, F. : 359, 360
Seigel, J. : 117
Séjan : 192
Sels, N. : 122
Sénèque : 164, 231, 239-241,
244-250, 253-255, 360, 365,
389, 393, 395
Sherburne, E. : 249, 250, 252,
255
Sigebert : 196
Sigon, S.-C. : 158
Simonin, M. : 19, 383
Simon : 359
Sirènes : 60, 141
Skinner, Q. : 394, 399, 402
Smith, P.J. : 141
Socrate : 50, 100, 269
Solon : 258
Sorbin de Sainte-Foy, A. : 191
Soulier, M. : 215, 216
Spies, M. : 365
Strowski, F. : 156
Strubel, A. : 315
Studley, J. : 250, 251, 255
Suétone : 401
Suin, A. : 164
Supple, J. J. : 396
Symmaque : 192

Tacite : 351
Tagaut, J. : 57-72
Tahureau, J. : 66
Taillemont, C. de : 72
Tardif, G. : 359
Tasso, T. : 257-278
Télamon : 340
Télin, G. : 74
Tervarent, G. de : 24
Tesauro, E. : 274
Théodose : 192, 199
Thibaudet, A. : 156
Thiry, C. : 127
Thomas d'Aquin, s. : 78
Thomasset, C. : 383
Tibère : 192
Tibulle : 324
Tiraqueau, A. : 143, 152
Tite-Live : 101, 104, 106
Torelli, P. : 300
Tortorel, J. : 210
Tory, G. : 126
Tournon, A. : 91, 93, 94, 216, 328
Trinquet, R. : 156
Tyard, P. de : 37-55, 59, 284, 345

Ulysse : 141
Urbain VI : 188
Ursins Jouvenel des : 195, 199, 200

Valcke, L. : 355, 357, 358
Valentin, s. : 19-36,
Valentinien : 192
Valère-Maxime : 101
Valois (les) : 88, 205, 206, 321
Valois, H. de : 219
Van der Poel, M. : 363
Vasari, G. : 209
Vauquelin de La Fresnaye, J. : 334
Verville, B. de : 397
Veyrin-Forrer, J. : 128
Vénus : 19, 36, 44, 60, 63, 137, 140, 177, 277, 300, 311, 312, 315, 348
Vickers, B. : 360
Vico, G.B. : 274
Vigne, J. : 131
Villey, P. : 91, 93, 171
Villon, F. : 30, 307
Vinci, L. de : 85
Vinet, E. : 157
Virgile : 22, 99, 130, 178, 267, 348
Vives, J.-L. : 96
Voltaire : 25
Vulcain : 348

Waszinski, J.H. : 367
Weber, H. : 43, 66, 216, 317, 318
Williams, A. : 20, 21

NOTTINGHAM UNIVERSITY LIBRARY

Williams, H.F. : 20

Yates, F.A. : 282

Zinc, M. : 300, 309

Zoroastre : 362

TABLE DES MATIÈRES

Liminaire 7

Bibliographie des travaux de F. CHARPENTIER 9

PREMIÈRE PARTIE : PASSIONS AMOUREUSES 17

Thierry MANTOVANI : D'un temple l'autre : Martin
Le Franc et Clément Marot 19

Simone PERRIER : Le sujet « passionnaire » dans la
poésie de Tyard 37

Gabriel PÉROUSE : La gloire de la dame et la gloire
du poète : à propos des *Odes à Pasithée* de Jean
Tagaut 57

Josiane RIEU : Fureur et passion dans les *Amours* de
Ronsard, 1552-1553 73

Frank LESTRINGANT : Montaigne et le corps en
procès : « De la force de l'imagination » (*Essais*, I,
21) 91

DEUXIÈME PARTIE : PASSIONS TEMPÉRÉES 109

Jean-Max COLARD : La conversation tempérée :
devis et passions dans *Le Courtisan* de Castiglione 111

Jean-Charles MONFERRAN : Père et fils dans
*L'Adolescence Clé*mentine : « effacer Jean et
escrire Clement » 125

Hope GLIDDEN : Lieux de mémoire et passion de
l'ami chez Rabelais (*Pantagruel*, chapitre V) 141

Michel SIMONIN : Françoise (de La Chassaigne) et
(son ?) Michel : Du ménage chez Montaigne 155

André TOURNON : Le principe de privation 171

TROISIÈME PARTIE : PASSIONS POLÉMIQUES
ET VIOLENTES 185

Marie-Madeleine FRAGONARD : Etienne Pasquier :
les Passions et l'Histoire dans les *Recherches de la
France* 187

Géralde NAKAM : Le rire de l'Amiral de Coligny
dans l'architecture des *Tragiques* d'Agrippa
d'Aubigné 203

Jean-Claude ARNOULD : Marie de Gournay dans
l'ombre de Montaigne : du bon usage de la
vengeance 225

QUATRIÈME PARTIE : FUREUR, DÉLIRE,
MÉLANCOLIE 237

François LECERCLE : Médée et la passion mortifère 239

Françoise GRAZIANI : Le Tasse dans la prison des
fous, ou le songe du mélancolique 257

Jean-Raymond FANLO : L'ingéniosité mélancolique
du *Quichotte* : une fécondité sans emploi 279

CINQUIÈME PARTIE : PASSION ET ÉCRITURE 297

Nathalie DAUVOIS : La représentation de la passion
entre prose et vers chez les derniers Rhétoriqueurs
(Octovien de Saint-Gelais, Jean Lemaire de
Belges) 299

Daniel MÉNAGER : Passion et fureur poétique dans
les *Odes* de Ronsard 317

SIXIÈME PARTIE : THÉORIES DES PASSIONS 331

Gisèle MATHIEU-CASTELLANI : Le mécanicien,
l'acteur et le charmeur de serpents 333

Kees MEERHOFF : L'éloquence : une maladie de
l'âme ? 353

Philippe de LAJARTE : Amour et passion
    amoureuse dans *L'Heptaméron* : perspective
    éthique et perspective pathologique.....................................369
Terence CAVE : « Outre l'erreur de notre
    discours » : l'analyse des passions chez Montaigne...............389

INDEX 407

TABLE DES MATIÈRES...421

TABULA GRATULATORIA

AIDA-JINNO (Yoshiko), Tokyo
BANDERIER (Gilles), Mulhouse
BAUSCHATZ (Cathleen M.), Orono
BEAUDIN (Jean-Dominique), Saint-Mandé
BIDEAUX (Michel), Montpellier
BLUM (Claude), Triel sur Seine
BOTTON (Gilbert de), Le Paradou
BUZON (de) (Christine), Limoges
CASTANON (Adolfo), Beaugency
CAZAURAN (Nicole), Paris
DAUPHINÉ (James), Toulon
DEMERSON (Guy), Beaumont
FANLO (Jean-Raymond), Saint-Savournin
GARAVINI (Fausta), Firenze
ITHURRIA (Étienne), Plaisance du Touch
ITO (Susumu), Owariasahi
KIRSOP (Wallace), Armadale
LAFOND (Jean), Saint-Cyr sur Loire
LAUVERGNAT-GAGNIÈRE (Christiane), Villeurbanne
LECERCLE (François), Paris
LESTRINGANT (Frank), Paris
LEVRAUD (Jean-Pierre), Le Mesnil Saint Denis
MAGNIEN (Catherine), Paris
MARTIN (Daniel), Roussas
MARTINEZ (Caridad), Barcelona
MATHIEU-CASTELLANI (Gisèle), Paris
MIOTTI (Mariangela), Perugia
PÉROUSE (Gabriel-André), Curis au Mont d'Or

PERRIER (Simone), Paris
PLAISANCE (Michel), Chaumont
ROUGET (François), Kingston
SCHRENCK (Gilbert), Strasbourg
STOVEN (Philippe), Orléans
TAKATA (Isamu), Yokohama
TERREAUX (Louis) Saint-Jeoire-Prieuré
THIERRY (André), Besancon

INSTITUTIONS

BIBLIOTHÈQUE A.-M. SCHMIDT, UNIVERSITÉ DE LILLE III-CHARLES DE GAULLE

BIBLIOTHÈQUE DE L' UNIVERSITÉ DE NANCY II, SECTION LETTRES

BIBLIOTHÈQUE DE L' UNIVERSITÉ DE TOULON ET DU VAR, SECTION LETTRES

BIBLIOTHÈQUE DE L'UNIVERSITÉ DE CAEN, SECTION DROIT-LETTRES

BIBLIOTHÈQUE DE L'UNIVERSITÉ DE PERPIGNAN

BIBLIOTHÈQUE DE L'UNIVERSITÉ DE PROVENCE AIX-MARSEILLE I, SECTION LETTRES

BIBLIOTHÈQUE DE L'UNIVERSITÉ DE ROUEN, DÉPARTEMENT LETTRES MODERNES

BIBLIOTHÈQUE DE L'UNIVERSITÉ DE ROUEN, SECTION LETTRES-DROIT

BIBLIOTHÈQUE DE L'UNIVERSITÉ, LAUSANNE

BIBLIOTHÈQUE DE LETTRES ET MUSIQUE DE L'UNIVERSITÉ DE TOULOUSE-LE MIRAIL

TABULA GRATULATORIA

BIBLIOTHÈQUE MUNICIPALE, MONTBELIARD

BIBLIOTHÈQUE ROYALE ALBERT 1er, BRUXELLES

DIPARTIMENTO DI LINGUE E LETTERATURE ROMANZE E DI LINGUISTICA ITALIANA, UNIVERSITÀ DEGLI STUDI DI PADOVA

MEDIATHÈQUE, VALENCIENNES

ROMANISCHES SEMINAR, UNIVERSITÄT ZÜRICH

LIBRAIRIES

SOCIETÉ FRANÇAISE DU LIVRE, Paris

VIE EST AILLEURS (LA), Paris